유마경강의

하권

유마경강의
하권

이기영

한국불교연구원

차례

하권

상권

菩薩品 第四

文殊師利問疾品 第五

不思議品 第六

일러두기

• 구마라집 역 『유마힐소설경』의 원문을 앞에 붙이고, 그 뒤에 번역과 해설을 실었습니다. 원문의 현토는 불연 선생의 1994년판 번역서의 것을 그대로 따르면서 일부 수정했습니다.

• 강의 본문에서는 원문의 어구가 처음 나올 때는 원문대로 한자를 쓰고 괄호 안에 한글을 넣었습니다. 그 밖의 경우에는 모두 한글을 위주로 하여 한자를 괄호 안에 넣었습니다.

• 각 품에서 (1), (2), (3)…으로 표시된 원문의 분단(分段)은 원래 라모뜨 교수가 티베트본 『유마경』의 불어 번역본에서 한 것을 불연 선생이 거의 그대로 따른 것입니다. 라모뜨 교수의 분단에는 한문본에 적용하기에 부적절하다고 판단되는 부분들이 일부 있지만, 라모뜨 교수의 티베트본 번역서와의 대조를 쉽게 하기 위해서, 조금만 수정하고 대체로 그대로 두었습니다.

• 불연 선생이 참조하신 라모뜨 교수의 번역서는 Étienne Lamotte, *L'Enseignement de Vimalakīrti* (Louvain: Institute Orientaliste, Univrsité de Louvain, 1962)입니다. 그 밖에 선생의 서재에 있던 일본 학자들의 여러 책을 참조하신 것으로 보이지만, 강의 중에 별로 언급되지 않고 있기 때문에 그에 대한 언급은 생략하고, 그 대신에 그 책을 중심으로 『유마경』에 대한 참고문헌을 하권 말미에 실었습니다.

관중생품 觀衆生品 第七

이 「관중생품」은 내용이 굉장히 많습니다. 이 품의 내용을 열한 개 부분으로 나누었는데, 이 구분은 라모뜨 교수가 한 것을 대체로 따른 것입니다. 1번부터 11번까지의 소제목에서 보듯이 열한 가지 주제들로 되어 있습니다.

1번은 '중생을 어떻게 보아야 할까? 존재하지 않는다고 보아라', 2번과 3번은 자·비·희·사인데, 자에 대해서 많이 이야기하고, 그 다음에 비·희·사를 묶어서 한 항목으로 이야기하고 있습니다. 4번은 '무주(無住)라는 근본'인데, 이것은 1번의 '중생을 어떻게 보아야 할까' 하는 것과 관계가 있습니다.

5번은 '천녀와 꽃의 기적'인데, 이것이 재미있는 이야기죠. 여기서부터 마지막 11번까지 천녀와 사리불의 대화가 이어지고 있습니다. 『유마경』을 공부하는 사람들이라면 이 천녀와 사리불의 이야기 정도는 환히 기억해 두었으면 좋겠어요. 6번 '해탈이란 무엇인가', 7번 '천녀의 깨달음과 변재', 8번 '삼승(三乘)', 9번 '유마힐 집의 여덟 가지 미증유한 법', 10번 '모든 법에는 고정된 상이 없는 것', 11번 '모든 중생은 죽는 일도, 다시 태어나는 일도 없다', 이렇게 여섯 가지 주제를 가지고 천녀와 사리불이 대화를 나누고 있습니다. 이렇게 천녀의 이야기가 많아서 티베트본에서는 이 품을 '천녀품'이라고 하고 있습니다.

이 이야기들을 다 풀이할 수 있는 그 밑바닥에 깔려 있는 철학이 바로 4번에 나오는 '무주(無住)'라고 이야기할 수 있겠습니다.

1. 중생은 존재하지 않는 것

(1)

尒時에 文殊師利가 問 維摩詰言하되,

"菩薩은 云何觀於衆生하리이까" 하니라.

維摩詰이 言하되,

① 譬如 幻師가 見所幻人하니 菩薩은 觀衆生하기를 爲若此하나니라.

② 如智者가 見水中月하고 ③ 如鏡中에 見其面像하고

④ 如熱時에 燄하며 ⑤ 如呼聲에 響하고

⑥ 如空中의 雲하고 ⑦ 如水聚의 沫하고

⑧ 如水上의 泡하고 ⑨ 如芭蕉의 堅하고

⑩ 如雷의 久住하고 ⑪ 如第五大하고

⑫ 如第六陰하고 ⑬ 如第七情하고

⑭ 如十三入하고 ⑮ 如十九界하느니라.

菩薩은 觀衆生하기를 爲若此하나니라.

⑯ 如無色界色하며 ⑰ 如憔穀芽하며

⑱ 如須陀洹이 身見하며 ⑲ 如阿那含이 入胎하며

⑳ 如阿羅漢의 三毒하며 ㉑ 如得忍菩薩의 貪恚毁禁하며

㉒ 如佛煩惱習하며 ㉓ 如盲者가 見色하며

㉔ 如入滅盡定이 出入息하며 ㉕ 如空中鳥跡하며

㉖ 如石女兒하며 ㉗ 如化人起煩惱하며

㉘ 如夢所見已寤하며 ㉙ 如滅度者 受身하며

㉚ 無烟之火하나니라.

尒時 文殊師利 問維摩詰言 그때 문수사리가 유마힐에게 물었다.

菩薩 云何觀於衆生 보살은 어떻게 중생을 관해야 합니까?

이 질문에 대한 유마거사의 대답이 전부 30항목으로 나옵니다. 원래는 32항목쯤 됐을지도 몰라요. 이렇게 쭉 나열하는 방식이 『유마경』에 빈번히 나오는 서술방식인데 숫자가 일정하지는 않습니다만, 서른둘이라는 숫자로 되어 있는 경우가 많아요. 32상 80종호라고 할 때처럼 서른둘이라는 숫자에 맞추려고 했다는 느낌이 있습니다. 티베트본에는 서른다섯 가지로 되어 있는데, 더 많아 봤자 별다른 내용이 더 있는 것은 아닙니다.

維摩詰言 유마힐이 말했다.

① 譬如 幻師見所幻人 菩薩觀衆生 爲若此 비유컨대 환사가 마술로 만들어낸 인간을 보듯이 보살은 중생을 보아야 합니다.

이렇게 여기는 전부 비유를 들었습니다. 아래는 '如(여)'로 시작되지만, 그 앞에 '譬(비)'자가 생략된 거죠. '환사(幻師)'는 산스크리트어로 māyakāra인데, māya가 환상입니다. 그러한 환상을 만들어내는 사람을 '환사'라고 했습니다. '所幻人(소환인)'은 마술로 만들어낸 인간이지, 진짜 인간이 아니죠. 허깨비입니다. 중생이라는 것을 그렇게 봐라. 지금 우리가 눈으로 보고, 손으로 만지고, 얼싸안고, 악수하고, 뭐 다 하는 인간들이지만, 일단 사별하고 나면 아무리 불러도 안 와요. 슬픈 일이고 생각하기도 싫을지 모르지만 그것이 현실입니다. 그러니까 이 현실을 일단 직시해야 될 것 아니냐는 이야기가 여기 있는 겁니다. 보살은 중생을 관하기를 이와 같이 하라.

그런데 이 대목이 제일 어려운 대목인지도 모르겠어요. 궁극적인 본질을 이야기하자면 그런 거지만, 인연을 맺고 살고 있는 동안에는 인연따라서 있는 것이 사실이죠. 그것도 무시할 수 없어요. 『유마경』은 가(假)로서의 존재에 대해 뚜렷하게 '가'라는 말을 써 가면서 이야기하고 있지는 않지만, 용수(龍樹)가 말한 공(空)·가(假)·중(中)이라는 설명을 여기서 다시 한 번 상기할 수 있다고 생각해요. 여기서도 '가'로는 존재한다는 설명을 해 주었으면 좀더 이해하기가 쉬웠을지 모르겠는데, 허깨비 같은 것이라고만 하고 있습니다. 아무 것도 없다는 것에만 너무 사로잡혀도 문제가 많지 않은가 생각됩니다.

중생을 어떻게 볼 것이냐? 『금강경』에서는 아상(我相), 인상(人相), 중생상(衆生相), 수자상(壽者相)의 네 가지 상을 보지 말라고 했죠. 여기서는 특히 이 중생상을 갖지 말라는 이야기를 장황하게 설명한 거라고 할 수 있습니다. 중생이라는 것은 마술사가 만들어낸 허깨비 인간과 같은 것이다. 중생이란 없는 거다.

② **如智者見水中月** 보살은 지혜 있는 자가 물 위에 뜬 달을 보듯이 중생을 보아야 합니다.

선사들이 이런 이야기를 많이 하죠.

③ **如鏡中見其面像** 보살은 거울 속에서 자기 얼굴을 보듯이 중생을 보아야 합니다.

④ **如熱時燄** 보살은 뜨거운 여름철에 아지랑이를 보듯이 중생을 보아야 합니다.

⑤ **如呼聲響** 보살은 소리 내어 사람을 부를 때 들리는 산울림처럼 중생을 보아야 합니다.

⑥ **如空中雲** 보살은 공중에 떠 있는 구름과 같이 중생을 보아야 합니다.

⑦ **如水聚沫** 보살은 파도의 물방울을 보듯이 중생을 보아야 합니다.

⑧ **如水上泡** 보살은 수면에 나타나는 물거품을 보듯이 중생을 보아야 합니다.

⑨ **如芭蕉堅** 보살은 파초잎을 벗기고 벗겨도 남는 것 없음을 보듯이 중생을 보아야 합니다.

중생의 속에 뭐가 있는가 하고 아무리 벗겨 보아도 파초잎처럼 아무것도 남는 것이 없듯이 중생이라는 것도 없다는 말입니다.

⑩ **如雷久住** 보살은 결코 오래 머무르는지 않는 번개를 보듯이 중생을 보아야 합니다.

번개는 싹 한번에 지나가고 맙니다. 그렇게 한번 왔다가 가죠.

⑪ **如第五大** 보살은 사대(四大)뿐이고 오대(五大)가 없듯이, 그렇게 중생을 보아야 합니다.

지 · 수 · 화 · 풍의 사대 이외에 제5대라는 것은 없죠. 그와 같이 중생을 보아야 합니다. 이와 같이 아래에서도 계속 없는 것들을 열거합니다.

⑫ **如第六陰** 보살은 오음(五陰)뿐이고 육음(六陰)이 없듯이, 그렇게 중생을 보아야 합니다.

색 · 수 · 상 · 행 · 식의 오음 말고 제6의 음이 없듯이 중생을 보아야 한다는 말입니다.

⑬ **如第七情** 보살은 육정(六情)뿐이고 칠정(七情)이 없듯이, 그렇게 중생을 보아야 합니다.

안식(眼識), 이식(耳識) 등 육식(六識)을 일으키는 육정 외에 제7정은 없죠.

⑭ **如十三入** 보살은 십이입(十二入)뿐이고 십삼입(十三入)은 없듯이, 그렇게 중생을 보아야 합니다.

육근(六根), 육경(六境)이 일으키는 십이입 말고 제13입이라는 것은 없습니다.

⑮ **如十九界** 보살은 십팔계(十八界)뿐이고 십구계(十九界)는 없듯이, 그렇게 중생을 보아야 합니다.

菩薩觀衆生 爲若此 보살은 이와 같이 중생을 관해야 합니다.

⑯ **如無色界色** 보살은 무색계에 색이 있을 수 없듯이 중생을 보아야

합니다.

⑰ **如燋穀芽** 보살은 불탄 곡식에서 싹이 돋는 일이 없듯이 중생을 보아야 합니다.

⑱ **如須陀洹身見** 보살은 수다원에게 이미 신견(身見)이 없듯이 중생을 보아야 합니다.

수다원(須陀洹, śrotāpanna)은 소승불교에서 성인의 계위를 네 단계로 나눌 때 첫 번째 단계의 이름입니다. 한문으로 번역해서 '예류(預流)'라고도 하는데, 이제 거룩한 단계에 들어섰다는 말이죠. 이 단계에서는 이미 신견, 즉 나와 내 것이 있다고 고집하는 사견을 버렸기 때문에, 수다원의 신견이라는 것도 존재하지 않는 것입니다.

⑲ **如阿那含入胎** 보살은 아나함이 다시 입태하는 일이 없듯이 중생을 보아야 합니다.

아나함(阿那含, anāgāmin)은 소승불교의 성인의 계위에서 세 번째 단계입니다. 이 단계는 '다시 태어나지 않는다', '다시 오지 않는다'고 해서 '불환(不還)'이라고도 하죠. 다시는 욕계에 태어나지 않는다는 말입니다. 그래서 다시 입태(入胎)하는 일이 없는 것이죠.

⑳ **如阿羅漢三毒** 보살은 아라한에게는 이미 삼독(三毒)이 없듯이 중생을 보아야 합니다.

아라한(arhat)은 소승불교의 성인의 계위에서 네 번째로 가장 높은 위(位)입니다. 이 단계에서는 탐·진·치의 삼독이 더 이상 존재하지 않는다고 합니다.

㉑ **如得忍菩薩貪恚毁禁** 보살은 득인(得忍)보살에게 이미 탐심과 진심, 훼금(毁禁)이 없듯이 중생을 보아야 합니다.

㉒ **如佛煩惱習** 보살은 부처님에게 번뇌의 악습이 남아 있지 않듯이 중생을 보아야 합니다.

㉓ **如盲者見色** 보살은 장님이 색을 보는 일이 없듯이 중생을 보아야 합니다.

㉔ **如入滅盡定出入息** 보살은 멸진정(滅盡定)에 든 사람에게 출입식(出入息)이 없듯이 중생을 보아야 합니다.

㉕ **如空中鳥跡** 보살은 공중을 나는 새의 발자국을 보듯이 중생을 보아야 합니다.

㉖ **如石女兒** 보살은 석녀의 아이를 보듯이 중생을 보아야 합니다.

㉗ **如化人起煩惱** 보살은 허깨비 인간이 일으키는 번뇌를 보듯이 중생을 보아야 합니다.

허수아비가 번뇌를 일으킵니까? 허수아비는 번뇌를 안 일으키잖아요. 그러니까 없다고 보라는 겁니다.

㉘ **如夢所見已寤** 보살은 깨고 나서 생각하는 꿈속의 사건들처럼 중생을 보아야 합니다.

㉙ **如滅度者受身** 보살은 완전히 멸도한 사람이 다시 몸을 받는 일이 없듯이 중생을 보아야 합니다.

완전히 멸도(滅度)한 사람이 다시 몸을 받는다는 것이 환상이듯이 그렇게 중생을 보아야 한다는 말입니다. 멸도는 죽었다는 이야기가 아니죠. 죽기는 죽었는데, 죽음을 통해서 다시는 윤회하지 않게끔 됐다는 이야기입니다. 멸도한다는 것은 넘어갔다는 말이에요. '度'는 '넘어갔다', '滅'은 '없어졌다'는 말입니다. 없어졌다는 말은 번뇌망상, 잘못된 허망한 의식이 완전히 없어졌다는 말이에요. 윤회한다는 것은 허망한 의식이 남아 있을 때, 완전히 넘어가지 못하고, 자꾸 반복하여 되풀이하고, 미련으로 남고, 원한으로 남고, 뭐 이러는 것이죠. 죽어도 원한을 삭일 수 없는 사람은 죽은 다음에도 그 원한이 어딘가 공중에 떠 있다가 어디 다른 데 가서 붙는다는 생각도 있습니다. 상당히 대중적인 생각입니다. 보통 그것이 비오는 날 풀잎에 매달린 이슬방울처럼 풀잎 뒤에 숨었다가 다른 생을 받는 사람의 몸속으로 들어간다고 설명하기도 하는데, 여기에는 상당히 문학적인 상징이 개재돼 있다고 보는 것이 좋을 거예요.

그런데 중생이 보살로 되는 것도 다시 태어난다고 하거든요. 살아 있을 때 중생이 보살로 되는 것은 의(意), 뜻 때문에 생기는 거라고 해서 의생신(意生身)으로 바뀐다고 합니다. 그러니까 생각이 중요한 건데, 이 몸뚱어리는 그대로 두고 마음이 달라지면서 질적으로 다른 삶을 살게끔 되는 것입니다. 그렇게 바뀌는 생사, 바뀌는 삶을 이야기하는 것이죠. 그것을 부사의변역사(不思議變易死), 불가사의한 변역, 혁명적인 변화라고 합니다. 생사는 생사인데, 죽기는 죽어도 그것은 산 것입니다. 새로운 것으로 태어나는 것입니다.

그런데 이 몸뚱어리가 그런 의식 없이 그냥 죽어 갈 때는, 분단생사(分段生死), 토막토막, 세포 하나하나, 뼈다귀 마디마디가 다 분해되어 죽어 가는 것으로 끝나고 만다고 합니다. 그러니까 죽을 때 간절한 마음으로 극락왕생을 생각한다든지 합장하는 마음으로 부처님을 찾는다든지 하면서 죽는 것이 아니라, 허망한 상태에서 아무 생각도 없이 죽어 가면 분단생사로 끝나고 만다는 거예요. 또 살해를 당하거나, 도둑놈한테 폭행을 당해 죽은 사람의 내생은 이 떠돌이 원한이 언젠가는 복수할 것으로 남는다고 합니다. 당장 어디에 남아 있냐 하면, 좋지 않은 일을 가한 가해자의 머릿속에 남아 있죠. 범행을 저지른 그날부터 그 원혼은 가해자의 머릿속에서, 몸속에서 떠나지를 않을 거예요.

그런데 남의 죽음을 보면서 우리가 생각할 수 있는 제일 바람직한 것은 항상 부처님을 모시고 다니는 겁니다. 뭐 불상이라는 상을 가지고 다닌다는 게 아니라, 이치로 완전히 납득되는 부처님 품속에서 살고, 부처님의 은혜 속에서 살고, 부처님이 언제든지 나를 도와주실 것이라는 마음가짐으로 살면, 마침내 죽어 갈 때 참 편안한 마음으로 갈 수 있지 않겠나 하는 생각이 듭니다. 여러분도 미리미리 그렇게 마음의 준비를 해 두자는 말입니다.

㉚ **如無烟之火** 보살은 연기가 없는 불을 보듯 중생을 보아야 합니다.

조금 지루할 정도로 많은 예들을 들어가면서 '중생은 없다고 보라'고 강조했습니다.

「관중생품」은 '중생 보기를 어떻게 해야 되느냐' 하는 것이 주 내용입니다. 중생을 보통 '살아 있는 모든 것들'이라고 번역하죠. 인간을 비롯해서 살아 있는 모든 것들이 제대로 살고 있지 못한 상태를 나타내는 말입니다. 중생이라고 하면 곧 무엇을 생각하게 되냐 하면, '인연소기(因緣所起)', 인연 따라서 생겼다가 사라지고, 또 생기고 사라지고, 앞으로도 생길 것이고 사라질 것이고, 잠시도 한군데 머물러 있지 않고, 머물러 있는 듯이 보이지만 그렇지 않은 것입니다. 그 사실을 깨닫기가 어려운 것이라는 이야기들을 한 것입니다.

2. 자(慈)무량심

(2)

文殊師利가 言하되,

"若菩薩이 作是觀者는 云何行慈이나이까" 하니라.

維摩詰이 言하되,

"菩薩은 作是觀已하고 自念하기를,

① 我當爲衆生하여 說如斯法할지니 是卽 眞實慈也이니라.

② 行寂滅慈할지니 無所生故며 ③ 行不熱慈할지니 無煩惱故며

④ 行等之慈할지니 等三世故며 ⑤ 行無諍慈할지니 無所起故며
⑥ 行不二慈할지니 內外不合故며 ⑦ 行不壞慈할지니 畢竟盡故며
⑧ 行堅固慈할지니 心無毁故며 ⑨ 行淸淨慈할지니 諸法性淨故며
⑩ 行無邊慈할지니 如虛空故며 ⑪ 行阿羅漢慈할지니 破結賊故며
⑫ 行菩薩慈할지니 安衆生故며 ⑬ 行如來慈할지니 得如相故며
⑭ 行佛之慈할지니 覺衆生故며 ⑮ 行自然慈할지니 無因得故며
⑯ 行菩提慈할지니 等一味故며 ⑰ 行無等慈할지니 斷諸愛故며
⑱ 行大悲慈할지니 導以大乘故며 ⑲ 行無厭慈할지니 觀空無我故며
⑳ 行法施慈할지니 無遺惜故며 ㉑ 行持戒慈할지니 化毁禁故며
㉒ 行忍辱慈할지니 無彼我故며 ㉓ 行精進慈할지니 荷負衆生故며
㉔ 行禪定慈할지니 不受味故며 ㉕ 行智慧慈할지니 無不知時故며
㉖ 行方便慈할지니 一切示現故며 ㉗ 行無隱慈할지니 直心淸淨故며
㉘ 行深心慈할지니 無雜行故며 ㉙ 行無誑慈할지니 不虛假故며
㉚ 行安樂慈할지니 令得佛樂故며,
菩薩之慈는 爲若此也이니라."

여기서는 사무량심 가운데 자(慈)에 대한 설명이 길게 나오고 있습니다. 그리고 다음 부분에서 비(悲) · 희(喜) · 사(捨)는 아주 간단하게 이야기하고 있어요. '자'라는 것이 어떤 마음가짐이냐, 어떤 행위냐 하는 것을 설명하고 있습니다.

文殊師利言 문수사리가 말했다.

若菩薩作是觀者 云何行慈 만약 보살이 중생을 이와 같이 존재하지 않는 것이라고 관한다면 어떻게 자(慈)를 행해야 합니까?

維摩詰言 유마힐이 말했다.

菩薩作是觀已 自念 보살은 이와 같이 관하고서 스스로 이렇게 다짐

해야 합니다.

① **我當爲衆生 說如斯法 是卽眞實慈也** 내가 마땅히 중생을 위해 이 법을 설하리니 이것이 곧 진실된 자(慈)입니다.

이와 같이 법을 설하는 것이 진실된 '자'라고 이야기하고 있습니다. 진실의 자, 말하자면 자의 내막은 무슨 먹을 것을 주라, 입을 것을 주라, 말로 위로해 주라, 그런 것이 아니라, 진실을 이야기해 주는 것이라는 거죠. 진리를 이야기해 주는 것이 제일 중요하다는 이야기로 받아들일 수 있습니다. 우리가 사랑에 대해서는 기독교 성서의 가르침을 많이 들어왔기 때문에 그런 성서적인 사랑의 해석에 익숙해 있습니다. 그런데 거기서는 진실을 말해 주는 것이 그렇게 중요하지 않을 거예요. 하지만 진실을 말해 주는 것이야말로 사랑의 극치입니다. 사랑은 시기하지 아니하고, 사랑은 뭐하고 하는 그 대목의 맨 처음에 사랑은 진리를 말하는 것이라고 하나 갖다 넣으면 잘못될까요? 잘못되지 않을 겁니다. 사랑은 진리를 말하는 것부터 시작해야 합니다.

② **行寂滅慈 無所生故** 보살은 들뜨지 않고 고요한 자심(慈心)을 발휘해야 합니다. 그 마음은 아무 것에도 얽매이지 않아야 하기 때문입니다.

이 자비라는 것을 기독교 성경에서 이야기하는 사랑과 비교해서 생각하면 좋을 것 같아요. 나는 성서학자들이나 신학자들에게 기독교의 사랑을 여기 불경에서 도처에 나오는 자와 비에 대한 설명을 활용해서 다시 한 번 생각해 보라고 종종 권합니다. 어떻게 하는 것이 진짜 사랑이냐 하는 것을 스스로 다시 생각해 볼 필요가 있는 것이죠. 공자님이 이야기하는 사랑과 비교해 보는 것도 좋을 거예요. 유교에서 사랑이란 말 대신에 쓰는 말이 '어질 인(仁)'이겠죠. '자(慈)'자가 과연 『논어』 등 사서삼경에 몇 번이나 나오는지 모르겠어요. '慈', '愛' 다 별로 많이 안 나올 것 같아요. 이 사랑의 문제를 정말 이야기할 수 있는 사람끼리 모여서 이야기한다면 참 재미있을 것 같습니다. 여기서는 일단 불교의 '자'를 생각해 보는 것입니다.

들뜨지 않고 고요한 자심을 발휘해야 한다. 한자로는 '적멸(寂滅)'이라고 했는데, 산스크리트어로는 upaśānta입니다. '자'라는 마음가짐은 흥분한 마음가짐이 아니에요. 無所生故(무소생고), 생하는 바가 없는 까닭이다. 어디에 대해서 무슨 생각을 일으키는 바가 없단 말이죠. 『금강경』에 '應無所住而生起心(응무소주이생기심)'이라는 말도 있었습니다만, 『대승기신론』 식으로 이야기한다면, 생멸하지 않는 마음, 즉 불생불멸하는 마음, 진여한 마음이 자심이라는 거죠.

③ **行不熱慈 無煩惱故** 보살은 뜨겁지 않은 자심을 발휘해야 합니다. 그 마음은 번뇌가 없어야 하기 때문입니다.

④ **行等之慈 等三世故** 보살은 한결같이 여실(如實)한 자심을 발휘해야 합니다. 그 마음은 과거, 현재, 미래의 삼세에 한결같아야 하기 때문입니다.

'等之慈(등지자)'의 '等之'는 yathābhūta입니다. '있어야 하는 그대로'라고 할 수도 있고, 본래의 여여한 모습, 평등한 모습이라고 할 수도 있어요. 그래서 '언제나 한결같이 여실한' 이런 뜻으로 해석이 되는 것이죠. 과거, 현재, 미래의 삼세에 한결같아야 하기 때문이다. 이것은 한 가지 예를 이야기한 것입니다. 과거, 현재, 미래라는 것은 나이의 문제, 장소의 문제일 수도 있고, 문화적 차이와 관계가 있을지도 몰라요. '等三世(등삼세)'라고 했지만, 삼세뿐 아니라 시방삼세에 정말 '주변법계(周遍法界)'라야 합니다.

⑤ **行無諍慈 無所起故** 보살은 말다툼이 없는 자심을 발휘해야 합니다. 그 마음은 감정의 폭발이 없어야 하기 때문입니다.

'起(기)'는 감정의 폭발이라고 할 수 있습니다.

⑥ **行不二慈 內外不合故** 보살은 대립하지 않는 자심을 발휘해야 합니다. 그 마음은 안의 것이나 밖의 것에 얽힘이 없어야 하기 때문입니다.

不二慈(불이자), 둘이 아닌 자, 대립하지 않는 자. '불이'는 산스크리트어로 하면 advaya입니다. dva가 '둘'이란 말이죠. 內外不合故(내외불합고), 안의 것과 밖의 것 사이에 얽힘이 없기 때문이다. 이 '合'자를 잘못 생각하면 합하는 것이 뭐가 나쁘냐 그렇게 생각할 수도 있는데, 이것은 얽힌다는 말입니다. 티베트본을 참조해서 이렇게 해석할 수 있어요. 한문만 보았을 때는 참 번역하기 힘들죠. '내(內)'는 주관이고 '외(外)'는 객관을 이야기합니다. 나와 나 아닌 것 사이에 얽힘이 없어야 한다는 말입니다.

⑦ **行不壞慈 畢竟盡故** 보살은 확고부동한 자심을 발휘해야 합니다. 그 마음은 궁극적으로 움직일 수 없는 것이어야 하기 때문입니다.

不壞慈(불괴자), 파괴할 수 없는 자심, 확고부동한 파괴할 수 없는 자심. 산스크리트어로는 akṣobhya입니다. 이 akṣobhya는 '아촉(阿閦)'이라는 부처님 이름과 같죠. 보통 동서남북의 부처님을 말할 때 서쪽이 아미타불이라면, 동쪽의 부처님은 아촉불이라고 했습니다.

⑧ **行堅固慈 心無毁故** 보살은 견고한 자심을 발휘해야 합니다. 그 결심은 파괴할 수 없는 것이기 때문입니다.

⑨ **行淸淨慈 諸法性淨故** 보살은 청정한 자심을 발휘해야 합니다. 제법의 자성은 청정한 것이기 때문입니다.

⑩ **行無邊慈 如虛空故** 보살은 무변(無邊)한 자심을 발휘해야 합니다. 그 마음은 허공과 같기 때문입니다.

⑪ **行阿羅漢慈 破結賊故** 보살은 아라한의 자심을 발휘해야 합니다. 그 마음은 번뇌망상이란 적을 무찌르기 때문입니다.

'아라한'이라고 하는 말에는 도둑놈, 원수를 무찔러 버린다는 뜻도 있습니다. 결국 원수라는 것이 뭐냐 하면 마구니죠. 번뇌망상입니다. 번뇌망상이 우리들 몸속에 들어와서 마구니가 됩니다. 요새 죽는 사람들을 보면, 고혈압으로 넘어지고, 당뇨병에 걸린 사람은 나중에 합병증인 심장마비로 죽고, 또 암으로 죽는 사람이 꽤 많은 것 같아요. 그런데 암이란 놈이 어디 가서 딱 붙는다고 생각하면, 하, 이놈이 우리들 몸 안에 있는 마구니 같단 말이에요. 고혈압도 그렇고, 심장병도 그렇고, 다 바깥에서 마구니가 오는 거라고 생각할 수 있는데, 이놈의 마구니, 병이라는 것이 결국 우리를 죽게 하는 것이죠. 마구니는 Māra, '죽게끔 하는 자'거든요. 이런 죽게끔 하는 자를 물리치는 제일 중요한 방법은 수행입니다. 아라한은 물론 대승적인 입장에서 보면 아직 부족한 점이 있지만, 그래도 이 번뇌라는 마구니를 무찔렀다는 점에서 이런 이야기를 할 수 있는 것입니다.

⑫ **行菩薩慈 安衆生故** 보살은 보살의 자심을 발휘해야 합니다. 그 마음은 항상 중생을 편안하게 하기 때문입니다.

'安衆生(안중생)', '이익중생'이나 마찬가지죠.

⑬ **行如來慈 得如相故** 보살은 여래의 자심을 발휘해야 합니다. 그 마음은 제법의 여여(如如)함을 투철하게 하는 까닭입니다.

⑭ **行佛之慈 覺衆生故** 보살은 부처님의 자심을 발휘해야 합니다. 그 마음은 중생들을 잠에서 깨어나게 하기 때문입니다.

'불(佛)'이란 말이 '깨달은 자', '깨어난 자'라는 뜻이죠.

⑮ **行自然慈 無因得故** 보살은 자연의 자심을 발휘해야 합니다. 그 마음은 저절로 이루어지는 것이기 때문입니다.

'自然慈(자연자)', 자연(svarasamaya)의 자심. '無因得(무인득)', 물론 처음에 수행할 때는 애써서 수행해야 하지만, 나중에는 저절로 이루어지도록 해야 하는 것이고, 애쓰는 것 없이 되어야 합니다. '무공용(無功用)'

이라고도 하죠. 애써 노력을 해서 겨우 좋은 일 하게끔 됐다는 것은 아직도 멀었다고 하잖아요. 無因, 원인 없이, 원인을 일부러 만들지 않았는데도 저절로 됐다.

⑯ **行菩提慈 等一味故** 보살은 보리의 자심을 발휘해야 합니다. 그 마음은 언제나 일미평등하기 때문입니다.

보리라는 말은 늘 듣던 말인데 일미평등(一味平等)이라고 하는 말이 오히려 새롭습니다.

⑰ **行無等慈 斷諸愛故** 보살은 무조건 평등하지만은 않은 자심을 발휘해야 합니다. 갖가지 애증의 감정을 끊어야 하기 때문입니다.

無等慈(무등자, anāropa), 무조건 평등하지만은 않은 자심이라고 했는데 좀 이상하죠. 그냥 맹목적으로 평등하지는 않다는 겁니다. 뭐든지 다 좋아, 좋아, 그러지 않는다는 거죠. 무슨 이야기냐 하면, 애욕을 가진 사람들에게도 다 오냐, 오냐 하고, 잘못하는 사람을 다 똑같이 받아들여 주는 것이 아니라는 거예요. 잘못하는 사람은 야단도 치고 끊기도 해야 하거든요. 斷諸愛故(단제애고), 갖가지 애증의 감정을 끊은 마음이어야 하기 때문입니다. 그러니까 애증의 마음을 가진 사람마저도 받아 주라는 말이 아니죠. 양쪽 다 마찬가지예요. 어떤 사람은 '애(愛)' 쪽으로 기울어져 있고, 어떤 사람은 '증(憎)' 쪽으로 치우쳐 있는데, 이런 사람들을 다 그대로 받아 주지 말라는 겁니다. 이것은 섭수(攝受)와 절복(折伏)과도 관계가 있어요. 나에게 애증을 품고 있는 사람한테 덮어놓고 다 평등하고 인자하게 대해 주는 것이 아니라, 따질 것은 따지고 고칠 것은 고쳐 가야 한다는 이야기입니다. '대자대비'라는 말로 얼버무려서는 안 된다는 말이에요.

⑱ **行大悲慈 導以大乘故** 보살은 대비의 자심을 발휘해야 합니다. 그 마음은 대승으로써 인도하기 때문입니다.

이것이 물론 바로 앞의 문제와도 관계가 있는데, 잘못된 마음가짐을 가지고 있는 사람을 때로는 섭수, 받아들이고, 때로는 절복, 꺾어서 항복시키는 것이 중요합니다. 그런데 이것으로 끝나 버리는 것이 아니에요. 섭수, 이것은 받아들이는 거니까 좋은 거라고 해서 영원히 너는 내 편이라고 하고, 절복이라고 해서 영원히 너는 원수라고 갈라놓는 것이 아니라는 겁니다. 바로 잡기 위해서 임시로 쓴 방편일 뿐이죠. 마지막에는 전부 다 평등하게 받아들이는 겁니다. 그것이 자·비·희·사, 사무량심에서 나오는 정신이죠.

⑲ **行無厭慈 觀空無我故** 보살은 싫증낼 줄 모르는 자심을 발휘해야 합니다. 그 마음은 공과 무아를 관해야 하기 때문입니다.

⑳ **行法施慈 無遺惜故** 보살은 법을 베푸는 자심을 발휘해야 합니다. 가르침을 주는 것을 아까워하거나 남겨 두지 않아야 하기 때문입니다.

여기서부터 ㉕번까지는 육바라밀다로 법시자(法施慈), 지계자(持戒慈), 인욕자(忍辱慈), 정진자(精進慈), 선정자(禪定慈), 지혜자(智慧慈)라고 되어 있습니다. 그리고 그 밑에 이유를 하나씩 들었습니다.

無遺惜故(무유석고), 가르침을 남겨 두거나 아까워하지 않아요. 티베트본에서는 '스승으로서 주먹을 쥐지 않는다'고 되어 있습니다. 이것은 무슨 뜻이냐 하면 어떤 법사들은 딱 주먹을 쥐고 펴지 않는 경우들이 있다는 거예요. 그러니까 전부 다 이야기하지 않고 혼자만 간직하면서 가르치는 것에 인색한 법사가 되어서는 안 된다는 이야기죠.

㉑ **行持戒慈 化毁禁故** 보살은 계를 지키는 자심을 발휘해야 합니다. 그 마음은 부도덕한 사람들을 깨우쳐 성숙시켜야 하기 때문입니다.

毁禁(훼금), 금지되어 있는 것을 훼방하는 사람들이죠. 化毁禁故(화훼금고), 그런 사람들을 성숙하게 하는 겁니다.

㉒ **行忍辱慈 無彼我故** 보살은 인욕하는 자심을 발휘해야 합니다. 자

기와 남을 보호해야 하기 때문입니다.

현장의 번역과 티베트본을 참고해서 이렇게 번역했습니다. 한문만으로는 뜻이 모호하죠. 無彼我故(무피아고), 피아(彼我)를 남겨 두어서는 안 되기 때문이다. 저 사람과 나라는 대립을 남겨 두어서는 안 되기 때문입니다.

㉓ **行精進慈 荷負衆生故** 보살은 정진하는 자심을 발휘해야 합니다. 모든 중생의 짐을 지는 마음이어야 하기 때문입니다.

㉔ **行禪定慈 不受味故** 보살은 선정하는 자심을 발휘해야 합니다. 맛을 일부러 보지 않으려 하는 마음이어야 하기 때문입니다.

일부러 좋은 맛을 찾아다니지 말라는 것입니다.

㉕ **行智慧慈 無不知時故** 보살은 지혜로운 자심을 발휘해야 합니다. 어느 때나 법을 분명히 알고 있어야 하기 때문입니다.

㉖ **行方便慈 一切示現故** 보살은 방편을 갖춘 자심을 발휘해야 합니다. 어디에서나 길을 보여주어야 하는 마음이기 때문입니다.

方便慈(방편자). 육바라밀다가 십바라밀다로 되는 과정에 있다고 생각하면, 육바라밀다 다음에 방편이 나오는 것이 맞습니다. 육바라밀다 다음에 방편, 원(願), 역(力), 지(智), 그렇게 되죠. 방편까지는 『유마경』에 이미 나왔다고 볼 수 있어요. 십바라밀다로 완성된 것은 『해심밀경』과 『화엄경』에 나오는데, 이 두 경전은 거의 같은 시기에 성립되지 않았나 생각됩니다. 『유마경』에서는 아직 십바라밀다가 안 나옵니다.

㉗ **行無隱慈 直心淸淨故** 보살은 숨김없는 자심을 발휘해야 합니다. 그 마음은 곧은 마음, 청정한 마음이기 때문입니다.

㉘ **行深心慈 無雜行故** 보살은 깊은 마음의 자심을 발휘해야 합니다. 그 마음은 잡되게 물듦이 없기 때문입니다.

直心慈(직심자)와 深心慈(심심자). 직심, 심심, 이런 말들은 『대승기신론』에 나오는 이야기죠. 여기 『유마경』에서도 앞서 도량에 대한 이야기에서 나왔습니다.

㉙ **行無誑慈 不虛假故** 보살은 속임수 없는 자심을 발휘해야 합니다. 그 마음에는 허식이나 가짜가 없기 때문입니다.

㉚ **行安樂慈 令得佛樂故** 보살은 안락한 자심을 발휘해야 합니다. 그 마음은 부처님의 행복 속으로 인도하기 때문입니다.

부처님의 기쁨을 얻게끔 하는 것이기 때문입니다.

菩薩之慈 爲若此也 보살의 자심은 이와 같아야 하는 것입니다.

자(慈)에 이어서 다음에 비(悲)·희(喜)·사(捨)에 대한 이야기가 나오는데, 너무 짤막해서 『유마경』을 만든 사람이 좀 잘못 만들지 않았나 하는 생각이 들 정도예요.

3. 비(悲)·희(喜)·사(捨) 무량심

(3)

文殊師利 又問하되, "何謂爲悲요" 하니,

答曰하되, "菩薩의 所作功德은 皆與一切衆生과 共之니라."

"何謂爲喜요" 하니,

答曰하되, "有所饒益하니 歡喜無悔니라."

"何謂爲捨요" 하니,

答曰하되, "所作福祐는 無所悕望이라" 하니라.

文殊師利又問 何謂爲悲 문수사리가 또 물었다. 어떻게 하는 것을 비

(悲)의 마음이라 합니까?

答曰 菩薩所作功德 皆與一切衆生共之 유마거사가 대답하였다. 보살이 짓는 공덕은 다 일체중생과 함께 공유하는 것입니다.

이 한 마디로 '비'에 대한 설명을 다 해버렸어요. 굉장히 의미가 심중한 것은 사실입니다. 여기에 대해서 옛날 주석가들이 어떤 설명을 했나 찾아보았는데, 이렇다 할 두드러진 설명이 없었던 것이 아쉽습니다.

보살이 짓는 공덕은 일체중생과 함께 공유한다. 공덕은 좋은 것들만 이야기한 거죠. 공(功)과 덕(德)이 조금 다를 수 있는데, 공은 technical한 면이 많고, 덕은 moral한 면이 많습니다. 공은 영어로 merit라고 하죠. 유마거사처럼 돈이 많든지 하면 그것은 공입니다. 또 지식이 많아도, 기술이 있어도 다 공입니다. 그런데 덕은 인격적인 면이라고 볼 수 있습니다. 이것은 보살이 수행을 통해서 갖추는 거예요. 이런 것을 일체중생과 더불어 똑같이 누린다, 공유한다. 중생은 탐·진·치가 많아서 악업을 짓고 그 업보를 받고 있는 사람들이라는 말이죠. 그 업보 때문에 고생하고 있는 사람들입니다. 보살은 그 반대로 좋은 일들을 많이 해서 복을 받고 있는 사람들인데, 고생하고 있는 사람들에게 그 복을 나눠주는 것이죠. 말하자면 보살은 지혜가 많아 법에 대해서 잘 알고 있고, 물질적으로도 많이 갖고 있고, 도리도 잘 알고 있습니다. 법을 가르쳐 주고, 물질적으로는 없는 사람에게 나눠주고 이렇게 하는 것이 '비(悲)'라는 이야기입니다.

아래에서 계속 문수보살이 묻고 유마거사가 대답합니다.

何謂爲喜 〔문〕 어떻게 하는 것이 희(喜)의 마음입니까?

答曰 有所饒益 歡喜無悔 〔답〕 요익하는 바가 있으니 환희하고, 후회하는 일이 없는 것입니다.

남에게 이익을 주는 바가 있으니 항상 기쁘기만 하고 후회될 것이 하나도 없는 마음가짐이 희의 마음가짐입니다. 기쁨의 원천은 요익중생하는 데 있다는 거예요.

何謂爲捨 〔문〕 어떻게 하는 것이 사(捨)의 마음입니까?

答曰 所作福祐 無所悕望 〔답〕 복을 지어 도와주지만 희망하는 바가 없는 것입니다.

좋은 일을 했으니까 복을 받고 부처님의 도우심을 받게끔 됐는데, 자기도 그렇지만 남에게도 아낌없이 주는 겁니다. 복을 지어서 도와주지만, 무엇인가 대가를 바라고 하는 것이 아니고, 일체 희망하는 바 없이 하는 것입니다.

자·비·희·사, 간단해도 설명은 다 됐습니다.

4. 무주(無住)라는 근본

여기에 엄청난 이야기가 나옵니다. '무주(無住)라는 근본', 이 제목은 라모뜨가 붙인 것입니다. 처음에는 이해가 잘 되지만, 끝 부분에 가서는 뭐 이런 것이 있나 하고 당황할 사람도 있을지 모릅니다. 그러나 그 다음 5번의 천녀 이야기를 들으면 아마 그 막혔던 의문이 탁 풀리게 되리라고 생각합니다. 그 다음 6번 '해탈이란 무엇인가'도 아주 재미있는 이야기들이죠. 마지막 11번 '모든 중생은 죽는 일도 다시 태어나는 일도 없다'까지 많이 생각해야 하는 엄청난 이야기들이 이 품 안에 들어 있는데, 다 빛나는 진주 같은 대목들입니다.

(4)

文殊師利가 又問하되, "生死有畏하니 菩薩이 當何所依하리오" 하니,

維摩詰이 言하되,

"菩薩은 於生死畏中에 當依如來功德之力할지니라" 하니라.

文殊師利가 又問하되,

"菩薩이 欲依如來功德之力하면 當於何住하리오" 하니,

答曰하되, "菩薩이 欲依如來功德力者면 當住度脫一切衆生할지라."

文殊師利又問 生死有畏 菩薩當何所依 문수사리가 또 물었다. 생사윤회에 두려움이 있는 보살은 무엇에 의지해야 합니까?

생사와 같은 의미를 가진 말이 윤회죠. '윤회' 하면 생사를 생각해야 되고, '생사' 하면 윤회를 생각해야 돼요. 나고 죽고, 나고 죽고, 생사라는 것이 출생부터 죽을 때까지만을 의미하는 것이 아닙니다. 생사라는 것은 매순간 생겨나서 죽고, 생겨나서 죽고, 그러고 있는 것을 말하는 거예요. 그러니까 생사는 자꾸 되풀이되고 있는 것이죠. 이런 것이 윤회라는 말입니다. 세포가 생기고 죽고, 생기고 죽고, 또 새로 생기고 죽는 것이 윤회입니다.

윤회라고 하는 것을 잘못 해석하지 말아야 합니다. 윤회는 한 덩어리가 죽은 다음에 다른 무엇으로 태어나고, 또 무엇으로 태어나고 그런 것이 아닙니다. 생겼다가 죽고 생겼다가 죽고 하는 것이 하나의 사이클을 돈다는 말이에요. 그런 것이 수레바퀴 돌 듯이 무수하게 돌고 있는 것입니다. 그래서 윤회라고 하죠. 그것은 영어로 vicious cycle, 악순환이라고 하잖아요. 밤낮 똑같은 것을 되풀이하는 것, 밤낮 화내고 후회하고 악순환이죠. 그것이 윤회입니다.

그와 동시에 태어나서 죽을 때까지 그것도 생사라고 보아야죠. 그 동안에 무수한 생사를 거듭하면서 생에서 사로 가는 겁니다. 그러니까 인생이라고 하는 것은 생에서 사로 가고 있는 것인데, 그 안에서 매일 죽었다 살아나고, 또 죽었다 다시 살아나고 이러면서 마지막 죽음으로 가는 거죠. 하이데거라는 독일의 실존주의 철학자가 '삶이라고 하는 것은 죽음을 향해서 가고 있는 것'이라고 했잖아요. 과거에는 삶이란 그대로 좋은 것이라고 생각했는데, 독일의 실존주의 철학자들이 이런 이야기를 한 것입니다. 대개 불란서 사람들은 낙관적이고, 독일 사람들은 우울하고 비관적인 생각을 하는 경향이 있다고 하는데, 그런 영향도 없지 않을 거예요. 독일 사람들의 너무 심각하게 생각하는 태도도 문제가 없는 것은 아니고 그 나름의 풍토에서 나온 사상이긴 하지만, '죽음을 향해서 가는 존재'라는 그 말을 들으면, 실존주의 철학이 불교를 알고 나서 만든 철학이라고 말하고 싶어요. 그 이전에 쇼펜하우어라는 사람이 벌써 불교를 알았으니까, 독일 사람은 이미 불교를 잘 알고 있었습니다.

그래 이 생사에는 두려움이 많으니 무엇에 의지해야 할 것이냐? 이 문제에 대해 문수사리와 유마힐이 지금 문답을 하고 있는데, 이런 문답은 그냥 예사롭게 주고받는 문답이 아니라 일종의 논쟁, 지혜의 싸움이라고 볼 수 있습니다.

維摩詰言 菩薩於生死畏中 當依如來功德之力 유마힐이 말했다. 보살이 생사윤회에 두려움이 있을 때는 마땅히 여래의 공덕의 힘에 의지해야 합니다.

여래의 공덕의 힘에 의지하라. 이런 것을 보면, 불교가 무신론이냐, 유신론이냐 할 때 무신론이라고 할 수 있겠어요? 아니죠. 암만 봐도 이때의 여래는 하나님보다 더 위대합니다. 그렇다고 기독교와 같은 그런 하나님은 아닙니다. 그러니까 유신론 또한 아니기는 합니다. 옛날에 이런 여래의 의미가 '유신론적이지 않은가' 하는 이야기를 했던 적이 있는데, 그랬더니 나를 반대하기 위해서 덮어놓고, 불교가 어디 유신론이냐 하고 야단이 났었습니다. 그러나 '如來功德之力(여래공덕지력)', 이런 부처님이나 『화엄경』에 나오는 부처님이 누구냐에 대해 간단하게 속단할 수 없습니다. 이것이냐, 저것이냐, 그렇게 간단하게 분류하려는 사람들이 재래의 불교신도, 전통적인 불교신도들 속에 많았죠.

여래공덕지력이라는 것이 무엇이냐? 여래라는 것이 누구냐? 유신론적 종교인 기독교 같은 데서 이야기하는 하나님처럼 뚜렷한 실체를 가지고 있는 분이 존재하는 것은 아니죠. 붙잡을 수 없는 것입니다. 아무 것도 없는 것입니다. 그런데 또 그것을 여래라고 한단 말이에요. 진리가 이런 것이기 때문에 어렵지만 이럴수록 진리를 터득하는 데 노력을 아끼지 말아야 합니다.

文殊師利又問 菩薩欲依如來功德之力 當於何住 문수사리가 또 물었다. 보살이 여래의 공덕의 힘에 의지하고자 할 때는 어디에 주(住)해야 합니까?

여기서는 '住(주)'자에 표시를 하십시오. 어디에 가서 서 있어야 됩니까? 어디에 머물러야 됩니까? Where should I abide? Where should I go and stand? '住'에는 시간적인 의미도, 공간적인 의미도 다 있어요. 산스크리트어로 sthatā란 말입니다. 영어로 stand라고 하는데, 같은 어원을 가진 말이죠. 그런데 마지막에 뭐라고 하느냐 하면, sthatā하는 바가 없어야 한다고 했어요. '無住(무주)', 주하는 바가 없다. 라모뜨 교수는 불란서말로 'la sans de base'라고 번역했어요. 영어로 하면 'the absence of base'라고 할 수 있겠죠. base가 없다, foundation이 없다. 거기에서 너는 여래의 공덕지력을 받을 수가 있다. 이렇게 탁 결론을 내리거든요. 『금강경』에서도 '應無所住而生起心(응무소주이생기심)'라고 했죠. 또 앞에 나온 '住不可思議解脫(주불가사의해탈)'에서는 '住'가 어디 머물러야 하는 것처럼 이야기했는데, 여기서도 머무르는 바 없이 머무르라는 이야기입니다. 그때도 '住'라는 것은 어디 주소가 분명하게 있으면 안 된다는 이야기였어요. 이것이 어려운데, 사실 말이 어려운 것이 아니라, 그렇게 하기가 어려운 겁니다. 그런 상태에 가기가 어려운 거란 말이죠. 말이야 쉽죠. 불교가 어렵다는 것은 말이 어려워서 어려운 것이 아니라, 행하기가 어려워서 어려운 겁니다. 그것을 가지고 자꾸 불교가 어렵다, 어렵다 그러면 안 돼요. 아니, 진리라는 것이 그렇게 어려운 것이죠. 진리로워지려면 노력 없이는 안 되는 거란 말입니다. 진리 그 자체가 되어야 복을 받는다는 이야기를 이제 하려고 하는 겁니다.

答曰 菩薩欲依如來功德力者 當住度脫一切衆生 유마힐이 대답했다. 보살이 여래의 공덕의 힘에 의지하고자 할 때는 마땅히 일체 중생을 제도·해탈케 하는 일에 주해야 합니다.

여기서는 주(住)하라고 했어요. 어디에 주하라고 했냐면, 度脫一切衆生(도탈일체중생)에 주하라고 했습니다. '度'는 제도(濟度), '脫'은 해탈(解脫)이죠. 일체중생을 제도하고 해탈시키겠다는 마음가짐, 그런 생활에 머물러 있어야 한다는 말입니다. 예수 믿는 사람들이나, 유교나 도교를 공부하는 사람이 이렇게 물어 볼지 모르겠어요. 일체중생을 제도하고 해탈시킨다는 것이 무엇이냐? 그런데 저는 오히려 그들에게 묻고 싶어요. 당신들은 교회당에서 일체중생을 제도하고 해탈시키려고 하고 있는 것이오, 아니면 어디 매달아 속박시키려고 하고 있는 것이오? 천당에 데려다 준다는 것이 속박이 아니고 뭘까요? 그런 천당에 가서 뭐해? 천당을 달리 해석하면 나도 갈 용의가 있는데, 천당이라는 데가 이상하게 꼭 뭐 믿는 사람만 간다거나, 또 뭐 '주여, 주여!' 하는 사람들만 모이는 데라면 자유롭지 못할 테니까 갈 생각이 없고, 평범한, 그저 마음 착한 사람들만 가는 데라면 갈 겁니다.

그러니까 불교 믿는다는 사람들도 마찬가지로 고리타분하게 어디 가든지 잔뜩 염주나 걸고 보란 듯이 돌아다닐 것이 아니라, 제일 중요한 것은 거짓말 안 하고, 나쁜 짓 안 하고, 부드럽고, 능력 있고, 세상에서 좋은 일만 하고, 그래야 하는 것이죠. 뭐 어디 괴상한 버릇만 가지고 있는 사람은 역시 좋은 것이 아닙니다. 나는 공공연하게 불교만 믿는다고 하는 사람이 되기를 바라지 않아요. 그런 사람이 불교 믿는 사람일 경우 입에서는 밤낮 주문만 외운다거나 그러죠. 그것도 곤란합니다.

제도해탈이라는 것은 그런 일체의 속박으로부터 다 벗어난 것입니다. 그러니까 아무 것에도 매달리지 않고, 아무 것도 우리를 결박시키지 못해요. 마음속에 탐·진·치가 없습니다. 그중에서 제일 고약한 것이 치(癡)일텐데, 그래서 이제 이기적인 마음도 없습니다. 이기심이 없으니까 탐심, 진심도 없습니다. 시기·질투, 치고 박고, 누구 목숨 빼앗고, 남의 귀한 것을 빼앗고 그런 것이 없습니다. 그런 죄를 저지르지 않게끔 돼요. 그렇게 되게 하는 것이 중생을 도탈(度脫)하는 거죠. 잘못 살고 있는 중생들을 중생 노릇 안 하게끔 가르치고 인도하는 것을 '住度脫一切衆生'이라고 했습니다. 그렇게 하고 있으면 여래공덕의 힘을 입을 수가 있다. 이것이 제일 중요한 대목 아닙니까? 불교를 왜 공부하냐 하면, 조금이라도 '度脫一切衆生'하기 위해서 하는 것이죠. 그렇게 하기 위해서는 일단 나부터 알아야 되니까, 불교 공부를 하는 겁니다. 그것은 해도 되고 안 해도 되는 것이 아닙니다.

(5)

又問하되, "欲度衆生이면 當何所除하리오" 하니,
答曰하되, "欲度衆生이면 除其煩惱할지니라" 하니라.
又問하되, "欲除煩惱이면 當何所行이리오" 하니,
答曰하되, "當行正念이니라" 하니라.
又問하되, "云何行於正念이리오" 하니,

答曰하되, "當行不生不滅할지니라" 하니라.

又問하되, "何法이 不生이며 何法이 不滅이요" 하니,

答曰하되, "不善이 不生이며, 善法이 不滅이라" 하니라.

又問하되, "善·不善은 孰爲本이뇨" 하니,

答曰하되, "身이 爲本이라" 하니라.

又問하되, "身은 孰爲本이요" 하니,

答曰하되, "欲貪을 爲本이라" 하니라.

又問하되, "欲貪은 孰爲本이요" 하니,

答曰하되, "虛妄分別을 爲本이니라" 하니라.

계속 문수사리가 묻고 유마힐이 대답합니다.

又問 欲度衆生 當何所除 〔문〕 중생을 제도하고자 하면 마땅히 무엇을 제거해야 합니까?

答曰 欲度衆生 除其煩惱 〔답〕 중생을 제도하고자 하면 마땅히 그 번뇌를 제거해야 합니다.

우리가 중생을 제도한다고 할 때는 스스로 중생이 아니게끔 하는 것이 필요하죠. 중생이 되지 않으려면 우선 자기 자신 안에 있는 번뇌망상부터 극복하는 노력을 해야 합니다.

又問 欲除煩惱 當何所行 〔문〕 번뇌를 제거하고자 하면 마땅히 무엇을 행해야 합니까?

答曰 當行正念 〔답〕 올바로 염(念)하는 일을 해야 합니다.

정념(正念)을 행해야 한다는 것입니다. 정념은 팔정도에도 있죠. 올바로 생각하고 기억하고 또 외우는 것입니다. 염불(念佛), 염법(念法), 염승(念僧)이라는 말도 있는데, 염불은 부처님을 생각하며 부처님 이름을 외우기도 하고, 부처님을 기억하며 잊지 않는다는 말입니다. 그러니까 저로서는 이렇게 강의하는 것이 염불이고, 염법이고, 염승입니다. 부처님 법을 생각하고, 자꾸 소리 내서 부처님을 외우고, 항상 잊지 않는 것입니다.

又問 云何行於正念 〔문〕 정념을 하려면 어떻게 해야 합니까?

答曰 當行不生不滅 〔답〕 불생불멸하게끔 행동해야 합니다.

석가모니불, 관세음보살, 예수 그리스도만 외우지 말고 '불생불멸(不生不滅)할지니라', 그렇게 이야기했습니다. 불생불멸하라! 이런 궁리 저런 궁리만 자꾸 하면 안 된다는 말이에요. 그러니까 부처나 보살 이름만 외우면서 '입학하게 해 주세요. 입학시험에 붙게 해 주세요' 하면 그것은 불생불멸이 아니죠. '공부 안 했어도 좀 붙게 해 주세요', 아마 우리나라 욕심쟁이 어머니들은 그러겠지만요. 부처님도 '그래, 붙고 말고 하는 것은 내가 어떻게 할 수 없어. 제 실력에 따라서 공부 열심히 했냐?' 그러실 거라고요. 『화엄경』에서는 어디에나 계시는 무수한 부처님의 음성을 듣고 그 아름다운 모습을 보면서 내 마음속에서 일체 사사로운 욕심 같은 것을 부리지 않게끔 되고 내 마음이 맑아졌을 때, 저절로 부처님이 변화된 모습으로 가까이 와서 도와주신다고 합니다. 오실 만할 때, 내가 그렇게 되어 있을 때, 그분이 오신다는 말입니다. 어떤 모습으로든지 오신다는 말입니다.

똑같은 이야기는 『반야심경』에도 나오죠. 거기서 가장 궁극적인 내용이 뭐냐 하면 '불생불멸 불구부정(不垢不淨) 부증불감(不增不減)'이거든요. 『반야심경』을 외우면서 그 경지에 가라는 이야기입니다. 그런데 여기서는 좀 쉽게 이야기했어요.

又問 何法不生 何法不滅 〔문〕 무엇이 불생이고 무엇이 불멸입니까?

答曰 不善不生 善法不滅 〔답〕 불선이 불생이고 선법이 불멸입니다.

불선(不善)은 악이죠. 악한 일은 행하지 않고, 선한 일은 끊임없이 행해 가는 것이 불생불멸입니다.

又問 善不善孰爲本 〔문〕 선과 불선은 무엇을 근본으로 삼습니까?

答曰 身爲本 〔답〕 몸을 근본으로 삼습니다.

몸, 산스크리트어로 kāya입니다. 이것은 accumulation이라는 말인데, 모이고 쌓인 것이란 뜻입니다. 그러니까 '오온(五蘊)'의 '온'이라는 말과 같은 말입니다. 오온을 근본으로 삼는다고 해도 좋겠죠. 여기는 그런 말은 없지만, 이 색·수·상·행·식이 나쁘게 움직일 수도 있고 좋게 움직일 수도 있다는 이야기로 해석할 수 있습니다.

又問 身孰爲本 〔문〕 몸은 무엇을 근본으로 삼습니까?

答曰 欲貪爲本 〔답〕 욕심과 탐심을 근본으로 삼습니다.

좋다, 나쁘다 하지만, 몸이라고 하는 것은 欲貪(욕탐), 욕심과 탐심을 근본으로 삼습니다. 그런데 여기 한 가지 이야기 안 한 것이 있어요. 석가모니 부처님의 몸은, 욕심과 탐심을 근본으로 하지 않았습니다. 그런 식으로 태어나는 것을 일컬어서 불가사의하게 변역되어 태어난 것이라고 했습니다. 그러나 보통 범부중생들은 욕심과 탐심을 근본으로 해서 태어나죠.

又問 欲貪孰爲本 〔문〕 욕심과 탐심의 근본은 무엇입니까?

答曰 虛妄分別爲本 〔답〕 허망분별을 근본으로 삼습니다.

허망분별, 석가모니 부처님에게도 라후라라는 아들이 태어나는데, 그것도 말하자면 허망분별한 것이 나타난 거죠. 석가모니도 왕자라는 신분, 그런 분별상 속에서 태어나서 예쁜 아가씨를 태자비로 삼았고, 그러면서 고민도 합니다. 그러면 석가모니 부처가 사람의 아들로 태어났다는 것이 가짜냐? 가짜는 아니죠. 다 그대로 태어났습니다. 뱃속에 있었으니까 나왔어요. 그런데 허깨비, 환영, 그림자, 자꾸 그렇게 이야기하는 것은 태어난 체(體)가 있으면서도 그것이 허깨비라고 하는 의식을 갖고 살았단 말이에요. 일찍부터 자기 존재의 유한성을 알고 살았다는 말이 되겠죠. 석가모니가 이런 생각을 하면서도 굳이 라후라를 두고 집을 뛰쳐나가 산에까지 가서 6년 동안 고행하며 도 닦는 모습을 보여줄 것이 아니라, 그냥 집에서 아이들을 잘 키우고 살면서 깨닫는 모습을 보여줄 수도 있지 않았겠나 하는 생각을 할 수도 있습니다. 그것은 분명히 그렇습니다. 그런데 석가모니의 일생은 인도의 상황에 맞는 하나의 방편이었다고 보아야 할 거예요. 인도 땅에서는 다른 사람들도 다 산속에 들어가서 수행하는 것이 하나의 일반적인 풍습이었으니까요. 우리의 유교문화 속에서는 그것이 어렵지만, 인도에서는 그것이 예사였단 말이에요. 그러니까 석가모니는 그런 식으로 출가해서 6년 동안 고행해서 깨닫고 나서 돌아와 마누라도 출가시키고, 아들도 출가시킨 거죠. 6년 동안 집에 남아 있던 사람들을 무자비하게 방치하고 갔다 온 것은 아닙니다.

우리나라 사람들이 그 흉내를 내서 출가하는데, '당신, 내가 남겨 둔 것 갖고 먹고 살아, 알았지? 당신은 아직 출가할 복을 못 받았으니 다음 생에나 하고, 나는 우선 출가수도를 해야 되겠으니 갔다 올게' 그렇게 흉내를 낸단 말이죠. 그것은 인도에서나 할 짓이지 여기서 할 짓은 아니라는 말입니다. 그렇게 하다가 이것도 저것도 못 하고 마는 경우들이 많습니다. 석가모니가 비록 집을 떠났어도 남은 가족들이 못 먹고 못 살거나 공부를 못 하거나 그러지는 않았습니다. 그리고 그는 돌아와 마지막 완성을 시켰단 말이죠. 가족들을 데려다가 제자를 만들었어요. 그래서 더 멋있는, 더 훌륭한 인간을 만들었습니다. 그러니까 그것은 대승불교에서 이야기하듯이 전부 방편이었다는 설명이 가능한 것입니다.

그런데 보통사람들은 허망분별을 일삼고 있거든요. 보통사람도 석가모니처럼 자기가 하고 있는 행위에 대해서 분명히 알고 의미를 부여한다면, '나는 뭐하기 위해서 자식을 낳았다. 이 자식은 어떻게 키운다. 이 직업으로 중생제도를 한다. 중생들을 해탈시킨다'고 할 수 있겠죠. 반드시 불교공부를 해서 설법만 하고 다니라는 이야기는 아닙니다. 돈을 벌어서 없는 사람을 교육시켜도 좋겠죠. 자기가 할 수 있는 능력을 바치면서 사는 것이 전부 다 은혜 받을 일입니다. 그러면 여래공덕의 힘이 다 저절로 와서 의지가 되어 주는 것이죠. 그것은 잘못 사는 삶이 아니고 허망분별이 아닙니다.

(6)

又問하되, "虛妄分別은 孰爲本이요" 하니,
答曰하되, "顚倒想을 爲本이니라" 하니라.
又問하되, "顚倒想은 孰爲本이요" 하니,
答曰하되, "無住를 爲本이니라" 하니라.
又問하되, "無住는 孰爲本이요" 하니,
答曰하되, "無住는 則無本이라.
文殊師利여, 從無住本하여 立一切法하니라."

又問 虛妄分別孰爲本 〔문〕 허망분별의 근본은 무엇입니까?
答曰 顚倒想爲本 〔답〕 전도(顚倒)된 상념입니다.
又問 顚倒想孰爲本 〔문〕 전도된 상념의 근본은 무엇입니까?
答曰 無住爲本 〔답〕 주(住)함이 없는 것이 근본입니다.

전도상의 근본은 무엇이냐고 하니까 아무 것도 없다고 했어요. 아무 것도 없는데 전도(顚倒)를 했단 말입니다.

又問 無住孰爲本 〔문〕 주함이 없는 것은 무엇을 근본으로 삼습니까?
答曰 無住則無本 〔답〕 주함이 없는 것은 근본이 없습니다.

무주(無住)에 무슨 근본이 있겠어요? 아무 것도 없는 그것이 일체법의 근본이라고 이야기한 것입니다.

文殊師利 從無住本 立一切法 문수사리여, 무주(無住)라는 근본으로부터 모든 법이 성립되는 것입니다.

이렇게 문수사리에게 가르쳐 주었습니다.

5. 천녀와 꽃의 기적

(7)

時 維摩詰室에 有一天女하여 見諸大人의 聞所說法하고
便現其身하고 卽以天華로 散諸菩薩 大弟子上하니,
華至諸菩薩하야 卽皆墮落하고, 至大弟子하여 便著不墮하니,
一切弟子가 神力으로 去華하나 不能令去더라.

時 維摩詰室 有一天女 見諸大人聞所說法 便現其身 卽以天華 散諸菩薩大弟子上 그때 유마힐의 집에 있던 한 천녀가 여러 어른들이 설법하는 것을 보고 홀연히 그 몸을 나타내어 하늘의 꽃을 여러 보살들과 대제자들 위로 뿌렸다.

'便現其身(변현기신)'이라는 것도 재미있어요. 아무 것도 없었는데, 몸을 턱 나타낸 겁니다. 그리고 동시에 하늘로부터 꽃을 보살들과 대제자들 위로 뿌렸단 말이죠. 무슨 꽃이냐 하고 그것을 따지는 사람도 있을지 모르지만, 연꽃이든 벚꽃이든, 어떤 것이든 상관없습니다.

華至諸菩薩 卽皆墮落 至大弟子 便著不墮 꽃은 제 보살들 위에 이르러 다 땅으로 떨어졌으나, 제자들에게 이르러서는 몸에 붙어 떨어지지 않았다.

一切弟子 神力去華 不能令去 제자들은 신통력으로 그 꽃을 떼려고 애썼으나 떼어 내지 못했다.

요새 저는 원효대사의 일생을 동화로 쓰는 작업을 하고 있습니다. 동화를 쓰는 것이 정말 어려워요. 어려운 이야기는 하나도 못 쓰고 빙빙 돌아가면서 다른 이야기로 표현을 해야 하는데, 내 신력(神力)이 모자라는 것을 느끼고 있습니다. 원효는 신라 진평왕 39년에 태어났는데, 그때 삼국이 밤낮 싸움들만 하고 있었거든요. 추측하건대 아마 원효의 아버지는 전쟁터에 끌려 나가서 어디에선가 죽었을 것 같아요. 원효의 아버지가 누구였는지는 모르지만, 할아버지는 나마(奈麻)라고 하는 벼슬을 지냈다고 합니다. 뭐 대단치 않은 벼슬이었어요. 아버지가 뭐였는지는 전연 말이 없는데, 그걸 짐작하고 쓰자면 여러 문헌을 찾아서 시대 상황을 참고로 해야죠. 그때 전쟁터에 끌려 나가서 수없이 많은 사람들이 죽었을 것 같아요. 그런 속에서 자란 사람과 요새처럼 편안한 가운데 먹고 싶은 것 다 먹고, 입고 싶은 것 다 입고 자란 사람들 사이에는 신력에서 차이가 있겠죠. 요새는 그런 어려움을 이겨낼 수 있는 신력, 신통력이 없어요. 우리만 하더라도 신통력이 있었죠.

어쨌든 부처님의 대제자들이 가지고 있는 신력으로도 꽃을 뗄 수가 없었습니다. 신력이 있으면 아예 꽃이 붙지 않았을 텐데, 이 신력이 시원치 않았기 때문에 꽃이 탁탁 붙었단 말이에요. 왜? 그 이야기가 이제 이어집니다.

(8)

尒時에 天女가 問 舍利弗하되, "何故去華᠊" 하니,

答曰하되, "此華는 不如法이라 是以로 去之하니라" 하니,

天曰하되, "勿謂 此華爲不如法하라.

所以者何뇨 하니, 是華는 無所分別이나 仁者가 自生分別想耳니라.

若於佛法에 出家가 有所分別하면 爲不如法이며,

若無所分別이면 是則如法이니라.

觀諸菩薩하라, 華不著者는 已斷一切分別想故니라.

譬如 人畏時에 非人이 得其便하나니,

如是 弟子가 畏生死故로 色·聲·香·味·觸이 得其便也니라.

已離畏者면 一切五欲이 無能爲也니라.

結習未盡이므로 華著身耳나 結習盡者면 華不著也니라."

尒時 天女問舍利弗 何故去華 그때 천녀가 사리불에게 물었다. 왜 꽃을 떼려고 하십니까?

答曰 此華不如法 是以去之 사리불이 대답했다. 이 꽃은 여법(如法)하지 않소. 그래서 이것을 떼어 내려고 하는 것이오.

'여법'은 산스크리트어로 yogya입니다. 라모뜨 교수는 'parfaitement régulières'라고 번역했어요. 문자 그대로 '법대로', '완전히 있을 것이 있는 그대로'라는 뜻이죠.

天曰 勿謂此華 爲不如法 천녀가 말했다. 이 꽃이 여법하지 않다고 말하지 마십시오.

所以者何 是華無所分別 仁者自生分別想耳 왜냐하면 이 꽃 자체는 분별 따위를 하는 일이 없는데, 당신이 스스로 분별상(分別想)을 일으키고 있을 뿐입니다.

若於佛法 出家有所分別 爲不如法 만약 출가가 불법에 있어서 분별하는 바가 있으면 그것이야말로 여법하지 않은 것입니다.

若無所分別 是則如法 만약 분별하는 바가 없으면 그것이 곧 여법한

것입니다.

觀諸菩薩 華不著者 已斷一切分別想故 저 보살들을 보십시오. 보살들에게 꽃이 달라붙지 않는 것은 그들이 이미 일체의 분별상을 끊어버렸기 때문입니다.

譬如 人畏時 非人得其便 비유컨대 어떤 사람이 겁이 많다고 합시다. 그러면 귀신이 곧 그 허점을 치고 들어올 것입니다.

如是 弟子畏生死故 色聲香味觸 得其便也 이와 같이 제자들은 생사를 두려워하기 때문에 색·성·향·미·촉이 그 허점을 치고 들어오는 것입니다.

畏生死(외생사), 생사를 두려워한다. 4번의 '무주라는 근본'에 '생사윤회에 두려움이 있는 보살은 무엇에 의지하느냐'는 이야기가 있었습니다. 그것과 관련된 이야기입니다. 바로 대제자들의 생각이 무주(無住)가 아니었기 때문에, '이 꽃은 우리한테 맞지 않는 건데' 하는 생각이 자꾸 있으니까 꽃들이 와서 딱 붙은 거죠.

색·성·향·미·촉이 허점을 치고 들어온다. 꽃은 색이 아름답고, 소리는 없지만 향도 그윽하고, 아마 맛도 괜찮겠죠. 촉감도 좋아요. 색·성·향·미·촉이 아름다운 것으로서 꽃을 하나 내 놓은 거죠. 아라한이니, 성문이니, 독각이니 하는 사람들은 이런 꽃을 갖다 놓으면, 근엄한 표정을 짓고 '이것 치워. 이것은 우리한테 맞지 않아. 향 갖다 꽂아', 아마 찡그리면서 그랬을 거라구요. 어떻게 보면 참 비인간적이죠. 그런 것이 성문과 독각입니다. 색깔이 다 뭐예요? 회색만 해도 괴색(壞色), 파괴돼 가는 빛깔, 다 죽어 가는 빛깔이죠. 잿빛입니다. 이런 것만을 좋아하죠. 사실 그것이 좀 문제인데, 거기에 집착을 했단 말입니다. 그러니까 색·성·향·미·촉이 得其便(득기편), 그 틈바구니, 그 약점을 공격해서 들어온다는 거죠. 그래서 탁 들러붙어 버렸습니다. '무주'가 아니기 때문에 그런 것입니다.

위에서 천녀가 사리불 보고 왜 그 꽃을 떼려고 하느냐고 하니까, 사리불이 '이 꽃은 여법하지 않으니까 떼려고 한다'고 했죠. 사리불의 입장에서 볼 때는 천녀를 '제까짓 게 여자의 몸으로 뭘 안다고?' 이렇게 깔보고 있었거든요. 그래서 나중에 또 혼나는 것 아닙니까? '당신 뭐 언제까지 여자의 몸으로 그대로 있어? 그렇게 신통력이 있으면 한번 남자로 바꿔 태어나지 그래.' 사리불이 천녀에게 이렇게 이야기했다가 혼나는 이야기가 또 나옵니다. 어쨌든 위에서 사리불이 천녀에게 여법하지 않다고 했다가, 천녀로부터 이 꽃은 분별하지 않는데 사리불스님 당신이 분별하고 있다는 이야기를 듣죠. 꽃은 이 사람 저 사람 가리는 분별식 따위는 없어요. 그렇죠. 꽃이 사람보다 낫다고요. 나는 꽃이 사람보다 낫다고 생각한 적이 한두 번이 아닙니다. 그래서 꽃은 육도중생 중에서 천(天) 쯤에 해당한다고 생각합니다. '꽃이 분별하는 것이 아니다. 당신이 분별하는 망상을 하고 있기 때문에, 꽃이 어떻고 하는 그런 따위의 소리가 나오는 거지.' 불법에 따라서 출가를 한 사람이 분별을 하게 되면 그야말로 여법하지 않은 것 아닙니까?

이 말을 스님네들한테 들려주고 싶은데, 출가했다고 하는 것은 분별하지 않게끔 되었다는 것이고 그래야 여법한 겁니다. 그러니까 출가자는 머리를 깎아야 한다, 이런 옷을 입어야 한다, 이런 규정들은 어떻게 보면 여법하지 않은 거라고 해도 과언이 아니에요. 무슨 율장에 집착해서 사는 사람, 머리 깎고 물들인 옷을 입은 사람만을 승보(僧寶)라고 하는 법이 어디 있느냐는 말입니다. 우리 현실 속에서 그런 것들을 좀 없애 버려야 합니다. 보살에게 꽃이 달라붙지 않은 까닭은 분별상을 끊어 버렸기 때문 아닙니까? 아, 지나가면 지나가는 거라고 생각하는 연습을 하자는 말이에요. 그것이 '무주(無住)'라는 거죠.

이와 같이 제자들은 생사를 두려워하기 때문에 색·성·향·미·촉이 그 허점을 노려 치고 들어오는 것이다. 이 대목을 여러분들이 잘 기억하면서 음미하기 바랍니다. 이어서 아래 세 줄도 아주 중요한 말씀이에요.

已離畏者 一切五欲 無能爲也 이미 두려움을 떠난 사람에게는 일체의 오욕(五欲)이 아무 짓도 하지 못하는 것입니다.

結習未盡 華著身耳 번뇌망상의 악습이 아직도 남아 있기 때문에 꽃이 몸에 달라붙는 것뿐입니다.

結習盡者 華不著也 번뇌망상의 악습이 다 없어진 사람에게는 꽃이 달라붙지 않습니다.

여법에 대해서 좀더 이야기를 하겠는데, 우리나라 사람들은 '여법하다'는 말을 좀 이상하게 쓰는 경우들이 있습니다. 법이라는 것이 어떤 형식절차로 이미 객관적으로 존재하고 있어서 거기에 맞게 행동하는 것을 여법하다고 생각하는 경우가 있는데, 여러분은 어떻게 생각하세요? 법이라는 것은 그때그때 사정에 따라 매번 달라지는 거죠. 상황에 따라 다른 것입니다.

그러니까 살생하지 말라는 것이 있지만 그것은 하나의 원칙입니다. 가령 적국이 침공해 들어왔다고 합시다. 가만히 있으면 수많은 무고한 사람들이 죽게끔 되니까 무기를 들고 나가는 거죠. 누구를 죽이기 위해서, 원해서 가는 것은 아닙니다. 통일전쟁에 나갔던 우리 신라시대의 화랑들이나 원광법사 같은 분을 생각해 보세요. '살생유택(殺生有擇)'이라고 했지 '불살생(不殺生)'이라고 안 했어요. 그게 어디 불교냐고 비난하는 사람들도 있지만, 그것은 불교를 몰라서 하는 말입니다. 소승불교에서는 살생하지 말라고 했으니까 언제 어디서든지 살아 있는 것은 죽이면 안 된다고 생각하겠죠. 그런데 그것이 아니라고요. 살아 있다는 것이 도대체 무엇인지 그 자체가 문제입니다. 살아 있다는 것은 천차만별이죠.

부처님처럼, 보살처럼 멋있게 사는 사람들이 있는가 하면, 아주 고약한 욕심꾸러기로 사는 사람들도 얼마든지 많습니다. 그런 삶들이 다 살아 있다는 미명 때문에 '생명, 외경' 이렇게 똑같은 것으로 취급되고 있죠. 그러나 법이라는 것은 언제든지 인연 따라서 변화하고 있는 거란 말입니다. 그때그때 같지 않아요. 쳐들어오는 놈도 꼭 같지 않을 거예요. 나는 이러고 싶지 않은데, 안 나가면 쏴 죽인다고 하니까 억지로 끌려 나와서 들기 싫은 총대를 들고 나오는 사람도 있을 테고, 또 완전히 거기에 물들어서 앞장서서 더 나쁜 짓을 하는 놈도 있을 테고, 별의별 놈이 다 있겠죠. 그것을 일률적으로 생각할 수 없는 겁니다. 뭐 기독교식으로 생각해도, 불교식으로 생각해도 상관없는데, 부처님이나 하나님이 위에서 객관적으로 내려다볼 때는, 요놈의 마음과 저놈의 마음은 꼭 같지 않구나 하는 것을 다 볼 수 있을 텐데, 우리는 다 똑같은 것으로 보기 쉽죠. 같은 일을 한 것 같아도 매번 받는 과보가 달라요. 사람들이 묘한 겁니다. 화랑들도 사람마다 달랐지 꼭 같았던 것은 아니었단 말이죠. 원광법사의 세속오계를 받은, 말하자면 보살계를 받은 화랑들, 그래서 불교정신을 잘 알고 있던 화랑들 다르고, 나중에 타락했을 때의 화랑들이 다 달랐던 것입니다.

그 생각하는 사고방식에 따라서 판단을 하든지, 또 그 사람들의 상황에 따라서 판단해야 하는 것이지, 어떤 객관적인, 형식적인 하나의 모델이 있어서, 법이 그것에 맞는지 안 맞는지 자막대기처럼 갖다가 대 볼 수 있는 것이 여법이 아니란 말입니다. 여법이라는 것은 그때그때 있어야 되는 법이라고요. 그 사람이 어떤 위치에서 무슨 책임을 가지고 있느냐, 무엇을 해야 할 사람이냐, 이런 데 따라서 자기 해야 할 일을 하는 것이 여법한 것입니다. 해야 할 일을 하지도 못하면서 부처님 이름만 외우고 있다고 여법해지는 것은 절대 아니죠.

세상에서 해야 할 일은 하나도 못 하면서 중노릇, 성직자노릇만 잘하는 사람들이 종교계에서 세도를 부리고 있는 경우가 많습니다. 나는 승려이기 때문에 여법하고 너희들은 속인이기 때문에 여법하지 못하다고 하는데, 천만의 말씀이죠. 그런 것이 어디 있어요? 이 여법이라는 것을 잘못 알고 있으니, 사리불이라는 작자도 천녀한테 당하고 있잖아요. 불교에서 여인은 보통 아주 형편없이 취급되는 줄 알았는데, 『유마경』에서는 남녀의 구분이 없어요. 이 천녀가 사리불을 훈계한다는 이야기가 재미있습니다. 천녀는 다름이 아니라 유마거사가 천녀로 변신한 거죠. 유마거사는 또 누구냐 하면, 부처님이 속인의 모습을 하고 나와서 '야, 이놈아, 속인을 무시하지 말아라' 하고 이야기한 거란 말이에요. 『유마경』 첫머리의 「제자품」에서 유마거사에게 십대제자가 납작해지잖아요. 미륵보살도 꼼짝 못했죠. 미륵보살도 출가스님이거든요. 출가자가 중요한 것이 아니라는 이야기입니다. 법대로 사는 것이 중요하다는 거죠.

그런데 천주교가 겉으로는 상당히 좋은 것 같지만, 굉장히 뒤떨어져 있어요. 아직도 신부 옷 입은 사람이 성사(聖事) 할 때, 이것이 예수님의 몸이고, 이것이 피고 하는데 그런 것이 어디 있어요? 주문 하나 외우니까 피가 되고, 몸이 되고, 이것 떨어뜨리면 큰일 난다고 야단들 하죠. '야, 제발 좀 집어치워라. 그런 것을 누가 믿느냐'고 하면서, 화란 사람들이 교리서를 따로 만들었잖아요. '화란교리서'라는 것이 1960년대 후반에 만들어졌습니다. 가톨릭 사람들은 교회를 유지하려다 보니까, 밀가루였던 것이 의식을 통해서 실제로 예수님의 살이 되고, 포도주였던 것이 예수님의 피가 됐다고 했습니다. 실체가 바뀌었다고 해서 transubstantiation이라고 했습니다. 그런데 화란 사람들은 transignification이라고 해서, 의미가 바뀐 것이지 실체가 바뀐 것이냐고 했습니다. 의미가 바뀌었다고 하면 나도 천주교에 그대로 있을 수 있어요.

그러나 실체가 바뀌었다는 것은 못 믿습니다. 그것을 취소하기 전에는 절대 안 가죠. 그런데 사람들이 못 믿을 것을 왜 믿는다고 하느냐 하면, 거기 가면 그런 것도 다 좋아 보이기 때문이지요.

절에는 구질구질한 것들이 안 보여서 나는 절에 왔는데, 사실 절에도 구질구질한 것들이 많습니다. 인생 사는 데 어디나 구질구질한 것이 있기 마련이고 적당히 살면 되지 않겠나 그럴지 모르지만, 그런 데 안 가면 되잖아요. 그래서 새로운 승가, 새로운 공동체를 이야기하려고 이번에 국제학술회의를 하는 것인데, 내가 시험문제를 냈습니다. 해답을 하나도 안 주었죠. 그런데 미리 답을 받아 보니까 다 빵점이에요. 객관적인, 자기 자신과는 관계없는 이야기들만 잔뜩 늘어놓았어요. 좀 재미없는데, 하여튼 불러다가 그 사람들과 이야기를 나누는 가운데 좀 다른 이야기가 나왔으면 하는 생각입니다.

6. 해탈이란 무엇인가

(9)

舍利弗이 言하되, "天이 止此室함이 其已久如이나이까" 하니,

答曰하되, "我止此室함이 如耆年의 解脫이로다."

舍利弗이 言하되, "止此久耶아" 하니,

天이 曰하되, "耆年의 解脫도 亦何如久오" 하니,

舍利弗이 黙然히 不答하더라.

天이 曰하되, "如何耆舊 大智로써 而黙하나뇨" 하니,

答曰하되, "解脫者는 無所言說故로 吾於是에 不知所云이로다" 하니라.

天이 曰하되, "言說文字가 皆解脫相이니라.

所以者何뇨 하니, 解脫者는 不內·不外 不在兩間이요,
文字도 亦不內·不外 不在兩間이니라.
是故로 舍利弗이여, 無離文字하여 說解脫也할지로다.
所以者何뇨 하니, 一切諸法이 是解脫相이기 때문이니라."
舍利弗이 言하되, "不復以離婬·怒·癡가 爲解脫乎아" 하니,
天이 曰하되,
"佛은 爲增上慢人하여 說하되, 離婬·怒·癡를 爲解脫耳라 하였느니라.
若無增上慢者에게 佛說하기를 婬·怒·癡性이 卽時解脫이라 하느니라."

계속 사리불과 천녀의 대화입니다. 여기서는 천녀라고 안 하고 천이라고만 하고 있습니다. 이미 남녀평등이니까 '여'자를 붙여도 좋고 안 붙여도 좋은 거죠. 겉모습은 여자 모습이지만, 그런 것은 상관없는 거예요. 나중에 이 문제가 사리불과 천녀의 대화 속에서 자세히 다루어집니다. 여기서 사리불이 또 한 번 당합니다. 해탈에 관해 이야기하고 있습니다.

舍利弗言 天止此室 其已久如 사리불이 말했다. 천녀여, 당신은 이 집에 머문 지 얼마나 되었습니까?

答曰 我止此室 如耆年解脫 천녀가 대답했다. 내가 이 집에 머문 지는 노스님께서 해탈한 것만큼이나 오래되었습니다.

'耆年(기년)'은 장로(長老)와 같은 말이에요. 나이 많은 스님을 가리키는 말입니다.

舍利弗言 止此久耶 사리불이 말했다. 그렇게 오래 머물러 있었습니까?

이 말에서 걸려 버렸어요. '당신이 해탈한 것만큼이나 오래되었소' 하니까, 멋도 모르고 '아, 그렇게 오래되었습니까?' 그랬단 말이에요. 여기서 꼬투리를 잡힌 거죠.

天曰 耆年解脫 亦何如久 천녀가 말했다. 노스님 해탈하신 지도 꽤 오래되셨지요. 얼마나 되셨습니까?

舍利弗默然不答 사리불이 입을 다물고 아무 대답을 안 했다.

언제 해탈했다고 할까 망설이다 그렇게 됐겠죠. '10년 전쯤에 해탈했지' 할 수도 없고, 한 2, 3년 됐다고 할 수도 없고. 또 다르게 해석하면, 해탈한 지 얼마 됐다는 고것만 계산하고 있는 것은 해탈이 아니거든요. 엉터리 해탈이라는 이야기가 되죠. 그래서 말문이 막혔을 수도 있습니다.

天曰 如何耆舊 大智而默 천녀가 말했다. 노스님께서는 큰 지혜를 가지신 분인데 어째서 침묵을 지키십니까?

答曰 解脫者 無所言說故 吾於是不知所云 사리불이 대답했다. 해탈이란 말로써 할 수 없는 것이므로 내가 뭐라 해야 될지 모르겠소.

이렇게 점잔을 뺐습니다. 요게 틀려먹었다고요. 솔직하면 좋은데, 변명을 했단 말입니다. 아주 아는 척했죠. 아무 것도 모르는 여자다 싶어서 내가 뭐라고 말해야 될지 몰라서 말 안 한 거야, 그랬단 말이에요.

天曰 言說文字 皆解脫相 천녀가 말했다. 언설과 문자라는 것도 다 해탈의 모습을 띠고 있습니다.

아니 대도사께서 그런 걸 말 못 하시다니 말이 됩니까? 해탈했으면 당당히 말로도 할 수 있어야 하는 것입니다. 언설과 문자가 모두 해탈의 상(相)입니다. 어디 언설과 문자뿐이겠어요? 삼라만상이 다 해탈상이라고 해야 되겠죠. 이 세상 모든 것이 다 해탈의 모습을 띠고 있으니 눈뜨고 보시오, 그런 말입니다. 말에 집착하는 사람에게는 말 그까짓 것 아무 것도 아니라고 하겠지만, 말을 무시하는 사람에게는 이렇게 이야기해 주어야 하거든요.

所以者何 解脫者 不內不外 不在兩間 왜냐하면 해탈이란 안에 있는 것도, 밖에 있는 것도, 그 사이에 있는 것도 아니기 때문입니다.

아주 독특한 표현이기 때문에 걸리지 않도록 잘 알고 가야 하겠습니다. 안에 있다고 한 것은 내 주관, 밖에 있다고 하는 것은 객관, 그 사이에 있다고 하는 것은 주객 사이에 왔다 갔다 하는 인식작용입니다. 그 어느 것도 아니라는 거죠. 안과 밖, 주관과 객관은 육근(六根)과 육경(六境)을 두고 한 이야기입니다. 안은 육근, 안·이·비·설·신·의(眼耳鼻舌身意)이고, 거기 상대가 되는 밖은 육경, 색·성·향·미·촉·법(色聲香味觸法)이죠. 해탈이라는 것이 색·성·향·미·촉·법의 어느 하나도 아니고 안·이·비·설·신·의의 어느 하나도 아니라는 겁니다. 또 그렇다고 육근과 육경 사이에서 일어나는 육식(六識), 즉 안식(眼識), 이식(耳識), 비식(鼻識), 설식(舌識), 신식(身識), 의식(意識)이라는 분별식(分別識)도 아니다. 그 중간에 있지 않다는 것이 바로 그 말입니다. 그러니까 분별식이 아니라, 무분별식(無分別識)이라야 한다는 겁니다.

그러면 해탈이라는 것은 무엇입니까? 해탈이라는 것은 생활이죠. 그러니까 육근이 하는 일과 전부 다 관계가 있습니다. 육근이 작용하는 것을 육식이라고 하죠. 그렇지만 육식이 그냥 그대로 해탈은 아닙니다. 본다고 해탈이 아니고, 듣는다고 해탈도 아니죠. 단순한 식(識)은 해탈이 아니라는 말입니다. 올바로 보는 것이 해탈일지 모르지만, 그냥 식이라는 것과 혜(慧)는 다르잖아요. 색·성·향·미·촉·법은 사람일 수도 있고, 산일 수도 있고, 강일 수도 있고, 태양일 수도 있고, 이 우주의 만물일 수도 있습니다. 내가 바깥세상의 이런 것들과 만나서 그것을 눈으로 보고, 귀로 듣고, 그러면서 살아가는 가운데 그냥 그것이 뭐더라 하는 정도로 보고 듣고 하는 것은 해탈이 아닙니다.

그러면 어떻게 하는 것이 해탈이냐 하면, 눈으로 보되 그것과 내가 완전히 하나가 되는 거죠. 말하자면 식 아닌 눈의 작용, 식 아닌 귀의 작용, 그런 것이 해탈입니다. 아직도 '내가 너를 보니까 하는 것'은 'I love you'

가 아니면 'I hate you'입니다. 'I love you'도 물론 불교에서 말하는 진짜 사랑은 아닙니다. 진짜 해탈된 사랑은 원융무이(圓融無二)죠. 나와 네가 둘이면서 둘이 아니고 하나입니다. 이제 이렇게 된 것이 불이(不二), 자타불이(自他不二)입니다.

물론 둘이면서 둘이 아니라야 합니다. 각자 따로따로 자기 특성을 다 가지고 있으면서도 자아의식이 남아 있지 않기 때문에, 뭐 '내가 너를……' 그런 것이 없다는 말입니다. 그것이 없어지니까, 나는 나대로, 너는 너대로 있어서 좋습니다. 꽃과 내가 이렇게 있는데, 나는 혹시 꽃을 차별할지 모르지만, 꽃은 나를 차별하지 않을 거예요. 꽃이 나보다 낫다는 이야기죠. 내가 그 '나'라고 하는 쓸데없는 의식만 없앤다면, 꽃과 나의 관계가 꽃과 산, 꽃과 하늘, 꽃과 흰 구름, 꽃과 대나무, 그 모든 것과의 관계처럼 되는 겁니다. 원망의 눈초리로 볼 것도 아니고, 선망의 눈초리로 볼 것도 아닙니다.

'해탈이 무엇이냐?' 이렇게 물을 때 일본 학자들처럼 사전에 있는 말들을 다 끄집어내다가 설명한다고 해서 그것이 해탈이 되는 것이 아닙니다. 그것이 제가 그 사람들에게 늘 불만스럽게 생각하는 건데, 자기 이야기를 좀 해 주었으면 하는 겁니다. 그러니까 주체적으로 자기 생활의 원리를 찾는다는 의미에서 불교공부를 하지 않으면 불교가 스스로에게 아무 도움이 안 되는 거죠. 그런 불교학은 그만 두라는 것이 옳은 이야기입니다. 암만 많이 알고 있으면 뭐해요? 컴퓨터가 데이터베이스에 잔뜩 많이 가지고 있다고 해서 지혜로워지나요? 그것이 아니거든요.

文字亦不內不外 不在兩間 문자와 언설도, 역시 안에 있는 것도, 밖에 있는 것도, 그 사이에 있는 것도 아닙니다.

문자도 역시 마찬가지라는 말을 합니다. 이렇게 말한 것은 사리불이 언설로 할 수 없다고 하니까, 그 문자나 언설 우습게 생각하지 말라고 한 이야기죠. 문자도 해탈이다 이거예요. 문자, 문자 하면서 문자에 사로잡혀 있지 말고, 자연스럽게 생각하고 이야기하라는 겁니다. 해탈이 안에 있지도, 밖에 있지도, 그 중간 어디에 있지도 않다. 그와 마찬가지로 문자라는 것도 안에 있지도, 밖에 있지도, 그 중간에 있지도 않다. 그러니까 문자를 떠나서 해탈을 말하려고 하지 말라. 문자로 말하라는 겁니다.

옛날 인도 사람들은 참 멋있었어요. 베다시대 사람들은 신을 이야기하고 혹은 뭔가 근원적인 무엇이 있다고 생각하면서, 끝까지 찾고 찾아가서 근원적인 그 무엇을 여러 가지 이름으로 설명했습니다. 그중에 '말'이라고 하는 것으로 창조주를 설명한 것이 있어요. 태초에는 말만 있었다. 그런데 그 태초라고 하는 것이 재미있습니다. 태초라는 것이 옛날 옛적이란 이야기가 아니라 지금도 태초예요. 궁극적인 그 자리를 태초라고 하는 거죠. 그러니까 성경도 그렇게 해석해야 하는 거예요. 태초라는 것을 옛날로 거슬러 올라가는 것으로만 생각하면 안 된다고요. 태초라는 것은 궁극적인 것, 가장 본질적인 거란 이야기죠. 그래서 인도인들은 말을 함으로써 친구가 될 수 있다, 말을 함으로써 남남이 아니게끔 될 수 있다, 말에 모든 우정의 비밀이 다 들어 있다, 그러니 이 말이 얼마나 중요하냐고 했습니다. 그런 의미에서 말이라는 것을 하나님이라고, 창조주라고 이야기했습니다.

말 한마디로 천 냥 빚을 갚는다고 하지만, 사실 말 한마디 잘하면 인생의 모든 문제가 잘 해결되는 것이 아닌가 싶은 생각도 드는데, 사람들 사이에서 말을 어떻게 제대로 구사하느냐 하는 것이 중요하겠죠. 물론 시시한 말은 소용없지만. 요새 서양철학 하는 사람들은 말, 문자, 다 소용없는 거라고 하는데, 소용없게 만들었으니까 소용없는 것이지, 소용있게 쓰면 얼마나 귀중한 수단인지 모르죠. 말로 인해서 우리가 하나가 된다고 했습니다.

그런데 라모뜨 교수가 중요한 것을 발견했더군요. 현장은 이 부분을 번역하면서, '非內非外 非離二種 中間可得(비내비외 비리이종 중간가득)'이라고 했어요. 안과 밖에는 없지만, 안과 밖을 떠나지 않으면서 중간에서는 얻을 수 있다고 한 것이죠. 그러니까 중간에, 식(識)에는 있다고 한 셈입니다. 라모뜨 교수는 현장이 유식(唯識)의 입장에 따라 자기 학설에 유리하게 이것을 고의로 고쳤다고 보고 있어요. 유식은 '오직 식에만 있다'는 이론 아닙니까? 사실 식은 아무 것도 아닌데, 그것을 가지고 자꾸 곡학아세(曲學阿世)했단 말이에요. 현장이 암만 많이 알면 뭐하냐 이거예요. 그래서 원효가 위대한 거죠. 원효는 탁 알고 저런 사람한테는 내가 가서 배울 필요가 없다고 안 갔잖아요. 당나라에 가려고 한 것은 현장에게 배우려고 했던 것인데, 내가 잘못이었다, 갈 필요가 없다고 하면서 안 갔습니다. 의상도 남쪽으로 가지 않고 오대산에 가서 화엄을 배워 가지고 왔어요. 라모뜨가 그것을 지적해서 비교해 보니까 현장이 살짝 바꿔 놓았다는 것을 알 수 있었습니다.

이런 것을 보면 불교학이 노상 필요 없는 것은 아니죠. 불교학은 필요한데, 시시한 불교학에 사로잡혀 있지 말라 이거예요. 정말 쓸데없는 공부하고, 쓸데없는 논문들 많이 쓰고 있어요. 그런 불교학자는 아무리 많이 만들어도 소용없습니다.

是故 舍利弗 無離文字 說解脫也 그러므로 사리불이여, 문자를 떠나서 해탈을 말하지 마십시오.

문자로 이야기해야 할 때는 문자로 이야기해야죠. 문자가 그렇게 관계가 있다는 것을 알고서 써야 한다는 이야기입니다. 해탈이라고 하는 것도 문자죠. 문자를 안 쓰고 이야기할 수 없거든요. 해탈이라는 말도 있고, 열반이라는 말도 있고, 여러 가지 말이 있습니다. 그러니까 앞에서 사리불이 '해탈이라는 것은 언설로써 할 수 없는 바이기 때문에'라고 했는데, 왜 이런 말을 했겠습니까? 사리불은 지금 또 집착하고 있는 것입니다. 무엇에 집착하고 있나요? '無所言說(무소언설)'이라는 데 집착하고 있잖아요. '해탈이라는 것은 말로 할 수 없는 것'이라고 하는 데 집착하고 있거든요. 그것에 집착해서는 안 되는 거란 말이죠. 말로 해야 할 때는 하고, 하지 말아야 할 때는 안 해야 하는 것입니다.

소위 situation ethics, 윤리를 이야기할 때도 상황에 따라 하라고 하지만, 윤리만 그런 것이 아니라 진리를 말로써 설명하려고 할 때도 상황에 맞추어서 해야 한다는 겁니다. 그러니까 진리라는 것도 언제 어디 누구에게나 통하는 딱 고정된 기성품이 하나 있어서, 여기 갖다 맞추고 저기 갖다 맞추고 그럴 수 있는 것은 아니니까 때에 따라 상황에 맞게끔 현실화, 생활화되어야 합니다. 물론 언어만 써서 되는 것은 아니겠지만, 언어도 필요하고, 웃음도 필요하고, 미소도 필요하고 여러 가지 방법이 다 필요하겠죠. 그것을 자유자재로 할 수 있는 것이 필요합니다. '불립문자(不立文字)'라는 문구에 사로잡힌 친구들이 또 얼마나 많습니까?

所以者何 一切諸法 是解脫相 왜냐하면 일체 제법이 곧 해탈의 상이기 때문입니다.

일체 제법을 보고 그것을 다 해탈상이라고 알아야 한다는 거죠. 내가 그 속에서 완전히 하나가 됐을 때, 여여하게 하나가 됐을 때 거기에서 해탈이 이루어진다고 합니다. 내가 울타리를 뛰어넘어 하나가 된 그것이 해탈이지, 다른 무엇이 있다고 생각하지 말란 말입니다. 여기가 제일 중요한 대목입니다.

舍利弗言 不復以離婬怒癡 爲解脫乎 사리불이 말했다. 또 음(婬)·노(怒)·치(癡)를 떠나는 것을 해탈이라고 하지 않습니까?

탐·진·치를 음·노·치라고 표현했습니다. 탐·진·치의 탐(貪)을 음(婬)으로, 진(瞋)을 노(怒)로 표현했어요. 음·노·치라고 하면 탐·진·치보다 좀더 노골적으로 보이죠.

사리불이 이제 또 아는 척하는 겁니다. 사리불은 많이 알고 있는 사람으로 불교학자 비슷한 사람이에요. 사리불은 이제 해탈과 관련해서 이야기하면서, 자기는 이미 음·노·치를 떠났다는 자부심이 있습니다. 그런데 정말 탐·진·치가 없을 수 있는가?

소승불교는 탐·진·치를 티끌만큼도 용서하지 않고 그것이 다 없어져야만 아라한이 되고 해탈이 된다고 하거든요. 이것이 아마 불교 수행을 하는 사람들에게 있어서 제일 중요한 문제로 제기될 거예요. 그런데 이 문제에 대해 정말 납득할 만한 철학적 이해를 갖고 살지 않으면 항상 자기가 위선자라는 생각을 하게 될 겁니다. 그것을 정확하게 해야 하는데, 『유마경』이 그것을 가르쳐 주고 있고, 대승불교의 보살도가 바로 그것을 가르쳐 주는 거예요. 물론 『보성론(寶性論)』, 『대승기신론』, 이렇게 여래장사상 쪽에 가면 더 정확하고 적절한 해석들이 내려지죠. 『유마경』은 그런 해석의 첫 단계라고 볼 수 있는데, 혁명적인 이야기를 다루기 시작한 겁니다.

天曰 佛爲增上慢人說 離婬怒癡 爲解脫耳 천녀가 말했다. 부처님께서는 증상만(增上慢)에 사로잡힌 사람들을 위해서만 음·노·치를 떠나는 것이 해탈이라고 말씀하셨습니다.

若無增上慢者 佛說 婬怒癡性 卽時解脫 증상만이 없는 사람에게는 음·노·치도 그 자성으로 말할 것 같으면 곧 해탈이라고 말씀하셨습니다.

'婬怒癡性 卽時解脫(음노치성 즉시해탈)', 이 말은 『유마경』에 자주 나오는 말이고 또 여러 가지로 문제시되는 문구입니다.

증상만인(增上慢人), 그러니까 성질이 쉽게 교만해지는 사람이 있죠. 조금 수행을 하면 당장 거들먹거리는 사람이 있다고요. 그리고 나는 탐·진·치가 다 없어졌다고 착각합니다. '증상만'은 교만함이 뿌리가 깊다는 거예요. 천성이 교만으로 꽉 차 있는 사람들, 우리 주변에도 그런 사람이 있습니다. 특히 승려생활을 오래 한 사람은 증상만이 있는데, 그 사람들을 위해서는 끊임없이 뭐라고 해야 하느냐 하면 탐·진·치를 떠나야 한다고 하는 거죠. 그냥 내버려두면 도인행세만 해서 도저히 옆에서 견딜 수 없거든요.

그런데 증상만인이 아닌 사람은 '너는 참 열심히 잘하고 있어' 그래도, '아닙니다, 아닙니다. 나는 지금 양심의 가책 때문에……'라고 말하는 사람이죠. 말하자면 누구 같은 사람이냐 하면, 기독교인으로 말하면 키에르케고르 같은 사람이에요. 아우구스티누스 같은 사람도 증상만인이 아니죠. 자기 스스로 정말 가슴 치고 한탄합니다. 이런 사람들은 격려해 주지 않으면 용기를 잃어버릴 가능성이 있어요. 그래서 증상만이 없는 사람들에 대해서는 부처님이 뭐라고 말씀하셨냐 하면, '그래, 음·노·치라는 것이 있지. 그렇지만 그 음·노·치의 마음바탕은 맑고 깨끗한 것이니, 너희 마음바탕이 바로 해탈이야'라고 이야기해 준다는 것입니다. 자꾸 음·노·치라는 것만 생각하면서, 내 마음은 도저히 구제할 수 없는 마음이라고 생각하지 말고 마음바탕은 맑고 깨끗한 것이라는 것을 강조해 준다는 겁니다.

음노치성(婬怒癡性)이 곧 해탈이라고 설한 것이 바로 그 말입니다. '괜찮아, 그 마음도 올바른 방향으로만 돌리면 돼.' 좋은 일 하는 방향으로 전환하면 된다는 것을 가르치는 것입니다.

음(婬)이라고 하는 것을 잘 쓰면 나쁠 것이 없어요. 음을 잘 쓰면 자비가 될 수 있죠. 사랑하는 마음이라고 할 수 있어요. 사랑도 철저하게 해야 되는 거죠. 그런 것을 원효대사는 몸소 실천으로 보여준 거예요. 그것을 요새 출가자들은 잘못 해석하고 있단 말입니다. 잠깐 은혜를 베풀어서 설총을 낳았다고? 그것은 말도 안 되는 소리입니다. 정당하게 살았다는 거예요. 요석공주와 설총을 낳아서 잘 길렀는데, 이것을 아주 부끄러운 것으로 생각하도록 만들어 놓는 것은 잘못입니다. 아직까지 그렇게 생각하고 있는 사람들이 있으면 당장 고치세요. 대승불교는 그런 것이 아닙니다. 출가해서 제대로 못 살 사람은 가능하면 나와서 결혼해서 살란 말이에요. 아닌 척 숨어서 살지 말고 제대로 당당하게 살란 말입니다. 그것도 아니면서 많이 아는 척하니까 죄를 짓는 거죠. 진짜로 사랑하면서 살면 되는 겁니다.

노(怒), 화내는 마음이라고 하는 것도 잘 돌려놓으면 의욕적이고 정말 좋은 일 하려는 용감한 마음으로 바뀝니다. 분발(奮發)도 해야 되고, 잘못하는 사람들에 대해서는 의분(義憤)도 일으켜야죠.

치(癡)라고 하는 마음은 지금 당장은 어리석지만, 처음서부터 맑은 마음이 어디 있나요? 공부하고 닦고 자꾸 그렇게 하면 지혜로운 마음, 자비로운 마음이 되는 거잖아요. 또 우리가 언제나 지혜롭게만 살지 못하는 경우가 많죠. 때에 따라서 어리석은 사람들과 섞일 때에는 어리석은 것처럼 행동할 수도 있고, 또 어리석은 것이 똑똑한 것보다 나은 경우도 많습니다.

그러니까 음·노·치라는 마음 따로 있고, 계(戒)·정(定)·혜(慧)라는 마음 따로 있는 것이 아닙니다. 바로 음·노·치나 계·정·혜는 같은 마음이죠. 마음바탕은 같아요. 그래서 '음노치성'의 '성(性)'을 이야기한 것입니다. 그것이 바로 불성, 바로 우리들 마음의 진여한 바탕, 자성을 이야기하는 것이라고 생각해야 합니다. 그 마음바탕이 바로 해탈이야. 그 마음을 내버리고 어디 가서 뭘 가지고 해탈하려고 그러냐? 그 마음의 방향만 바꾸면 되는 거야. 이렇게 이야기한 것이죠.

7. 천녀의 깨달음과 변재(辯才)

(10)

舍利弗이 言하되, "善哉로다, 善哉로다.

天女여, 汝何所得 以何爲證으로 辯乃如是인고" 하니,

天이 曰하되, "我는 無得無證인 故로 辯如是니라.

所以者何뇨 하니, 若有得有證者면 則於佛法에 爲增上慢人이리라."

이렇게 천녀한테 배우고 있는 판인데도, 사리불은 여전히 점잔을 빼고 천녀를 아래로 보고 있습니다. 그렇지만 사실은 천녀가 부처님이거든요. 비록 지금 천녀의 모습을 하고 있어도 부처님이라는 것을 사리불이 자꾸 잊어버린단 말이에요. 나도 종종 잊어버릴지 모릅니다. 여기 강의 듣는 사람들 중에도 부처님이 몇 명씩 있는데, 또 수없이 많은 부처님이 계신데, 그것을 잊어버리고 내가 부처님인 줄 알고 자꾸 큰소리치는데 지금 용서를 빌어야죠. 그러니까 불교학 했다는 놈들이 나쁜 것이 이 사리불처럼 저만 안다고 하는 거거든요. 원효대사도 한참 뭘 모를 때는 '나는 원효(元曉)다', 그러다가 조금 알고 보니까 '내가 뭐 대단해서?' 이렇게 돼서, '소성(小姓)거사'도 아니고, '하성(下姓)거사'도 아니고, '복성(卜姓)거사'라고 한 거죠.

그래 사리불이 천녀에게 또 뭐라고 하는지 봅시다.

舍利弗言 善哉 善哉 天女 汝何所得 以何爲證 辯乃如是 사리불이 말했다. 말씀 잘하셨소. 천녀여, 그대가 얻은 것이 무엇이길래, 무엇을 깨달았기에 변재가 이토록 뛰어난 것이오?

天曰 我無得無證 故辯如是 천녀가 대답했다. 나는 아무 것도 얻은 것, 깨달은 것이 없습니다. 그러므로 이렇게 말할 수 있는 것입니다.

所以者何 若有得有證者 則於佛法 爲增上慢人 왜냐하면 무언가를 얻었다 깨달았다 하는 사람은 부처님 법에 대해 증상만에 사로잡힌 사람이기 때문입니다.

그러니까 '당신 깨달은 바가 있는가, 얻은 바가 있는가?' 물었을 때, '깨달은 바가 있다. 얻은 바가 있다'고 섣불리 대답하면 안 되죠. 대답의 문제가 아니라 그런 태도가 안 된다는 겁니다. '내가 깨달았다. 내가 얻었다' 이 따위 소리하면 안 된다는 말이에요. 조금이라도 그런 생각이 있다면 그것은 잘못된 짓거리를 하고 있는 사람이죠. 요새 우리 불교계에도 자기가 깨달았다, 자기가 얻은 바가 있다고 하는 사람들이 있지 않습니까? 왜 그런 것을 모르는지 모르겠어요. 누군지 내가 이야기를 안 하지만, 그런 것이 안 된다는 말이에요. '有得有證(유득유증)'이면 안 된다는 말입니다. '無得無證(무득무증)'이라야죠. '無得無證'이라는 것이 구체적으로 어떤 모습으로 나타날까 하는 것은 원효가 승복을 벗은 사실과도 관련지어서 생각해 보아야 합니다.

불교를 깨달음의 종교라고 하는데, 다들 깨달았다고 하고 싶겠죠. 그런데 선사들의 경우는 깨달았다고 하면 그냥 내버려두지 않잖아요. 막 소리를 지른다든지, 방석을 던지든지, 막 후려갈긴다든지, 방망이질을 한다든지 합니다. 절대로 교만할 수 없게끔 되어 있습니다. '有得有證'이면 안 된다는 거죠.

문제는 깨달았다고 말을 하는 태도를 취하는 것이 중요한 것이 아니라, 실력이 중요한 것입니다. 말을 잘 할 수 있다는 것은 웅변학원에 가서 배운 솜씨처럼 잘하는 것이 아니란 말이에요. 예배당 다니는 사람들 말 잘하죠. 육군사관학교 출신도 말 잘합니다. 훈련시켰기 때문에 말을 잘 하는데, 그거야 말만 잘하는 거죠. 사실은 그렇게 말만 잘하는 사람은 믿을 수 가 없는 것이거든. 중요한 것은 때에 따라 적합한 말을 하는 것이고, 말솜씨만 중요한 것이 아니라 지혜가 있어야 하는 거예요. 그때그때 임기응변으로 말이 입에서만 노는 것이 아니라, 지혜가 있어서 마음에서부터 나와 모든 것을 전부 자유자재로 걸림 없이 하게 됐을 때 진짜 말이 나오는 겁니다.

8. 삼승(三乘)

(11)

舍利弗이 問天하되, "汝於三乘에 爲何志求하나뇨" 하니,
天이 曰하되, "以聲聞法으로 化衆生하니 故로 我爲聲聞이요,
以因緣法으로 化衆生하니 故로 我爲辟支佛이요,
以大悲法으로 化衆生하니 故로 我爲大乘이니라."

舍利弗問天 汝於三乘 爲何志求 사리불이 천녀에게 물었다. 그대는 삼승 중에 어느 것에 뜻을 두고 공부를 시작했소?

天曰 以聲聞法 化衆生故 我爲聲聞 천녀가 대답했다. 나는 성문법으로 중생을 가르칩니다. 그러므로 성문이라고 할 수 있지요.

以因緣法 化衆生故 我爲辟支佛 나는 인연법으로 중생을 가르칩니다. 그러므로 벽지불이라고 할 수 있지요.

以大悲法 化衆生故 我爲大乘 나는 대비의 법으로 중생을 가르칩니다. 그러므로 대승이라고 할 수 있습니다.

이것도 참 멋있는 이야기입니다. 성문법(聲聞法)에 대해서는 그냥 성문법으로 중생을 제도한다고 했습니다. 성문법의 내용은 설명을 안 했는데, 이때 성문법의 내용은 사제팔정도입니다. 그러니까 꼭 사제팔정

도 그대로는 아니더라도 '아, 인생은 괴로운 거야. 왜 괴로운지 아나? 탐·진·치 때문에 그래. 그러니 열반을 얻어야 돼. 열반 얻으려면 팔정도를 닦아야 돼' 이런 식으로 가르치는 거죠. 이런 것은 교육으로 말하면 초등학교 어린애들, 아직 지적인 수준이 얕은 사람들한테 인생의 도리를 가르칠 때 쓰는 거죠. 이런 사람들에게는 하나하나 차근차근 순서대로 설명해 가면서 가르치는 것이 필요할 거예요. 이것이 성문법입니다.

또 소승의 두 번째 부류의 사람들은 벽지불(辟支佛), 독각(獨覺), 연각(緣覺)이라고 합니다. 독각이라도 상관없고, 연각, 벽지불이라도 상관없는데, '혼자'라는 것을 많이 강조한 것이 독각이라는 말입니다. 혼자만의 깨달음을 생각하는 것이죠. 그러니까 '혼자'라는 이야기는 스승 없이 공부하는 겁니다. 훌륭한 스승이 있을 때, 스승에게 아주 철저하게 매달려서 수행하는 것이 앞에서 이야기한 성문이에요. 여기서 '혼자'라는 말에는 세상이 어떻게 되든 세상을 생각하지 않고, 자기 가족도 생각하지 않고, 자기만을 생각한다는 의미도 있습니다. 상당히 이기주의적이죠. 이기적인 수행을 일삼는 거예요. 자기만 좋은 데 가면 된다고 생각하는 것이죠.

이 사람들이 깊이 새겨 두었던 교훈이 뭐냐 하면 십이연기입니다. 연기(緣起)의 도리만을 가지고 깨달았다고 해서 연각(緣覺)이라고도 불리게 됐습니다. 그러니까 인연법으로 중생을 제도해야 할 때는 스스로 벽지불이 된다고 천녀가 이야기한 것입니다. 그런데 인연법이라고 하는 것을 다른 데서는 이야기하지 않느냐 하면 그것은 아니죠. 어느 불교에서든지 불교는 다 인연법을 바탕으로 하고 있습니다. 그러나 여기서 말하는 인연법은 십이인연만을 말하는 것입니다.

그러니까 성문은 사제팔정도, 독각은 십이인연법, 이렇게 그 사람들이 중요시하는 법이 무엇인가 하는 것이 딱 규정이 되어 있었던 셈이에요.『유마경』이란 대승경전이 생겼을 때 이미 그런 관념이 있었단 말이죠.

삼승(三乘)에 대한 이야기는『법화경』에도 나오고 있습니다.『법화경』에는 성문승(聲聞乘), 벽지불승(辟支佛乘), 보살승(菩薩乘)의 삼승이 나오고 있는데, 여기『유마경』에서는 보살승 대신에 그냥 대승(大乘)이라고 했습니다. 이것이『유마경』의 독특한 점이지만, 삼승이 명확한 형태로 나오는 것은『법화경』입니다. 또『법화경』이 자랑하는 것이 뭐냐 하면 '일승(一乘)사상'인데,『유마경』에서는 '일승'이라는 말도 안 나와요. 이 때문에『유마경』이『법화경』보다 역사적으로 조금 먼저 생긴 것이 아닌가 생각할 수도 있습니다.

'일승'이란 말은 안 나오지만, 위의 이야기는 얼마나 멋있는 이야기예요? 성문의 법으로 중생을 제도할 때는 내가 성문이 되고, 인연법으로 중생을 제도할 때에는 내가 벽지불이 되고, 대비법으로 중생을 제도할 때에는 내가 대승이 된다. 그러니까 사리불의 '당신은 삼승 중에 어느 승을 따라서 수행하고 또 불교를 믿고 있느냐?'는 질문에 대해 천녀는 '나는 누구와 만나 어떤 일을 하느냐에 따라서 어떤 때는 성문도 되고, 어떤 때는 벽지불도 되고, 어떤 때에는 대승도 된다. 딱 정해 놓고 내가 뭐 이거라는 소리는 안 한다'고 한 것이죠. 얼마나 멋있는 이야기입니까? 사실 이래야 된다고요. 오늘날 세상에서도 사실 여기까지 가야 하는 건데, 참 어렵죠.

위에서 대승은 대비법(大悲法)으로 중생을 가르친다고 했습니다. 보통 삼승을 말할 때 보살에게 있어서 중요하게 생각하는 법은 육바라밀다의 법이죠. 그런데 육바라밀다를 그냥 그대로 대비법이라고 할 수 있느냐 하면 그렇지는 않아요. 그렇게까지 속단할 수는 없죠. 그러니까 지금 이『유마경』에서 이야기하는 대승은 상당히 범위가 넓다는 것을 알 수 있어요. 대비법으로 중생을 교화할 때 나는 대승이 된다는 말은 다시 말하면 성문과 벽지불에게는 대비법이 없다는 이야기도 되죠. 성문과 벽지불의 결정적인 잘못은 대비법이 없다는 거예요. 말하자면 대비법이 제일 중요하다는 것입니다.

그런데 대승에도 대비가 무시되고 있는 대승이 있어요. 반야사상을 바탕으로 하는 『반야경』, 『금강경』에 대비사상이 있냐 하면, '대비'란 말이 안 나옵니다. 이 경전들에서는 반야사상을 대변하는 공, 허깨비다, 다 없는 거다, 이런 이야기만 했지, 대비 이야기는 안 하고 있단 말이에요. 다 허깨비야, 그래 놓고서는 불쌍하게 생각하고 제도해야 한다는 말을 하기가 좀 거북했겠죠. 지금 이 『유마경』에서는 『반야경』보다 한 걸음 더 나아간 이야기를 하고 있는 것입니다. 『유마경』은 대비심이 없다면 너는 대승이 못 된다는 것을 강조합니다. 철두철미 네가 망하는 한이 있더라도 대비를 실천하라. 너 살 생각만 하지 말고 대비심으로 살아라, 이렇게 가르칩니다.

이런 것을 누가 이야기해 주어야 하느냐 하면, 보살이 알게 해 주어야지요. 여러분들이 그런 것을 좀 이야기하라고 지금 이렇게 공부하는 것 아닙니까? 그렇게 알려주고 하다 보면 세상이 밝아져요. 세상이 밝아지고 여러분들은 부처님의 은혜를 입습니다.

(12)

舍利弗이여, 如人이 入瞻蔔林하면 唯嗅瞻蔔하고 不嗅餘香하듯이,
如是 若入此室하면 但聞佛功德之香하고
不樂聞 聲聞·辟支佛功德香也니라.
舍利弗이여, 其有釋·梵·四天王·諸天·龍·鬼神等이 入此室者면
聞斯上人의 講說正法하고 皆樂佛功德之香하여 發心而出하나니라.
舍利弗이여, 吾止此室하기 十有二年이요,

初不聞說 聲聞·辟支佛法하고

但聞 菩薩大慈大悲 不可思議諸佛之法하였도다.

舍利弗 如人入瞻蔔林 唯嗅瞻蔔 不嗅餘香 사리불이여, 어떤 사람이 참파카 숲에 들어가면 오직 그 나무의 아름다운 향기만 맡을 뿐 다른 좋지 않은 향기는 맡지 않지요.

'瞻蔔(첨포)'는 참파카(campaka)라는 아름다운 향기가 나는 나무입니다.

如是 若入此室 但聞佛功德之香 不樂聞聲聞辟支佛功德香也 그와 같이 만약 여기 유마힐의 집에 들어오면 다만 부처님 공덕의 향기만 맡을 뿐, 성문이나 벽지불의 공덕이 풍기는 향기는 좋아하지 않게 되는 것입니다.

舍利弗 其有釋梵四天王諸天龍鬼神等 入此室者 聞斯上人 講說正法 皆樂佛功德之香 發心而出 사리불이여, 제석천이나 대범천이나 사천왕이나, 그 밖의 제천, 용과 귀신 등이 이 집에 들어오면, 이 집에 계신 상인 유마힐께서 정법을 강설하시는 것을 듣고 모두 다 부처님 공덕의 향기를 좋아하고 발심하여 집을 나서게 됩니다.

여기서 '상인(上人)'이라는 것은 유마거사죠.

舍利弗 吾止此室 十有二年 사리불이여, 나는 이 집에 머문 지 12년이나 되었습니다.

初不聞說聲聞辟支佛法 但聞菩薩大慈大悲 不可思議諸佛之法 처음부터 나는 성문, 벽지불의 법을 설하는 것을 듣지 않고, 다만 보살의 대자대비와 불가사의한 모든 부처님의 법을 들었습니다.

왜 12년이냐 하는 것도 재미있어요. 석가모니 부처님이 처음 12년 동안은 소승경전을 설하셨다고 하죠. 그 석가모니 부처님이 소승경전을 설하시는 동안에도 나는 성문법을 들은 일이 없다, 소승의 법인 벽지불법이나 성문법을 들은 일이 없다, 그 기간에도 나는 보살의 대자대비, 불가사의한 제불지법(諸佛之法)을 들었을 뿐이다, 이렇게 이야기하고 있습니다.

아무 것도 아닌 것 같은 말 하나하나에 여러 가지 의미들이 다 있습니다. 불교를 다 알고 나니까, 옛날에 성경 이야기 들은 것도 다 불법과 똑같은 것이었어요. 지금 알고 보니까 부처님의 법인데, 그 사람들이 해석을 좀 잘못했구나 하는 것을 알게 됐습니다. 소크라테스가 어떻고, 플라톤이 어떻고, 누가 뭐라고 했고, 이런 것들도 가만히 생각해 보면 다 같은 부처님의 법인데, 누군가가 중간에서 설명을 잘못했었구나 하는 것을 생각하게 됩니다. 중간에 설명을 잘못한 사람들이 참 죄가 많아요. 불교도 마찬가지로 정말 제대로 이야기해야지 잘못 이야기하면 큰 죄를 짓는 거죠. 경전을 읽다 보면 그런 경고 비슷한 것을 자주 듣게 됩니다. 그러니까 올바로 알아야 하고, 깨달아야 하는 겁니다.

9. 유마힐 집의 여덟 가지 미증유한 법

(13)

"舍利弗이여, 此室에 常現 八未曾有難得之法하니,
何等爲八이뇨 하면,
① 此室에는 金色光照 晝夜無異하고 不以日月所照爲明하나니,
是爲 一未曾有難得之法이니라.
② 此室入者는 不爲諸垢之所惱也니,
是爲 二未曾有難得之法이니라.

③ 此室에는 常有釋·梵·四天王·他方菩薩이 來會不絶하나니,
是爲 三未曾有難得之法이니라.
④ 此室에서는 常說六波羅蜜 不退轉法하나니,
是爲 四未曾有難得之法이니라.
⑤ 此室에서는 常作天人第一之樂하고 絃出無量法化之聲하나니,
是爲 五未曾有難得之法이니라.
⑥ 此室에는 有四大藏하되 衆寶積滿이라 賙窮濟乏하여 求得無盡하니,
是爲 六未曾有難得之法이니라.
⑦ 此室에는 釋迦牟尼佛·阿彌陀佛·阿閦佛·寶德·寶炎·寶月·寶嚴·難勝·師子響이 一切利成하고 如是等十方無量諸佛이 是上人 의 念時에 即皆爲來 廣說 諸佛秘要法藏하고 說已還去하나니,
是爲 七未曾有難得之法이니라.
⑧ 此室에는 一切諸天 嚴飾宮殿 諸佛淨土 皆於中現하나니,
是爲 八未曾有難得之法이니라.
舍利弗이여, 此室에는 常現 八未曾有難得之法이니,
誰有 見斯不可思議하고 而復樂於聲聞法乎아" 하니라.

舍利弗 此室常現 八未曾有難得之法 사리불이여, 이 집에는 항상 여덟 가지 미증유 난득의 법이 나타나 있습니다.

미증유(未曾有), 일찍이 없던, 난득(難得), 얻기 힘든 법이 나타나 있습니다.

何等爲八 무엇이 그 여덟 가지냐 하면.

① 此室 金色光照 晝夜無異 不以日月所照爲明 是爲一未曾有難得之法 이 집에는 항상 황금빛 광명이 비치고 있고, 낮과 밤의 차이가 없습니다. 햇빛과 달빛이 이보다 밝지 못합니다. 이것이 첫 번째 미증유 난득의 법

입니다.

해와 달이 빛을 비추어 줄 필요가 없다는 거예요. 지혜의 빛, 광명이라는 것과 깨달은 사람, 즉 부처님이라는 것은 떼려야 뗄 수 없는 밀접한 관련을 갖고 있는 것을 여기서 알 수 있습니다. 황금빛 광명이 비추고 있어서 해와 달이 없어도 밝게 빛나는 지혜의 빛, 그것의 중요성을 이야기하고 있습니다. 자연의 빛보다도 지혜의 빛을 강조하고 있습니다. 물론 자연의 빛이 결코 무시되고 있는 것은 아니죠. 하지만 인간 세상에 있어서 정말 중요한 지혜의 빛, 자비의 빛, 지혜와 자비가 어우러진 광명과 자연의 빛 사이의 어떤 차이를 여기서 볼 수 있다고 생각합니다.

『화엄경』은 자연 속의 광명을 많이 이야기하고 있습니다. 그런데 자연의 광명이 아무런 조건 없이 그냥 그대로 찬양되고 있는 것은 아니라는 사실을 좀 이야기해야 될 것 같아요. 자연의 광명이 아름다운 빛을 발하고 그 빛 속에서 숱한 게송들이 나오는데, 거기에는 중요한 계기가 있어요. 자연의 빛은 그냥 자연의 빛으로서 그대로 좋게 되어 있는 것이 아니라, 그것이 굉장한 위력을 가지게끔 되는 데에는 조건이 있습니다. 그 조건 중에 제일 중요한 것이 뭐냐 하면, 석가모니 부처님이 보리수 밑에서 깨달은 분으로 앉아 계셨기 때문에 그 자연이 위대한 광명을 발하기 시작했다는 것이죠. 그냥 자연이 저절로 그렇게 위대한 빛을 발해 온 것은 아니라고 했습니다. 이것이 중요한 이야기가 아니겠나 싶어요.

요즘 우리는 실존적인 이야기들을 많이 합니다만, 『화엄경』에서 인간 부처가 깨달았다고 하는 것과의 관련 속에서 비로소 비로자나 부처님이 인간들의 귀에, 인간들의 눈에, 그 소리를 들려주고 그 아름다운 모습을 보여주기 시작했다는 이야기는 굉장히 중요한 것으로서 좀더 생각해 볼 필요가 있을 것 같습니다. 그냥 자연 그대로의 빛과는 다르다는 거죠. 자연이 그냥 그대로 부처냐 하는 문제입니다.

② **此室入者 不爲諸垢之所惱也 是爲二未曾有難得之法** 이 집에 들어오는 사람에게는 어떠한 죄의 때도 괴롭히지 못합니다. 이것이 두 번째 미증유 난득의 법입니다.

③ **此室 常有釋 · 梵 · 四天王 · 他方菩薩 來會不絶 是爲三未曾有難得之法** 이 집에는 언제나 제석천, 대범천, 사천왕, 그리고 타방의 보살들이 와서 모이는 것이 끊일 줄을 모릅니다. 이것이 세 번째 미증유 난득의 법입니다.

제석천, 대범천, 사천왕, 타방의 보살, 이것들은 다 신화적인 존재들이죠. 뭐 구체적으로 있는 것이 아닙니다. 부르면 그런 것들이 다 온다는 거예요.

석굴암의 모습을 우리는 무엇으로 보아야 하느냐 하면, 역시 『화엄경』의 세계로 봐야 하는데, 이 『유마경』도 『화엄경』과 같은 정신입니다. 석굴암에 탁 들어가면 전부 깨달음의 상징이죠. 깨닫고 보면 다 그 방에 와 계신단 말이에요. 그 가운데 앉은 분이 석가모니 부처님이냐, 아미타 부처님이냐 하지만, 그분이 바로 유마거사일 수도 있다고요. 지금 여기도 이름이 유마거사지 사실은 석가모니 부처님이고, 그 석굴암의 굴 안이 바로 유마거사의 방이란 말입니다. 십대제자도 와 있고, 문수보살, 보현보살도 와 있고, 십일면관음보살도 와 있고, 제석천, 대범천도 와 있고, 다 와 있잖아요. 그러니까 상징적이라는 것은 시적이라는 이야기입니다. 예술적이라는 이야기죠. 그런 이해를 가져야 합니다. 그것을 반드시 무슨 역사적, 사회적, 이런 것으로만 이해하려고 하면 잘못된 것입니다.

④ **此室 常說六波羅蜜 不退轉法 是爲四未曾有難得之法** 이 집에서는 항상 육바라밀 불퇴전의 법을 설하고 있습니다. 이것이 네 번째 미증유 난득의 법입니다.

석굴암 안의 상들이 전부 다 육바라밀다를 설하고 있느냐? 그것도 검

토해 볼 필요가 있죠. 십대제자가, 문수보살이, 사천왕이 전부 육바라밀을 설하고 있느냐? 나는 육바라밀을 설하고 있다고 봅니다. 보시, 지계, 인욕, 정진, 선정, 반야, 여기에 더해서 방편, 원, 역, 지, 이런 것을 다 설하고 있다는 것을 볼 줄 알아야 미술사를 잘 하는 사람이죠. 여러분들은 그것을 볼 수 있는 능력이 생기지 않았습니까? 이제 거기 가면 그것은 더 이상 단순한 돌멩이가 아닙니다. 우리 조상이 표현해 내려고 한 풍부한 의미를 다 알아들을 수 있잖아요. 그럼 우리가 또 무엇으로 대답을 해야 하느냐 하면, 시로 대답을 해야 한단 말이죠. 시를 쓸 줄 알아야 한단 말입니다.

⑤ **此室 常作天人第一之樂 絃出無量法化之聲 是爲五未曾有難得之法** 이 집에서는 항상 천인의 음악 중에 제일가는 음악을 연주하며, 현에서는 무량한 법화(法化)의 소리가 연주되어 나오고 있습니다. 이것이 다섯 번째 미증유 난득의 법입니다.

법화의 소리, 법으로 교화시켜 주는 소리입니다. 타락하게 만드는 소리 말고 법화의 소리가 나와야죠.

⑥ **此室 有四大藏 衆寶積滿 賙窮濟乏 求得無盡 是爲六未曾有難得之法** 이 집에는 네 개의 큰 창고가 있고 거기에는 갖가지 보배가 가득 쌓여 있어서 궁핍한 사람들에게 베풀어주고 구제해 주어도 그 재보가 다하는 일이 없습니다. 이것이 여섯 번째 미증유 난득의 법입니다.

가난이 미덕은 아닙니다.

⑦ **此室 釋迦牟尼佛 阿彌陀佛 阿閦佛 寶德 寶炎 寶月 寶嚴 難勝 師子響 一切利成** 이 집에는 석가모니불, 아미타불, 아촉불, 보덕불, 보염불, 보월불, 보엄불, 난승불, 사자향불이 온갖 공덕을 다 성취하고 계십니다.

如是等十方無量諸佛 是上人念時 卽皆爲來廣說 諸佛秘要法藏 說已還去 是爲七未曾有難得之法 이와 같은 시방삼세의 무량한 제불들께서는

상인 유마힐이 생각을 하기만 하면, 즉시 오셔서 제불의 비요법장(秘要法藏)을 설하고 되돌아가십니다. 이것이 이 집의 일곱 번째 미증유 난득의 법입니다.

보덕, 보염, 보월, 보엄, 난승, 사자향, 모두 부처님의 이름이에요. 이 부처님들을 일일이 언제 어디서 태어나서 어디 살고 계시는 존재라고 생각하면 안 된단 말입니다. 전부 다 상징적인 의미를 가지고 있는 거죠. 달을 보고 보월(寶月) 부처님이라고 하면 돼요. 사실 우리가 여는 국제 학술회의 때 이런 사람 저런 사람 모셔다가 좋은 이야기를 듣고, 또 그 사람들은 좋은 이야기를 해 주고 돌아갔는데, 이런 것도 다른 곳에 계신 부처님들이 왔다가 가신 것이라고 할 수도 있는 것이죠.

⑧ 此室 一切諸天 嚴飾宮殿 諸佛淨土 皆於中現 是爲八未曾有難得之法 이 집에는 장엄하게 꾸며진 제천의 궁전과 제불의 정토가 모두 나타납니다. 이것이 여덟 번째의 미증유 난득의 법입니다.

舍利弗 此室常現 八未曾有難得之法 誰有見斯不可思議 而復樂於聲聞法乎 사리불이여, 이 집에는 항상 여덟 가지 미증유 난득의 법이 나타납니다. 이러한 불가사의한 일을 본 사람이면 그 누가 성문의 법을 좋아하고 따르겠습니까?

성문의 법을 직접적으로 나쁘다고 하지 않고 이렇게 돌려서 이야기하고 있습니다.

10. 모든 법에는 고정된 상이 없는 것

(14)

舍利弗이 言하되, "汝何以不轉女身이뇨" 하니,

天이 曰하되,

"我從十二年來 求女人相하나 了不可得이어늘 當何所轉이리오.

譬如 幻師가 化作幻女하고 若有人問하여 何以不轉女身이뇨 하면,

是人爲正問아 不아" 하니라.

舍利弗이 言하되, "不也니라. 幻에는 無定相이니 當何所轉이리오."

天이 曰하되, "一切諸法도 亦復如是니 無有定相이라.

云何乃問不轉女身이오" 하니라.

재미있는 대목입니다. 이 「관중생품」에는 몇 가지 재미있는 대목들이 있는데, 이것도 그 중의 하나입니다.

舍利弗言 汝何以不轉女身 사리불이 말했다. 당신은 왜 여인의 몸을 바꾸지 않소?

사리불이 천녀에게 네가 신통력이 있던데, 왜 여자의 몸을 그대로 가지고 있느냐, 왜 남자의 몸으로 바꾸지 않느냐고 물은 거예요. 아주 봐주는 듯한 이야기, 걱정하는 듯한 이야기를 했단 말입니다.

天曰 我從十二年來 求女人相 了不可得 當何所轉 내가 12년 전부터 여기 있으면서 줄곧 여인의 상을 찾아보았지만, 찾을 수가 없었습니다. 그런데 뭘 바꾼단 말입니까?

12년 동안 줄곧 나에게 여인의 모습이 있나 하고 찾아봤는데, 도무지 그런 것이 없더라 이거예요. 그런데 바꾸긴 뭘 바꾸냐는 이야기죠.

譬如 幻師化作幻女 若有人問 何以不轉女身 是人爲正問不 비유컨대

여기 요술쟁이가 요술로 가짜 여인을 만들어 놓았다고 합시다. 어떤 사람이 그 허깨비에게 당신은 '왜 여인의 몸을 바꾸지 않소?' 하고 묻는다면, 그것이 올바른 질문이 된다고 생각하십니까?

말이 되냐는 말이죠.

舍利弗言 不也 幻無定相 當何所轉 사리불이 말했다. 말이 안 되지요. 허깨비에게는 고정된 상이란 게 없는데, 어찌 그것을 바꾼다 하겠소?

無定相(무정상), 고정된 상이 없는데, 어떻게 바꿀 수가 있겠느냐?

天曰 一切諸法 亦復如是 無有定相 천녀가 말했다. 일체제법이 또한 이와 같아 고정된 상이 없는 것입니다.

云何乃問不轉女身 그러니 어찌 여인의 몸을 바꾸지 않느냐고 물을 수 있겠습니까?

고정된 모습이 있다고 생각하지 말라. 보살에는 남자도 여자도 없습니다. 관세음보살이 여자입니까, 남자입니까, 그런 질문 이제는 안 나오겠죠. 그런 질문하는 사람한테 대답을 해 주셔야 합니다.

(15)

卽是에 天女가 以神通力으로 變舍利弗하여 令如天女하고
天이 自化身하여 如舍利弗하고 而問言하되,
"何以不轉女身인고" 하니,
舍利弗이 以天女像으로 而答言하되,
"我今不知로다 何轉而變爲女身인고" 하니라.
天이 曰하되,
"舍利弗이여, 若能轉此女身이면 則一切女人도 亦當能轉이리라.
如舍利弗이 非女이나 而現女身이듯이 一切女人도 亦復如是하리라.
雖現女身이나 而非女也니라.

是故로 佛說하야 一切諸法은 非男非女라 하시니라."
卽時에 天女가 還攝神力하니 舍利弗이 身還復如故하니라.
天이 問하되, "舍利弗이여, 女身色相이 今何所在이뇨" 하니,
舍利弗이 言하되, "女身色相이 無在 無不在니라" 하니라.
天이 曰하되, "一切諸法도 亦復如是하여 無在 無不在하나니,
夫 無在 無不在者가 佛所說也니라."

卽是天女 以神通力 變舍利弗 令如天女 天自化身 如舍利弗 이렇게 말하고 즉시 천녀는 신통력으로 사리불을 천녀와 같이 변하게 하고, 자신은 사리불같이 변하게 했다.

천녀가 이번에는 말로 이야기하는 것이 아니라 신통력으로 사리불을 천녀의 모습으로 바꿔 버렸습니다. 천녀와 똑같이 만들고 자기 자신은 사리불과 똑같이 되었어요. 신통력이라는 것이 이렇게도 될 수 있다는 거죠. 이것이 중요합니다. 이것이 소위 변환이라는 건데, 융 심리학에도 그런 이야기가 있습니다. 그러니까 사람이 무엇으로 다시 태어난다는 이야기는 결국 이 마음 때문에, 신통력 때문에 이것도 되고, 저것도 되고 하는 거거든요. 어떻게 보면 윤회와도 관련이 있지만, 윤회라는 것은 좋지 않은 것으로 바뀌는 것이죠. 부처님의 경우처럼 신통력으로 마음대로 화신하는 것은 윤회라고 하지 않습니다.

而問言 何以不轉女身 그리고 이렇게 물었다. 당신은 왜 여인의 몸을 바꾸지 않소?

舍利弗 以天女像 而答言 천녀의 모습을 한 사리불이 대답했다.

我今不知 何轉而變爲女身 내가 지금 어떻게 여인의 몸으로 바뀌었는지를 알 수 없소.

'어, 이거 내가 지금 알 수가 없네. 내가 어떻게 해서 여자의 모습을 하

게 됐지? 그 까닭을 모르겠네.' 그랬단 말이에요.

天曰 舍利弗 若能轉此女身 則一切女人 亦當能轉 천녀가 말했다. 사리불이여, 만약 당신이 이 여인의 몸을 능히 바꿀 수 있다면 다른 모든 여인도 능히 몸을 바꿀 수 있을 것입니다.

如舍利弗 非女而現女身 一切女人 亦復如是 사리불이 여인이 아니면서 여인의 몸을 나타내듯이 모든 여인도 또 그와 같은 것입니다.

雖現女身 而非女也 비록 여인의 몸을 나타내고 있지만, 여인이 아닌 것입니다.

여인이 아니면서 여인의 모습을 나타내고 있다는 말이죠. 알아듣겠습니까? 그러니까 보살에게는 남자다 여자다 하는 구분이 없다는 말입니다. 그런 것을 현재 자기의 모습에 완전히 사로잡혀서, 나는 여자인데, 나는 뭔데, 자꾸 이렇게 생각하면 안 된다는 거죠.

是故 佛說 一切諸法 非男非女 그러므로 부처님께서 '일체 제법은 남자도 아니고 여자도 아니다'라고 말씀하신 것입니다.

卽時天女 還攝神力 舍利弗 身還復如故 그리고 즉시 천녀가 신통력을 거두어들이니, 사리불도 옛날과 같은 몸으로 되돌아왔다.

天問 舍利弗 女身色相 今何所在 천녀가 물었다. 사리불이여, 여인의 몸의 특징이 지금 어디에 있습니까?

舍利弗言 女身色相 無在無不在 사리불이 말했다. 여인의 몸의 색상(色相)은 있는 것도 없는 것도 아니오.

無在無不在(무재무부재). 있는 것이 아니라는 것은 진제(眞諦)로 말하면 없는 거예요. 공이라고 하는 진제제일의(眞諦第一義)의 의미에서 말하면 없는 겁니다. 그러나 속제(俗諦), 이 세속의 의미, 인연의 입장에서 말하면 당분간 인연이 있는 동안에는 방편으로 있는 것도 사실입니다. 그러나 그것은 영원히 있는 것은 아니죠. 그러니까 없는 것도 아니라고 하는 겁니다. 공(空)·가(假)·중(中)을 설명하고 있는 것이죠.

여기서 '無在無不在' 부분을 티베트본에서는 '만들어지는 것(kṛta)도 아니고 변하는 것(vikṛta)도 아니다'라고 번역했는데, 티베트 번역이 꼭 여기에 들어맞는 것 같지는 않습니다.

天曰 一切諸法 亦復如是 無在無不在 천녀가 말했다. 일체 제법도 그와 같아서 있는 것도 없는 것도 아닙니다.

무유정상(無有定相), 고정된 상이 없다는 것이죠.

夫無在無不在者 佛所說也 있는 것도 없는 것도 아닌 것이 바로 부처님 말씀입니다.

11. 모든 중생은 죽는 일도 태어나는 일도 없다

(16)

舍利弗이 問天하되, "汝於此沒하야 當生何所이리오" 하니,

天이 曰하되, "佛化所生에 吾如彼生하리라" 하니라.

曰하되, "佛化所生은 非沒生也니라" 하니,

天이 曰하되, "衆生도 猶然히 無沒生也니라" 하니라.

舍利弗이 問天하되, "汝久如에 當得 阿耨多羅三藐三菩提오" 하니,

天이 曰하되, "如舍利弗이 還爲凡夫할제

我乃當成 阿耨多羅三藐三菩提하리라" 하니라.

舍利弗이 言하되, "我作凡夫가 無有是處니라" 하니,

天이 曰하되, "我得 阿耨多羅三藐三菩提도 亦無是處니,

所以者何뇨 하면, 菩提는 無住處이기 때문이니 是故로 無有得者이니라."

舍利弗이 言하되, "今諸佛이 得阿耨多羅三藐三菩提하고,

已得 當得 如恒河沙하건대 皆謂何乎아" 하니,
天이 曰하되, "皆以世俗 文字數故로 說有三世이나
非謂 菩提에 有去·來·今이니라" 하니라.
天이 曰하되, "舍利弗이여, 汝得阿羅漢道耶아" 하니,
曰하되, "無所得故로 而得이라" 하니,
天이 曰하되, "諸佛菩薩도 亦復如是니 無所得故로 而得이라" 하니라.

사리불과 천녀의 대화가 계속됩니다. '중생은 죽는 일도 다시 태어나는 일도 없다'라고 제목을 붙였는데, 이것은 생사의 문제입니다. 윤회라는 것을 생사라고도 하죠. 나고 죽고, 나고 죽고 이것을 자꾸 되풀이하는 겁니다. '영생을 얻는다'는 말이 있는데, 요즘 크리스마스 시즌이 되어 '기쁘다 구주 오셨네' 이렇게 많이 써 붙였더군요. 어디서 오셨나? 오신 것은 하여튼 오셨다고 하고, 가실 때에는 부활하리라고 하는데, 그 영원히 산다고 하는 것이 뭐냐? 이런 것을 생각하면서, 『유마경』의 이 대목을 공부해 가면 어떨까 생각합니다. 무슨 말이냐 하면, '모든 중생은 죽는 일도 다시 태어나는 일도 없다'는 것이 영원히 살아 있다는 말입니다.

舍利弗問天 汝於此沒 當生何所 사리불이 천녀에게 물었다. 그대가 여기서 죽으면 어디에 가서 태어날 것이오?

天曰 佛化所生 吾如彼生 여래의 변화된 몸이 태어나는 거기에 나 또한 태어날 것입니다.

'佛化(불화)', 여래의 변화된 몸, 이것이 무슨 말이냐? 부처님의 화신이란 말이죠. 부처님의 화신이 가서 태어나는 곳, 거기에 가서 나도 태어날 것이오. '佛化'라는 것을 한문만 가지고는 '화신'이라고 자신 있게 읽을 수가 없는데, 티베트본을 보니까 nirmāṇa라고 되어 있어요. nirmāṇa

는 '변화'라고 번역하죠. nirmāṇakāya라고 하면 화신이라는 말입니다.

부처님의 몸을 이야기할 때 법신(法身), 보신(報身), 화신(化身), 이런 세 가지로 이야기를 하죠. 가령 석가모니 부처님처럼 인간적인 조건들, 생김생김이나 모든 것이 다 갖추어질 대로 갖추어져, 나무랄 데 없고 부족한 데가 없으신 분이 있습니다. 그분은 과거에 끊임없는 순간의 연속인 전생을 통해 그렇게 착하고 바른 마음가짐, 명랑한 마음가짐을 가지고 살다 보니까 얼굴모습, 걸음걸이와 행동거지 전체가 다 명랑하고 건강하게 나타났습니다. 이렇게 좋은 retribution, 과보(果報)로서 그 인간적인 조건, 생김생김이나 지적인 능력, 그러니까 색(色)도, 수(受)도, 상(想)도, 행(行)도, 식(識)도 모든 것을 그분은 아주 완벽하게 갖추시게 됐습니다. 그렇게 좋은 원인 때문에 좋은 결과를 갖게 된 것을 보신이라고 하죠. 석가모니 부처님 같은 분은 일단 그런 좋은 결과를 가졌다고 하는 점에서 볼 때는 보신입니다.

그런데 과거 중국의 불교학자들은 석가모니 부처님을 화신이라고만 보았어요. 석가모니 부처님은 사람으로 태어나지 않아도 될 분이 이 사바세계의 중생들이 아직도 올바로 사는 길을 모르고 불행에 떨어져 있는 것이 불쌍해서 그 사람들을 구제하기 위해서 사람의 모습을 취하셨다는 거예요. 사람의 몸으로 변화해서 다른 사람들을 변화시키는 분으로 오셨다고 할 때는 석가모니 부처님을 화신이라고 했단 말입니다. 그러니까 석가모니 부처님은 보신이라고 생각할 수도 있고 화신이라고 볼 수도 있는 두 가지 양상이 있습니다.

그 두 가지만 있는 것이 아니라, 석가모니 부처님이 그런 좋은 결과, 좋은 작용을 할 수 있게 된 까닭은 근본적으로 그분에게 그럴 만한 마음의 경지가 본래 있었기 때문이죠. 물론 형상화되어 있지는 않았지만, 본체 자체로서 그러한 생명력을 지니고 있었던 것을 근본적인 체(體)라고 생각합니다. 그래서 그러한 분을 법신이라고도 보는 거죠.

그러니까 법신이면서 동시에 보신이자 화신인데, 화신으로서는 사람의 몸을 취하고 이 세상에 중생들을 제도하기 위해서 오신 겁니다. 그런 면에서는 보신보다도 화신이 더 중요한 의미가 있긴 하겠죠. 그런 화신은 석가모니 부처만이 아니에요. 그것은 하나의 특수한 예이고, 어떤 모습으로든지 변화할 수 있습니다. 중생들을 제도하기 위해서는 중생들이 원하는 바에 따라 바뀌어서 그들에게 접근하기 쉬운 모습으로 변화되어 나타납니다. 반드시 아름답고 좋은 모습만이 아니라 여러 모습으로 나타나서 중생을 기어코 변화시켜 놓고야 마는 몸이 화신입니다.

지금 '佛化所生(불화소생)에 吾如彼生(오여피생)하리라'는 것은 여래의 변화된 몸, 여래의 화신이 태어나는 거기에 나도 태어날 것이라는 말입니다. 나도 여래의 화신처럼, 여래의 화신이 되어 중생제도를 위해서 필요한 곳 어디에든지 가서 태어날 것이라는 대답이라고 보면 되겠어요. 화신은 어떤 일정한 자리에, 일정한 모습으로만 태어난다는 것이 아닙니다.

曰 佛化所生 非沒生也 사리불이 말했다. 여래의 변화된 몸은 죽는 일도 없고 다시 태어나는 일도 없지 않소?

그런데 어떻게 거기 가서 다시 태어난다고 하는 것이오? '죽는 일도 없고 태어나는 일도 없지 않소?' 말이야 맞죠. 사리불이 아주 점잖게 가르쳐 준 겁니다.

天曰 衆生猶然 無沒生也 천녀가 말했다. 모든 중생이 다 그런 것입니다. 그들은 죽는 일도 없고 다시 태어나는 일도 없는 것입니다.

부처님만 그런 것이 아니라, 중생도 마찬가지로 태어나는 일, 죽는 일이 없다고 대답했습니다. 대답은 간단한 것 같지만, 주어가 '부처님'이 아니거든요. 또 천녀 자신의 이야기도 아닙니다. '중생도'라고 했을 때 사리불을 압도한 대답이 됐습니다. '당신은 부처님은 태어나고 죽는 일이 없는 것은 알고 있는 것 같은데, 그건 좋소. 그런데 당신은 말이야, 중생은 태어났다가 죽는다고 알고 있는 것 같은데, 중생도 태어난 일도 없고 죽는 일도 없는 것이오.' 이렇게 대답을 한 것이죠. 대답이라기보다 한마디로 아주 아픈 데를 찔렀어요.

衆生猶然(중생유연), 모든 중생도 그러하다. 티베트본에서는 '법'이라고 했습니다. '모든 법이 다 그러한 것이오. 그것들은 죽는 일도 없고 다시 태어나는 일도 없는 것이오. 그런데 어떻게 다시 태어나는 것에 대해 묻는 것이오?' 그러니까 당신이 질문을 잘못하지 않았냐는 이야기죠. 질문을 잘못해 놓고서 내 답변이 잘못된 것처럼 몰고 가려고 하느냐 하는 이야기입니다.

'그대가 여기서 죽으면 어디 가서 태어날 것입니까?' 사리불이 천녀라고 우습게 봤죠. 그러니까 천녀가 '죽기는 어디를 죽어? 다시 태어나기는 어디를 다시 태어나? 그런 것 없는 거야' 이렇게 답한 겁니다.

여러분 다 알듯이 무생법인(無生法忍)이라는 것이 있잖아요. 모든 법은 생긴 일이 없다. 생겼다가 사라졌다가 하는 일이 없다. 생겼다고 하는 데 멸(滅)의 의미도 포함되는 거죠. '무생멸', '불생불멸'입니다. '인'은 깨달음이란 말이에요. '인'은 어리석은 사람에게는 참는다는 글자이지만, 그런 단계를 넘어선 사람에게는 깨달음이란 글자라고 여러 차례 이야기했습니다. 『해심밀경』 중에 인욕(忍辱)을 설명하는 대목에서 처음에는 내원해인(耐怨害忍)이라고 했습니다. '저 새끼, 미운 새끼지만 참아 주어야지' 하다가, '이것은 잘못된 생각이야. 기쁜 마음으로 참아야지. 그래 기쁜 마음으로 참아 줄게' 하는 것이 한 단계 더 높은 거라고 생각했어요. 이것이 안수고인(安受苦忍)입니다. 그런데 가만히 조금 더 도가 된 입장에서 생각해 보니까, '아니야, 이것도 건방진 생각이었어. 편안한 마음이 되려고 애쓴 것뿐이야. 아직 먼 거야. 아직도 지혜로워지지 못한 거야. 세상이 본래 그렇다는 것을 알아야지. 그러니까 누가 나쁘다, 누가 좋다 그런 이야기 할 필요도 없는 거야' 이렇게 됩니다. 이렇게 해서 '내원해인(耐怨害忍)'부터 '안수고인(安受苦忍)', '제찰법인(諦察法忍)'으로 세 단계를 올라간다고 했습니다.

첫 번째 '내원해인'은 나한테 해를 끼치니까 원망스럽지만 맞서서 싸우고 치고 박고 안 한 것만 해도, 참았다는 것만 해도 수양이 됐다고 볼 수 있는 단계입니다. 속에서는 부글부글 끓고, 고약하다는 생각이 조금도 사라지지 않고 있어요. 그러나 겉으로 나타내어 싸우지 말라는 것이 첫 단계예요. 소위 인내라는 것이 그런 단계겠죠. 『논어』나 사서삼경에서 이야기하는 인내도 이런 것이죠. 성경은 어떨까 모르겠는데, 성경은 한 단계 위까지는 갈 거예요.

야, 그것 억지로 참는 게 아니라 편안한 마음으로, 십자가를 내가 대신 걸머진다는 예수님의 생각처럼, 편안한 마음으로 고통을 달게 받는다. 이렇게 생각하고 참아라. 이것을 잘못하면 위선자가 되고 가짜가 되기 쉬운데, 안수고인(安受苦忍), 참 용한 사람들이 많지 않습니까? 우리는 여기까지도 못 온 경우가 많은데, 평범한 사람은 참기는 뭘 참아요? 이에는 이, 눈에는 눈으로 대응하는 거죠. 이스라엘과 팔레스타인이 싸우는 것, 보스니아, 소말리아가 전부 다 그런 경우죠. 막 싸우잖아요. 기독교 정신, 회교 정신이 다 어디 갔는지, 참는 것이 없어요. 뭐 자기 희생해 가면서 다른 사람 위하는 놈이 어디 있어요? 요새 어느 종교 믿는 놈이 그런 것 하고 있어요? 다 간판만 내세웠지, 실제로 하고 있는 놈이 몇이나 되는지 모르겠어요. 그런데 불교에서 이야기하는 참으라는 것은, 아예 처음부터 저 놈은 나와 아주 불구대천의 원수라는 생각을 하지 말라는 말입니다. 너한테 고통이 닥쳐왔다면 전생에 네가 잘못을 저지른 일이 많아서 받고 있는 거라고 생각하고 참아라. 아주 편안한 마음으로 달게 받으라는 거죠. 혹시 잘못한 것이 없더라도 보살은 남을 위해서 사는 사람이니까 다른 사람의 고통을 기쁜 마음으로 달게 받아 자기 고통으로 삼으라는 거예요. 대자비의 사상이라는 것은 결국 남의 고통을 자기의 고통으로 아파하는 거거든요. 남의 고통이 내 고통으로 느껴지는 것, 이런 이야기가 누구와 통할까요?

그런데 이 단계에만 머무르면 이것은 아직도 진짜 인(忍)이 아닌 거죠. 제찰(諦察), 법을 잘 봐라, 이 세상의 모든 것들을 관찰해 봐라. 제찰법인(諦察法忍), 법을 잘 관찰하고 깨닫는 인입니다. 그 결론이 뭐냐면, 제법은 불생불멸이라는 것을 깨닫는 겁니다. 그것을 한마디로 '무생법인'이라고 했습니다.

'모든 법은 생한 일이 없다'라는 이 대목에서 지금 하려는 것이 바로 그 이야기입니다. '불생불멸'을 한마디로 '무생(無生)'이라고 해 버린 거예요. 원효대사가 『금강삼매경론』에서 무생의 마음가짐, 불생불멸의 마음가짐을 가져야 한다는 것을 강조하는데 바로 똑같은 정신입니다.

모든 법과 모든 중생. 중생이라고 하는 것이 법이나 마찬가지죠. 살아 있는 것들의 모습을 중생이라고 특별히 그러는 겁니다. 중생들이 나타내 보이는 것들이 다 법입니다. '모든 법과 모든 중생은 불사(不死), 죽는 일도 없고, 불생(不生), 다시 태어나는 일도 없는 것이오.' 이것은 본질적인 제법의 실상을 이야기하고 있는 것입니다. 모든 법의 영원한 상(相)을 말하고 있는 것이죠. 모든 법이 현실적으로야 인연 따라서 생겼다 사라졌다 하고, 거기 색·수·상·행·식이 여러 가지 모습으로 다 있겠지만, 그것의 본질로 말할 것 같으면, 무생무멸(無生無滅), 불생불멸이라는 거죠. 그것을 깨닫는 것이 무생법인입니다. 천녀가 모든 중생은 태어나고 죽은 일도 없다고 한 말이 바로 이 뜻입니다.

舍利弗問天 汝久如 當得阿耨多羅三藐三菩提 사리불이 천녀에게 물었다. 천녀여, 그대는 얼마쯤 시간이 지나면 아뇩다라삼먁삼보리를 얻게 될 것이오?

우문(愚問)을 또 하나 던졌어요. 사리불이 어리석다는 것을 자꾸 나타내는데. 천녀가 아뇩다라삼먁삼보리, 그러니까 무상보리(無上菩提)를 못 얻은 것으로 생각하고 지금 이런 소리를 한단 말입니다.

天曰 如舍利弗 還爲凡夫 我乃當成阿耨多羅三藐三菩提 천녀가 말했다. 오, 사리불이여, 스님이 다시 범부로 돌아오는 날, 나는 그때쯤 아뇩다라삼먁삼보리를 이룰 것입니다.

스님이 다시 모든 속인의 속성을 갖고 속인으로 돌아오는 날, 나는 그때쯤 되어 무상보리를 이룰 작정이라는 말이죠.

舍利弗言 我作凡夫 無有是處 사리불이 말했다. 내가 범부로 되돌아간다는 일은 있을 수 없소.

사리불이 화가 났어요.

天曰 我得阿耨多羅三藐三菩提 亦無是處 천녀가 말했다. 내가 아뇩다라삼먁삼보리를 얻는다는 것 또한 있을 수 없는 일입니다.

지금 강의 들으면서 멍청하니 졸린 사람은 '이 무슨 말이야? 무상보리를 얻어야지 무상보리를 왜 안 얻어?' 이럴는지 모르겠어요. 무상보리를 이미 다 얻었는데, 뭘 또 이제 얻어? 그러니까 내가 또 다시 무상보리를 얻는다는 것은 있을 수 없다는 말입니다.

所以者何 菩提無住處 왜냐하면 보리는 주(住)하는 곳이 없기 때문입니다.

是故 無有得者 그러므로 얻는다는 것이 없는 것입니다.

舍利弗言 今諸佛得阿耨多羅三藐三菩提 已得當得如恒河沙 皆謂何乎 사리불이 말했다. 갠지스 강의 모래알같이 많은 과거의 부처님, 현재의

부처님, 미래의 부처님들이 다 아뇩다라삼먁삼보리를 얻었고, 또 앞으로도 얻을 것인데, 그것이 도대체 무슨 말이오?

天曰 皆以世俗 文字數故 說有三世 非謂菩提 有去來今 천녀가 말했다. 다 세속의 문자와 수로써 삼세(三世)를 말씀하신 것이지, 보리에 과거와 현재와 미래가 있다는 말은 아닙니다.

보리는 삼세를 초월한 것이오.

天曰 舍利弗 汝得阿羅漢道耶 천녀가 말했다. 사리불이여, 당신은 아라한의 도를 얻었습니까?

曰 無所得故而得 사리불이 말했다. 무소득(無所得)이기 때문에 얻은 것입니다.

아무 것도 얻을 것이 없기 때문에 얻은 것입니다. 제대로 알고 대답했는지, 말은 틀리지 않게 대답을 했어요.

天曰 諸佛菩薩 亦復如是 無所得故而得 천녀가 말했다. 모든 불보살도 역시 마찬가지로 무소득이기 때문에 얻은 것입니다.

이래서 사리불의 맨 마지막 대답에 대해서는 합격점을 주었습니다. 사리불을 살려 주었어요. 여기까지가 천녀와 사리불의 대화였습니다.

(17)

尒時에 維摩詰이 語舍利弗하되,

"是天女는 已曾 供養九十二億佛已하고 能遊戱菩薩神通하고

所願具足하고 得無生忍하고 住不退轉하여

以本願故로 隨意能現하여 敎化衆生하나니라" 하니라.

尒時 維摩詰語舍利弗 그때 유마힐이 사리불에게 말했다.

이 품의 마무리로, 천녀와 사리불의 대화를 다 듣고 난 다음에 유마힐이 사리불에게 말하는 것입니다.

是天女 已曾供養九十二億佛已 能遊戲菩薩神通 所願具足 得無生忍住不退轉 이 천녀는 이미 구십이억이나 되는 부처님께 공양을 드리고 나서, 보살의 신통력을 마음대로 쓰면서 모든 소원을 다 구족하고, 무생법인에 투철하여, 보리를 향한 길에서 물러남이 없는 경지에 이르렀습니다.

遊戲菩薩神通(유희보살신통), 신통한 경계에 마음대로 노닌다. 여기서 유희라는 말은 그냥 논다는 말이 아니고 신통력을 자유자재로 부리는 것을 말합니다. 유희라는 말이 요즘은 나쁘게 들리는데, 지금 여기서는 절대로 나쁜 말이 아니거든요. 원효대사의 경우에도 유희라는 말이 나오고, 화랑들이 '遊娛山川(유오산천)' 했다는 말이 있는데 이 말은 산천에서 자유자재로 신통력을 발휘하고 신통력을 길러 간 것을 말하는 것이죠. 여기서는 천녀의 유희신통이 있었는데, 사리불을 천녀의 모습으로 바꾸기도 하고, 자기 자신을 사리불의 모습으로 바꾸기도 하는 것들이 그것입니다. 또 꽃을 뿌리는 것도 유희신통입니다.

住不退轉(주불퇴전), 보살의 계위에 불퇴전보살이라는 것이 있죠. 수행을 많이 해서 뒷걸음치지 않게끔 되는 단계에 가는 보살을 불퇴전보살이라고 합니다.

以本願故 隨意能現 敎化衆生 그 본원력 때문에 그 모습을 마음대로 바꾸어 가며 중생을 성숙케 하려고 힘쓰고 있습니다.

以本願故(이본원고). 본원을 갖추고 있어요. 본원이라고 하는 것이 참 재미있는 이야기인데, praṇidhāna, 본래 그 마음속에, 모든 중생에게 다 원력(願力)이 있다고 생각하는 거죠. 본래 갖추어져 있는 원력이 있다. 진여한 마음속에는 본래의 맑고 깨끗한 마음자리로 되돌아가야겠다는 원과 동시에 모든 중생들을 구제해야 되겠다는 원이 갖추어져 있는 것이다. 그런 의미에서 본원이라고 했습니다.

敎化衆生(교화중생). 여기서는 지금 '교화중생' 입니다만, 『유마경』에서 이 말은 '利益衆生(이익중생)' 이라고 되어 있을 때도 있고, '요익중생(饒益衆生)', 또는 '성취중생(成就衆生)' 이라고 되어 있을 때도 있습니다. 여러 가지 표현이 쓰이고 있는데, 중생의 모든 공덕, 모든 능력을 성취시켜 주는 것이 성취중생이고, 교화중생입니다. 이 '교화' 라는 말을 원효대사는 싫어했죠. 그래서 '요익중생' 이라고 했습니다. 중생들이 본래 그런 능력을 다 갖고 있는데, 지혜와 자비를 다 갖고 있는데, 그것이 온전해지도록 해 주는 것이 교화중생이라는 것이죠. 중생이 갖고 있는 지혜롭고 자비로운 심성이 온전해지도록 도와주는 것을 교화라고 했습니다. 불교를 믿게끔 해서 불교신자로 만드는 것이 교화중생이 아닙니다. '나는 하나님을 절대로 신봉합니다' 하고, 하나님께 복종하는 사람을 많이 만드는 것이 목표가 아니란 말입니다. '나는 부처를 믿습니다' 하게 하는 것이 아니라는 거죠. 여기서는 이것을 잘 알아야 하겠습니다.

불도품 佛道品 第八

1. 보살의 비도행(非道行)

(1)

尒時에 文殊師利가 問維摩詰言하되,

"菩薩이 云何通達佛道하나뇨" 하니라.

維摩詰이 言하되, "若菩薩이 行於非道하면 是爲 通達佛道니라."

又問하되, "云何 菩薩行於非道이뇨" 하니,

答曰하되, "若菩薩이

① 行五無間하되, 而無惱恚하고

② 至于地獄하되, 無諸罪垢하고

③ 至于畜生하되, 無有無明 憍慢等過하고

④ 至于餓鬼하되, 而具足功德하고

⑤ 行色 無色界道하되, 不以爲勝하며

⑥ 示行貪欲하되, 離諸染着하고

⑦ 示行瞋恚하되, 於諸衆生 無有恚閡하고

⑧ 示行愚癡하되, 而以智慧 調伏其心하고

⑨ 示行慳貪하되, 而捨內外所有 不惜身命하고

⑩ 示行毁禁하되, 而安住淨戒 乃至小罪 猶懷大懼하고

⑪ 示行瞋恚하되, 而常慈忍하고

⑫ 示行懈怠하되, 而懃修功德하고

⑬ 示行亂意하되, 而常念定하고

⑭ 示行愚癡하되, 而通達世間 出世間慧하고

⑮ 示行諂僞하되, 而善方便으로 隨諸經義하고

⑯ 示行憍慢하되, 而於衆生에 猶如橋梁하고

⑰ 示行諸煩惱하되, 而心常淸淨하고

⑱ 示入於魔하되, 而順佛智慧하여 不隨他教하고

⑲ 示入聲聞하되, 而爲衆生하여 說未聞法하고

⑳ 示入辟支佛하되, 而成就大悲하여 教化衆生하고

㉑ 示入貧窮하되, 而有寶手 功德이 無盡하고

㉒ 示入刑殘하되, 而具諸相好하여 以自莊嚴하고

㉓ 示入下賤하되, 而生佛種姓中하여 具諸功德하고

㉔ 示入羸劣醜陋하되, 而得那羅延身하여 一切衆生之 所樂見하고

㉕ 示入老病하되, 而永斷病根하여 超越死畏하고

㉖ 示有資生하되, 而恒觀無常하며 實無所貪하며

㉗ 示有妻妾采女하되, 而常遠離 五欲淤泥하며

㉘ 現於訥鈍하되, 而成就辯才하여 惣(摠)持無失하며

㉙ 示入邪濟하되, 而正濟度諸衆生하고

㉚ 現遍入諸道하되, 而斷其因緣하고

㉛ 現於涅槃하되, 而不斷生死이니라.

文殊師利여, 菩薩이 能如是行於非道하면 是爲通達佛道이니라."

「불도품(佛道品)」이라고 하는 것은 부처가 되는 길, 부처가 가는 길에 관한 이야기입니다. 부처는 가장 이상적인, 나무랄 데 없이 완벽한 인간을 말하는데, 그 사람이 어떤 길을 걸어갔느냐, 지금 어떤 길을 걸어가고 있느냐, 우리가 그처럼 되려면 어떻게 걸어가야 하느냐 하는 것을 여러 가지로 설명하고 있습니다. 아슬아슬한 이야기까지도 나오는데, 해석을 잘못하면 큰일나죠.

尒時 文殊師利問維摩詰言 菩薩云何通達佛道 그때 문수사리가 유마힐에게 물었다. 보살은 어떻게 해야 불도에 통달하게 됩니까?

'통달불도(通達佛道)'라는 것이 무엇입니까? 불도에 통달한다. 오늘날 이 시대 불자들의 처지를 생각해 보고 싶습니다. 오늘날의 불자들이 불도에 통달하는 것을 생각하고 있나요? 지금 불교 믿는다는 사람들은 내가 보살이라는 자각도 없는데, '통달불도' 같은 것을 생각하는 사람은 더더욱 없겠죠.

보살이라는 이상적인 인간상이 진실로 좋다는 자각을 우리가 가져야 합니다. 나는 모든 불자들이 보살이라는 자각을 갖게끔 하는 것이 소원이에요. 그래서 스님들을 쫓아다니면서, 종정(宗正)스님에게도 종정 하지 말고 제발 당신도 보살 좀 되시오, 이러고 싶은 심정입니다. 종정이라고 으스대고 앉아 있지 말란 말이죠. 선사라고 으스대고 앉아 있지 말고 보살 노릇 좀 하란 말입니다. 나는 이것이 소원이에요. 그런데 이 보살이 되려고 하면 정말 힘이 있어야 합니다. 지혜도 있고 힘이 있어야 돼요. 누가 뭐라 해도 해야 한다, 어디든지 가야 한다, 지옥에도 간다, 이런 결심이 서 있어야죠.

보살이라는 말이 없는 천주교의 신부들이 오히려 그런 일을 했습니다. 『성인 지옥에 가다』라는 책이 있죠. 불란서에서 한때 신부들이 로만칼라, 이까짓 것 다 필요 없다, 십자가 다 필요 없다, 미사 그것 다 필요 없다, 지금 일손 모자라는 데 가서 일해 주는 것이 최고다, 그러면서 사람들 속으로 들어갔습니다. 그런 신부들이 있었다고요. 복음이 뭐냐 하면 사랑 나누는 것 아니냐? 사랑 나누는 데 무슨 놈의 성경책 가지고 다니면서 이야기할 필요 있냐? 지금 바빠 죽겠는데 성경책 가지고 이야기할 시간이 어디 있어? 먹을 것 같이 나눠 먹고 때 묻은 이불 같이 뒤집어쓰고 같이 일하는 거죠. 이 사람들이 그러면서 뭐가 됐느냐 하면, 미사도 안 드리고 신부라는 것도 그만 두었단 말이에요. 너와 내가 정말 친구가 되기 위해서 네가 좋아하는 것은 내가 다 할께, 이렇게 되어 버렸습니다.

그래서 그 사람들이 공산당도 됐다고요. 공산당이 좋아서 된 것이 아니라, 그 사람들과 완전한 친구가 되려니까 그 사랑이 거짓이 아니기 위해서 그렇게 된 사람들이 있었습니다.

나는 이런 곳에 진짜 통달불도라는 것이 있다고 생각합니다. 로마에서는 천주교 신부가 공산당이 되다니 말이 안 된다고 할지 모르겠는데, 나는 거기서 『유마경』의 이 '통달불도' 이야기를 본단 말입니다. 불도에 통달하려면 겉으로 보아서는 말도 안 되는 곳에라도 뛰어 들어 갈 수 있어야 한다는 거죠. 그 사람들이 공산당원이 됐다고 해서 진짜 공산당이 됐냐 하면, 그것은 아니에요. 겉으로는 거기에 들어가서 그 친구들과 하나가 됐지만, 그 속에서 '야, 그것 아니지 않냐? 그렇게 사는 것 아니지 않냐?' 하는 것을 가르치면서 진정한 사랑을 이야기해 주고, 그 사람들을 올바른 길로 이끌었습니다. 그 사람들이 공산당을 내던지고 올바른 길을 발견하게끔 해 준 신부들이 있었단 말이에요.

그 신부들이 찬양을 올린 대상은 로마교회도 교황도 아닙니다. 사회조직으로서의 교회나 교황이라고 하는 한 인간이 중요한 것이 아니라, 인간과 인간 사이에 거짓 없는 사랑이 성립됐다고 하는 점이 중요한 겁니다. 그런 것은 어디서든지 있을 수 있는데, 그런 정신을 『유마경』이 설명해 주고 있습니다. 그런데 이런 것을 안 읽으니까, 또 누가 이것을 이야기해 주지도 않으니까 참 무식할 수밖에 없죠. 그리고서 뭐 에헴 하고 앉아 있으니까 될 게 뭐가 있어요? 출가라야만 된다, 재가는 안 된다, 그런 것이 어디 있어요?

보살은 어떻게 해야 불도에 통달하게 됩니까? 이것이 이 부분의 중요한 과제입니다. '통달불도'라는 것은 부처님의 길을 자유자재로 간다는 거죠. 그런데 부처님 길이라는 것이 어디 정해져 있습니까? 대도(大道), 진짜 큰길은 이리로 갈 수도 있고, 저리로 갈 수도 있는 거거든요.

維摩詰言 若菩薩行於非道 是爲通達佛道 유마거사가 말했다. 보살이 길 아닌 길을 간다면 그것이 불도에 통달하는 것이 됩니다.

非道(비도), 길 아닌 길을 가야 한다. 남이 정해 준 길만이 올바른 길이 아니다. 길 아닌 길에 진짜 길이 있다고 하는 것입니다. 보살이 비도를 행한다고 하는 말은 초등학교 모범생처럼 겉으로 얌전한 체하면서 밑으로 호박씨 까는 것 같은 일을 하지 말라는 거예요. 그런 위선적인 것을 철저하게 배격하고 있는 겁니다. 제일 중요한 것은 보살이 어디에 가 있느냐 하는 것이죠.

길 아닌 길, 문 아닌 문, 문 없는 문, 다 같은 말입니다. 보통 사람들이 길이라고 하는 길 말고 다른 길을 이야기하는 겁니다. 그러니까 이 말은 공자님, 맹자님이 들으면 아주 노발대발할 이야기죠. 왜냐하면 공자님, 맹자님은 꼭 제대로 된 길, 정해진 똑같은 길로만 가라고 하거든요.

'길 아닌 길'이란 규격주의에서 벗어나라, 형식주의에 사로잡히지 말라는 말입니다. 요새 서양 사람들이 그런 걸 많이 이야기하죠. 이것이 현대의 특징입니다. 요즘 우리 나름의 문화를 개발하려는 시도들이 있는데, 아직 서투르고 설익었어요. 아직도 형식주의에서 벗어나지 못하고 있고, 그 바탕은 여전히 서양식 문화예요. 아직도 동양 자체를 모릅니다. 그러니까 문화를 제대로 이해하려면 이런 『유마경』 같은 경전을 공부해야죠. 유교에서는 별로 배울 것이 없어요. 규격주의밖에 없어요. 이 불교나 노자나 장자에서 배워야 합니다. 윤이상의 음악이 왜 유명합니까? 노자나 장자를 통해서 독특한 것이 나올 수 있었거든요. 그런데 그것보다도 더 다양하고 깊은 이야기가 이 『유마경』에서 나올 수 있는 것입니다.

又問 云何菩薩行於非道 문수사리가 물었다. 어떻게 하는 것이 보살이 '길 아닌 길'을 가는 것입니까?

이제 이 질문에 대해서 유마거사가 대답을 합니다. ㉛번까지 번호를 붙여 놓았는데, 이것저것이 다 섞여 있어요. 맨 앞의 ①번부터 ④번까지를 보면 지옥, 아귀, 축생이 들어 있습니다. 육도중생 중에서 제일 나쁜 데를 이야기하죠. ①번에 있는 '무간(無間)'도 지옥의 이름입니다. 그 다음 ⑤번에서는 색계와 무색계를 이야기하고 있습니다. 그러니까 여기에는 사람들이 들어가는 경계를 이야기하고 있는 것이죠. 그러한 경계에는 욕계, 색계, 무색계가 있는데, 여기서는 색계와 무색계를 이야기하고 있습니다. 욕계라는 말은 안 했지만, 앞의 ①번부터 ④번까지가 전부 욕계에 속하는 거잖아요. 그러니까 여기서는 삶의 겉모습들을 쭉 열거한 것이라고 볼 수 있습니다.

일본 학자들은 ①번부터 ⑤번까지를 악과(惡果)가 있는 듯이 보이는 경우, ⑥번부터 ㉛번까지를 악인(惡因)이 있는 듯이 보이는 경우라고 분류하고 있습니다.

그럼 이제 유마거사의 '길 아닌 길'에 대한 설명이 시작됩니다.

答曰 若菩薩 ① 行五無間 而無惱恚 만약 보살이 오무간죄(五無間罪)를 짓더라도 미워하는 마음이 없는 것입니다.

'무간'이라는 것은 틈이 없다는 말이죠. 여기서 틈이 없다는 것은 시간적인 간격이 없다는 말이에요. 인과관계에서 그냥 죄를 짓자마자 당장 떨어지는 곳이 무간지옥입니다. '오무간(五無間)'이라고 하는 것은 무간지옥에 떨어지는 죄에 다섯 가지가 있다는 것입니다. 그런데 소승과 대승이 달라요. 소승에서는 살모(殺母), 어머니를 죽이는 것을 먼저 내 놓았고, 다음이 살부(殺父), 아버지를 죽이는 것입니다. 다음 세 가지는 불교와 관계되는 이야기인데, 해아라한(害阿羅漢), 아라한을 해치는 것, 출불신혈(出佛身血), 나쁜 마음으로 부처님의 몸에 피를 흘리게 하는 것, 파화합승(破和合僧), 화합승을 깨뜨리는 것입니다. 요새 종단 안에 있는 스님들이 서로 싸우는 것은 다 화합을 깨뜨리는 이 무간죄에 해당

되는 거예요.

대승에서는 탑사(塔寺)의 파괴, 경상(經像)의 훼손, 삼보의 물건을 탈취하는 것이 첫 번째입니다. 그러니까 부처님의 몸에 피를 낸다는 것을 맨 앞에다 갖다 놓은 셈이죠. 그 다음에 방법(謗法), 법을 비방하는 겁니다. 세 번째는 출가자의 수행을 방해하는 거예요. 출가자가 제대로 수행하면 상관없죠. 여기에는 그래도 출가주의를 지키려고 하는 대승 출가수행자들의 의사가 반영된 것이라고 볼 수 있습니다. 네 번째는 소승의 오역(五逆) 중에 하나를 범한 것이라고 했어요. 그러니까 아버지나 어머니 이야기를 생각하면 되겠죠. 다섯 번째는 업보가 없다고 생각하고 좋지 않은 불선업(不善業)을 함부로 행하는 것입니다.

얼핏 보아서는 무간죄에 들어갈 것 같은 행위를 하되, 그 행위를 하는 사람의 마음가짐 속에 아무런 뇌에(惱恚)가 없다는 거예요. 진에(瞋恚), 화났거나 시기하거나 그 사람을 미워하거나 그런 것이 아니에요. 나 자신을 두고 이야기한다 해도, 내가 스님들 잘못한다는 이야기를 제일 많이 하는 사람이죠. 그것이 듣기 싫겠지만, 내가 스님들을 싫어한다거나 누구를 특별히 미워하는 것은 아닙니다. 그것을 알아야죠. 내가 그 사람들을 구체적으로 미워하는 것은 하나도 없어요. 스님이라는 사람이 그렇게 하면 안 된다는 것을 말하는 거죠. 스님 당신 그것 못 하겠으면 스님 옷 벗고 나가라는 겁니다. 그러고도 여전히 스님 행세 하고 싶으니까 그게 문제인 것이죠. 그러면 내가 한 가지 더 해야겠어요. 가서 쫓아내기라도 해야죠.

行五無間(행오무간), 다시 말하면 겉으로 볼 때는 무간죄를 지은 것 같은 모습이 보인다는 말입니다. 그러나 그 속마음을 들여다보면, 無惱恚(무뇌에), 악의가 없고, 해치고자 하는 마음도 없고, 미워하는 마음도 없어요. 무간죄를 지은 것같이 보이는데 전연 그렇지 않습니다. 그러니까 지옥에서 죄를 지은 사람을 제도해야 할 일이 생겼다든가 할 때 스스로 지옥행을 택한 거죠. 그런 것을 이야기한 것입니다.

이 이야기를 하다 보니, 나는 불란서에 있을 때의 일이 생각납니다. 다니엘루라는 유명한 추기경이 계셨는데, 그 사람 동생인 다니엘루는 인도에 가서 힌두교에 심취해서 힌두교 학자가 됐습니다. 그런데 이 다니엘루라고 하는 세계적으로 유명하고 존경을 받아 온 학자가 갑자기 죽어서, '다니엘루, 창녀의 집 문턱에서 죽다'라는 기사가 신문에 크게 났습니다. 그리고 죽은 시체의 호주머니를 보니까 돈뭉치가 있더라는 거예요. 온갖 억측이 그냥 막 신문에 떠돌았죠. 그러나 나는 다니엘루가 뭐 무간죄를 지은 것 같아도 악의나 해치고자 하는 마음이나 또 미워하는 마음은 없었다고 믿고 싶어요.

行五無間 而無惱恚, 오무간을 행하되 마음이 제일 중요하다는 겁니다. 원효대사가 항상 강조한 것도 겉의 행위만 보고 판단하지 말라는 것이죠. 『보살계본지범요기(菩薩戒本持犯要記)』라는 글을 한번 읽어 보세요. 내가 『한국불교연구』 안에 한글로 쉽게 써 놓은 것이 있습니다.[1)]

② **至于地獄 無諸罪垢** 지옥에 가는 일이 있더라도 죄나 잘못이 전혀 없는 것입니다.

같은 이야기입니다. 마음으로 죄짓지 말라는 거예요. 無諸罪垢(무제죄구), 죄와 때가 없으면 된다, 깨끗하면 된다는 말입니다. '순수'라는 말 싫어하는 사람 많죠. 요새 사람들은 '순수' 너무 부르짖지 말라는 소리 할 것 같아요. 순수란 것이 어디 있습니까, 그러면서 순수를 비웃는 사람이 많을 거예요. 요새 일본의 젊은 사람들이 쓴 책을 보니까 전부 순수 웃기네, 무슨 놈의 순수야, 그러더라구요. 우리 불교 같은 것을 두고 웃는 거

1) 「원효의 보살계관(菩薩戒觀)」, 『한국불교연구』(1982).

죠. 그럼 어떻게 하자는 거냐? 참 큰일났구나. 너희들 다 지옥 갈 놈들이다. 그래도 우리는 가능한 한 순수를 지켜야 되겠다. 가능한 한 내 마음에 거짓 없기를 바란다. 이렇게 생각했습니다.

오늘 아침에 모여서 「보현행원품」을 독송할 때, 여러분들이 얼마나 열심히 독송을 하는지 가슴이 뭉클해지는 것을 느꼈습니다. 오늘 우리가 독송하는 가운데 순수함이 자라나는 것을 느꼈는데, 순수한 것에서 복이 푹푹 쏟아지는 것 같았습니다. 그것은 틀림없어요. 순수를 비웃는 놈들은 잠깐 동안은 자기네들이 현명하게 살았다고 느낄지 모르지만, 아마 잘 안 될 거예요.

③ **至于畜生 無有無明 憍慢等過** 축생도(畜生道)에 가더라도 무명이나 교만 등의 잘못이 없는 것입니다.

이 시대는 축생들이 많이 살고 있죠. 인간이 아니라 축생이 많은 것 같습니다. 바보상자라는 텔레비전을 보면 맨 축생들만 나와서 쓸데없는 짓거리들을 하고 있는데, 무엇 때문에 귀중한 정력을 낭비하는지 알 수 없어요. 축생들이 있는 곳입니다. 그런 축생이 있는 곳에 가게 되면 무명에 물들기 쉽단 말이에요.

④ **至于餓鬼 而具足功德** 아귀도(餓鬼道)에 가더라도 온갖 공덕을 구족하는 것입니다.

아귀라는 놈은 굶주렸거든요. 굶주렸으니까 그냥 뭐든지 제 호주머니에 넣으려고 하는 놈이죠. 그런 데 가 있으면 호주머니가 비고 아무 것도 없고 이렇게 될 수 있는데, 보살은 그런 곳에 가 있어도 공덕이 구족한 상태에서 부족함이 없습니다. 뭘 실제로 많이 가지고 있어서가 아니라 마음에 부족함이 없는 것이겠죠.

⑤ **行色無色界道 不以爲勝** 욕계를 벗어나 색계, 무색계의 길을 가더라도 잘났다 하지 않는 것입니다.

약간 말을 보태서 의역을 했습니다. 색계, 무색계의 길, 여기는 참선을 통해서 들어간 사람들이 살아가는 길인데, 여기 간 사람들의 허물은 주로 '나 잘났다'고 하는 허물입니다. 욕계보다 한 계단 높이 올라갔거든요. '아, 내가 이렇게까지 됐다', 이렇게 생각하겠지만, 그것으로써 승(勝)이라고 하지 않는다. 不以爲勝(불이위승), 그러한 사람들 속에 끼더라도 내가 잘났다고 하지 않는다. 결코 다른 사람과 비교해서 교만해진다든가 해서는 안 된다는 것을 강조하고 있습니다.

다음 ⑥, ⑦, ⑧은 탐·진·치를 이야기합니다.

⑥ **示行貪欲 離諸染着** 탐욕을 부리는 것 같은 모습을 보이더라도 애욕에 물들거나 집착에 사로잡히지 않는 것입니다.

⑦ **示行瞋恚 於諸衆生 無有恚閡** 진에(瞋恚)를 내고 있는 것 같은 모습을 보이더라도 모든 중생에 대해 적개심이나 증오심이 없는 것입니다.

진에, 진심(瞋心)과 에심(恚心), 화도 내고 그런 것같이 보이지만, 사실은 모든 중생들을 대할 때에 恚閡(에애)하다. '閡'는 무애라고 하는 '礙(애)'와 마찬가지예요. 에(恚)하는 마음이 없어요. 다른 사람들 보고 나무라거나 야단치는 모습을 보이되, 조금도 그 사람들과 무슨 대립을 하거나 갈등을 일으키거나 그러지 않아요. 중생을 미워하지 말라, 중생을 원수로 생각하지 말라는 것이죠.

⑧ **示行愚癡 而以智慧 調伏其心** 바보 천치같이 보이지만 지혜로써 자신의 마음을 조복해 가지고 있는 것입니다.

그러니까 바보스러운 행위도 귀중한 거죠. 똑똑한 모습만 보일 필요는 없는 거예요.

다음 ⑨번부터 ⑭번까지는 육바라밀다의 반대되는 것들, 그러니까 간탐(慳貪), 훼금(毁禁), 진에(瞋恚), 해태(懈怠), 난의(亂意), 우치(愚癡)를 쭉 이야기하고 있습니다.

⑨ **示行慳貪 而捨內外所有 不惜身命** 인색하고 탐욕한 것같이 보이지만, 가진 모든 것을 버리고 신명을 아끼지 않는 것입니다.

육바라밀다 중에 보시의 반대가 간탐이죠. 보시는 베풀어주는 것인데, 여기서는 베풀어주는 것이 아니라 아주 인색한 것처럼 보입니다. 베풀어주라는 것을 잘못하면 절약할 줄 모르고 막 헤프게 쓰는 경우도 있죠. 아낄 것이 얼마든지 많이 있습니다. 그것은 간탐이 아니에요. 간탐하는 것처럼 보이지만, '內外所有(내외소유)', 안과 밖으로 가지고 있는 모든 것을 희사합니다. 바깥에 있는 것은 물질이고, 안에 있는 것은 마음입니다. 이 모든 것을 아낌없이 준다는 거예요. 물건도 주어야 할 것은 꼭 주어야 할 때 주는 거죠. 때를 놓쳐도 안 되고, 주어야 할 시기를 놓쳐도 안 됩니다. 넘어도 안 되고 모자라도 안 됩니다. 또 줄 때는 항상 좋은 것, 알찬 것, 가치 있는 것을 줄 수 있어야 하겠죠. 신명을 아끼지 말라. 우리가 할 수 있는 모든 일을 다 한다는 겁니다.

⑩ **示行毁禁 而安住淨戒 乃至小罪 猶懷大懼** 부도덕한 듯이 보이지만 정계(淨戒)에 안주하고 작은 죄에도 크게 조심하는 것입니다.

'毁禁(훼금)'의 반대가 지계(持戒)죠. 계를 잘 지키는 겁니다. 훼금은 금지된 것을 파괴하는 거예요. 계는 무엇을 하지 말라는 것인데, 계를 잘 지킨다고 하는 것은 무슨 정해진 계율을 지킨다는 것보다 그때그때 해야 할 일을 하는 거죠. 무슨 율법책에 적혀 있는 것을 그대로 행하는 것을 지계를 잘한다고 하지 않습니다. 그래서 훼금한 것처럼 보이지만, 정계(淨界)에 안주하고 있는 것입니다. 그러니까 이 정계라는 것은 어떤 형식적인 것이 아니죠. 해야 할 원칙대로 살고 있다는 겁니다. 나아가서 작은 죄에 이르기까지 여전히 크게 두려워하죠. 의상대사의 발원문을 보면 '작은 악 하나를 끊음으로써 일체의 악을 끊고'라는 말이 있습니다. 조그마한 악한 일도 삼가는 것이 필요하겠죠.

또 마음에 걸리는 조그마한 죄라도 저질렀을 때는 마음속에서 '아, 내가 이래서는 안 되는데' 하면서 그 조그마한 죄보다 몇 갑절 더 큰 좋은 일로써 싹 지워 버려야죠. 그렇게 갚는 겁니다. 그대로 내버려두면 그 놈이 말썽이 되거든요. 언제든지 죄는 대가를 요구합니다. 그러니까 그것을 그대로 내버려두어서는 안 된단 말입니다. 그것을 상쇄하기 위해서는 그것보다 더 커다란 좋은 일을 많이 하는 수밖에 없어요.

⑪ **示行瞋恚 而常慈忍** 참을성 없고 화를 내는 것같이 보여도 항상 인자하고 관대한 것입니다.

'瞋恚(진에)'의 반대는 인욕이죠. 그러면서도 '慈忍(자인)'하라고 했습니다. 인자하게 참고 견디고, 용서해 주는 것입니다.

⑫ **示行懈怠 而懃修功德** 나태하고 게으른 듯 보이지만 부지런히 공덕을 닦는 것입니다.

'懈怠(해태)'의 반대는 정진이죠. '懈'도 '怠'도 다 게으르다는 말입니다. 그렇게 보이지만, 懃修(근수), 부지런히 닦는 거죠. 공덕을 부지런히 닦습니다. 다른 사람에게 덕이 되는 좋은 일을 많이 쌓는 겁니다.

⑬ **示行亂意 而常念定** 마음이 산란한 것같이 보이지만 항상 바로 염하고 마음을 안정시키고 있는 것입니다.

'亂意(난의)'의 반대는 선정입니다. 그렇게 보이지만, 항상 念定(염정)한다. 염하고 정한다. '염'과 '정'은 항상 같이 따라다니게 되어 있어요. 염불과 선정을 함께 하는 겁니다. 일본에는 염불과 선정이 따로 있어서 염불만 하는 정토종이 있고, 선만 하는 선종이 있는데 사실 그렇게 쪼갤 필요가 없는 거라구요. 선정을 제대로 하기 위해서는 항상 염불도 해야죠. 부처님을 생각하지 않으면서 참선이 잘 되나요?

⑭ **示行愚癡 而通達世間 出世間慧** 어리석은 듯한 모습을 보이지만 세간과 출세간의 지혜에 통달해 있는 것입니다.

'愚癡(우치)'의 반대는 지혜입니다. 어리석은 행위를 하는 것같이 보이지만, 세간과 출세간의 지혜에 통달해 있다. 출세간의 지혜에 통달한다는 것은 공도리를 아는 것이 되겠죠. 세간의 지혜에 통달한다는 것은 세간의 인연을 잘 아는 것을 말합니다.

여기까지가 육바라밀다와 관련된 이야기였습니다.

⑮ **示行諂僞 而善方便 隨諸經義** 아첨과 거짓의 모습을 보이지만 선교방편으로 모든 경의 뜻을 따르는 것입니다.

아첨, 비굴함, 거짓 등의 모습을 보이지만 보살은 선교방편(善巧方便)으로 모든 경의 뜻을 따라 교화하는 것입니다. 그렇다고 아첨을 하라든가, 거짓을 나타내라든가 그런 것은 아닙니다. 물론 경우에 따라서 그럴 수 있는데, 경의 뜻을 잘 안다고 선교방편은 쓸 줄 모르고 너무 아는 척하거나 하면 그것이 거꾸로 허위가 되는 수도 있겠고, 또 어떤 경우에는 잘 설명해 주기 위해서 하는 일이 남이 볼 때는 '어, 뭐 저렇게까지 비굴하게 굴 필요가 있겠나?' 하는 태도로 보일 때도 있을지 모르죠. 방편을 잘 써서 경의 뜻에 따라 교화해야 한다는 것입니다.

⑯ **示行憍慢 而於衆生 猶如橋梁** 교만한 행동을 보이기도 하지만 중생들에게는 강을 건너게 해 주는 다리와 같은 존재인 것입니다.

⑰ **示行諸煩惱 而心常淸淨** 갖가지 번뇌를 일으키는 것 같은 행동을 하지만, 항상 마음이 청정한 것입니다.

⑱ **示入於魔 而順佛智慧 不隨他敎** 마라의 길을 따라가는 것같이 보이지만, 부처님 지혜에 수순(隨順)하며 결코 다른 가르침을 따르지 않는 것입니다.

⑲ **示入聲聞 而爲衆生 說未聞法** 성문의 모습을 보이지만 중생들을 위해 일찍이 듣지 못한 법을 설하는 것입니다.

示入聲聞(시입성문), 성문에 들어감을 보인다. 성문 같은 모습을 보인다, 성문같이 보인다는 뜻입니다. 아래도 다 마찬가지 뜻으로 읽으면 되겠습니다.

⑳ **示入辟支佛 而成就大悲 敎化衆生** 벽지불의 모습을 보이지만, 대비를 성취하고 중생을 교화합니다.

여기서 성문(聲聞)과 벽지불(辟支佛)의 이야기가 나오는데, 성문은 밤낮 알고 있는 법만 설하는 특색이 있어요. 그런데 일찍이 듣지 못한 법을 설하는 것이 대승의 특색이란 말입니다. 또 벽지불은 어떤 잘못이 있냐 하면 대비를 망각하고 중생을 교화하지 않죠. 그것이 벽지불의 결점입니다. 그런 것이 은근히 드러나 있습니다.

㉑ **示入貧窮 而有寶手 功德無盡** 빈궁한 사람의 모습을 보이지만, 보배로운 손으로 무궁무진한 공덕을 베푸는 것입니다.

때로는 빈궁한 보살도 있을 것입니다. 그러나 그 사람이 진짜 보살이라면 내가 가난하다는 생각을 안 할 것입니다. 오히려 그 속에서도 무궁무진한 공덕을 다른 사람들에게 베풀 거예요.

㉒ **示入刑殘 而具諸相好 以自莊嚴** 불구자의 모습을 보이지만, 모든 상호를 다 갖추고 스스로 장엄한 모습을 지키는 것입니다.

보살은 때로 불구자들이 가는 길을 따라가기도 합니다. 그러나 그는 모든 상호를 다 갖추고 스스로 장엄한 모습을 지킵니다. 실제로 어떤 때는 불구자 모습의 보살도 있을 수가 있습니다. 그런데 그런 사람은 내가 불구자라는 생각을 안 할 거예요. 방편으로 그렇게 하고 있는 거니까요. 참 이런 보살들은 대단한 보살들이겠죠.

㉓ **示入下賤 而生佛種姓中 具諸功德** 미천한 사람의 모습을 보이지만, 부처님의 종성(種姓) 중에 태어나 갖가지 공덕을 갖추고 있는 것입니다.

보살은 미천한 사람들 속에 낄 때가 있습니다. 그러나 그 사람도 부처님 종성 중에 태어나 갖가지 공덕을 갖추고 있는 것입니다. 사회적으로 미천하다고 하는 것은 아무 것도 아니라는 것을 이야기해 주고 있습니다. 인도에는 엄격한 계급제도가 있지 않습니까? 밑바닥에 노예계급이라는 것이 있죠. '종성'이라는 말은 계급이라는 말인데, 불교에서는 계급이 있을 수가 없죠. 부처님은 일찍이 인도에 있던 네 가지 종성을 다 허물어 버렸습니다. 그래서 자기네 석가족 가문의 이발사로 일하던 우파리라고 하는 노예도 스님으로 받아들였고, 그 사람이 나중에는 십대제자의 한 사람이 되지 않았습니까? 그러니까 부처님의 종성이라고 하는 말은 무슨 사회적인 신분이 아니라 마음으로 그렇다는 이야기죠. 부처님의 종성으로 태어나 있다는 말은 이미 부처님이 될 수 있는 바탕을 갖추고 있다는 것입니다.

㉔ 示入羸劣醜陋 而得那羅延身 一切衆生之所樂見 연약하고 추하고 더러운 사람의 모습을 보이지만, 나라연의 몸을 갖고 일체중생이 즐겨 보는 바가 되는 것입니다.

나라연(那羅延)은 산스크리트어로 nārāyana라고 하는데, 원래는 힌두교의 비슈누신의 별칭입니다. 그런데 불교에서는 일반적으로 금강역사(金剛力士)를 말하죠. 석굴암에도 금강역사가 있잖아요. 나라연은 보통 한 쌍으로 표현되는데, 하나는 언제든지 두 손을 열고 '훔' 하고 입을 다물고 있고, 다른 하나는 '아' 하고 입을 열고 두 손을 쥐고 있어요. 음양, 플러스와 마이너스가 다 갖추어져 있는 거죠. 그 힘은 시작과 끝입니다. 인도 글자에서 시작하는 글자가 '아'이고, 끝나는 글자가 '훔'이거든요. 그러니까 희랍글자로 말하면 알파와 오메가입니다. 시작과 끝이 여기 동시에 있다고 볼 수 있습니다. 거기서 우리들 마음의 모든 것이 다 나오고, 우주의 마음 모든 것이 다 나오고 들어가는 것입니다.

그러니까 어떤 더럽고 추한 모습을 띠더라도 맑고 깨끗한 마음이어서 일체중생들이 즐겨 보는 바가 된다는 것입니다. 또 그렇게 어디든지 가는 것입니다. 어디는 가라, 어디는 가면 안 된다, 그러면 그것은 진짜 불도에 통달한 것이 되지 못한다는 이야기를 하는 것입니다.

㉕ **示入老病 而永斷病根 超越死畏** 늙고 병든 모습을 보이지만, 영원히 병의 뿌리를 끊었고 죽음의 공포에서 벗어나 있습니다.

보살은 늙을 수도 있고 앓을 수도 있지만, 영원히 병의 뿌리를 끊고 죽음의 공포를 초월했습니다. '죽음의 공포를 초월하라', 이것을 바람벽에 써 붙일 수는 없겠지만, 마음속에 새겨 둘 필요는 있어요. 분명히 이렇게 좋은 일만 하고 항상 염하는 바가 좋은 쪽으로만 향하고 있고, 잠깐이라도 마구니가 들어올 여유가 없게끔 문단속을 잘 하고 있다면, 죽음을 두려워 할 필요가 없겠죠. 죽음이라는 놈이 마(魔) 중의 하나잖아요. 사마(死魔)입니다.

어제 어떤 사람이 제게 이런 이야기를 했습니다. '선생님 강의도 많이 듣고 그래서 귀신 같은 것은 다 마음의 문제인 줄 알고 있는데요. 49재만 가면 스님들이 귀신 이야기를 자꾸 하는데, 그런 이야기를 자꾸 들으니까 마음이 참 혼란스러워져요.' 자기 마음이 약하고 아는 것이 확실하지 않을 때는 귀신이 더 많이 생깁니다. 내 마음이 지혜롭지 못해서 듣긴 들었어도 무엇이 옳은지 그른지 모르니 큰일이죠. 그러니까 많이 들어야 합니다. 『반야심경』을 알고, 또 그 밖의 다른 모든 이치를 따져 보면, 귀신이라는 것도 전부 다 사람의 마음이 만들어내는 것이라는 것을 알 수 있습니다. 이 세상의 만물, 모든 법은 전부 다 사람의 마음이 만들어낸 것이라는 것이 유식이론이고 그것이 또 반야사상이죠. 그런데 이야기를 듣기는 들었어도 확신이 안 가는 경우가 많습니다. 또 그런 귀신 이야기만 하는 사람이 많다 보니까 더 그래요. 특히 절에 가면 그런 사람들이 많습니다. 그 머리 깎은 스님들이 자신들은 불교 전문가이고 우리는 아마추어라고 하죠. 그런데 사실은 오히려 우리가 전문가이고, 그 사람들이 진짜 무식쟁이예요. 공부 안 했으니까, 미안하지만 무식쟁이입니다. 공부한 스님네들에게는 내가 두말할 것 없이 큰절을 합니다. 그러나 아무 것도 모르고 재만 드리고 귀신 이야기만 하는 사람들은 불교를 올바른 방향으로 이야기하고 있는 것이 아니에요. 그리고는 자꾸 무슨 재 드려라, 무슨 불공 드려라, 무엇 때문에 안 된다, 무엇 때문에 안 된다 이러는데, 무엇 때문에 안 돼요? 마음 때문에 안 되지. 내가 준비가 안 됐기 때문에 안 되는 겁니다. 저 하늘에 있는 하나님조차도 사람들이 제 마음으로 만든 것이죠.

그러니까 마음이 약한 사람일수록, 병약한 사람일수록 귀신이 많습니다. 무당이 되는 사람은 신이 들리는데, 샤머니즘에 대해서 연구한 것들을 보면, 그런 사람들은 선병질적인 체질로 태어난 사람, 또 언제든지 hallucination, 환각증에 빠질 소질이 있는 사람들이라는 연구결과들이 많아요. 그런 사람들은 망상 속에서 그런 것을 많이 본 것이죠. 이제 그런 이야기를 우리가 알고 가야 합니다. 그런 망상 속에 있으면 그것들 속에서 헤어나지 못하죠. 그럼 보살이 될 수 없는 겁니다. 그렇게 마음이 약한 사람들은 보살이 될 수가 없어요. 그러니까 '종교란 아편이다'라는 말은 맞습니다. 종교는 마음 약한 사람을 더욱더 약하게 만드는 독약밖에는 안 돼요. 잘못된 종교는 그런 겁니다. 불교가 그런 종교냐 하면, 불교는 그런 종교가 아닙니다. 그러니까 차라리 불교는 종교가 아니라고 해도 돼요. 그런데 이것이 진짜 종교죠. 만약에 저런 마음 약한 사람들의 마음을 사로잡는 것이 종교라면, 그런 종교는 마음 약한 사람들을 많이 만들어서 망상만 많이 일으키도록 조장하고, 또 종파별로 끼리끼리 뭉쳐서 싸우는 일밖에는 못할 거예요. 이런 것도 우리가 잘 생각해야 합니다.

㉖ **示有資生 而恒觀無常 實無所貪** 자산을 많이 가진 모습을 보이지

만, 항상 무상(無常)을 관하고 실로 아무 것도 탐내는 것이 없습니다.

'제행무상 제법무아'라고 관하고 있다는 말이 되겠죠.

㉗ 示有妻妾采女 而常遠離 五欲淤泥 처와 첩과 채녀(采女) 등을 가지고 있음을 보이지만, 항상 오욕의 진흙탕에서 떠나 있는 것입니다.

이 말은 오해하면 안 되겠죠. 보살은 처와 첩과 채녀 등이 있다고 했는데, 옛날 인도 풍속을 생각하는 것이 좋겠습니다. 이 말은 그냥 처자식과 가족이 있다고 해도 좋을 거예요. 처자식과 가족이 있지만 오욕(五欲)의 진흙탕을 떠나 있습니다.

처자식 있으면 큰일난다고 생각하는 것이 출가 스님네들의 생각인데, 스님으로서는 안 되죠. 스님은 율장을 지키라고 했으니까, 스님이기를 바란다면 그러지 말아야 합니다. 그러나 보살이고자 할 때는 좀 문제가 달라진단 말이에요. 보살이라고 할 때는 반드시 스님이 되어야만 하는 것은 아니죠.

㉘ 現於訥鈍 而成就辯才 惣(摠)持無失 어눌하고 둔한 것같이 보이지만, 변재를 성취하고 총명하여 놓치는 일이 없습니다.

어눌하고 머리가 둔한 것 같이 보이지만, 실은 변재에 뛰어나고 총명하여 실수가 없는 것입니다.

㉙ 示入邪濟 而正濟度諸衆生 외도의 법으로 중생을 제도하는 것같이 보이지만, 모든 중생을 정법으로 제도하고 있습니다.

㉚ 現遍入諸道 而斷其因緣 갖가지 세속 생활에 두루 들어가는 모습을 보이지만, 그 인연을 끊고 있는 것입니다.

㉛ 現於涅槃 而不斷生死 열반에 든 모습을 나타내지만, 생사를 끊고 있지 않는 것입니다.

文殊師利 菩薩能如是行於非道 是爲通達佛道 문수사리여, 보살이 능히 이와 같이 길 아닌 길을 행할 수 있으면 이를 곧 통달불도라고 하는

것입니다.

보살의 비도행(非道行), 불도에 통달하기 위해서는 얼핏 보아서는 도가 아닌 듯 싶은 행위라든가 혹은 상황 속에서도 그것에 물들지 않으면서 능수능란하고 거리낌 없이 처신하고, 또 그것을 배척하지 않으면서 그들을 올바른 방향으로 이끌어 갈 수 있어야만 참으로 불도에 통달한 것이라고 할 수 있다는 이야기였습니다.

2. 여래의 종(種)

(2)

於是에 維摩詰이 問文殊師利하되,

"何等을 爲如來種이뇨" 하니,

文殊師利가 言하되,

① 有身을 爲種이며　② 無明有愛를 爲種이며

③ 貪·恚·癡를 爲種이며　④ 四顚倒를 爲種이며

⑤ 五蓋를 爲種이며　⑥ 六入을 爲種이며

⑦ 七識處를 爲種이며　⑧ 八邪法을 爲種이며

⑨ 九惱處를 爲種이며　⑩ 十不善道를 爲種이며

以要言之하면 六十二見 及一切煩惱가 皆是佛種이니라.

於是 維摩詰問文殊師利 何等爲如來種 그때 유마힐이 문수사리에게 물었다. 무엇을 여래의 종(種)이라고 합니까?

이제 이 아래에서는 '여래의 종'에 대한 설명이 이어집니다. 여래는 부처님의 열 가지 이름 가운데 하나인데, 부처님의 이름 중에 제일 깊은 의미를 담고 있는 이름이라고 할 수 있습니다. 산스크리트어로 Tathāgata라고 하죠. 이 말은 tathā와 gata, 혹은 agata의 합성어입니다. tathā는 '그와 같이', '여여하다'는 말이고, gata는 '간다', agata는 '온다'는 말이죠. 그래서 Tathāgata는 '여여한 경지에 갔다' 혹은 '여여한 경지에 왔다'는 뜻이 됩니다. 그래서 '여래(如來)'라고 번역이 된 것이죠. 이 여여한 경지는 여여한 마음, 진여한 마음이라고 할 수도 있습니다. 어디에서나 걸리지 않게끔 된 마음, 그러니까 부증불감(不增不減)하는 마음입니다. 『반야심경』에서 지혜로워진 상태를 설명하는 말이 '불생불멸 불구부정 부증불감'이죠. 여여한 경지에 갔거나 온 사람이 부처란 말입니다.

'여래의 종'이라고 하는 것은 산스크리트어로 tathāgata-gotra입니다. gotra라는 말은 여러 가지 뜻을 가지고 있는데, 여기서는 family라는 말입니다. 라모뜨 교수는 이 말에 대해서 좀 지루할 정도로 설명을 많이 하고 있어요. 여래의 gotra, 그러니까 여래의 가족, 집안, 권속, 그 정도 뜻이 되겠죠. 여래가 될 가능성을 가진 사람들을 '여래의 gotra'라고 한 것입니다. 이 말을 지겸과 구마라집은 '여래종(如來種)'으로 현장은 '여래종성(如來種性)'이라고 번역했습니다. 부처님의 종자(種子)라고 할 수도 있겠죠.

여래, 여여한 상태가 된 사람, 그런 사람이 되려면 무엇이 제일 중요하냐 하면, 역시 마음이 제일 중요하죠. 그런 좋은 열매는 여래의 종자라는 마음가짐 없이는 될 수 없습니다. 그런 마음가짐이 어떤 마음가짐이냐? 뭘 자꾸 좋아하고 싫어하고 그러면 안 되겠죠. 이것이 좋다 싫다, 분별하는 생각이 없어진 단계에까지 가야 하는 겁니다. 여기서 그 이야기를 문수보살이 열 가지 조항으로 설명합니다.

文殊師利言 문수사리가 말했다.

① **有身爲種** 몸이 있다는 것이 곧 여래의 종입니다.

'有身(유신)'을 종으로 한다. '유신'의 해석이 문제가 되는데, '유신견(有身見)'이라고 볼 수도 있습니다. 몸뚱어리 있음을 생각하는 것입니다. 유신견은 특별히 잘못된 사견 가운데 하나로 간단하게 신견(身見)이라고도 해요. 티베트본에서는 '모든 사라지는 것들의 축적'이라고 하고 있습니다.

그런데 중국의 주석가들은 이것을 그렇게 어렵게 보지 않았어요. '有身'을 오온신(五蘊身)이라고 보았습니다. 오온신은 물론 색·수·상·행·식의 몸이죠. 『반야심경』에서는 색·수·상·행·식은 나쁜 것이고 허깨비라고 보아야 한다고 했습니다.

『반야심경』이나 『금강경』은 둘 다 무엇을 강조하느냐 하면, 도를 닦는다는 사람들이 제 몸뚱어리에 대해서 그 생김생김이 어떻게 생겼다, 잘 생겼다 하는 데 대해서 자부심을 갖는 것은 좋은 것이 아니라고 하고 있습니다. 그런 것을 처음부터 막 내려치거든요. 『반야심경』에서는 '다 없는 거야, 없는 거야'라고 하죠. 그보다 더 철저하게 부정한 것이 『금강경』입니다. 심지어 부처님의 32상80종호 같은 것도 다 없다고 합니다. '부처님을 어떤 신체 모습으로 보려고 하면, 그것은 어림도 없는 거야.' 고래고래 고함을 지르듯이 문장마다 소리 높여 배격합니다. '공, 공, 공, 텅 빈 거야' 자꾸 그런단 말이에요. 그러니까 『반야심경』과 『금강경』을 곧이곧대로만 들으면 그것도 또 성문이 될 가능성이 있어요. 곧이곧대로 들으면 '이까짓 것 살아서 뭐하냐? 일찌감치 없어지는 것이 낫다' 그런 생각을 가지기 쉬운데, 『유마경』은 『반야경』을 토대로 하면서 어떻게 보면 그런 극단적 허무주의를 시정한 일면이 있습니다.

그런데 『반야심경』이나 『금강경』이 잘못된 것이 아니에요. 그 당시에는 그렇게라도 힘주어서 신체에 대해서 너무 관심을 갖지 말라고 할 필요가 있었던 까닭에 그렇게 이야기했던 거거든요. 그러니까 말이라는 것은 꼭 그 말을 해야 했던 역사적인 상황에서 평가를 해야 합니다. 아무 때나 다 적용되는 것이라고 생각하면 안 된다는 말입니다. 어떤 경우에는 맞는 이야기가 시간이 지나 장소나 상황이 달라지면, 전연 맞지 않는 것이 될 수 있거든요. 말이란 것은 상대가 있고, 그 당시의 사정이 있습니다. 그러니까 경전을 해석할 때에는 그 경전이 성립됐을 당시의 역사적인 상황이라든가, 어떤 생각을 가진 사람에게 했던 말이냐 하는 것을 잘 알고 해석할 필요가 있는 거죠. 옛날 이스라엘에서 한 이야기를 우리 동양에까지 그냥 그대로 적용하려고 하면 맞지 않는 거나 마찬가지로, 인도 사람들이 했던 이야기가 우리에게는 꼭 맞지 않는 경우가 얼마든지 있거든요.

그래서 『반야경』이나 『금강경』 같은 데서 오온이라는 것은 지혜롭지 못한 인간의 기능들이므로 그것을 다 허깨비라고 생각하고 지혜롭게 행동하라고 하는 것을 먼 목표로 생각하는 것은 좋지만, 갑자기 그런 것이 전연 소용없는 거라고 하면 문제가 생기는 것이죠. 사실 이 몸이 있다고 하는 의식이 자기 건강을 소중하게 생각한다든가 옷을 입게 한다든가 하는데, 그런 생각이 여래가 되는 데 지장이 되는 것은 아니에요. 그런데 극단적인 도인도 있습니다. 『반야경』의 이치대로만 산다고 세수도 안 하고, 옷도 되는 대로 입고, 뭐 처자가 있건 없건 나 몰라라 하고, '그까짓 것 다 없는 거야' 해 가면서 산에 들어가서 바위를 베개 삼고 잔디를 요 삼고 푸른 하늘을 이불 삼고 이슬 먹으면서 사는 사람도 있었죠. 그러니까 다 무로 돌린 격인데, 누구나 다 그렇게 살라고 할 수는 없는 거란 말입니다.

그러니까 다른 사람들과 함께 살아가는 경우에는 그 몸을 소중하게 여기는 것이 결코 나쁜 것이 아니죠. 거기에만 밤낮 매달리면 우스운 거지만, 이 세상에서 사는 이상에는 남들에게 더럽게 보이지 않는다는 것은 다른 사람들에 대한 예의라든가 배려일 수도 있습니다. 그러니까 몸이 있다는 것이 여래가 될 수 있는 마음가짐이다, 이런 이야기를 하는 것입니다.

② **無明有愛爲種** 무명과 애가 곧 여래의 종입니다.

無明有愛(무명유애), 어리석음과 생명에 대한 집착, 생존욕, 그것이 곧 여래의 종자입니다.

이것은 십이연기를 이야기하고 있는 것입니다. 우리가 이 세상에 태어나면 늙어서 죽는다는 결과가 생기는데, 그 생(生)의 원인이 당장에는 뭐냐 하면 어머니 뱃속에 들어 있는 것이죠. 어머니 뱃속에 들어가 있는 것을 유(有)라고 하죠. 유가 왜 생겼나? 그것은 아버지와 어머니가 서로 취(取)했으니까 그렇게 됐단 말이에요. 취는 왜 하게 됐냐 하면, 서로 사랑하니까 그렇게 됐죠. 그래서 취 앞에 있는 원인이 애(愛), 사랑입니다. 애는 어떻게 해서 생겼나? 만나서 느끼고 받아들였으니까 생긴 거죠. 그것이 수(受)입니다. 안 만났으면 느낌도, 받아들임도 없었을 것 아니에요? 그럼 만났다는 것은 뭐냐? 촉(觸), 접촉을 하게 된 것입니다. 그러다 수(受)하게끔 된 것이죠. 그래서 여기까지의 과정을 보면 촉-수-애-취-유, 그래서 생(生), '악' 하고 태어났습니다. 태어나면 늙거든요. 그리고 죽습니다. 그래서 '노(老)'와 '사(死)'는 함께 붙여서 썼습니다.

그러면 다시 '촉'으로 돌아가서 왜 접촉하게 됐느냐? 접촉하게 된 것은 눈이 있고 귀가 있으니까 그랬죠. 눈과 귀뿐 아니라 모두 여섯 가지의 접촉하는 기관이 있는데, 이것을 육입(六入)이라고 합니다. 안·이·비·설·신·의(眼耳鼻舌身意)의 여섯 가지입니다. 육입이 바깥에 있는 것들, 이름과 모양을 갖추고 있는 명색(名色)을 만나게 됐기 때문에 촉하게 된 것입니다. 이렇게 주관과 객관이 쪼개져서 만나게끔 된 근본원인은 뭐냐 하면 무명(無明)-행(行)-식(識)이라고 하는 아주 미세한 작용 때문이라는 것이죠. 무명, 우리 의식 속에 분명히 뭘 알지 못하는 어리석은 마음가짐이 근본적으로 있어서, 행, 그냥 조용하게 편안한 상태에 있지 못하고 꿈틀거리는 맹목적인 충동이, 식, 바깥의 것을 자꾸 보려고 하는 결과를 가지고 왔습니다. 그래서 무명-행-식-명색-육입-촉-수-애-취-유-생-노사, 이렇게 됐다는 것입니다.

여기서는 지금 무명과 유애(有愛)를 이야기했는데, 이 유애라는 것은 그냥 애입니다. 애가 있다, 애착이 있다, 그 말이죠. 무명과 유애, 그것이 있다고 슬퍼하지 말라. 그것이 있다고 누구 나무라지 말라.

이런 십이연기의 근본이 되는, 마음의 무명이라고 하는 것이 없는 인간은 없죠. 석가모니 부처는 이것 없이 태어났느냐? 이것 없이 태어났다고 설명하고 싶죠? 그런데 『대승기신론』을 보면 '무명-행-식'이라고 하는 것은 성인, 군자들에게도 있다고 합니다. 그러나 그것 자체가 굉장히 고약한 죄악이라고 이야기할 만한 성격의 것은 아니에요. 다만 그것이 우리를 여기 태어나게 한 원인이 됐을 뿐이라는 거죠. 무명이 어떻게 더러운 상태에 있느냐, 얼마만큼 더러우냐 하는 데 따라서 사람이 좋고 나쁜 차이가 생긴다는 겁니다. 사람은 똑같이 태어나지 않았다는 거죠. 이것을 우리가 잊어버리면 안 돼요. 어떤 사람은 무명이 더 짙고, 어떤 사람은 그것이 옅고 덜한 차이가 있다는 말입니다. 보살도 이 육신을 가지고 있는 동안에는 '무명-행-식'이 있습니다. 그 다음부터가 문제죠. '무명-행-식-명색-육입'도 있기는 있어요. 주객(主客)이 있기는 있는데, 주객이 서로 합치하려고 하는 관계냐, 그렇지 않으면 싸우고 이용해 먹고 등쳐먹으려는 관계냐 하는 차이가 있을 뿐입니다. 여기에 따라서 달라지는 거예요.

그렇기 때문에 보살에게도 무명이 있는 겁니다. 이치를 따져도 그렇잖아요. 인간이 됐다고 하는 것은 이 무명 없이는 될 수 없어요. 애욕이 어느 정도냐 하는 것은 문제가 좀 다른 거죠. 그것은 없을 수도 있고 정도의 차이가 많아요. 이 애라고 하는 것, 애욕이 많다고 하는 것은 어떻게 보면 집념이 강하다, 집착이 많다, 그런 이야기가 됩니다. 그런 집념이 나쁜 방향으로 강하면 나쁜 것인데, 좋은 방향으로 강할 수도 있어요. 미처 방향을 제대로 잡지 못해서 나쁜 일을 하는 쪽으로 집념이 강하게 작용하던 사람이 싹 한번 바뀌었다고 생각해 보십시오. 그런 사람들은 모든 종교에 있어서 위대한 선각자들이 됐습니다. 어떤 면에서 보면 동서고금을 막론하고 그랬습니다. 기독교의 경우는, 바울이라든가 아우구스티누스라든가, 이런 사람들은 얼마나 열렬하게 불타는 마음가짐을 가진 사람들이었습니까? 처음에는 고약하기 짝이 없는 사람들이었겠죠. 그런 사람들이 싹 달라지는 겁니다. 우리 불교의 경우에도 그런 구체적인 예들이 있었을 텐데 많이 미화된 것 같아요. 그래서 이제는 잘 알 수 없는데, 원효대사도 사실 미화되지 않았나 싶은 생각이 들어요. 처음에는 굉장히 정열이 강한 사람이었을 것 같아요. 그것이 방향이 바뀌면서 싹 달라진 것이라고 볼 수 있습니다. 그래서 무명과 애가 다 여래의 종자이고, 또 탐·진·치가 곧 여래의 종자라고 할 수 있는 것입니다. 그 이야기가 아래에 나오죠.

③ **貪恚癡爲種** 탐·진·치가 여래의 종입니다.

처음부터 정의감도 없고 의욕도 없고 뜨뜻미지근한 사람은 종교의 길에 들어서도 별 성과가 없죠. 그런 점이 있다는 것을 생각할 수 있습니다. 그러니까 혹시 집안에 뭐 좀 말썽꾸러기가 있더라도 사실은 너무 탓하지 말아야 합니다. 매번 신경질적으로 쫓아다니면서 야단치는 쩨쩨한 엄마 아빠가 될 필요는 없는 거죠. 크게 내다보면서 크게 가르칠 수 있는 마음가짐이 필요하지 않겠나 싶습니다.

④ **四顚倒爲種** 네 가지 전도견(顚倒見)이 곧 여래의 종입니다.

사법인(四法印)을 모르고 전도된 견해를 갖는 것을 '사전도(四顚倒)'라고 합니다. 무상(無常)을 상(常)이라고, 무아(無我)를 아(我)라고, 고(苦)를 낙(樂)이라고, 부정(不淨)을 정(淨)이라고 보는 네 가지 전도된 견해죠.

사법인은 앞에서도 설명했습니다. '제법은 무아다. 제행은 무상이다. 일체가 개고(皆苦)다. 열반은 적정이다'라는 것이죠. 사법인은 법의 네 가지 특징적인 성격을 말한 거예요. 사법인을 한 가지 줄여서 삼법인으로 이야기하기도 하는데, 그때는 '일체개고'를 빼죠. 삼법인이나 사법인은 두 부분으로 쪼개서 설명할 수 있습니다. 하나는 이 현실 세상에 나타나는 세속의 법들의 특징이고, 또 하나는 깨달음의 경지에서 본 법의 성격이에요. 그렇다면 어떻게 쪼갤 수 있을까요? 삼법인, 사법인에서 앞의 두 가지 또는 세 가지는 세속의 법의 특징이라고 하고, 마지막 열반적정(涅槃寂靜)은 깨달은 사람이 보는 법의 특징이라고 본단 말이죠. 이것을 다른 용어로 말하면 세속에 관한 깨달음과 진여에 관한 깨달음으로 이야기할 수 있습니다. 세속에 관한 깨달음은 속제(俗諦)라고 하고, 진여에 관한 깨달음은 진제(眞諦)라고 하죠. 그런데 진제와 속제, 이것은 따로 떨어질 수 있는 것이 아니에요. 이 세속에 관한 것은 언제나 변화무상한 것이고 무아한 것이지만, 그렇기 때문에 사실 이것이 있다고 생각하면 안 되는 거죠. 세속에 관한 것은 다 잠깐 동안 임시적으로 있는 것일 뿐입니다. 가건물처럼 잠깐 있는 것이지 마침내는 다 없어지게 마련인 거예요. 그런 의미에서 이 모든 것의 진짜 깊은 의미를 말하는 것은 진제, '열반적정'이라는 것입니다. '적정(寂靜)'이라는 말은 고요하다는 말이죠. 그것은 없다는 이야기나 마찬가지거든요. 뭐 물건처럼 손으로 만지거나 할 수 없고, 형상이 없고, 빛깔도 없고, 허공과 같다는 의미에서 공(空)이라고 하는 거죠.

그래서 맨 뒤에 있는 글자들만 뽑아서 사법인을 네 가지로 이야기하면, '제법무아'의 무아(無我)와 '제행무상'의 무상(無常)과 '일체개고'의 고(苦)와 '열반적정'의 공(空)으로 설명할 수 있는 것입니다. 앞에서도 무아, 무상, 고, 공은 여러 번 함께 언급됐습니다.

그런데 사법인(四法印)을 모르고 무상을 상이라고 하고, 무아를 아, 고를 낙이라고 한다면, 그것은 공의 반대예요. 공이 아닌 것을 진짜라고 생각하는 것을 사전도(四顚倒)라고 한 겁니다. '전도망상(顚倒妄想)'이라는 말이 『반야경』에 있잖아요. 그런데 이런 잘못된 생각도 여기서는 그냥 그대로 탓하지 않습니다.

나중에 대승불교의 『열반경』에서는 이것이 '상·낙·아·정'이라는 말로 좋은 의미로 쓰이게 됐습니다. 무상을 상이라고, 무아를 아라고, 고를 낙이라고 했어요. 물론 여기서 이야기한 '사전도'와 같은 의미는 아니죠. 그런 것이 아니라, 깨닫고 보니까 그야말로 상(常)입니다. 영원하고 여여한 마음가짐을 그렇게 이야기한 것입니다. 『열반경』에서는 부처님이 갖추신 지혜의 경지는 영원하다고 하거든요. 또 그렇게 즐거울 수가 없어요. 그래서 낙(樂)이죠. 그리고 열반에 들었을 때야말로 이 시시한 내가 아닌 대아(大我)가 살아 있습니다. 그래서 아(我)입니다. 또 '공'이라고 하지만, 이 열반의 경지에 들어가 보니까 겉으로는 아무 것도 없는 것 같은데 사실은 무량한 공덕이 다 들어 있습니다. 그래서 그것을 그냥 단순히 공이라고 하지 않고, 청정한 것(淨)이 꽉 차 있다고 했습니다. 그래서 상·낙·아·정이라고 했죠. 이것은 아주 대단한 사상의 혁명이었습니다.

소승의 경우에는 상·낙·아·정이라고 했다가는 큰일나죠. 이 세상에 상·낙·아·정이 어디 있느냐? 이 세상은 무상하고 무아하고 고통스럽고 다 허깨비 같은 것이므로, 무아와 무상과 고와 공이라는 소리를 늘 들어야 한다고 합니다. 절에 가면 북소리도, 그 옆 개울의 물 흐르는 소리도 전부 다 무아와 무상과 고와 공을 이야기해 준다고 해요. 그런데 그런 이야기만 자꾸 해 주면, 사람이 의기소침해져서 빨리 죽으려고만 할 거예요. '다 그런 거야, 다 그런 거야'라는 것을 알고 살아가는 것도 중요하지만, '다 그런 거야' 하고 꺼져서 기운을 못 차리게 되면 그것도 문제죠. 똑같은 말이지만, 대승불교의 상·낙·아·정은 일단 '다 그런 거야'라고 부정을 하지만 다시 살려고 생각해 보니까, 제법은 무아가 아니고 아(我)다, 제행은 무상이 아니고 상(常)이다, 또 일체가 고통이 아니라 그냥 즐겁기만 하고(樂), 열반이 적정이라지만 이 세상에 사는 한 나는 근사하고 멋지게 산다(淨), 이렇게 되는 겁니다. 이렇게 살라는 것이 대승불교 『열반경』의 주장입니다. 이때 상·낙·아·정이라고 하는 것은 사기가 뚝 떨어진 감상적인, 마음 약한 경지가 아니라, 힘찬 소리입니다.

내가 늘 그러잖아요. 여기 이 세상에서 저기 저 세상까지 가면 된다고 하는 것은 시시한 종교입니다. 여기 지옥 같은 이승에서 저기까지 가면 된다는 것은 시시한 종교라고요. 소승입니다. 일단은 180도까지 가는 거예요. 무상하고 무아하고 고이고 공인 여기에서 그것을 부정하고 열반으로 가거든요. 열반적정, 고요한 데로 왔어요. 다 왔다고 생각했는데, 그러면 이 세상에는 살 사람이 없습니다. 저기가 어딘데? 저기가 어딘지 모르지. 있다니까 있는 거라고 생각하고 가죠. 그럼 이 세상은 빈집이 되는 겁니다. 대승불교는 사법인을 알고 일단 이 현실을 부정하지만, 그러고 나서 다시 이 세상으로 들어오라는 거죠. 초극하는 겁니다. 그러니까 360도입니다. 180도 간 것이 아니라 다시 180도 왔어요. 그런 자각을 갖고 다시 이 세상 속으로 들어왔다는 거죠. 이때 다시 왔을 때는 전연 다른 생각을 갖고 왔단 말입니다. 옛날과 같은 연약한 마음가짐을 가지고 온 것이 아니라 즐거운 마음으로 용감하고 씩씩하게 사는 겁니다. 그래서 뭐 소위 '사자분신(師子奮迅)'이다, 그런 이야기들이 다 나오는 거죠.

이제껏 여우 소리, 귀신 도깨비 소리, 이런 것만 들리던 귀에 이제 뭐가 보이고 들리냐 하면 불보살이 머리를 쓰다듬어 주는 것을 느끼고, 정말 용기를 북돋아 주는 노랫소리를 들으면서 살게끔 되는 것이죠. 이쯤 되면 이 세상에서 죽기는 왜 죽어? 이제는 여기서 극락을 살게 되는 거죠. 극락은 저기 있는 것이 아니라 바로 여기 있는 겁니다. 경봉스님 이야기가 바로 그겁니다. '야, 극락이 여기 있지 어디 다른 데 저기로 가는 게 아니란 말이야. 어디서 왔노?' 어디서 오다뇨? 나 여기 종래 있었어요. 어디로 갈 거야? 여기서 살 거예요. 여기서 씩씩하고 멋있게 살 겁니다. 여기서 살지, 여기서 죽는 게 아니라고 생각하는 거죠. 그 뭐 어디 간다고? 어디 가긴 어딜 가? 그냥 간다고 생각하는 거죠.

그러니까 어떻게 보면 일찌감치 같잖게 '제법은 무아다' 하고 한숨 쉬고, '제행은 무상이다' 하고 한숨 쉬고, '일체가 개고다' 하고 한숨 쉬고, '열반은 적정이다' 하고, '내 청춘 꺼져 간다' 하고, 죽어 가는 식으로 사는 놈은 열반에 못 든다는 말이에요. 여래가 못 된다는 말입니다. 그렇게 기력 없는 놈이 어떻게 여래가 돼요? 그러니까 사법인을 '아니야, 아니야' 하고 부정해 보는 것도 중요하다구요. 여기는 아직 『열반경』의 사상이 그대로 들어 있다고는 할 수 없지만, 그러한 생각이 암시되어 있다고 할 수 있습니다.

⑤ **五蓋爲種** 오개가 곧 여래의 종입니다.

'오개(五蓋)'의 '개(蓋)'는 '덮는다'는 말이죠. 그러니까 착한 마음이 일어나지 못하도록 덮는 다섯 가지 번뇌가 오개입니다. 오개에는 탐욕개(貪欲蓋), 진에개(瞋恚蓋), 혼면개(昏眠蓋), 도회개(掉悔蓋), 의개(疑蓋)의 다섯 가지가 있습니다. 혼면개에는 혼침(昏沈)과 수면(睡眠)이 있는데, 혼침은 마음이 어두운 거예요. 가라앉았어요. 우울합니다. 수면은 밤낮 졸고 사는 거죠. 도회개에는 도거(悼擧)와 악작(惡作)이 있습니다.

도거라는 것은 경거망동하는 거예요. 바람개비처럼 무게 없이 경솔하게 말하고 행동하는 거죠. 이제 그러다 보면 장난기가 많아서 잘못을 많이 저지릅니다. 그것이 악작입니다. 오뚝이의 배꼽 밑에 추가 달려 있듯이 움직이지 않아야 하는데, 그것이 없어서 자꾸 이리 굴러가고 저리 굴러가고 하는 것이 도회(悼悔)입니다. 의개는 의심하는 것인데 이것도 안 좋은 거죠.

그렇지만 때로는 스스로 생각하기에도 좋지 않은 심경들이 생기는 자기 마음을 안타깝게 생각하고 이것을 극복해야 되겠다고 생각하는 사람은 여래가 될 수 있다는 겁니다. 그래서 오개가 여래의 종이 된다고 하는 거예요.

여기서는 보통 소승불교에서 나쁜 마음가짐이라고 하는 것을 전부 다 들어서, '이것이 여래의 종자다. 무시하지마!'라고 하고 있어요. 그러니까 소승불교에서는 선택받은 특수한 사람만이 성불할 수 있다는 것을 가르치고 있는 데 반해, 대승불교에서는 '너희들이 그렇게 색안경 끼고 나쁘게 보고 있는, 지금 다소 잘못 생각하고 있는 사람들의 마음이 전부 다 귀중한 여래의 마음이다'라는 것을 말하고 있는 것입니다. '야, 그 마음이 이제 방향만 바뀌면 여래의 마음으로 성장하는 거야.' 사실 그렇죠. 우리가 경험으로 다 알지 않습니까? 어렸을 때 착하고 어른들 말 잘 듣는다고 해서 그 사람이 일생 동안 착한 사람으로 크느냐 하면, 어떻습니까? 그렇게 잘 크는 사람도 있지만 도중에 가서 변화하는 경우도 많이 있죠. 그러니까 뭐 어려서부터 달라지면 좋지만, 아주 어려운 환경 속에 내던져져서 그 속에서 부딪히면서 모든 것을 알고 이겨 나가는 마음이 필요하다고 볼 수 있겠습니다.

⑥ **六入爲種** 육입이 곧 여래의 종입니다.

육입(六入)은 앞에서도 여러 번 나왔지만, 안·이·비·설·신·의를 말하죠. 여섯 가지 인식의 기반입니다. 그것이 곧 여래의 종자라고 하고 있습니다. 『반야심경』에서는 '無眼耳鼻舌身意 無色聲香味觸法(무안이비설신의 무색성향미촉법)'이라고 하고 있거든요. 안·이·비·설·신·의가 다 없다는 말인데, 눈으로 보지 말고, 귀로 듣지 말고, 코로 냄새 맡지 말고, 전부 다 하지 말라는 이야기죠. 그런데 이 말은 그렇게까지 하라는 이야기가 아니라, 탐·진·치가 감각적인 욕망만을 쫓아다니는 식으로 살지 말라는 이야기이죠. 눈도 막고 귀도 막고 살라는 말이 아닙니다. 내가 늘 하는 이야기지만, 시멘트로 눈, 귀, 코, 전부 다 발라버리면 되나? 그럼 여래가 되느냐? 안 된단 말이에요. 그것 다 그대로 두고 잘 쓰라는 거죠. 육입이 부처님에게는 없나요? 있죠. 부처님에게 있는 육입은 보지도 못하고 듣지도 못하는 눈이고 귀냐? 천만의 말씀, 다 듣고 보고 다 잘하는 그런 눈과 귀다, 현실생활을 긍정하라, 인간성을 그냥 그대로 잘 살려야 한다는 이야기입니다.

⑦ **七識處爲種** 칠식처가 곧 여래의 종입니다.

칠식처(七識處)는 일곱 가지 마음의 주처라고 할 수 있습니다. 중생의 심식(心識)이 과보에 의해 생을 받아 머물기를 좋아하는 일곱 가지 장소입니다. 첫째, 신이상이식주(身異想異識住)는 욕계의 인간세계와 육욕천(六欲天), 색계에서 겁초(劫初)를 제외한 초선천(初禪天)입니다. 둘째, 신이상일식주(身異想一識住)는 겁초의 초선천이고, 셋째, 신일상이식주(身一想異識住)는 제이선천(第二禪天), 넷째, 신일상일식주(身一想一識住)는 제삼선천(第三禪天)입니다. 여기까지가 색계죠. 다섯째, 공무변처식주(空無邊處識住)는 공무변처천(空無邊處天), 여섯째, 식무변처식주(識無邊處識住)는 식무변처천(識無邊處天), 일곱째, 무소유처식주(無所有處識住)는 무소유처천(無所有處天)이라고 합니다. 이 세 가지는 모두 무색계에 속하는 곳입니다. 그러니까 이곳은 아직 삼계에서 생사윤회하면서 머무르는 곳들이고, 열반과 대비되는 곳들이죠. 이런 곳들 자체가 좋은 것은 아니지만, 이곳도 다 좋은 곳이 될 수 있다는 말입니다.

⑧ **八邪法爲種** 팔사법이 곧 여래의 종입니다.

팔사법(八邪法)은 팔정도의 반대입니다. 팔정도는 정견(正見), 정사(正思), 정어(正語), 정업(正業), 정명(正命), 정정진(正精進), 정념(正念), 정정(正定)을 말하죠. 팔사법은 그 반대이니까 사견(邪見), 사사(邪思), 사어(邪語), 사업(邪業), 사명(邪命), 사정진(邪精進), 사념(邪念), 사정(邪定)입니다. 이렇게 한번 뒤집어 놓고 생각하니까 재미있네요. 사견, 올바로 보아야 되는데 잘못 보는 경우가 많죠. 사사, 올바로 생각해야 되는데 잘못 생각하는 것, 사어, 올바로 말해야 되는데 삿되게 말하는 것, 사업, 올바로 행동해야 되는데 삿되게 행동하는 것입니다. 사명은 올바로 목숨을 유지해야 되는데 삿된 방법으로 목숨을 유지하는 것이죠. 도둑질해서 혹은 나쁜 장사해서 목숨을 유지하는 것입니다. 현대 자본주의 사회가 바로 사명외도(邪命外道)들이 많이 사는 데잖아요. 사정진은 열심히 하는데, 나쁜 일을 열심히 하는 경우도 있지 않습니까? 사념도 마찬가지예요. 깡패나 나쁜 일을 계획하는 사람도 그 마음을 집중하여 열심히 하죠. 사정, 또 심신 단련도 하죠. 이 사람들도 참선 비슷한 것을 하는 거예요.

⑨ **九惱處爲種** 구뇌처가 여래의 종입니다.

구뇌처(九惱處)는 부처님에게도 있었다는 아홉 가지 번뇌입니다. 첫 번째가 '육년고행(六年苦行)'이에요. 육년고행 안 하고 깨달을 수도 있었을 텐데, 육년고행 했다는 것입니다. 나는 이런 것 헤아리는 걸 과히 좋아하지 않는데, 옛날에 이런 것들 계산하는 것을 좋아하는 사람들이 있었던 것 같아요. 두 번째는 '손다리방(孫咤利謗)'이라고 하는데, 손다리

녀라는 여인이 부처님을 비방한 일이 있었어요. 세 번째는 '목창(木槍)'인데 걸식 때 목창에 의해 발을 다치셨다는 겁니다. 부처님도 그런 일을 당한 적이 있다는 거죠. 네 번째 '마맥(馬麥)'은 부득이 몇 달씩이나 마맥을 먹는 일이 있었다는 겁니다. 다섯 번째는 '유리왕살석종(流離王殺釋種)'인데, 유리왕에 의해서 석가족이 멸망한 일입니다. 여섯 번째는 '식공발(食空鉢)', 걸식하러 갔다가 한 가지 음식도 얻지 못한 일이 있었다는 겁니다. 일곱 번째는 '전다녀방(旃茶女謗)'인데, 전다녀라는 여인으로부터 거짓으로 애를 뱄다는 비방을 들은 일입니다. 여덟 번째는 '조달추산(調達推山)'입니다. 조달은 데바닷타라는 석가모니 부처님의 사촌동생이죠. 데바닷타가 부처님을 해치기 위해 굴린 바위 때문에 발에 상처가 생긴 사건입니다. 아홉 번째는 '한풍색의(寒風索衣)'인데, 동지 전후 팔일 밤에 걸쳐서 세 가지 옷만 입고 추운 바람을 견뎌야 했던 일입니다. 참 별 걸 다 계산한다는 생각이 들지만, 경전에 나오니까 알아둘 필요가 있어요.

이런 것들은 바람직스럽지 않은 번뇌이지만, 이런 번뇌를 다 겪어 가면서 깨닫는 거라는 이야기겠죠.

⑩ **十不善道爲種** 십불선도가 곧 여래의 종입니다.

십불선도(十不善道)는 십선(十善)의 반대이죠. 십선도는 앞에서도 나왔는데, 불살(不殺), 부도(不盜), 불음(不婬), 이 세 가지에다, 망어(妄語), 악구(惡口), 기어(綺語), 양설(兩舌)을 안 하는 것 네 가지, 그리고 탐·진·치를 안 하는 것 세 가지죠. 이 반대가 십불선도입니다.

以要言之 六十二見 及一切煩惱 皆是佛種 요컨대 62견과 일체의 번뇌가 모두 다 부처님의 종입니다.

62견이라는 것은 외도들의 견해를 62가지로 계산한 거예요. 62견과 일체 번뇌, 이런 것을 나쁜 것이라고 하잖아요. 이것들은 비도(非道)입니다. 어떤 사람에게 도가 아닌 생각이 있다고 해도 그것을 무시하지 말라, 그 마음이 바탕이 돼서 마음가짐을 바로잡으면 부처님 마음으로 바뀐다는 이야기인 것입니다.

이제 문수사리의 이 말에 대해 유마힐이 질문을 합니다.

(3)

曰하되 "何謂也요" 하니,

答曰하되,

"若見無爲하고 入正位者는 不能復發 阿耨多羅三藐三菩提心하나니,

譬如 高原陸地에 不生蓮華하고 卑濕淤泥 乃生此華이니라.

如是 見無爲法하고 入正位者는 終不復能生於佛法이며,

煩惱泥中이라야 乃有衆生이 起佛法耳하나니라.

又如殖種於空하여 終不得生하고 糞壤之地라야 乃能慈茂하나니,

如是 入無爲正位者는 不生佛法이니라.

起於我見이 如須彌山이라도 猶能發于 阿耨多羅三藐三菩提心하여

生佛法矣니라

是故로 當知하라.

一切煩惱가 爲如來種이니 譬如 不下巨海면 不能得 無價寶珠니,

如是 不入煩惱大海則하면 不能得 一切智寶니라."

曰 何謂也 유마힐이 말했다. 그게 무슨 뜻입니까?

答曰 문수사리가 대답했다.

若見無爲入正位者 不能復發阿耨多羅三藐三菩提心 무위(無爲)를 보고 정위(正位)에 들어가는 자는 다시 아뇩다라삼막삼보리심을 발하지 못할 것입니다.

무위(無爲)와 정위(正位)만을 생각하고 거기에 빨리 들어가려고 하는 사람, 그러니까 이 세상에서 어떻게 사느냐 하는 것에 신경 쓰지 않고, 이 세상에서 그야말로 애쓰고 고생하면서 자기 자신과 싸우는 과정을 겪지 않고, 이 세상을 피하고 아무 것도 안 하면서 빨리 성불이라는 목표에만 도달하려고 하는 사람은 아뇩다라삼먁보리심을 발하지 못한다고 했습니다. 여래가 되지 못한다는 말입니다. '무위'라고 하는 것은 이 세상에 사는 것을 그만둔다는 말이에요. 아까도 이야기했지만, 제법이 무아하고, 제행이 무상이고, 일체가 개고(皆苦)인 이 세상을 빨리 그만두고 열반적정(涅槃寂靜)인 데로 가려고 하는 것이거든요. 열반적정이 무위입니다. 거기가 바로 부처님 자리, 정위입니다. 거기로 먼저 들어가려고 하는 사람은 아뇩다라삼먁삼보리의 마음을 내지 않을 거라고 했습니다. 여기서 아뇩다라삼먁삼보리심이라는 말은 모든 사람에게 다 적용되는 깨달음인데, 모든 사람들에게 이익을 줄 수 있는 환해진 마음을 얻고자 하는 마음을 말하죠. 무위에 들어가고자 하는 사람은 이런 마음을 내지 않는다는 말이에요. 다른 사람들에게 좋은 일 하겠다는 생각을 내지 않는다는 말입니다. 이것이 문제라는 거죠.

아뇩다라삼먁삼보리심이라는 것은 사람들과 같이 살면서 그 사람들을 위해서 정말 환한 마음으로 뭔가 말 한마디라도 따스하게 하고, 항상 미소 짓는 얼굴로 즐겁고 화목한 만남을 체험하며, 인간을 신뢰하고 착한 마음을 가진 사람들과 같이 산다는 것이 좋다는 것을 알게끔 하는 것입니다. 그런 좋은 일을 해야 하는 의무도 있고 책임도 있는데, 그것을 안 하고 자기 받을 것만 받고서 가 버린다면, 나중에 죽은 다음에, 아니 죽기 전에도, 빚을 많이 졌기 때문에 그 빚 갚으라는 독촉장이 날아갈 거예요. 세상 사람들이 너는 도대체 무슨 좋은 일을 했느냐고 물을 때, 대답할 말이 없지 않겠느냐는 생각도 하게 됩니다.

譬如 高原陸地 不生蓮華 卑濕淤泥 乃生此華　비유컨대 마치 건조한 고원의 육지에서는 연꽃이 피지 못하고, 진흙 속 비천하고 습한 곳에서야 이 꽃이 생겨나는 것과 같은 것입니다.

如是 見無爲法入正位者 終不復能生於佛法　이와 같이 무위법을 보고서 정위에 들어가려는 사람은 끝내 불법에 뜻을 내지 못할 것입니다.

煩惱泥中 乃有衆生 起佛法耳　번뇌라는 진흙 속에 사는 중생이라야 불법에 뜻을 일으키게 될 것입니다.

又如殖種於空 終不得生 糞壤之地 乃能慈茂　또 마치 허공에다 씨를 뿌리면 싹이 돋아나는 일이 없고, 똥거름을 친 땅에서야 뿌린 씨가 무성하게 자라는 것과 같습니다.

如是 入無爲正位者 不生佛法　이와 같이 무위의 정위에 들어가려는 자는 불법을 돋아나게 하지 못하는 것입니다.

'淤泥(어니)'라는 것은 진흙 속입니다. 진흙 속이라는 것이 어디냐? 이 세상입니다. 이 세상에서 어떻게 하고 사느냐? 우리는 인연을 맺고 살죠. 남녀가 왜 있습니까? 서로 인연을 맺고 가정을 갖고, 자식을 낳고 키우면서 구질구질하게 오줌똥 받아 주어 가면서 살게 되어 있습니다. 늙어서 정말 그 마지막 괴로워하는 모습까지 다 지켜보면서 살게끔 되어 있습니다. 젊은 사람이 끝내 늙지 않는 법은 없어요. 다 똑같은 일을 되풀이하면서 살게끔 되어 있습니다. 구질구질한 것을 피해서 무위라는 것, 정위라는 것을 얻고, 아예 깨끗한 데 가서 수도해서 보살이 되겠다고 하는 것, 성불하겠다고 하는 것, 그것은 도저히 불가능한 일이란 말입니다. 이 구질구질한 속에서 잘 해 나가는 마음가짐이야말로 바로 보살이 되는 길이고, 또 부처님 길을 자유자재로 잘 가는 것이 된다는 것입니다. 그러니까 우리가 머리 깎지 못한 것을 슬퍼할 이유가 하나도 없습니다.

起於我見 如須彌山 猶能發于阿耨多羅三藐三菩提心 生佛法矣　아견

을 수미산 같이 크게 일으킨다 할지라도 능히 아뇩다라삼먁삼보리심을 발할 수 있고 불법을 생겨나게 할 수 있습니다.

'起於我見 如須彌山(기어아견 여수미산)'이라는 말은 다른 경전에도 많이 나오는 말인데, 보통 아견(我見)을 내지 말라고 합니다. 내로라 하는 생각을 내지 말라고 했는데, 여기서는 이것이 긍정되고 있어요. 원효대사도 이 말을 많이 썼습니다. '수미산만큼 엄청나게 큰 아견을 일으킨다 할지라도 아뇩다라삼먁삼보리심을 능히 발할 수 있고 부처님의 훌륭한 법을 생겨나게 할 수 있다.' 그러니까 아견이라고 하는 것은 좋은 일을 하기 위해서는 필요한 거예요. 원효대사가 이 말을 어떻게 썼느냐 하면 비록 수미산만한 아견을 일으키는 일이 있다 할지라도 공견(空見)에는 떨어지지 말라고 했습니다. 공견이라는 것, '없는 거야, 없는 거야. 이 세상 다 없는 거야. 좋은 일 하나마나 한 거야' 이런 허무주의에는 떨어지지 말라고 했단 말이에요. 이것은 원효의 특징적인 말이죠.

아견이 좋은 것은 아니지만, 좋은 일 하기 위해서는 수미산만한 아견이라도 일으키는 것이 좋다는 겁니다. 물론 그 다음에 해야 할 일이 있죠. 그 아견을, 나라고 하는 것을 죽여야 되지만, 좋은 일을 시작할 때는 '내가 무슨 좋은 일 하겠다'는 발심을 하고, 불법을 일으키게 할 필요가 있는 거죠. 처음부터 공견에 빠져 '없는 거야, 다 없는 거야'라고 하면 아무 일도 못하는 겁니다. 다 없는데 살기는 왜 사노? 그런 사람이 있다면 나는 빨리 죽으라고 해요. 아무 일도 못 하면서 무엇 때문에 살아 있노? 열심히 일하라.

오늘날 불교인들은 발심한다는 것이 무엇인가 하는 것을 잘 알아야 합니다. 여러분도 이것을 철저하게 잘 이해할 필요가 있어요. 혼자서 뭐 깨친다, 깨닫는다 그러는데, 혼자서 깨친다, 깨닫는다 하는 것이 자기만 어떤 능력이 생기는 것이라면 그것은 잘못된 생각이죠. 다른 사람들과 함께 살아가는 이 세상에서 요익중생(饒益衆生)의 이상을 갖고 일을 해 나가겠다는 생각을 내는 것이 바로 아뇩다라삼먁삼보리심을 발하는 것입니다. 그렇게 생각해야 합니다. 나는 이런 이야기를 특히 스님들에게 하고 싶어요. 스님들이 그렇게 해야 한단 말이죠.

是故 當知 一切煩惱 爲如來種 그러므로 일체 번뇌가 여래의 종(種)이 된다는 것을 마땅히 알아야 합니다.

譬如 不下巨海 不能得無價寶珠 비유컨대 거대한 바다 밑까지 내려가지 않고는 무가(無價)의 보주(寶珠)를 얻을 수 없음과 같습니다.

如是 不入煩惱大海則 不能得一切智寶 그와 같이 번뇌의 대해(大海) 속에 들어가지 않고서는 일체지의 보배를 얻지 못하는 것입니다.

3. 가섭의 탄식

(4)

尒時에 大迦葉이 歎言하되,

"善哉, 善哉로다, 文殊師利여. 快說此語하니 誠如所言이로다.

塵勞之疇가 爲如來種이니,

我等은 今者에 不復堪任 發阿耨多羅三藐三菩提心이로다.

乃至 五無間罪라야 猶能發意하여 生於佛法할지나,

而今我等은 永不能發이로다."

尒時 大迦葉歎言 그때 대가섭이 탄식하며 말했다.

善哉 善哉 文殊師利 참으로 훌륭한 말씀입니다, 문수사리여.

대가섭도 성문으로서는 대단한 사람이잖아요. 그런데 『유마경』에서는 십대제자들이 밤낮 이렇게 끌려 나와서 형편없는 모습을 드러내며 한탄하는 역할을 맡고 있습니다.

快說此語 誠如所言 정말 말씀하신 대로입니다.

塵勞之疇 爲如來種 온갖 번뇌가 다 여래의 종(種)입니다.

'塵勞之疇(진노지주)', 진노의 무리. '진노'라고 하는 것은 티끌처럼 뒤숭숭하고 귀찮은 여러 가지 심로(心勞), 번뇌를 말하죠. 그러니까 우리가 이 세상에 살면서 심로를 많이 겪는 것은 굉장한 소득이 되는 거라고 생각합니다. 아무 일도 안 하고 편안하고 호사스럽게 사는 사람들은 여래가 되기 힘들지요. 바보밖에 안 됩니다. 나는 집안에서 아들 딸 키우고 고생하면서 사는 것도 다 그만한 가치가 있다고 생각해요. 그 동안에 공부 많이 한다고 생각합니다. 적어도 불교공부는 다 한 거라고 생각해요. 그러니까 불경을 읽으면 '맞아, 맞아', 가섭존자처럼 '말씀하신 대로입니다', 그렇게 이야기할 수 있는 경지가 되죠.

我等 今者 不復堪任發阿耨多羅三藐三菩提心 저희들은 지금 상태로는 다시금 감히 아뇩다라삼먁삼보리심을 발하지 못할 것 같습니다.

도저히 아뇩다라삼먁삼보리심 같은 것을 발할 처지, 그럴 상황에 있지 못하다는 말입니다. 아까 그런 이야기가 나왔잖아요. 무위와 정위라고 하는 상태에 가 있기 때문에 그렇다고 했죠. 다 된 것처럼 생각하기 때문에 그렇단 말이에요. 무위와 정위라고 하는 상태에 가 있다는 것은 거짓말이라는 거죠. 위선을 철저하게 파헤치는 굉장한 이야기입니다.

乃至五無間罪 猶能發意 生於佛法 나아가 오무간죄를 지을 정도라야 발심을 하고 불법에 마음을 낼 수 있을 것 같습니다.

앞에서 '비도(非道)'를 이야기하는 맨 첫머리에 오무간죄(五間無罪)에 대한 이야기가 나왔습니다. 이 오무간죄라도 저질렀을 때라야 정말 스스로 잘못했다는 생각을 하게 될지 모릅니다. 그러니까 그런 참회의 뜻이 없으면, 정말 부처님 앞에 엎드려서 참회의 눈물을 흘리지 않으면, 발심하지 못하게 될지도 모르겠다는 말입니다. 참회와 발심이 언제든지 같이 따라다닙니다.

而今我等 永不能發 저희들의 지금 상태로서는 영원히 아뇩다라삼먁삼보리심을 발할 수 없을 것 같습니다.

계속 대가섭의 말이 이어집니다.

(5)

譬如 根敗之士가 其於五欲에 不能復利하나니,

如是 聲聞 諸結斷者는 於佛法中에 無所復益인고 永不志願이로다.

是故로 文殊師利여, 凡夫는 於佛法에 有返復이나

而聲聞은 無也나이다.

所以者何하뇨 하니, 凡夫聞佛法하고 能起無上道心하고 不斷三寶하나,

正使 聲聞은 終身토록 聞佛法·力·無畏等하나, 永不能發無上道意로다.

譬如 根敗之士 其於五欲 不能復利 비유컨대 육근이 다 썩은 놈이 오욕을 어떻게 이롭게 쓸 수 있겠습니까?

육근(六根)은 물론 안·이·비·설·신·의입니다. 육근이 다 썩어 없어졌어요. 그러니까 시멘트를 발라 없애거나 마찬가지죠. 육근을 안 쓰다 보니까 육근이 다 썩은 거나 마찬가지 상태가 됐습니다. 그러니 오욕(五欲)을 이롭게 쓸 수가 있겠습니까? 오욕이 다 없어져 버렸으니 그것을 활용해서 어떻게 이롭게 할 수가 있겠습니까?

如是 聲聞諸結斷者 於佛法中 無所復益 永不志願 이와 같이 성문은 모든 번뇌를 끊은 자이니 불법 중에 다시 이익되는 바가 없으며, 영원히 무상보리심을 일으키지 못할 것입니다.

是故 文殊師利 凡夫 於佛法有返復 而聲聞無也 그러므로 문수사리여, 범부는 불법에 되돌아올 수 있지만, 성문에게는 그런 가능성이 없습니다.

범부와 성문이 다른 거죠. 범부는 성문과 달리 불교를 조금 안다거나 하는 조그마한 이익은 얻지 못하고 있지만, 불법에 있어서 되돌아올 수 있단 말입니다.

所以者何 凡夫聞佛法 能起無上道心 不斷三寶 왜냐하면 범부는 불법을 듣고 능히 무상보리심을 일으킬 수 있고 삼보를 단절시키지 않을 수 있기 때문입니다.

삼보를 단절시키지 않는다는 이야기는 법을 이어간다는 말입니다. 법을 이어가서 부처가 되죠. 그러는 과정에서 승보(僧寶)를 유지합니다. 그러니까 삼보가 끊어지지 않습니다.

正使聲聞 終身聞佛法力無畏等 永不能發無上道意 성문은 설사 일생토록 불법을 듣고 십력과 사무외 등을 듣더라도 영원히 무상보리심을 발하지 못하는 것입니다.

십력(十力)은 부처님의 열 가지 힘이고, 사무외(四無畏)는 부처님에게 네 가지 두려움이 없다는 것입니다.

여기서 대가섭의 말이 끝났습니다.

4. 유마힐의 게송

(6)

介時에 會中에 有菩薩 名普現色身이니 問維摩詰言하되,

"居士여, 父母妻子 親戚眷屬 吏民知識이 悉爲是誰며,

奴婢僮僕 象馬車乘이 皆何所在오" 하니,

於是에 維摩詰이 以偈答曰하느니라.

尒時 會中有菩薩 名普現色身 問維摩詰言 그때 회중에 있던 보현색신이라는 보살이 유마힐에게 말했다.

居士 父母妻子親戚眷屬吏民知識 悉爲是誰 奴婢僮僕象馬車乘 皆何所在 거사여, 거사의 부모와 처자, 친척, 권속, 이민(吏民), 지식(知識), 이들은 다 누구이며, 또 노비와 하인, 코끼리와 말, 수레는 다 어디에 있습니까?

이 말은 당시의 사회상황을 알게 합니다. 당시 인도에서 부자는 많은 노비와 심부름꾼, 코끼리, 말 등을 가지고 살았어요. 유마거사는 그렇게 굉장히 돈 많은 자산가였거든요.

於是 維摩詰 以偈答曰 그때 유마힐이 게송으로 답하여 말했다.

① 智度菩薩母 方便以爲父
一切衆導師 無不由是生

智度菩薩母 반야바라밀다는 보살의 어머니
方便以爲父 방편바라밀다는 보살의 아버지
一切衆導師 모든 중생을 이끄는 스승이
無不由是生 여기에 의하지 않고 태어나는 일 없도다.

'智度(지도)'는 반야바라밀다라는 말입니다. 산스크리트어로는 prajñā- pāramitā인데 반야바라밀다는 음으로 번역한 것이고, 뜻으로 번역하면 '智度'가 됩니다. '智'는 prajñā, 반야, 지혜의 준말이고, '度'는

pāramitā, 바라밀다를 옮긴 것입니다. '度'는 '제도(濟度)' 한다고 할 때 '도'거든요. 건너간다는 뜻입니다. '渡(도)'로 생각해도 좋은 것이죠. 고통의 바다를 건너서 저 고통이 없는 곳으로 간다는 뜻입니다.

이렇게 위치로 이야기하면, 여기와 저기, 딴 데가 있는 것처럼 생각할 가능성이 있죠. 그것을 좀 시정해야 하는데, 여기와 저기가 다른 데가 아닙니다. 여기를 괴롭게 살고 있을 때는 여기가 고통의 바다지만, 주위에 고통이 있고 또 자기 자신에게도 고통이 닥쳐오더라도 그 고통 정도는 능히 극복하고 이겨냈다, 이렇게 되는 것이 바로 저쪽으로 간 거라고 생각하면 좋겠습니다. 그러니까 여기와 저기를 다른 장소라고 생각하지 말고, 이상적이지 않은 여기를 이상적인 저기로 만든다는 겁니다. 그러니까 저기가 서쪽에 있다거나 혹은 저 높은 하늘에 있다거나 이렇게 생각하는 것은 아직 지혜롭지 못한 것이죠. '度', 혹은 바라밀다는 나쁜 경지, 괴로운 상태에 머물러 있는 것이 아니라, 그것을 극복하고 이겨낸 상태, 불안정하고 부족한 것이 완전해지고 만족해진 상태를 의미하는 것이라고 생각하면 좋겠습니다.

바라밀다의 인도말인 pāramitā는 원래 pāra, '저쪽으로'라는 접두사와 i, '간다'는 동사의 합성어에서 유래한 말입니다. '저쪽'이란 말은 다른 의미로 '저 높은 곳', '제일 좋은 것'이라는 의미도 있습니다. 그래서 '피안(彼岸)'이라는 말로 옮겨지기도 했어요. 그래서 바라밀다는 '도피안(到彼岸)'이라고 번역되기도 했습니다. 피안, 영어로는 'the Other side', 독일어로 'jenseits'라고 하죠. 서양의 낭만주의자들은 먼 곳을 좋아하고 그리워하고 동경했습니다. 제가 대학 예과 시절에 그런 작품을 독일어 시간에 많이 읽었습니다. 옛날에는 낭만주의자가 굉장히 좋아 보였는데, 불교에 오면 낭만주의자는 야단맞아요. 방망이로 얻어맞을 사람입니다. 왜냐하면 센티멘털하게 먼 데만 쳐다보면서 영탄조로 멍하니 정신을 잃고 있을 가능성이 높거든요.

pāramitā, 저쪽으로 간다. 이 말은 perfection이라는 말로 해석하기도 하는데, 나는 이 말이 괜찮다고 생각합니다. perfect하게 해 가는 것입니다. 그러니까 다 가 버린 최종의 결과도 이야기하겠지만, 가고 있는 과정도 이야기하는 것이라고 이해하면 좋겠습니다.

그런데 그렇게 가는 데 여섯 가지가 있다고 생각했거든요. 그래서 육바라밀다를 이야기한 것이죠. 보시바라밀다, 지계바라밀다, 인욕바라밀다, 정진바라밀다, 선정바라밀다, 반야바라밀다가 육바라밀다입니다. 이 바라밀다는 『반야경』 안에서 여섯 가지로 설명이 되기 시작합니다. 이 말이 여기서 처음 나온 것은 아니지만, 이 말을 쓰지 않고서는 거의 말을 할 수 없게 된 것이 대승불교예요. 대승불교에서는 육바라밀다 중에서도 특히 여섯 번째 반야바라밀다를 높게 치죠. 반야바라밀다는 지혜바라밀다라고도 하는데, '지혜'라는 말로는 그 뜻을 잘 옮기지 못한다고 생각해서 그냥 반야바라밀다라고 쓰는 경우가 많습니다. 또 '반야'에 '마하(摩訶)'를 붙여서 '마하반야바라밀다'라고 하기도 하죠. '마하'는 크다는 말이거든요.

智度菩薩母(지도보살모), 반야바라밀다에서 보살이 태어난다는 뜻에서 보살의 어머니라고 했습니다. 반야바라밀다 없이는 보살이 될 수 없다는 이야기죠. 부처가 된다는 것이 깨달은 사람, 지혜로운 사람이 된다는 것이니까, 반야바라밀다가 제일 중요한 것입니다. 그런데 여기서 그것만 이야기했다면 다른 경과 큰 차이가 없을 텐데, 방편을 나란히 이야기하고 있다는 점이 주목할 만합니다. 方便以爲父(방편이위부), 방편바라밀은 보살의 아버지다. 반야바라밀다라고 하는 지혜는 알고 보면 보통 사람들이 이야기하는 체념에 가까운 것이죠. '다 없는 거야. 다 헛것이야. 일체 미련 따위를 가져서는 안 되는 거야'라고 하는 깨달음이거든요.

그런데 이것만 가지고 있으면 대체로 세상을 진지하게 살지 않을 가능성이 많아요. 다 헛것이 되고 '그 까짓 것, 사나 마나…' 불교인 가운데 이런 사람이 많죠. 그런데 『유마경』이 강조하는 것은 방편입니다. 방편이 없으면 안 된다는 거예요. 그래서 이 지도(智度), 반야바라밀다를 진실이라고 하고, 진실과 방편은 떼려야 뗄 수 없다는 것을 자꾸 강조하고 있습니다. 이것이 대승불교의 진면목인 것입니다.

이 세상에서 원리원칙의 마음자세가 반야바라밀다거든요. 그런 마음가짐을 갖고 이 세상에서 살라는 거예요. 인연을 맺고 살라는 겁니다. 세상을 버리고 일찌감치 포기해서는 안 된다는 거죠. 너에게 주어져 있는 모든 의식, 마음가짐, 색·수·상·행·식, 이것을 전부 다 잘 써서 사는 것이 방편이에요. 이것을 써서 다른 사람들과 좋은 인연 맺는 것이 방편입니다. 좋은 방편을 쓰는 것이 아버지라는 거죠. 어머니만 있고 아버지 없이 보살이 태어난다는 법은 없다는 거예요. 보살이 태어나는 데에 대한 조건들을 이야기하고 있습니다.

一切衆導師(일체중도사), 일체중생의 스승인 지도자가, 無不由是生(무불유시생), 이 아버지와 어머니에 의하지 않고 태어나는 일은 없다는 겁니다. 일체중생의 도사(導師), 인도하고 이끌어 가는 지도자죠. 이 지도자는 중생들, 집안의 중생이나 도처의 중생들을 이끌어가는 존재란 말이에요. 그러한 존재가 되어야겠죠. 그러니까 학교 선생도 도사가 되어야 하고, 대통령도 일체중도사가 되어야 하고, 정치하는 사람들, 이 사회의 모든 지도자들도 도사가 돼야 합니다.

② 法喜以爲妻　慈悲心爲女
善心誠實男　畢竟空寂舍

法喜以爲妻 법의 기쁨은 보살의 아내
慈悲心爲女 자비의 마음은 보살의 딸
善心誠實男 착하고 성실한 마음은 보살의 아들
畢竟空寂舍 필경 공적(空寂)함은 보살의 집이로다.

'法喜(법희)'는 dharmapramuditā라고 하는 것인데, 법의 기쁨입니다. 여기서 법은 부처님의 법을 이야기하고 있습니다. 부처님께서 올바로 살아가는 법을 가르쳐 주셨는데, 그 법을 듣고 기뻐하게 되죠. 여러분들이 불교공부를 하다 보면 '아, 불교가 참 좋다. 그 말씀 내용 한마디 한마디가 다 좋다' 이렇게 생각하면서 듣는 것을 좋아하게 되겠죠. 물론 여러분들에게 이야기하고 있는 것이 다소 딱딱하고 너무 교훈적이라는 생각도 들지 모르겠지만, 이 『유마경』에는 '야, 참 어떻게 이렇게 멋있는 말을 했을까?' 하는 생각이 들게 하는 대목들이 많습니다. 그런 것을 듣고 읽고 기뻐하는 것으로 아내를 삼으라는 겁니다. 법의 기쁨을 아내로 삼고, 자비의 마음을 딸로 삼고, 착하고 성실한 마음을 아들로 삼으라는 겁니다. 보살은 이런 필경공적(畢竟空寂)한 집에서 아내와 아들과 딸과 같이 사는 것으로 표현되고 있습니다.

그런데 여기서 보살의 어머니, 아버지, 아들과 딸을 이야기하고 있는데, 여기서 보살은 일반적인 대승불교의 이상상(理想像)으로서의 보살이라는 의미도 있지만, 유마거사 자신을 이야기하고 있는 것이기도 합니다. 위에서 보현색신보살이 유마거사에게 부모, 처자, 친척, 권속, 이민, 지식 등이 누구냐고 물어 보지 않았습니까? 그러니까 유마거사 자신의 예를 들어서 보살의 부모와 자식 등에 대해서 설명하고 있는 것이죠. 아래에서 제자, 선지식, 친구, 여인 등을 계속 이야기하는데, 거기서도 마찬가지입니다.

③ 弟子衆塵勞 隨意之所轉
道品善知識 由是成正覺

弟子衆塵勞 티끌 같은 번뇌는 제자들이라
隨意之所轉 보살은 그 놈을 다스려 간다.
道品善知識 37각지는 보살의 선지식
由是成正覺 이것들로 말미암아 정각을 이루네.

弟子衆塵勞(제자중진로). 제자는 누구냐? '중진로'다. 세상 살다가 보면 갖가지 진로, 티끌 같은 번뇌가 있기 마련이다. 이런저런 귀찮은 일, 근심걱정이 많은데, 그것을 제자들이라고 생각하라. 隨意之所轉(수의지소전), 보살은 그놈들을 다스려 간다. 그런 것을 귀찮다 생각하지 않고 다스려 가는 것이 인생이라고 생각하라.

道品善知識(도품선지식). '도품'은 37각지입니다. 앞에서도 여러 번 나왔습니다. 깨달음을 이룩하기 위해서 닦아 가야 하는 여러 가지 수행덕목들입니다. 사념처(四念處), 사정근(四正勤), 사신족(四神足), 오근(五根)과 오력(五力), 그 다음에 칠각지(七覺支)와 팔정도(八正道)를 합해서 37각지가 된다고 했죠. 이것은 소승불교의 가르침인데, 대승불교 경전인 『유마경』도 소승의 가르침을 버리지 않고 다 받아들이면서, 그것을 한 계단 더 높은 방향으로 이해하도록 하고 있는 것입니다.

④ 諸度法等侶 四攝爲伎女
歌詠誦法言 以此爲音樂

諸度法等侶 육바라밀다는 법과 함께 있는 친구들

四攝爲伎女 사섭법은 아름다운 여인들.
歌詠誦法言 보살은 독송과 설법을 함께 하며
以此爲音樂 음악으로 삼네.

'諸度(제도)'라는 것은 모든 바라밀다, 육바라밀다입니다. 사섭법(四攝法)은 보시(布施), 애어(愛語), 이행(利行), 동사(同事)를 말합니다. 이것은 중생을 구제할 때의 네 가지 기본적인 태도죠. 여기서 '섭(攝)'이라고 하는 글자가 아주 중요하다고 했습니다. '섭'은 '포섭한다'는 뜻도 되고, '다 품안에 안는다'는 뜻도 됩니다. '섭수(攝受)'는 받아들인다는 말이 되겠죠. 중생을 구제한다. 중생을 다 하나로 모은다. 본래 따로따로 떨어져 있는 것이 아니었기 때문에 하나가 되어야 한다. 그런데 우리는 하나인 줄 모르고 제각기 따로따로 놀고 있습니다. 그런 것이 이제 본래 하나인 상태로 되돌아가는 것이 필요하겠죠. 그렇게 하는 데 있어서 필요한 방법이 무엇이냐 했을 때, 그것이 바로 보시, 애어, 이행, 동사라는 것 입니다.

주는 것, 보시에는 재물을 주는 것도 있겠지만, 여러 가지 그때그때 상대가 필요로 하는 것을 주는 것입니다. 법을 가르쳐 주는 것이 법시(法施), 돈이나 물건을 베풀어주는 것이 재시(財施), 그리고 제일 중요한 것이 사람들로 하여금 불안과 공포에 떨지 않게끔 해주는 것, 무외시(無畏施)입니다. 그런데 어떻게 하는 것이 진짜 불안과 공포에 떨지 않게끔 하는 것이냐 하면, 아마 대답은 똑같지 않을 거예요. 경비를 서고 보호해주는 것이 불안과 공포에 떨지 않게끔 하는 것이냐 하면, 그것도 필요하겠죠. 그렇지만 그런 것이 다 없어도 자기 자신을 스스로 지킬 수 있는 능력을 갖게끔 하는 것이 중요합니다. 외로울 때, 가난할 때, 병들었을 때, 뭐 이럴 때가 있을 수 있어요. 병들지 않게끔 해야 하겠고, 미리미리

가난해지지 않도록 해야 하겠지만, 본래 우리가 그렇게 부자로 태어난 것이 아니기 때문에 평소에 가난하게 사는 방법을 익혀 두는 것도 괜찮겠죠. 또 외로울 때도 있겠지만, 사람들의 미움을 받아서 외로울 때도 있을 거예요. 그런 사람은 되지 말아야 하겠죠. 혼자 사는 사람들을 보면, 가끔 자업자득으로 그렇게 된 사람들이 있잖아요. 될 수 있는 대로 많은 사람들로부터 이해와 사랑을 받고 좋은 관계를 유지하면서 사는 것이 좋은 것 아니냐는 생각이 듭니다. 그래서 상가(saṃgha, 僧伽)라는 공동체가 필요한 것이죠.

⑤ 摠持之園苑　無漏法林樹
　覺意淨妙華　解脫智慧果

摠持之園苑 다라니는 보살의 동산
無漏法林樹 무루법의 나무들로 우거진 숲이 있네.
覺意淨妙華 거기에는 깨달음의 뜻이 만발한 꽃이 피고
解脫智慧果 해탈 지혜가 열매로 맺혀 있도다.

여기서도 유마거사가 가족과 권속들과 함께 사는 곳을 이야기하고 있습니다. 유마거사가 사는 동산에는 무루법(無漏法)의 나무가 우거진 숲이 있다고 했죠. 숲과 동산이 나오는데 동산이 더 크다고 생각해야 되겠어요. 동산에는 숲도 있고, 연못도 있고, 개울도 있고, 잔디밭도 있고, 꽃밭도 있겠죠. 그런데 동산이 어떤 전체 분위기를 이야기하고 있다고도 볼 수 있지만, 거기서 중요한 것은 나무입니다. 꽃도 피고 열매도 맺는 나무가 무성해야 그 동산이 아름답겠죠. 꼭 유마거사의 집안이 아니더라도 그런 것을 생각해 볼 수 있습니다. 이것은 일종의 승가, 여러 사람들

이 모여서 법을 중심으로 법대로 살려고 하는 사람들의 공동체를 비유로 말하는 겁니다.

그 동산의 분위기는 총지(摠持)이고, 나무가 이상적으로 성장한 모습은 무루법이며, 그 나무에 핀 꽃은 각의(覺意)이고, 거기에 매달린 열매는 해탈지혜라고 했습니다. 각의, 깨달음이라고 하는 것은 다시 새삼스럽게 설명할 필요는 없겠죠. 보리라고 하는 꽃입니다. 거기에 해탈 지혜라고 하는 열매가 맺는 겁니다. 지혜는 반야이고 깨달음은 보리입니다.

해탈도 별 설명이 필요 없을 텐데, 대승불교의 『열반경』에서는 '이자삼점(伊字三點)'이라는 것으로 열반을 표시합니다. 동그란 점 세 개를 ∵모양으로 찍는 것입니다. 이것이 인도 문자의 'i' 모양이라고 해서 '이자삼점'이라고 하는 거예요. 이 이자삼점이 열반을 표시하는데, 정삼각형의 세 각에 세 점이 있듯이, 세 가지 것 중에 어느 것이 먼저고 어느 것이 나중이고 그런 것이 아니라 동등한 자격으로 함께 있는 것을 열반이라고 하는 것입니다. 그 세 가지 것이 뭐냐 하면, 반야와 해탈과 법신입니다. 이 셋은 순서가 있으면 안 되니까 섞어 가면서 이야기해야 될 거예요. 셋을 놓고 순서를 매길 수 없는 겁니다. 이자삼점처럼 어느 하나도 없어서는 안 되고, 어느 하나도 다른 것에 비해서 가볍게 다루어져서는 안 되죠. 부처님의 열반에는 이 세 가지가 아주 평등하게 갖추어져 있다는 이야기거든요.

위의 유마거사의 게송에는 반야와 해탈이 탁 들어 있어요. 법신이라는 말은 없지만, 대신에 '무루법의 나무'라는 말이 있습니다. 나무가 있어야 꽃도 있고 열매도 있는 것 아니겠습니까? 그러니까 보리와 지혜를 꽃과 열매라고 했어요. 또 꽃과 열매는 따로 뗄 수 없게 생겼죠. 결국 보리와 지혜는 합쳐야 합니다. 나무가 있고 꽃이 피고 열매가 맺히고, 그런 것을 여기서도 은연중에 이야기하고 있다고 볼 수 있습니다.

그런데 이 나무의 완성된 이상적인 모습이 무루한 것, 무루법이라고 했습니다. '무루(無漏)'의 '누(漏)'는 새는 겁니다. '누설(漏泄)'이라고도 하는데, 설사하는 것같이 죽죽 새 나오는 것은 좋지 않은 거란 말이에요. 수돗물도 자꾸 새 나오면 좋지 않은데, 새 나오는 현상을 누수(漏水)현상이라고 하잖아요. 누수, 누전, 누설은 다 안 좋은 거죠. 사람의 경우에는 번뇌망상의 누설이 있다는 거예요. 번뇌가 있는 것을 유루(有漏), 번뇌가 없는 것을 무루라고 합니다. '누' 대신에 '염(染)', 물든다, 더러워진다고 해도 되죠. 유염(有染), 무염(無染). 마음이 물들면 국토가 물들고, 마음이 맑고 깨끗하면 국토가 맑고 깨끗해진다고 했을 때 '물들면'이라고 하는 것은 '마음에 누설되는 바가 있으면'이라는 이야기도 됩니다.

무루법의 나무는 그런 새는 것이 없어진 나무라는 거예요. 물론 철저하게 무루가 되어야 하겠는데, 신체, 색(色)으로 보아서도 상처가 없고 어디 고장난 데가 없어야 합니다. 색·수·상·행·식으로 보아서 다 무루해져야 한다는 말입니다. 그래서 오분법신(五分法身)을 무루의 오온(五蘊)이라고도 하거든요. 새는 것이 없는 오온이라는 거죠. 오온이 물들지 않게 된 상태, 완벽하게 잘못이 없게 된 상태, 그것을 무루의 오온이라고 하고, 오분법신이라고 합니다. 그러니까 『반야심경』에서 허깨비다, 허깨비다 하는 것은 유루의 오온에 집착하지 말라는 겁니다. 무루의 오온이 되도록 하라는 것이죠. 무루의 오온은 부처님이 본보기로 보여주신 바가 있어요.

그 무루법의 나무는 어떻게 해서 이루어지느냐? 나무가 자라는 동산의 분위기는 총지의 분위기, 다라니의 분위기라야 한다는 거예요. 총지(摠持)라는 말은 인도말로 dhāraṇī(다라니)라고 하죠. 이 말은 dhṛ(드리)라는 동사에서 나왔는데, dhṛ에 '지(持)', '잡는다', '간직한다'는 의미가 있어요. dhāraṇī는 모든 것을 다 지(持)하고 있다는 뜻이 되죠. 그래서 '총지'라고 번역된 겁니다. '능지(能持)', '능차(能遮)'라고 번역하기도 했는데, 이 말들은 많이 쓰이지 않았습니다. 이것을 한자로 음역하여 '陀羅尼(다라니)'라고 썼는데, 혹은 '陀隣尼(다린니)', '陀羅抳(다라니)'라고 쓰기도 했습니다. 뒤의 두 가지는 별로 쓰지 않았어요.

그런데 다라니라는 말을 들으면 무슨 뜻을 알 수 없는 기다란 주문(呪文)을 생각하게 되죠. 그러나 본래 다라니라고 하는 말은 그런 뜻이 아닙니다. '주문'이라는 뜻을 가지게 된 것은 밀교에 들어와서부터입니다. 주문에는 밀교에서 생각하는 것과 인도에서 불교 이전부터 있어 왔던 것이 있어요. 인도 사람들은 주문을 좋아하는 사람들이거든요. 그런데 불교가 왜 생겼냐 하면 주문 때려 부수려고 생긴 거죠. 석가모니 부처님이 보니까 인도인들이 자꾸 주문만 외우고 마음 닦는 것은 잊어버리고 있었기 때문에 그것을 제대로 가르쳐 주기 위해서 종교개혁을 한 거란 말입니다. 그런데 그런 주문이 나중에 불교의 중심처럼 들어와 버렸어요. 석가모니 부처님이 아신다면 참 한심하다고 하시겠죠. 아마 80평생 사시다 가신 석가모니 부처님은 모르실 거예요. 법신불(法身佛)은 아시겠죠. 그 법신불이 우리들 안에서 아는 겁니다.

참 우리가 불교를 이만저만 변질시킨 것이 아닙니다. 부처님을 배반했다고요. 부처님이 하지 말라는 것을 지금 그대로 다 하고 있어요. 그것만 하고 있으니까 문제죠. 인도 사람들은 어려운 일을 당하면 주문만 외우면 된다고 생각했어요. 주문과 동시에 주술도 썼습니다. 주술이라고 하는 것은 뭘 어디다 어떻게 갖다 놓고, 무슨 실을 어디다 매고, 이렇게 하는 것이 다 주술입니다. 그런데 인간에게는 뭔가 이상한 것을 신성하게 생각하는 원초적인 심성이 있어 왔거든요. 일반적인 종교의 심성이라고 할 수도 있습니다. 이성이 발달하면 자꾸 그런 것을 멀리 하게 되는데, 불교 이전의 종교는 그런 것이 아니었어요. 흔히 길거나 짧은 주문을 외웠는데, 짧은 주문은 만트라(mantra)라고 하고, 긴 것은 다라니라고 했죠. 그리고 이 다라니는 뜻 같은 것은 몰라도 된다고 했어요. 이것은 대중을 상대로 하는 것이었으니까 될 수 있는 대로 뜻이 통하지 않는 말이 더 좋다고 했죠. 그래서 뜻이 통하지 않는 말을 만들어 주고는, 누가 뜻을 알려고 하면 귀찮다고 생각했습니다. 적당히 뜻이 안 통하게끔 얼버무려 만든 거예요.

우리 불교에서 많이 외우는 『천수경(千手經)』 같은 것은 뜻이 통하지 않는 데가 거의 없습니다. 그저 몇 군데 반복음을 내는 데가 있어요. 그런 반복음을 내다 보면 자기도 모르는 사이에 엑스터시에 들어가는 경우가 있습니다. '수리수리 마하수리'라든지 '소로소로' 같은 게 있잖아요. 지금은 발음을 '수리수리'라고 하지만, 원래는 '슈리슈리'입니다. 이 말도 뜻이 있는데, 묘길상(妙吉祥), '아주 지극히 축복 받은'이라는 뜻입니다. 그런 말을 뜻도 모르고 흉내 내는 것이 요새 아이들이 '수리수리 마하수리'라고 하는 거죠.

본래 불교에서 이야기하는 다라니의 뜻은 '능히 총체적으로 모든 것을 섭지(攝持)하고 망실(忘失)하지 않는 염혜(念慧)의 힘'을 말합니다. 일본의 법장관(法藏館)에서 나온 불교사전을 보니까 이런 말이 나와요. 비교적 평이하게 해석한 것을 보고 쓸 만하다 싶어서 적어 보았습니다. 뭐라고 그랬냐 하면, '일종의 기억술로서 한 가지 것을 기억함으로써 모든 것을 이에 따라 연상하여 잊지 않는 것을 말하며, 그렇게 함으로써 가지가지 선법(善法)을 능히 간직하므로 능지(能持)라 하고 가지가지 악법을 막는다'라고 되어 있어요.

그러니까 이런 해석으로 본다면, 『화엄일승법계도』에서 '一中一切多中一 一卽一切多卽一(일중일체다중일 일즉일체다즉일)'이라는 말을 의상대사가 다라니라고 한 것을 상기할 필요가 있습니다. 이 다라니의 밧

줄을 꽉 붙들고 가면 눈을 감고 가도 틀림없이 법성가(法性家), 법성의 집, 지극히 거룩한 곳에 저절로 갈 수 있다고 했습니다. 법성가라고 하는 것은 우리가 가야 하는 본래의 집, 부처님 집이죠. 법성가의 실제(實際)의 자리에 저절로 갈 수 있게 되는 능력이 있다. '一中一切多中一 一卽一切多卽一', 이 말만 외우라는 이야기가 아니라, 언제나 그 말의 의미를 잘 알고 있으면, 틀림없이 모든 선한 일을 다 할 수 있고, 모든 악한 일, 재앙을 다 물리칠 수 있다는 이야기죠. 그런 의미에서 생각하면 『반야심경』도 다라니라고 할 만해요. 그것을 '주(呪)'라고 했거든요. 반야바라밀다의 의미를 알면 모든 좋은 일은 다 할 수 있고, 모든 악한 일은 다 물리칠 수 있는 힘이 된다는 겁니다.

『유가사지론(瑜伽師地論)』(권45)에서는 네 가지 다라니를 이야기하고 있어요. 첫째, 법(法)다라니인데, 경의 문구를 기억하고 잊지 않는 것입니다. 둘째, 의(義)다라니, 경의 의미를 이해하고 잊지 않는 것입니다. 셋째, 주(呪)다라니인데, 선정의 힘으로 신비로운 신통력을 얻을 수 있다는 거예요. 주술을 일으켜서 중생의 재액을 없앨 수 있다고 하는데, 여기서 주술이라고 한 것을 무슨 속임수 같은 주술이라고 생각하면 안 되겠죠. 정당한 지혜의 힘으로 누구의 병도 고쳐 주는 것이 가능하다는 말입니다. 넷째, 인(忍)다라니인데, 사물의 실상을 통달하고 그 본성을 완전하게 안다는 거예요. 이것은 바로 '무생법인', '제찰법인(諦察法忍)'과 같은 것입니다. '인'은 '인욕(忍辱)한다'는 말 외에도 깊은 의미가 있죠. 인욕의 최고 단계는 제법의 실상이 공하다는 것을 깨닫는 것, 불생불멸이라고 하는 것을 깨닫는 것입니다. '제법은 생긴 일이 없다. 따라서 사라진 일도 없다. 때묻은 일이 없다. 본래부터 깨끗한 것이다. 그러니까 이제 뭐 새삼스럽게 깨끗해졌다는 말도 안 한다. 제법은 불에 갖다 데우면 끓고, 식히면 식는 그런 것이 아니다. 줄거나 늘거나 그런 것이 아니다.' 그것이 '불생불멸(不生不滅), 불구부정(不垢不淨), 부증불감(不增不減)'이라는 것 아닙니까? 제법은 갔다 왔다 하는 것이 아니다. 불거불래(不去不來)죠. 언제나 여기 있다는 것을 여여(如如)라고 합니다. 그런 것을 아는 것이 다라니라는 겁니다.

그러니까 이런 법의, 경의 문구를 배우고, 그 의미를 알고, 그 문구를 기억하고, 그러면서 선정을 해야 합니다. 경의 해석을 듣고 경의 뜻을 알기만 해서 되는 것은 아니에요. 다라니가 얻어지려면 무엇을 해야 하느냐 하면 참선을 해야 한단 말입니다. 참선이라고 하는 것은 앉아서 하는 것이 제일 중요하겠지만, 행주좌와(行住坐臥)하면서 할 수 있는 참선이 있습니다. 그런 참선을 해 나가는 동안에 사물의 실상을 깨닫게 되고, 다라니가 점점 이루어져 간다는 말입니다. 총지가 서서히 생겨납니다. 꾸준하게 정진하다 보면 그것이 틀림없이 생겨난다는 것을 지금 가르쳐 주고 있습니다. 그러니까 하루라도 빨리 시작해야죠. 그런 총지의 동산에는 무루법의 나무가 자라고, 깨달음의 꽃도 피고 해탈지혜의 열매도 맺는 것입니다.

⑥ 八解之浴池　定水湛然滿
　布以七淨華　浴此無垢人

八解之浴池　팔해탈은 목욕하는 연못
定水湛然滿　그곳에 삼매의 물이 가득하고
布以七淨華　그 물에 칠정화(七淨華)가 깔려 있고
浴此無垢人　그 속에서 때 없는 사람들이 목욕을 한다.

팔해탈(八解脫)은 앞에서도 나왔는데, 소승불교의 개념입니다. 여덟

가지 선정의 힘으로 탐착(貪着)하는 마음을 버리는 것을 말합니다. 그러니까 열반이란 이야기와는 조금 달라요. 여덟 가지가 있는데, 순차적으로 마음이 점점 맑아지는 것을 이야기한다고 볼 수 있습니다.

팔해탈은 목욕하는 연못, 그 못에는 삼매의 물이 가득 차 있다고 했습니다. 그 연못은 유마거사가 사는 집에 있고, 유마거사가 왔다 갔다 하는 곳이겠죠. 거기가 해탈 자유의 연못입니다.

그 삼매의 물 위에는 칠정화(七淨華)라고 불리는 일곱 가지 아름다운 연꽃이 피어 있다고 했는데, 이 꽃은 어떤 꽃인지 설명을 별로 찾아보기 힘들어요. 구마라집이 궁리해서 해석을 붙인 것을 보면, 첫 번째부터 세 번째까지는 계·정·혜의 꽃이라고 했어요. 계정(戒淨), 심정(心淨), 견정(見淨)이라고 했습니다. 신(身)·구(口)·의(意) 삼업(三業)이 청정한 것이 꽃과 같다고 해서 계정이고, 선정이 청정한 것이 꽃과 같다, 언제나 삼매의 꽃이 피어 있다고 해서 심정이고, 지혜의 정견이 항상 있으니 그것도 역시 청정한 꽃이라고 해서 견정입니다. 또 정견 지혜로써 모든 의심을 다 끊어버렸으니 그것도 또 청정한 꽃이라고 해서 도의정(度疑淨), 도와 도 아닌 것을 잘 분별하니 역시 그것도 청정한 꽃이어서 도비도정(道非道淨), 번뇌를 끊고 행이 지혜롭고 청정하다고 해서 행지견정(行知見淨), 마지막으로 열반의 꽃, 단지견정(斷知見淨)을 갖다 넣어서, 이것들을 다 청정한 꽃이라고 했습니다.

그러니까 이런 환경은 그냥 주어지는 것이 아니라 자기가 그렇게 만드는 것이죠. 팔해탈의 연못을 만들어 놓고, 거기에 삼매의 물을 가득 채우고, 아름다운 꽃들을 피우면서 살고 있다는 겁니다. 그러고 보니까 역시 이것도 『화엄경』과 상당히 비슷한 이야기예요. 아름다운 꽃들로 장엄한 것을 이야기하고 있습니다.

⑦ 象馬五通馳 大乘以爲車
調御以一心 遊於八正路

象馬五通馳 신통력은 보살의 코끼리와 말
大乘以爲車 대승은 그들의 수레
調御以一心 이를 끄는 마부는 일심이니
遊於八正路 여덟 갈래 올바른 길을 달려가네.

'五通(오통)'은 오신통, 다섯 가지의 신통력이죠. '八正路(팔정로)'라는 것은 팔정도를 말합니다. 대승이라는 수레를 타고 일심으로 이 다섯 가지 신통력을 잘 다스려서 여덟 갈래 올바른 길을 달려간다는 뜻입니다. 자기에게 있는 다섯 가지 신통력이라는 것은 아직 잘 훈련이 안 됐겠죠. 그것이 코끼리이고 말인데 이것들을 잘 다스려서 대승을 끌도록 한단 말입니다. 그 대승을 타고 말과 코끼리를 일심으로 채찍질하면서 팔정도를 달려간다는 말이에요. 팔정도는 그냥 그대로 육바라밀다로 발전하게 되어 있는 것입니다.

⑧ 相具以嚴容 衆好飾其姿
慚愧之上服 深心爲華鬘

相具以嚴容 삼십이상으로 장엄하고
衆好飾其姿 팔십종호로 장식했네.
慚愧之上服 참괴하는 마음을 예복 삼아 입고
深心爲華鬘 심오한 결심을 관 삼아 썼네.

'참괴(慚愧)'는 아래의 칠재와 관련해서 보겠습니다.

⑨ 富有七財寶　敎授以滋息
　如所說修行　廻向爲大利

富有七財寶 그들의 재산은 칠재(七財)라는 보배
敎授以滋息 그것을 가르치는 것이 재산 늘리는 길
如所說修行 설한 대로 수행하는 가운데
廻向爲大利 회향하는 것이 큰 이익일세.

'칠재'는 신(信), 계(戒), 참(慚), 괴(愧), 문(聞), 시(施), 혜(慧)입니다. 이것을 밑천으로 많이 베풀어주고 지혜를 쌓아 가는 것입니다. 그것으로 지금 장사를 잘하고 있는 거예요. 그렇게 설한 대로 수행하고 회향하다 보면 큰 이익을 얻게 될 것이라고 했습니다.

⑩ 四禪爲牀座　從於淨命生
　多聞增智慧　以爲自覺音

四禪爲牀座 사선(四禪)을 자리 삼고
從於淨命生 정명(淨命)으로 살아가다.
多聞增智慧 다문(多聞)으로 지혜를 늘리고
以爲自覺音 스스로 깨달음의 소리를 낸다.

'사선'이라고 하는 것은 초선(初禪), 제이선(第二禪), 제삼선(第三禪), 제사선(第四禪)의 네 가지인데, 초기 불교에서 이야기한 선의 네 단

계입니다.

우리나라의 선은 조계종이라는 전통적인 입장에서 말한다면 중국 선종의 맥을 이었기 때문에, 『임제록(臨濟錄)』과 같은 법문에서 볼 수 있듯이 선의 사고방식이나 생활태도 같은 데에 중점을 두고 있습니다. 뭐 요렇게 앉아라, 생각을 요렇게 해라, 그런 테크니컬한 기술은 부파불교 사람들이 큰 관심을 갖던 거예요. 선이 중국에 건너와서는 그런 기술적인 것은 다 잊어버리고 생활화되어야 한다고 생각했죠. 조금 앉았다고 욕심이 없어졌으니 뭐 즐겁다든가, 좀 오래 앉으면 심신이 상쾌하다든가 그런 생각 안 하고, 또 '내가 선을 얼마나 했으니까…' 하는 생각도 안 하고, 저절로 다 도통해버리는 거예요. 통달한 경지에서 나오는 그저 명랑하고 활달하고 호쾌하고 걸림이 없는 말이나 생활태도를 『임제록』이 보여주고 있습니다.

『임제록』에 나오는 유명한 말에 '수처작주(隨處作主)'라는 말이 있죠. 가는 곳마다 네가 임자가 되라, 네가 주인공이 되라는 뜻입니다. 『유마경』의 정신도 한마디로 '수처작주'라고 할 수 있어요. 이 한문을 우리말로 옮기면 그 맛을 그대로 나타낼 수가 없어요. 한마디로 '가는 곳마다 임자가 되라'라고 번역을 하는데, 좋은 번역은 아닙니다. 가는 곳마다 주인이 되라고 하면, 가는 데마다 전부 내 거다 이렇게 오해를 할 수도 있잖아요. 그것이 아니라 '위위수수지(萎萎隨隨地)'하지 말라고 했거든요. 나긋나긋해져서 그냥 바깥에 끌려다니지 말라는 겁니다. 질질 끌려다니지 말라, 객관적인 상황에 끌려다니지 말라. 이런 경지에 살고 있다면 '四禪爲牀座(사선위상좌)'가 되었다고 말할 수 있는 거예요. 그러니까 사선을 일일이 초선이 뭐더라, 이선이 뭐더라, 삼선이 뭐더라 이렇게 계산하고 있으면 안 된다고요. 옛날의 가르침도 무시하지 않는 의미에서 사선도 존중하면서 이런 이야기를 쓴 것입니다.

四禪爲牀座, 앉아 있을 때나 일할 때나 기도할 때나 전부 선이 중심이 되어야 한다는 겁니다. 그런데 기도라는 것은 어디 가서 자기의 넋을 다른 사람들에게 맡기는 것입니다. 자기는 텅 빈 거예요. 물론 불교에서도 자기라는 것을 가지라고는 하지 않죠. 그러나 그런 상태에서도 모든 일을 다 해낼 수 있을 정도의 능력자가 되어야 하는데, 넋이 나간 상태에서는 그것이 불가능하죠.

多聞增智慧(다문증지혜), 많이 들어야 돼요. 정확한 지식을 많이 듣는 것이 중요합니다. 역사도 알아야 하고 동서남북 두루두루 잘 알아야 되죠. 우리나라 국민들은 그 동안 불교를 모르고, 동양 것을 모르고, 무시해 왔던 마음가짐을 바꾸어서 동서를 다 같이 잘 아는 식의 다문이 필요합니다. 그렇게 종합을 해야 미래가 있고 장래성이 있는 것이죠.

以爲自覺音(이위자각음), 그래서 깨달은 자기 소리를 낼 수 있어야 한다는 말입니다.

⑪ 甘露法之食　解脫味爲漿
　淨心以澡浴　戒品爲塗香

甘露法之食 감로의 법은 밥이요
解脫味爲漿 해탈의 맛은 국이로다.
淨心以澡浴 맑은 마음으로 몸을 씻으며
戒品爲塗香 계를 갖추어 온몸을 향기롭게 감싸네.

⑫ 摧滅煩惱賊　勇健無能踰
　降伏四種魔　勝幡建道場

摧滅煩惱賊 번뇌의 원수를 무찌른 보살은
勇健無能踰 아무도 이길 수 없는 용감한 영웅
降伏四種魔 네 가지 마구니를 항복시키고
勝幡建道場 승리의 깃발을 도량에 날린다.

'四種魔(사종마)', 네 가지 마구니입니다. 오온마(五蘊魔), 번뇌마(煩惱魔), 중생마(衆生魔), 사마(死魔), 기억하시죠? 이런 네 가지 마구니를 어떻게 항복시키느냐? '조견오온개공(照見五蘊皆空)'하면서 오온마를 항복시킬 수 있어요. 또 '사홍서원(四弘誓願)'을 실천하면서 나머지 세 마구니를 항복시킬 수 있습니다. '번뇌무진서원단(煩惱無盡誓願斷)'을 하면서 번뇌마를 항복시키고, '중생무변서원도(衆生無邊誓願度)'를 하면서 또 중생을 이길 수 있어요. 그 다음의 사마는 법문을 배움으로써, '법문무량서원학(法門無量誓願學)'을 함으로써 이길 수 있습니다. 그리고 '불도무상서원성(佛道無上誓願成)', 부처가 됩니다. 그러니까 우리가 깨닫고 나면 죽음 따위는 초월해서 거기에 사로잡히지 않게끔 되는 것이죠. 의식적으로 죽음을 이겨낸단 말입니다.

⑬ 雖知無起滅 示彼故有生
悉現諸國土 如日無不見

雖知無起滅 생멸이 없는 줄 알지만
示彼故有生 보여주기 위해 생사를 보이고
悉現諸國土 모든 국토를 남김없이 나투는 것이
如日無不見 태양이 어둠을 헤치고 비침과 같도다.

雖知無起滅(수지무기멸), '無起滅'은 '無生滅(무생멸)'이라고 해도 됩니다. 생멸이 없는 상태를 '불생불멸'이라고 하죠. 『반야심경』에서는 '불생불멸 불구부정 부증불감'이라고 합니다. 깨달으면 이러한 제법실상의 세계가 보인단 말이죠. 그 세계가 어디 있느냐 하면 여기에 우리와 더불어 있는데도, 깨닫지 못하니까 못 보고, 그 속에서 살고 있지 않다고 느낄 뿐이잖아요. 부처님은 불생불멸의 세계에 계신 분이지만, 중생들이 못 보고 있으니까, 示彼故有生(시피고유생), 그것을 알려 주기 위해서 태어났다는 말이에요. 태어나지 않아도 될 것을 태어났다는 말입니다.

悉現諸國土 如日無不見(실현제국토 여일무불견). 모든 국토를 남김없이 다 나투는 것이, 마치 태양이 어둠을 헤치고 비치는 것과 같도다.

⑭ 供養於十方 無量億如來
諸佛及己身 無有分別想

供養於十方 시방삼세의 무량억 여래에게
無量億如來 온갖 공양을 다 바치면서
諸佛及己身 모든 부처와 자기 자신을
無有分別想 분별하는 생각을 내지 않도다.

이것은 지혜의 입장에서 하는 이야기입니다.

⑮ 雖知諸佛國 及與衆生空
而常修淨土 敎化於群生

雖知諸佛國 비록 제불의 나라와

及與衆生空　중생이 공한 것을 알고 있지만
而常修淨土　항상 정토를 닦고
敎化於群生　중생 교화하기를 멈춘 일 없도다.

정토사상에는 두 가지가 있습니다. 하나는 정토에 가서 태어나고자 하는 사상과 다른 하나는 정토를 만들고자 하는 사상입니다. 앞의 것은 왕생정토(往生淨土) 사상이고, 뒤의 것은 성변정토(成辨淨土) 사상이라고 하죠. 하나는 좀 감성이 앞서는 사람들이 죽어서 내세에 가서 태어난다는 식으로 생각한 것이지만, 사실 정토는 우리가 살고 있는 여기에서 만드는 것, 또 다 만들어져 있는 것이라는 두 가지 측면을 말하고 있는 것입니다. 이미 여기가 불국토라는 것, 중생이 다 부처라는 말도 많이 나왔는데, 겉으로 나타나는 것은 구분이 되죠. 그렇지만 어차피 알고 보면 불국토도 중생도 다 공입니다. 부처도, 중생도 다 공이고, 정토도, 예토(穢土)도 공이란 말입니다. 그것은 진제(眞諦)와 속제(俗諦)의 두 가지 각도에서 깨달아야 하는데, 진과 속이 둘이 아니라고 하는 것을 알고, 속을 살되 진으로 살아가야 하는 것입니다. 이제 그런 입장에서 정토를 닦아 가고, 정토에 왕생하고자 하는 생각도 일으키고, 또 중생을 교화하는 것이 중요합니다.

여기 강의 듣는 사람 중에 교육학 교수 하는 분이 요즘의 교육학은 한국 실정에 잘 맞지도 않는 서양이론을 가지고 와서 하고 있다는 이야기를 하면서, 불교를 공부해야 하긴 하겠는데 어떻게 해야 하는지 물었습니다. 불교적인 입장으로 말하면, 교육학이라는 것, 교화한다는 것은 전연 딴 사람을 만드는 것이 아니라 그 사람이 자기 스스로 불성(佛性)을 깨닫고 본래의 자리로 가게 해 주는 것이죠. 그것이 바로 교육입니다. 그런 방향으로 해야죠. 그러니까 기독교처럼 무슨 하나님 믿고 하나님 나라로 가고, 이런 것이 아니란 말이에요. 가장 이상적인 것은 여기서 다른 사람들과 더불어 잘 사는 법을 가르쳐 주는 것입니다.

인도에 오베로이라는 호텔왕이 있어요. 전 세계에 마흔 개쯤 호텔을 가지고 있다는데, 지금 아흔두 살입니다. 인도가 영국의 식민지였던 시대에 어느 영국 사람이 하는 호텔에서 보이 노릇을 했는데 그 사람이 하도 열심히 일하니까 주인이 영국으로 돌아가면서 조그마한 호텔 하나를 물려주었습니다. 그것을 열심히 키워서 호텔왕이 되었어요. 지금도 오베로이 호텔은 인도에서 제일 좋은 호텔에 속하는데, 참 잘해 놓았어요. 하루는 제가 그 호텔의 보이에게 너도 오베로이처럼 될 꿈을 꾸고 있냐 하고 물어 보았더니, 보이가 고개를 갸우뚱하며, "글쎄요, 저는 그저 평화를 꿈꿉니다", 이렇게 대답하더라구요. 그래서 '참 좋은 이야기 한다. 네가 선지식이다' 이렇게 생각한 적이 있습니다. 샨티, 평화를 꿈꾼다고 했습니다. 그리고서 헤어져 왔습니다만, 무엇이 제일 중요한 것이냐? 모든 사람들 사이의 평화, 『화엄경』 식으로 이야기하면 '一中一切多中一 一卽一切多卽一(일중일체다중일 일즉일체다즉일)' 입니다. 법계무애연기(法界無礙緣起)가 이루어지도록 하는 것이 중요한 것이죠. 그 속의 한 멤버가 되어야 하는 거라구요. 그러니까 부처님의 분신으로서, 이 법계의 한 요소로서, 정말 아름답고 멋있는 세계를 만드는 하나의 꽃이 되어야 하는 것이죠.

⑯ 諸有衆生類　形聲及威儀
無畏力菩薩　一時能盡現

諸有衆生類 이 세상 모든 중생들의
形聲及威儀 형상과 소리와 동작들 그 모든 것을

無畏力菩薩 두려움을 모르는 보살은
一時能盡現 한 순간에 다 나타내 보이네.

여기서 주어는 '無畏力菩薩(무외력보살)'입니다. 이 '무외력'은 산스크리트어로 viśārada인데, 두려움 없는, 힘이 있는 보살이란 말입니다. 고유명사가 아니에요.

두려움을 모르는 보살들은 무엇을 '一時能盡現(일시능진현), 한 찰나에 남김없이 나타내느냐?' '諸有衆生類 形聲及威儀(제유중생류 형성급위의)'라고 했습니다. 이 세상 모든 중생의 형상과 소리와 동작들을 모두 단 한순간에 능히 다 나타내 보이는 것입니다. 그러니까 보살들에게는 이러한 능력이 있다는 것을 여기서 말하고 있습니다.

보살의 위력이 대단하죠. 유마거사가 천녀의 몸으로 바뀌기도 하고, 천녀가 사리불의 몸으로 바뀌기도 하고, 그래서 사리불의 교만한 생각을 꺾는 일들을 한단 말이에요. 그런 흉내를 내는 것이 아니라, 진짜로 그렇게 바뀔 수 있는 능력에 대해 우리가 좀 진지하게 생각해야 할 것 같아요.

여기 ⑯번부터 ㊶번까지에 대해서는 산스크리트어 원문이 있습니다. *Śikṣāsamuccaya*라는 책에 들어 있어요. 이 책은 한문으로는 『대승집학론(大乘集學論)』이라고 번역됐는데, 당나라나 신라시대에는 좀 읽혔을 것 같지만, 요새는 읽는 사람들이 별로 없죠. 이름 그대로 여러 가지의 가르침들을 모아 놓은 책이 되겠는데, 주로 계·정·혜 삼학을 이야기하고 있습니다. 『유마경』에서는 유일하게 산스크리트어 원문이 남아 있는 부분입니다. 그래서 이 부분은 산스크리트어 원문과 한역본, 티베트본을 대조해서 볼 수 있어요. 라모뜨 교수의 『유마경』 번역을 보면 그 원문을 대조하면서 해설하고 있습니다. 원문과 약간 다른 한문 부분들도 원문을 대조해서 정확히 이해할 수 있습니다. 여기서도 그 원문을 참조했습니다.

⑰ 覺知衆魔事　而示隨其行
　以善方便智　隨意皆能現

覺知衆魔事 마구니들이 하는 짓을 알면서도
而示隨其行 그 행동을 따르는 모습을 보이지만
以善方便智 선교방편의 지혜로써
隨意皆能現 마음대로 교화하고 있을 뿐이네.

衆魔事(중마사), 가지가지 마구니 짓거리들을 잘 알고 있어요. 그러면서도 示隨其行(시수기행), 마구니들이 하는 짓을 따라가는 듯이 보인단 말입니다. 방편의 지혜로써 따라가는 듯이 해야 마구니를 교화시킬 수 있다는 거예요. 처음부터 대결해서는 안 된다는 겁니다. 방편의 지혜로써 마구니들도 깨닫도록 하기 위해서 마구니 사이에 끼어들어서 동사(同事)하는 거예요. 그러나 자기도 모르게 거기에 휩쓸려서 그냥 제 정신 잃고 마는 경우가 있으니까, 그것도 조심해야죠.

⑱ 或示老病死　成就諸群生
　了知如幻化　通達無有礙

或示老病死 혹은 노·병·사의 모습을 보이기도 하지만
成就諸群生 모든 중생들을 성취시키고자 할 뿐
了知如幻化 모든 것이 다 환화(幻化)와 같음을 투철히 알고
通達無有礙 걸림 없이 모든 일에 통달해 있네.

노(老)를 나타내 보이고, 병(病)을 나타내 보이고, 사(死)를 나타내 보인다. 우리가 늙을 때는 '내가 진짜로 늙었다'고 하지 말고 노를 나타내 보인다고 생각하고, 앓을 때도 진짜로 아픈 게 아니라 유마거사처럼 병든 모습을 나타내 보인다고 생각하고, 마지막 죽을 때는 죽는 것이 아니라 죽음을 나타내 보인다고 생각할 자신을 가져야 한다는 말입니다. 이제 막상 그때가 되면 잊어버리지 않겠나 걱정되는데, 이런 노·병·사가 다 언제 올지 몰라요. 그러니까 미리미리 준비하고 있을 필요가 있습니다.

노·병·사를 나타내 보인다, 이것이 사고방식의 차이잖아요. 보살은 이렇게 생각하고 산다. 나도 잘 안 되는 건데, 지금 되풀이하면서 나한테 자꾸 타이르는 겁니다. 정신이 들었다 나갔다 하기 쉽거든요.

또 우리의 삶이라고 하는 것은 환화(幻化)와 같은 것이라고 생각해야 돼요. 이것이 뭐 대단한 것이 아니라 군생(群生), 중생을 성취시키기 위한 방편이란 말이죠. 그렇게 알면 통달해서 걸림이 없게 된다는 말입니다. 通達無有礙(통달무유애). 남의 이야기로만 듣지 말고 이것이 이제 우리들의 이야기가 되도록 할 필요가 있습니다.

⑲ 或現劫盡燒　天地皆洞然
　衆人有常想　照令知無常

或現劫盡燒 혹은 겁이 다함을 나타내기 위해
天地皆洞然 천지를 붉게 물들여 불태우는 일이 있으나
衆人有常想 그것은 모든 것이 영원한 줄 아는 사람들에게
照令知無常 무상의 도리를 확실히 알게 하고자 함이라.

겁에 대한 이야기를 하고 있습니다. 겁(劫)은 산스크리트어 kalpa를 옮긴 것인데, 겁파(劫波)라고도 하죠. 지극히 긴 시간을 말합니다. 겁을 거듭하는 광원(曠遠)한 시간을 광겁(曠劫), 영겁(永劫), 조재영겁(兆載永劫)이라고도 해요.

또 개자겁, 반석겁, 진점겁, 이런 이야기들도 합니다. 개자겁(芥子劫)은 『대지도론(大智度論)』에 따르면, 40리 사방의 성에 개자를 가득 채우고 100년마다 한 알씩 꺼내서 그 전부를 다 꺼낼 때까지 걸리는 시간을 개자겁이라고 합니다. 반석겁(盤石劫)은 사방 40리나 되는 돌을 100년에 한 번씩 엷은 옷으로 스쳐서 마침내 그 돌이 다 닳아 없어지는 데 걸리는 시간을 말하죠.

진점겁(塵點劫)에는 두 가지 설이 있는데, 하나는 삼천대천세계의 모든 물건을 갈아서 먹즙을 만들고 일천국토를 지나갈 때마다 하나씩 점을 찍는다고 합니다. 그래서 먹즙이 다 없어진 다음에 그 지나온 국토를 다 가루로 만들어서 그 티끌 하나를 1겁으로 해서 계산한 겁의 수를 삼천진점겁(三千塵点劫)이라고 합니다. 다른 하나는 오백천만억 나유타아승기(那由他阿僧祇)의 삼천대천세계를 깨뜨려 미진(微塵)으로 삼고, 같은 수의 국토를 지날 때마다 그 미진을 하나씩 떨어뜨리는 데 걸리는 시간인데, 진점구원겁(塵点久遠劫)이라고도 하죠. 겁이 길다고 하는 이야기를 이렇게 표현했다는 정도로 알아두시면 되겠습니다.

또 겁에는 성(成)·주(住)·괴(壞)·공(空)이라고 하는 것이 있어요. 한 세계가 생길 때의 겁을 성겁(成劫), 한참 그 같은 상태에 머물러 있을 때의 겁을 주겁(住劫), 파괴되고 있는 겁을 괴겁(壞劫), 파괴되어서 아무것도 없는 시간의 겁을 공겁(空劫)이라고 하죠. 『구사론(俱舍論)』에 따르면, 성겁, 주겁, 괴겁, 공겁은 각각 20개의 겁으로 구성되어 있다고 합니다. 그러니까 이러한 세계가 성-주-괴-공, 성-주-괴-공으로 계속 도는 거예요. 기독교에서 이야기하는 창조 신화 같은 것은 성-주-괴-공의 한 사이클만을 두고 이야기하고 있다고 보아도 되죠. 이것이 자꾸 돌고 돌고 도는 겁니다. 이것을 영겁회귀라고 하죠.

성-주-괴-공의 한 사이클이 도는 기간을 하나의 대겁(大劫)이라고 합니다. 그리고 그때마다 화재(火災)가 나서 초선천(初禪天) 이하의 세계를 모두 태워 버린다고 해요. 위의 게송에서 '或現劫盡燒(혹현겁진소)', 겁이 모두 불태워 버리는 모습을 보이는 것은 바로 이 화재를 이야기하고 있는 것입니다. 이렇게 대겁이 끝날 때마다 일곱 번 화재가 나고, 그 다음에는 수재(水災)가 나는데, 이때는 이선천(二禪天) 이하의 세계가 모두 파괴됩니다. 이런 수재가 일곱 번 일어나면 그 다음에는 풍재(風災)가 일어나고, 이때는 삼선천 이하의 세계가 모두 파괴된다고 하죠. 이것은 『구사론』에서 하고 있는 이야기인데, 신화적으로 그렇게 표현한 것입니다.

이런 삼재(三災) 말고 또 다른 삼재가 있는데, 도병재(刀兵災), 질병재(疾病災), 기근재(饑饉災)라는 것이 있습니다. 경전마다 다소 차이가 있지만 한 겁 중에는 꼭 삼재가 나타난다고 합니다. 도병재는 인심의 진독(瞋毒)이 심해져서 사람들이 서로 보기만 하면 사납고 해치려는 마음을 갖고, 손에 쥐는 모든 것이 날카로운 칼이 되어 서로 해치는 것을 말하죠. 우리도 이미 겪은 바 있습니다. 6·25 전쟁 같은 것이 도병재입니다. 질병재라는 것은 도병재 후에 비인(非人)들이 독을 토해서 질병이 돌고, 일단 걸리면 죽고 마는 거라고 합니다. '비인'이라는 것이 무엇을 말하는지 대강 짐작은 가시죠? 바이러스나 무슨 해충 같은 것들이죠. 지금 에이즈 같은 것이 질병재 아니에요? 또 옛날에 유럽에서 페스트가 돌았잖아요. 기근재라는 것은 질병재가 일어난 후에 천룡들이 분노해 비를 뿌리지 않아서 이 때문에 기근이 심해지고, 그래서 사람들이 많이 죽는다는 거예요. 이것도 참고로 알아두어야겠습니다.

⑳ 無數億衆生　俱來請菩薩
　一時到其舍　化令向佛道

無數億衆生 무수억에 달하는 중생들이
俱來請菩薩 함께 와서 보살을 청할 때
一時到其舍 동시에 무수억 중생의 집으로 가서
化令向佛道 제도하여 불도에 향하도록 한다.

㉑ 經書禁呪術　工巧諸伎藝
　盡現行此事　饒益諸群生

經書禁呪術 경서든 주술서든
工巧諸伎藝 갖가지 기예의 책이든
盡現行此事 이 모든 일에 다 능해서
饒益諸群生 모든 중생에게 이익을 준다.

모든 일에 다 능해져서 모든 중생에게 이익을 주는 일이 최종목표라는 것을 알 수 있습니다. 경서를 공부하면 이익이 되겠죠. 그런데 금주(禁呪), 즉 주술서도 여기 나와 있어요. 이런 것을 보면 『유마경』도 주술서들을 부정적으로 보지 않았다고 해석할 수 있지만, 이 대목에만 이런 언급이 있을 뿐 이 밖에 주술서 같은 것을 장려하는 말은 일체 없습니다. 대승경전을 보면 주술이나 주문 같은 것들을 이야기하는 것들도 있지만, 그런 것은 한마디도 말하지 않는 경이 있습니다. 『유마경』도 사실 주문

따위는 거의 언급하지 않죠. 『화엄경』에도 본래 주문이 없었는데 밀교에서 화엄경을 쓸 때 중간 중간에 주문을 갖다 넣었습니다. 이런 주문들은 대체로 힌두교에서 뽑아 온 것이죠. 사실은 전부 다 인도의 토착적인 것들을 불교화한 것입니다.

工巧諸伎藝(공교제기예), 또 각종 기술에 관한 책도 필요합니다. 그러니까 이 말이 아주 중요한 의미를 가집니다. 불교가 마치 승려는 일하면 안 되는 것처럼 생각하기도 하는데, 이제 다시 일해야죠. 공장에서 일하는 승려, 이런 것도 생각해 볼 수 있을 것 같은데 그런 모습이 나타났으면 좋겠어요.

㉒ 世間衆道法　悉於中出家
因以解人惑　而不墮邪見

世間衆道法 세상의 갖가지 종교의 길
悉於中出家 어디에서나 출가 승려가 되어
因以解人惑 사람들의 미혹을 풀어 주고
而不墮邪見 사견에 떨어지지 않게 한다.

'世間衆道法(세간중도법)'은 세상에 불교 말고도 다른 도가 있다는 말이에요. 다른 종교의 길, 거기에도 출가들이 있다는 겁니다. 출가는 수행하는 사람들이죠. 또 말을 바꾸면 가르치는 사람입니다. 그 종교에서 가르치는 사람이 되어서, 그러니까 불교도가 아니라 신부가 되어도 좋고 목사가 되어도 좋아요. 그 속에 들어가서 올바르게 가르치라. 사견에서 벗어나도록 해 주라. 그러니까 다른 종교에 들어간 것마저도 너그럽게 관용으로 포용하려는 태도가 보입니다. 그것이 요익중생의 방편이라면 당연히 인정해야죠.

㉓ 或作日月天 梵王世界主
　或時作地水 或復作風火

或作日月天 혹은 해가 되고 달이 되고 하늘이 되고
梵王世界主 범왕이 되고 사천왕이 되고
或時作地水 혹은 흙이 되고 물이 되고
或復作風火 혹은 바람이 되고 불이 된다.

해가 되고 달이 되고 하늘이 되고 그랬는데, 이것은 일천(日天), 해의 신이 되고, 월천(月天), 달의 신이 되고, 이렇게 읽을 수도 있어요. 범왕(梵王)은 브라흐마입니다. '세계주(世界主)'라는 것은 산스크리트어로 lokapati인데, 사천왕(四天王)을 말합니다. 동서남북의 세계를 지키는 신화적인 존재이죠. 혹은 흙이 되고 물이 되고 바람이 되고 불이 된다고 했는데, 이것은 지·수·화·풍입니다. 이 세상을 구성하고 있는 요소들, 사대(四大)입니다. 우리가 죽어서 뭐 이렇게 될 수도 있는 것 아니겠어요? 죽어서 윤회할 생각만 하지 말고, 흙이 되고 불이 되고 물이 되고 이렇게 될 생각을 하란 말이에요. 그것이 좋죠. 보살이 될 생각을 하면 되는데, 자꾸 윤회할 생각만 하니까 문제입니다.

오늘 아침 강의에서 『화엄경』을 읽을 때 보현보살이 해가 되고 달이 되고 하늘이 되고 물이 되고 나무가 된다는 구절이 있었습니다. 같은 내용의 이야기입니다.

㉔ 劫中有疾疫　現作諸藥草
若有服之者　除病消衆毒

劫中有疾疫 겁 중에 질병이 있으면
現作諸藥草 보살은 약초가 되고
若有服之者 약초를 먹는 자는
除病消衆毒 갖가지 독을 없애고 병을 고치네.

삼재 중에 질병재(疾病災)를 이야기하고 있습니다. 아래에서는 각각 기근재와 도병재에 대한 이야기가 이어지고 있어요.

㉕ 劫中有饑饉　現身作飮食
先救彼飢渴　劫以法語人

劫中有饑饉 겁 중에 기근이 있으면
現身作飮食 보살은 음식물이 되어
先救彼飢渴 먼저 굶주림과 목마름을 가시게 하고
劫以法語人 법에 관해 사람들에게 설한다.

기근겁(饑饉劫)의 경우이죠. 기근의 작은 겁 동안에는 보살이 음식물로 바뀌어 나타납니다. 그러니까 음식물을 보고도 합장해야 돼요. 먼저 그들의 굶주림과 목마름을 가시게 하고, 법에 관하여 사람들에게 말을 건넵니다. 그때는 밥이 말을 하는 것은 아니겠죠. 다른 사람으로 하여금 말하게 하겠죠. 자기는 밥만 되어 주면 돼요.

㉖ 劫中有刀兵　爲之起慈心
化彼諸衆生　令住無諍地

劫中有刀兵 겁 중에 도병(刀兵)이 있으면
爲之起慈心 그들에게 자심을 일으켜
化彼諸衆生 그 모든 중생들을 교화하고
令住無諍地 싸움 없는 곳에서 살 수 있게 한다.

도병재의 이야기를 하고 있습니다.

㉗ 若有大戰陣　立之以等力
菩薩現威勢　降伏使和安

若有大戰陣 만약 큰 싸움이 벌어지면
立之以等力 어느 쪽에도 치우침 없이 공평하게
菩薩現威勢 보살은 위세를 나타내 보이며
降伏使和安 싸우는 자들을 항복시켜 화목하고 편안하게 한다.

㉘ 一切國土中　諸有地獄處
輒往到于彼　勉濟其苦惱

一切國土中 일체 국토 중에 있기 마련인
諸有地獄處 지옥과 같은 곳
輒往到于彼 보살은 서슴지 않고 그곳에 가
勉濟其苦惱 고뇌에서 구제하기에 힘을 다한다.

㉙ 一切國土中 畜生相食噉
皆現生於彼 爲之作利益

一切國土中 일체 국토 중에 있기 마련인
畜生相食噉 축생들이 서로 물어뜯는 곳
皆現生於彼 보살은 그곳에 태어나
爲之作利益 그들을 이롭게 한다.

㉚ 示受於五欲 亦復現行禪
令魔心憒亂 不能得其便

示受於五欲 오욕(五欲)에 젖어 있는 모습을 보이지만
亦復現行禪 동시에 선을 행하며
令魔心憒亂 마구니의 마음을 궤란케 하고
不能得其便 틈을 발견하지 못하게 한다.

㉛ 火中生蓮華 是可謂希有
在欲而行禪 希有亦如是

火中生蓮華 불 속에서 연꽃이 자라는 것이
是可謂希有 매우 있기 어려운 일이듯
在欲而行禪 욕심 속에서 선을 행하는 일
希有亦如是 역시 있기 어려운 일이로다.

'火中生蓮華(화중생연화)', 선 하는 사람들은 이것을 좋은 말로 씁니

다. 불 속에서 연꽃이 핀다. 불 속에서 연꽃이 핍니까? 선사들은 핀다고 해요. 경봉스님 글씨를 모은 책 제목에도 '火中生蓮華'라고 하는 것이 있습니다. 그런데 그것을 문자 그대로 이야기하면 불가능한 거죠. 불 속에서 어떻게 연꽃이 피나? 불이라고 하는 것을 이 사바세계나 오욕(五欲)의 세계, 생사의 세계라 치고, 연화라고 하는 것을 해탈이나 각(覺)이라고 한다면 이해할 수 있죠. 그것은 진흙 속에서 비로소 연꽃이 핀다는 것과 마찬가지로 이해하면 좋습니다.

산스크리트본에는 '希有(희유)'에 해당하는 말이 abhūta라고 되어 있어요. '존재하지 않는다'는 뜻이죠. 라모뜨는 이 말을 영어로 non-existent 혹은 impossible이라고 옮겼습니다. 그런데 한역본의 '稀有'의 원어는 abhūta가 아니라, adbhūta였을 것으로 보고 있어요. adbhūta가 '稀有'라는 말에 가깝기 때문이죠. 티베트 번역에서는 abhūta에 해당하는 말이 'yaṅ dag ma yin'이라고 되어 있습니다. 여기서는 한문본의 뜻을 살려서 '있기 어렵다'고 번역했습니다. 영어로 하면 extraordinary에 가까운 뜻이죠. '稀有'를 '있기 어렵다'고 번역했는데, 그렇다고 아주 배제하는 것은 아니에요. 기적을 바란다면 할 수도 있는 것입니다. 불도 꺼 버리니까요. 옛날에 외도 중에 삼가섭(三迦葉)이라고 해서 불을 믿는 무리들이 있었죠. 그 외도들한테 부처님이 시험을 받은 일이 있었는데, 부처님이 지혜의 불로 현실, 자연의 불을 꺼 버리는 이야기가 있잖아요. 지혜의 불로 이 현실의 불 따위를 꺼 버린단 말입니다. 이렇게 생각하면 불가능한 것도 아닙니다.

㉜ 或現作婬女 引諸好色者
先以欲鉤牽 後令入佛道

或現作婬女 혹은 음녀의 모습이 되어
引諸好色者 호색가들을 유인해서
先以欲鉤牽 먼저 애욕의 갈고리를 끌어당기고
後令入佛道 나중에 불도에 들어가게 한다.

음탕한 여인의 모습이 되어, 호색가들을 유인해다가, 먼저 애욕의 쇠갈고리로 끌어당기고 나중에 불도에 들어가게끔 한다. 이것은 다 가능한 이야기죠. 『화엄경』에서 선재동자가 54선지식을 만나는 대목 가운데 창녀를 만나는 대목이 있습니다. 재미있는 대목이죠. 절세의 미인이라고 쓰여 있어요. 그런데 절세의 미인을 만나자마자 마음이 탁 가라앉고 뭔가 경건함을 느껴서 그냥 한 구석에 다소곳이 앉아 합장을 하고 가르침을 받아요. 그 창녀의 입에서 나오는 설법이 부처님 입에서 나오는 설법이나 마찬가지였죠. 그러니까 겉모양이 문제가 아니라는 것을 이야기하고 있는 것입니다.

㉝ 或爲邑中主 或作商人導
國師及大臣 以祐利衆生

或爲邑中主 혹은 마을의 어른이 되기도 하고
或作商人導 대상의 대장이 되기도 하고
國師及大臣 국사나 대신이 되기도 하여
以祐利衆生 중생에게 이익을 준다.

여기 보면 지금 보살이 이것으로도 되고 저것으로도 되고 하는 것을 쭉 이야기하고 있습니다. 그러니까 자세히 보면, 야, 이것 선재동자가 만난 54선지식의 카테고리가 전부 다 나오는 것이 아닌가 하는 생각이 들어요.

'邑中主(읍중주)'라는 것은 마을의 어른이에요. 한 마을의 어른이 되기도 하고 또 '商人導(상인도)', 낙타 떼를 몰고 사막을 가는 장사꾼이 되기도 합니다. 대상의 대장이에요. 또 어떤 때는 국사(國師)가 되기도 하고 대신이 되기도 합니다. 국사라고 하는 것은 임금님 곁에 있는 큰스님을 말하죠. 그렇게 해서 중생들에게 이익을 베푼다. 이것이 보살입니다.

㉞ 諸有貧窮者　現作無盡藏
因以勸導之　令發菩提心

諸有貧窮者 모든 빈궁한 사람을 위해서는
現作無盡藏 무진장한 보고가 되어
因以勸導之 베풀어주고 이끌어 주며
令發菩提心 보리심을 발하게 한다.

'무진장(無盡藏)', 'nidhāna akṣaya'라는 것은 무궁무진한 재물을 간직하고 있다는 말이에요.

㉟ 我心憍慢者　爲現大力士
消伏諸貢高　令住無上道

我心憍慢者 아상(我相)이 많고 교만한 자에게는
爲現大力士 대역사가 되어
消伏諸貢高 갖가지 거드름, 갖가지 교만을 꺾고

令住無上道 무상도에 머무르게 한다.

㊱ 其有恐懼衆 居前而慰安
先施以無畏 後令發道心

其有恐懼衆 불안과 공포에 떠는 중생들에게는
居前而慰安 그 앞에 서서 위안을 주고
先施以無畏 먼저 무외를 베풀며
後令發道心 마침내 도심을 발하도록 한다.

㊲ 或現離婬欲 爲五通仙人
開導諸群生 令住戒忍慈

或現離婬欲 혹은 온갖 욕심을 끊고
爲五通仙人 다섯 가지 신통력을 갖춘 선인이 되어
開導諸群生 모든 중생들을 개도(開導)하여
令住戒忍慈 계(戒)와 인(忍)과 자(慈)에 머무르게 한다.

㊳ 見須供事者 現爲作僮僕
旣悅可其意 乃發以道心

見須供事者 꼭 받들어 섬겨야 할 사람을 보거든
現爲作僮僕 그의 머슴과 심부름꾼이 되어
旣悅可其意 그 마음을 기쁘게 하고
乃發以道心 도심을 발하게 한다.

㊴ 隨彼之所須　得入於佛道
以善方便力　皆能給足之

隨彼之所須 한 중생이 불도에 들어가는 데
得入於佛道 필요한 바에 따라
以善方便力 선교방편의 힘으로
皆能給足之 모든 것을 다 마련해 준다.

㊵ 如是道無量　所行無有涯
智慧無邊際　度脫無數衆

如是道無量 이와 같이 들어가는 길은 무량하고
所行無有涯 가는 바는 끝이 없으며
智慧無邊際 지혜에는 한이 없고
度脫無數衆 제도할 중생의 수는 헤아릴 수 없다.

㊶ 假令一切佛　於無量億劫
讚歎其功德　猶尙不能盡

假令一切佛 가령 일체의 불이
於無量億劫 무량억 겁에 걸쳐
讚歎其功德 그 공덕을 찬탄하더라도
猶尙不能盡 다함이 없으리라.

㊷ 誰聞如是法 不發菩提心
除彼不肖人 癡冥無智者

誰聞如是法 이러한 법을 들은 자라면 누구라도
不發菩提心 보리심을 발하지 않으리오.
除彼不肖人 어리석은 사람
癡冥無智者 지혜 없는 사람을 제외한다면.

이러한 연설을 들은 자라면 저 어리석은 사람, 지혜가 없는 사람을 제외하고서 누가 보리심을 발하지 않으리오?

여기서 유마거사의 게송이 끝났습니다.

입불이법문품 入不二法門品 第九

「입불이법문품」은 『유마경』의 핵심부분이라고 해도 무방합니다. 내용도 그렇지만, 『유마경』의 법문을 흔히 '불이법문'이라고 하거든요. 그렇게 이야기하는 것은 바로 이 「입불이법문품」이 있기 때문입니다.

'입불이법문'이라는 말은 산스크리트로 Advayadharmamukhapraveśa입니다. Advaya-dharma-mukha-praveśa, 이렇게 네 부분으로 이루어진 복합어입니다. advaya라는 말이 불이(不二), dharmamukha가 법문, praveśa가 들어간다는 말입니다. 그래서 '입불이법문(入不二法門)'이 된 것입니다.

입불이법문에 대해서 많은 사람들이 여러 가지 이야기들을 했는데, 우선 '불이', advaya라고 하는 말의 a는 부정의 의미이고, dva는 둘이란 뜻입니다. 그러니까 advaya, '둘이 없다', '둘이 아니다'라는 말입니다. 이 말과 비슷한 말에 advaita라는 말이 있어요. 이 말은 우파니샤드 철학에서 많이 하는 말인데, 영어로 번역하면 non-duality, 일원론(一元論)이란 뜻이 되는데, 불이론(不二論)이라고 해도 되겠죠. 불이성(不二性)이나 일여성(一如性)이라고 하기도 합니다. 범아일여(梵我一如), 브라흐만과 아트만이 하나라고 할 때 그런 상태를 advaita라고 한단 말이에요.

그런데 지금 여기는 advaya이지 advaita가 아닌데, 그 말을 좀 강조하고 갈 필요가 있어요. 나는 advaita라는 말이 참 좋아서 이 말을 별로 조심성 없이 썼다가 한번 인도 사람에게 주의를 받은 적이 있습니다. 원효사상이나 일심, 일승, 너와 내가 둘이 아니라는 것을 설명하면서 advaita라는 말을 썼더니 인도 사람이 advaita가 아니라 advaya라고 해야 한다더군요. advaya라고 하는 말은 둘이 아닌 상태라는 말이고, advaita라고 하는 것은 둘이 아닌 통일된 그 무엇이 또 있는 것처럼 생각하게 된다는 거예요. 일원적인 무엇인가가 또 있는 것처럼 생각하게 된단 말이죠. 그런 개념을 또 하나 만들어 버린다는 말입니다. adva에 ta가 붙으면서 또 하나의 개념이 되어 버리거든요. 개념이라고 하면 우리들이 생각으로 만들어낸 것, 법이란 말입니다. 그런데 advaya라고 하면 둘이 아닌 것, 진(眞)·속(俗)이 둘이 아니라는 것을 이야기할 때 많이 씁니다. advaya는 'non-duality'가 아니라, 'non- dual'한 상태를 말합니다. 일단 이렇게만 간단히 요약을 하고 이야기를 합시다.

입불이법문, '입불이(入不二)'라는 것이 무엇이냐? 이 문제에 대해 여러 가지 설명이 가능하겠지만, advaya라고 하는 상태에 들어가는 것을 이야기하고 있습니다. 지금 여기에는 서른두 명의 보살이 나서서 제각기 설명을 합니다. 대부분 별로 이름을 들어 본 적이 없는 보살들이 등장하는데, 서른두 번째에 문수사리보살이 결론적으로 자기가 생각하는 '입불이'라는 상태에 대해서 법문을 해요. 그래 놓고 서른세 번째, 마지막에 가서 유마거사가 꽝하고 자기 결론을 내 놓습니다. 유마거사의 대답이 걸작이죠.

(1)

尒時에 維摩詰이 謂衆菩薩言하되,

"諸仁者여, 云何 菩薩이 入不二法門하는지 各隨所樂說之하시오" 하니라.

會中에 有菩薩 名法自在가 說言하되,

"諸仁者는 生과 滅을 爲二라 하나, 法은 本不生이니 今則無滅이라.

得此無生法忍함을 是爲入不二法門이라 하나이다."

尒時 維摩詰謂衆菩薩言 그때 유마힐이 여러 보살들에게 말했다.

諸仁者 云何菩薩入不二法門 各隨所樂說之 여러분, 보살의 입불이(入不二)라는 법문에 대하여, 각자 즐겨 하는 대로 설명해 보십시오.

advaya라고 하는 상태, 둘이 아닌 데 들어가 있는 법의 상태를 설명하라는 이야기입니다. '불이'는 나 따로 너 따로, 이것 따로 저것 따로, 그러니까 개체주의나 개인주의를 용납하지 않는 겁니다. 다시 말하면 모든 것이 다 인연 따라서 연결되어 있다는 이야기인데, 그 연결방식이 지배와 피지배의 관계도 아니고, 주종의 관계도 아니고, 소유의 관계도 아니죠. 또 사랑이다, 미움이다, 소유욕이다, 그런 것들로 연결되어 있지도 않습니다. 사제팔정도에서 고통에 대한 깨달음을 이야기할 때 사랑하는 사람과의 고통을 이야기하죠. 애욕의 관계라는 것이 좋은 관계는 아니거든요. 또 그 반대로 원수를 만난다는 고통이 있는데, 증오의 관계도 좋은 관계가 아닙니다. 또 갖고 싶지만 가질 수 없는 고통이 있는데, 내가 그것을 가지고 있다, 내가 너를 가지고 있다, 나는 네 소유물이다, 이런 관계도 결코 좋은 관계가 아닙니다. 이제 그런 것들도 이렇게 연결시켜서 생각해 볼 수 있는데, 그것들은 다 불이의 관계가 아닌 것이죠.

그럼 어떤 것이 불이의 관계냐? 불이의 관계라는 것은 제망찰해(帝網刹海)처럼 되어 있는 것이라고 할 수 있습니다. 제석천(帝釋天)의 궁전을 장식하고 있는 그물 모양의 보석구슬들처럼 복잡하게 서로 얽혀 있는 것입니다. 그렇게 서로가 서로에게 빛을 주고 생명을 주고 있는 거란 말이에요. 개체의 가치가 존중되고 개체의 생명력이 존중되는 거죠. 『화엄경』에서 이야기하는 '一中一切多中一 一卽一切多卽一(일중일체다중일 일즉일체다즉일)'의 관계입니다. 또 육상(六相)의 관계라고 할 수 있습니다.

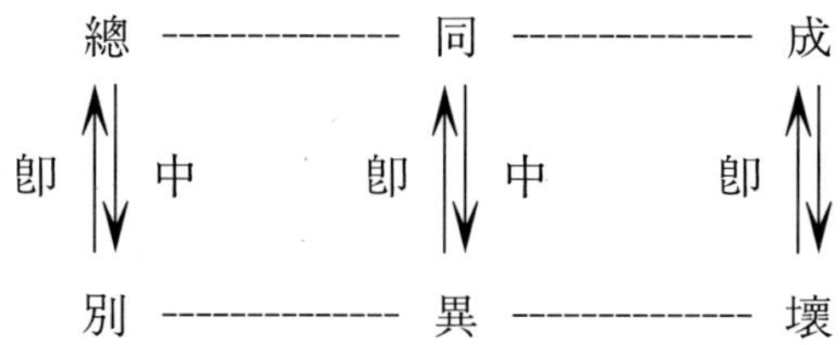

〈육상(六相)〉

총상(總相), 별상(別相), 동상(同相), 이상(異相), 성상(成相), 괴상(壞相), 이 여섯 가지 상을 여러분이 얼마나 알고 있는지 모르겠어요. 위의 도표에서 보는 것처럼 세 가지, 세 가지씩 열거하고, 지붕에 비유해서 설명합니다. 여기서 '總卽別(총즉별)이요, 別卽總(별즉총)이요' 하는 이야기가 '一中一切 一切中一(일중일체 일체중일), 一卽一切 一切卽一(일즉일체 일체즉일)'과 마찬가지입니다. '동(同)'과 '이(異)'의 경우도 마찬가지이고, '성(成)'과 '괴(壞)'의 경우도 마찬가지입니다. 이것과 저것이 따로 따로 존재하는 것이 아니라, 떼려야 뗄 수 없는 공생공사(共生共死)의 관계 속에 서로 유기적으로 연결되어 있는 관계라야 한다는 말이죠. 그런 관계를 '불이'라고 할 수 있을 거예요. 여러분이 잘 외우는 '一中一切多中一(일중일체다중일) 一卽一切多卽一(일즉일체다즉일)'이 불이를 설명해 주고 있는 거란 말입니다.

그래 그것을 어떻게 설명하면 좋으냐 하는 이야기가 쭉 나옵니다. 이것은 말만 풀이해 나간다면 간단하게 끝날 수 있는데, 의미를 이해하려면 어렵죠. 이제 마지막의 문수보살까지 서른두 명의 보살들이 대답을 제시했는데, 그것은 다 시원치 않은 대답으로 친단 말이에요. 그 대답들은 다 말장난이라는 이야기거든요. 반드시 말장난은 아니지만 그 보다 더 높은 경지로 가야 한다, 그것 자체가 잘못된 것은 아니지만 한 단계 더 넘어서야 한다는 겁니다. 그것을 말로 설명하지 말라, 말로 설명하지 않는 그 단계에까지 가야 한다, 이것이 이제 '입불이법문'을 놓고 전개될 이야기입니다.

會中有菩薩 名法自在 說言 회중에 있던 법자재라는 보살이 말했다.

맨 처음에 나온 사람이 법자재(法自在)보살인데, 이런 사람들이 구체적으로 있었던 것은 아니에요. 이름만 적당히 갖다 붙인 거죠. 이렇게 설명하는 사람, 저렇게 설명하는 사람들이 있었다는 이야기입니다.

諸仁者 生滅爲二 法本不生 今則無滅 여러분, 생과 멸이 둘이라 합니다. 그러나 법은 본래 생한 바 없고 멸하는 바 없습니다.

得此無生法忍 是爲入不二法門 이렇게 무생법인을 얻으면 그것을 입불이법문이라고 합니다.

설명 잘한 거죠. 잘하긴 잘했어요. 틀리지는 않았는데, 나중에 그것도 틀렸다고 야단맞게 됩니다. '말로 그쳐서는 안 돼'라는 이야기죠.

생(生, utpāda)과 멸(滅, nirodha)이 둘이라 하나, 법은 본래 생한 바 없으므로 멸하는 일도 없습니다. 여기서 여러분은 무엇을 떠올리게 됩니까? 『반야심경』의 '불생불멸'을 생각하게 되죠. 불생불멸이 이렇게 다른 방식으로 설명되어 있는 겁니다. '불생불멸을 알면 그것이 입불이(入不二)입니다', 이렇게 이야기한 것입니다.

法本不生(법본불생)이니 今則無滅(금즉무멸)이라. 이 구절을 잘 기억하세요. 이때 법은 '모든 것'을 말합니다. 모든 것은 본래 생하지 않았다. 그러므로 지금 멸함이 없다. '석가모니 부처님은 본래 태어난 일이 없다. 그러니까 죽지 않았다'라는 설명을 여러 차례 했는데, 석가모니 부처만 그런 것이 아니라 이 세상 만물은 본래 생한 바 없으므로 멸하는 바도 없다, 아주 큰 소리로 외치고 싶네요. 그러니까 법은 본래 때묻은 일이 없으니 깨끗해졌다느니 더러워졌다느니 하는 일이 없다, 그래도 되는 거죠. 법은 본래 줄거나 늘거나 하는 일이 없다. '불구부정(不垢不淨) 부증불감(不增不減)'이라는 이야기잖아요. 『반야심경』만 자꾸 외우면서도 그 뜻을 모르는 사람이 많죠. '불생불멸 불구부정 부증불감'이 무슨 뜻인지 모르는 사람이 많습니다. 그러니까 이 말은 색·수·상·행·식으로 법을 보려고 해서는 안 된다는 말입니다.

앞의 「부사의품」에서도 '夫求法者 非有色受想行識之求 非有界入之求(부구법자 비유색수상행식지구 비유계입지구)'라는 구절이 있었습니다. '법을 구하는 자는 색·수·상·행·식을 구하지 않아야 하며, 계(界)라든가 입(入)이라든가 하는 것을 구하지 않아야 합니다'라는 이야기였죠. 이것도 『반야심경』의 '觀自在菩薩 行心般若波羅蜜多時 照見五蘊皆空(관자재보살 행심반야바라밀다시 조견오온개공)'이라는 구절과 마찬가지 이야기입니다.

'法本不生 今則無滅', 법은 본래 생하는 바 없으므로 이제 멸하는 바도 없다. 그리고 이렇게 생과 멸이 둘이 아니라 생멸이 없는 것을 아는 것, 그것을 무생법인(無生法忍)이라고 한다고 했습니다. 법이라는 것은 도대체 생겼던 일이 없다는 것을 깨닫는 것이 바로 '무생법인'이라는 거죠. 이렇게 무생법인을 얻는 것이 입불이법문이라고 법자재보살은 설명한 것입니다.

(2)

德守菩薩이 曰하되, "我와 我所를 爲二라 하나,

因有我故로 便有我所니,

若無有我면 則無我所임을 是爲入不二法門이라 하나이다."

德守菩薩曰 덕수보살이 말했다.

덕수보살도 앞에서 보았던 법자재보살과 마찬가지로 실재한 인물이거나, 경전에 자주 등장하는 보살은 아닙니다. 여기 『유마경』에 나왔고, 또 다른 데 찾아보면 가끔 보일지 모르겠지만, 자주 볼 수 있는 보살은 아닙니다.

我我所爲二 因有我故 便有我所 아(我)와 아소(我所)가 둘이라 합니다. 그러나 아가 있음으로 말미암아 아소가 있는 것입니다.

'아'와 '아소'는 나와 내 것이라는 말이죠. '아'는 ātman, '아소'는 ātmīya라고 합니다. ātmīya는 'ātman의 장소'라는 뜻이에요. 그래서 '내 것', '내가 대상으로 삼는 것'이라는 의미를 갖고 있습니다. 그러니까 '아소'는 대상이나 목적물로 생각할 수 있겠죠.

若無有我 則無我所 是爲入不二法門 만약 아가 없으면 아소도 없을 것이니, 이것을 입불이법문이라 합니다.

'아'가 없어지면 '아소'도 없어질 것 아니겠소? 이치로 따지면 그렇습니다. 그러나 이것도 아직 희론(戱論)의 단계에 있다고 이야기할 수 있습니다.

(3)

不眴菩薩이 曰하되, "受와 不受를 爲二라 하나,

若法不受하면 則不可得이라.

以不可得故로 無取無捨니, 無作無行이 是爲入不二法門이나이다."

不眴菩薩曰 불현보살이 말했다.

'眴(현)'은 '눈 깜박일 현'입니다. '불현'은 산스크리트어로는 Animiṣa인데, 왜 '눈 깜박이지 않는다'는 이름이 붙었는지는 모르겠습니다.

受不受爲二 若法不受 則不可得 수(受)와 불수(不受)를 둘이라 합니다. 그러나 만약 법을 수하지 않으면 법을 얻는 일도 없습니다.

'수(ādāna)'는 상(相)을 취하는 것이고, '불수(anādāna)'는 상을 취하지 않는 것입니다. 이것이 둘이지만, 보살들이 법을 수하지 않으면, 법을 얻지 못한다는 말입니다.

以不可得故 無取無捨 無作無行 是爲入不二法門 얻지 못하기 때문에 취하는 일도 없고 버리는 일도 없고, 짓는 일도 없고 행하는 일도 없습니다. 이것을 입불이법문이라 합니다.

여기에 '無作無行(무작무행)'이라는 말이 있는데, 라모뜨는 '無作'을 akriyā, '無行'을 acaraṇa라고 보고, 각각 inaction과 non-functioning으로 번역하고 있습니다. 어떤 의도를 갖고 일을 하거나, 목적을 내세워 수행하지 않는다는 이야기죠. 불현보살은 이러한 것을 불이법문이라고 하고 있습니다.

(4)
德頂菩薩이 曰하되,
"垢와 淨을 爲二라 하나, 見垢實性하니 則無淨相이라.
順於滅相함을 是爲入不二法門이라 하나이다."

德頂菩薩曰 덕정보살이 말했다.

垢淨爲二 見垢實性 則無淨相 번뇌에 물든 것과 청정한 것을 둘이라 합니다. 그러나 번뇌에 물든 때의 실성(實性)을 보건대 깨끗하다는 상도 없습니다.

이것은 '불구부정(不垢不淨)'과 관계가 있습니다.

順於滅相 是爲入不二法門 멸이라는 실상을 따라가는 것을 입불이법문이라고 합니다.

(5)

善宿菩薩이 曰하되, "是動과 是念을 爲二라 하나,
不動이면 則無念이며, 無念이면 則無分別이니,
通達此者를 是爲入不二法門이라 하나이다."

善宿菩薩曰 선숙보살이 말했다.

是動是念爲二 不動則無念 無念則無分別 미혹한 마음의 움직임과 아상(我相)을 갖는 생각을 둘이라 합니다. 그러나 동요하는 마음이 없으면 아상을 갖는 생각 또한 없을 것이요, 아상을 갖는 생각이 없으면 분별이 없을 것입니다.

여기서 '動(동)'을 미혹한 마음의 움직임, 혹심(惑心)의 동요라고 번역했고, '念(염)'을 아상(我相)을 갖는 것이라고 번역했습니다. 각각 산스크리트어로 vikṣepa와 manasikāra로 보았어요. 이것은 조금 지나친 해석일지도 모르지만, '동'과 '염'을 유식의 이론을 바탕으로 따져 본 것입니다.

通達此者 是爲入不二法門 이런 경지에 통달하는 것을 입불이법문이라 합니다.

'동(動)'과 '염(念)'에 대한 해석이 쉽지 않은데, 구마라집은 '동'을 '惑

心微起(혹심미기)'라고 했고, '염'을 '取相深著(취상심착)'이라고 보았습니다. 승조는 '情發(정발)'을 '동'이라고 하고, '想我(상아)'를 '염'이라고 한다고 했어요. 그 뒤의 많은 사람들도 이러한 해석을 따르고 있습니다. 이렇게 보는 데 전혀 망설여지는 점이 없는 것은 아니지만, 이러한 견해를 토대로 여기서는 '동'과 '염'을 유식의 제8식(識)과 제7식의 관계로 해석했습니다. 제8식은 무명업식(無明業識) 없이 시작해서 조금 동요를 일으키게 하는 마음이기는 하지만, 아직 아상(我相)을 갖게 하는 마음은 아닙니다. 아상을 갖게 되는 것, '나'라는 생각을 일으키는 것은 제7식, 마나스식의 작용입니다. 이것이 manasikāra(마나시카라)입니다. 그래서 염, manasikāra는 아상을 갖는 생각, 아집을 일으키는 것이라고 해석할 수 있어요. '不動(부동)이면 則無念(즉무념)이며, 無念(무념)이면 則無分別(즉무분별)이니'라고 했는데, 동(動), 제8식이 동하지 않으면, 念, 제7식이 동하지 않을 것이고, 또 제7식이 동하지 않으면, 그 아래의 제6식, 전(前)5식도 동하지 않을 것이라는 말입니다.

'동(動)'은 혹심(惑心), 미혹한 마음의 동요라고 할 수 있는데, 이 혹심이 근본무명심(根本無明心)이라는 말이죠. 제8식, 알라야식에 갖추어져 있는 근본무명에 업식(業識)이라는 게 있잖아요. 그것 자체를 나쁘다고 규정할 수는 없지만, 그것은 주객을 분열시키고, 주객을 대립적으로 보는 의식이나 작용을 일으킵니다. 그 놈이 바로 제8식의 밑바닥에 깔린 무명업식(無明業識)이라고 하는 거예요. 흔히 근본무명이라고도 하죠. 무명은 혹(惑)이라고도 하니까, '동'을 무명심 또는 혹심의 동요라고 이야기한 것입니다. '동'은 산스크리트어로 vikṣepa라고 했는데, 이 말은 '주관과 객관을 쪼갠다', 『대승기신론』 식으로 이야기하면 '능견상(能見相)과 경계상(境界相)을 갈라놓는다'는 뜻이죠. 주관을 능견, 객관을 경계라고 하고, 또 다른 말로는 능견을 전식(轉識), 그래서 나타나는 경계를 현식(現識), 이런 것을 일으키는 근본적인 원동력을 업식(業識)이라고 합니다.

한편으로는 이것과 전혀 관계없이 내 나름대로 이렇게 해석해 볼 수도 있지 않겠나 생각을 해 보았는데, 매우 현대적인 해석이기는 하지만, '동(動)'이라고 하는 것은 사회활동을 중요시하는 현실참여라고 볼 수도 있습니다. 그러니까 보살도 행동 위주의 사고방식을 가질 필요가 있는 거예요. 대승 보살들은 물론 참선도 중시하고 또 다른 수행도 중시했지만, 제일 강조한 것은 역시 사회참여였습니다. 이런 참여로서의 사회활동을 생각해 볼 수 있습니다. 그런가 하면 '염(念)'은 뭐겠냐 하면 염불(念佛)입니다. 염불에 치중하는 거예요. 그러니까 염불 의식에 치중해서 '사회는 난 몰라. 죽어서 극락세계에 가서 태어나면 그만이야' 이런 내세지향적인 염불이라고 생각할 수도 있죠. 이렇게 하면 두 가지가 상당히 대비가 되고 어느 한쪽에 치우치는 것이 아닌 이야기가 되지 않겠나 하고 생각해 본 적이 있습니다. '동'과 '염'을 과거 다른 사람의 해석에 의존하지 않고 이렇게 자유롭게 해석하는 것도 불가능하지 않다고 생각합니다. 뭐 이런 것은 사실 없으면 하나 만들어도 돼요. 지금 이 불이법문이라고 하는 것을 여기 쓰여 있는 그대로 암기하는 것만이 능사가 아니죠. 남이 해 준 말을 이해하고 외우고 그러는 것이 아니라, 배운 것을 토대로 실제 생활 속에서 '이것이냐 저것이냐' 하는 대립이 생길 경우 어느 한 쪽에 치우치지 않도록 하는 진짜 '입불이(入不二)'야말로 우리가 부처님 지혜를 따라서 사는 길이라고 할 수 있겠죠.

(6)

善眼菩薩이 曰하되, "一相과 無相을 爲二라 하나,

若知一相이 卽是無相이면 亦不取無相하고 入於平等하리니,

是爲入不二法門이라 하나이다."

善眼菩薩曰 선안보살이 말했다.

一相無相爲二 일상(一相)과 무상(無相)을 둘이라고 합니다.

若知一相 卽是無相 亦不取無相 入於平等 그러나 일상이 곧 무상임을 알면 무상을 취하지도 않고 평등한 경지에 들게 됩니다.

是爲入不二法門 이것을 입불이법문이라 합니다.

일상과 무상이 반드시 대립적인 것은 아니죠. 그것을 이해해야 하겠습니다. 평등이라는 것은 동요하지 않는 것을 말합니다. 평등을 산스크리트어로 samatā라고 해요. 영어로 번역하자면 sameness인데 '언제나 그러한 것'입니다.

일상(ekalakṣana)과 무상(alakṣana)이라고 했는데, 일상이 하나의 특정한 상이라면, 무상은 그러한 상은 본래 있지 않다는 것입니다. '色卽是空 空卽是色(색즉시공 공즉시색)'이라는 『반야경』의 말씀을 상기하면 쉽게 이해할 수 있겠죠. 색은 그 자신의 독특한 모습을 지니고 있습니다. 그러나 그 모습이란 단지 현상적으로 그러할 뿐, 본래적인 것은 아니죠. 그래서 공은 무상한 것입니다.

이 일상(一相)과 무상(無相)을 일상과 이상(異相)이라고 할 수도 있습니다. 일상과 무상이라고 할 수도 있고, 일상과 이상이라고 할 수도 있는 거죠. 이상이라는 것은 여러 가지 것이 각각 다 다르다는 말이고, 일상이라는 것은 전부가 다 하나라는 거잖아요. 전부가 다 하나라는 것이 참 중요한 이야기입니다. 우리가 하나라는 이야기를 많이 하니까, 개인이나 개체라고 하는 것은 존재가치가 없고, 하나인 전체 속으로 전부 다 몰입해 들어가 버려야 된다고 생각하기 쉬운데, 그것이 아니에요. 불교의 가르침은 각자가 하나로서 개체의 가치, 개체의 의미, 개체의 역할을 충분히 유지하면서 전체와 유기적으로 하나가 되어야 하는 겁니다. 그래서 그것은 일상(一相)이 아니고 또 이상(異相)이 아닙니다.

(7)

妙臂菩薩이 曰하되, "菩薩心과 聲聞心을 爲二라 하나,
觀心相空의 如幻化者면 無菩薩心 無聲聞心이니,
是爲入不二法門이라 하나이다."

妙臂菩薩曰 묘비보살이 말했다.

菩薩心聲聞心爲二 보살심과 성문심을 둘이라 합니다.

觀心相空 如幻化者 無菩薩心 無聲聞心 그러나 마음의 상이 환화(幻化)와 같이 공함을 보게 되면 보살심도 없고 성문심도 없습니다.

是爲入不二法門 이것을 입불이법문이라 합니다.

보살심과 성문심도 반드시 대립되는 것은 아니에요. 그러나 차이가 있습니다. 그런데 나름대로 똑똑하긴 한데 조금 덜 똑똑한 사람은 '나는 보살이야' 혹은 '나는 성문이야' 하고 구분을 한단 말이에요.

사실은 마음이라고 하는 것에 보살심 따로 있고 성문심 따로 있냐 하면, 보살심이라는 단계, 성문심이라는 단계가 있기는 있지만, 마음의 상은 텅 빈 것, 공한 것으로 마치 허깨비와 같다는 것을 보아야 하지 않겠습니까? 그런 입장에서 본다면, 보살심 따로, 성문심 따로, 이런 이야기는 하지 않게 된단 말이에요. 이렇게 됐을 때 우리는 불이법문에 들어갔다고 하는 거죠.

(8)

弗沙菩薩이 曰하되, "善과 不善을 爲二라 하나,

若不起 善·不善하고 入無相際하여 而通達者면
是爲入不二法門이라 하나이다."

弗沙菩薩曰 불사보살이 말했다.

善不善爲二 若不起善不善 入無相際 而通達者 선과 불선을 둘이라고 합니다. 그러나 선과 불선의 마음을 일으키지 않는다면 상(相) 없는 곳에 들어가 통달하게 될 것입니다.

是爲入不二法門 이것을 입불이법문이라고 합니다.

선(善)과 불선(不善)은 대립되는 것이죠. kuśala를 선이라고 하고, akuśala를 악이라고 합니다. 물론 선과 선하지 않은 것을 두 가지로 구별할 수 있지만, '내가 하고 있는 일은 선한 일이요, 저 사람이 하고 있는 일은 선하지 않은 일이다' 이런 생각을 일으키지 말라고 했어요. 그런 생각을 하게 되면, 자연히 차별의식을 갖고 대하게 되겠죠. 이런 좋지 않은 잘못을 저지르는 근본은 분별식(分別識)에 있습니다. 그래서 분별식을 일으키지 말고 무상제(無相際)에 들어가라고 했단 말이에요. 모든 것은 무상(無相) 아닙니까? 무상이라는 말과 공(空)이라는 말은 사실 같은 이야기잖아요. 상이 없는 것이다. 여기 들어가서 통달했단 말입니다. 그런 상태에서 산단 말이죠.

그러니까 원효대사가 대안대사에게 끌려다니면서 배운 것이 바로 이거예요. 원효대사가 이치로는 경전을 통해서 다 알고 있는데 몸이 움직이지 않았단 말이죠. 실제 생활에서 행동으로 그렇게 되지 않은 거예요. 그럴 때 대안대사가 원효대사를 여기저기 데리고 다니면서 실제로 시험을 시키잖아요. 술집에도 데리고 가고, 아슬아슬하고 위험한 곳에도 다 데리고 갑니다. 거기서 직접 보고 느끼고 일해야 한다는 거죠. 더러운 곳에 갔을 때 더러운 것을 더럽다고 하지 않고, 부도덕한 것을 부도덕하다고 하지 않으면서, 자기는 거기에 물들지 않고 그 사람들과 어울리면서 그 사람들을 좋은 길로 인도하는 것이 중요하잖아요. 그것이 얼마나 어렵습니까? '나는 그 놈들과 상종 안 해' 이러는 것은 쉬운 일이죠. 나도 가끔 상종 안 하고 싶은 생각이 간절하지만, 그런 것을 하게끔 하거나 또 해냈다고 하는 것은 대단히 어려운 일입니다. 아무렇지도 않아지는 연습을 해 본다, 그것이 수행이란 말이죠. 깨끗한 데만 가만히 앉아 있는 것은 쉬워요. 그러니까 아무 데나 섞여 봐야 된다고요. 그것이 동사(同事)입니다. 육화경(六和敬)에 나오는 '의화동사(意和同事)', '신화공주(身和共住)'란 말이죠. 뜻으로 어울려 함께 일하고, 몸으로 섞여 들어가서 살라는 말입니다.

(9)

師子菩薩이 曰하되, "罪와 福을 爲二라 하나,
若達罪性이면 則與福無異이라.
以金剛慧로써 決了此相하고 無縛無解者이라면
是爲入不二法門이라 하나이다."

師子菩薩曰 사자보살이 말했다.

罪福爲二 若達罪性 則與福無異 죄와 복을 둘이라고 합니다. 그러나 죄의 본성에 통달하면, 그것이 곧 복과 다름없음을 알게 됩니다.

以金剛慧 決了此相 無縛無解者 是爲入不二法門 금강과 같은 지혜로써 이 상(相)을 결정적으로 깨달아 속박되는 일도 없고 해방되는 일도 없게 되는 것을 입불이법문이라고 합니다.

죄라고 하는 것은 sāvadya이고, 복이라고 하는 것은 anavadya입니다. sāvadya와 anavadya에서 둘 다 avadya라는 말이 기본이 되어 있어요.

sāvadya는 sa＋avadya, anavadya는 an＋avadya입니다. avadya는 '천박하다', '불완전하다', '비난받을 만하다'는 뜻입니다. sa는 '…과 더불어', '…을 가지고'라는 접두어여서 avadya를 강조해 주고 있습니다. sāvadya는 '비난받을 만하다'는 말입니다. 비난받을 만한 일을 죄라고 할 수 있죠. 비난받을 만한 일이 없는 것이 복입니다. 그것이 anavadya에요. 앞의 an은 부정을 뜻하는 접두어입니다. 그러니까 죄와 복이라는 것을 인도 사람들은, 남들로부터 비난받을 만한 일을 하면 죄고, 비난받을 만한 일이 없으면 복이라고 생각했었나 봐요.

그런데 죄성(罪性), 죄라고 하는 것의 본바탕과 복성(福性), 복이라고 하는 것의 본바탕은 무엇이냐? 결국 뭐가 했느냐 하면 마음이 했습니다. 마음이 바탕이 돼서 손으로 하고, 입으로 하고, 발로 하고, 몸짓으로 하고 그랬을 거예요. 그러니 기본은 마음입니다. 그러니까 죄를 지은 마음바탕이나 복을 지은 마음바탕이나 다를 바가 없다는 말이죠. 마음바탕으로 보아서는 똑같이 아무 것도 아니라는 거예요. 마음바탕은 청정무애한 거거든요.

금강과 같은 지혜로써 죄와 복의 상(相), 본래 모습을 결정적으로 잘 이해합니다. 그리고 無縛無解(무박무해)해야 돼요. '縛'은 bandhana, 속박된 상태이고, '解'는 mokṣa, 해탈된 상태입니다. 해탈이 좋은 것 아니냐고 할지 모르지만 해탈이라는 상태에 있어도 안 된다는 말입니다. 해탈이란 상태로 가도 안 되고, 속박이란 상태에 머물러 있어도 안 됩니다. 물론 잘못된 생각이나 행위에 결박된 상태에 있으면 안 되지만, 그런 것과 아무 관계없는 아주 맑고 깨끗한 상태인 해탈에만 가 있어도 안 된다는 말이에요.

이것 야단났죠. 그럼 어떻게 하란 말이냐? 속박의 상태에 있으면 안 된다는 것은 알겠는데, 해탈에도 있으면 안 된다는 것은 무슨 뜻이냐?

해탈이라고 하는 것은 세상을 버리고 편안한 곳에서 완전히 자기만 속박을 당하지 않고 살아가는 것을 말하죠. '입불이(入不二)'가 되려면, '구태여 거기 그 속에 들어가서 고통 중에 있는 중생을 찾아다닐 필요가 뭐 있냐?'고 할 때, 원효대사처럼 '아니 그들이 남이 아니고 그들의 아픔이 바로 내 아픔이나 마찬가지이기 때문에 버릴 수가 없다' 이렇게 생각해야 합니다. 우리가 안 보고 생각을 안 해서 편안할 뿐이지, 어떻게 보면 전부 다 일부러 자기 자신을 마비시키고 있는 거죠. 사실은 외면하고 있는 겁니다. 그 생각을 하면 잠이 안 와서 생각을 안 하려는 것이죠. 그러니까 고민하면서 어떤 방법으로라도 구제하겠다는 노력을 해 가야 한다는 이야기입니다. 아슬아슬한 그 경지에 들어가지만, 속박은 되지 말라는 거예요.

(10)

師子意菩薩이 曰하되, "有漏와 無漏를 爲二라 하나,
若得諸法等하면 則不起 漏·不漏想하고,
不着於相하고 亦不住無相하리니 是爲入不二法門이라 하나이다."

師子意菩薩曰 사자의보살이 말했다.

有漏無漏爲二 若得諸法等 則不起漏不漏想 유루(有漏)와 무루(無漏)를 둘이라고 합니다. 그러나 만약 모든 법의 본성이 평등함을 알게 되면, '누(漏)'와 '불루(不漏)'라는 생각도 일으키지 않게 됩니다.

不着於相 亦不住無相 是爲入不二法門 상에 집착하지 않고 무상에도 머무르지 않는 것을 입불이법문이라 합니다.

여기 상(相)에 집착하지 않고 또 무상(無相)에도 머무르지 않는다고 했는데, 그냥 상이라고 생각하지 말고 유상(有相)이라고 생각해야 돼요.

유상에도 집착하지 않고, 또 무상에도 집착하지 않게 된다. '유(有)'라는 상, '무(無)'라는 상에 집착할까 봐 이런 이야기를 하는 겁니다. 참 중요합니다. 유신론이니 무신론이니 하면서, 기독교는 유신론인데 불교는 무신론이다, 이런 이야기들을 하거든요. 다 틀린 거예요. 뭐라고 해야 할까요? 불교는 유신론도 아니고 무신론도 아닙니다. 그러면서 유신론이기도 하고 무신론이기도 하죠. 이런 측면도 있고 저런 측면도 있는 겁니다. 어느 하나의 상에 딱 고정시켜 버릴 수가 없습니다. 그럼 기독교는 유신론이니까 좋겠네 하는 것도 잘못 생각하는 겁니다. 왜 있다고만 하는 사고방식에 젖어 있느냐? 서양 사람들은 그냥 '유'밖에 모르죠. 있는 것만 안단 말이죠. 그러다 보니 있는 것, 아니면 없는 것, 어느 한쪽으로 그냥 기울어져서 유신론 아니면 무신론이라는 극단으로 갑니다. 공산주의는 무신론, 기독교는 철저한 유신론으로 생각하는데, 이 사람들이 불이법문을 배워야죠. 있긴 뭐가 있어? 그런 식으로 있지 않아. 없는 것처럼 있지. 없는가 하면 있고, 있는가 하면 없는 것입니다. 의상대사의 『화엄일승법계도』를 보면, 없는 줄 알았더니 있고, 있는 줄 알았더니 없네 하는 이야기가 있죠.

이제 그런 이야기인데, 유루(有漏)와 무루(無漏)도 좀 깊이 생각해 봐야 합니다. 소승들은 무루가 되어야만 한다고 했거든요. 일체 새는 것이 없어야 한다고 했습니다. 생리적인 의미로도 새는 것이 없어야 하고, 윤리적인 의미에서도 새는 것이 없어야 한다고 했죠. 윤리적인 의미에서 새는 것이 없다고 하는 것은 실수가 없어야 한다는 이야기입니다. 말도 안 해야 한다는 식의 이야기죠. 그런데 좀 새면 어떠냐, 새는 것도 있을 수 있는 것 아니냐, 이 세상 살면서 눈물도 좀 나와야 돼, 눈물 없는, 자비심 없는 보살도(菩薩道)가 어디 있냐, 이런 삶을 살지 않는 불교가 어디 있냐, 이렇게 이야기하는 것이 대승불교입니다. 소승불교는 자비를 이야기해도 자비를 하라는 이야기가 아니라, 말만 자비라고 하는 경우가 많죠. 그런 것을 잘 알아야 한다는 말입니다.

그런데 유루니, 무루니 하는 구별을 하기가 힘들거든요. 덮어놓고 유루라고 우습게 생각하면 안 되죠. 사람이 사는 동안에 유루 아닐 수 있습니까? 아무리 출가스님이라 할지라도 유루가 아닐 수는 없어요. 그래서 소승을 가리켜서 '건혜(乾慧)', 새는 것이 하나도 없다고, 메말랐다고 했습니다. 메마른 지혜밖에는 없다고 혹평하기도 했습니다. 유루는 본래 새는 것을 일삼고 있는 것이 아니라 방편으로서 새는 거죠. 본래는 무루이지만 그런 것에 사로잡히지 말란 말입니다. 그러니까 무루이면서 유루일 때가 있고, 유루이면서 그대로 무루란 말이에요. 그러나 어느 수준에 오지 못한 사람은 유루는 그냥 유루, 무루는 그냥 무루라 아무 역할을 못하는 경우가 많습니다.

그러니까 得諸法等(득제법등), 모든 법에 있어서 등(等)하라고 했는데, '등'은 평등(平等)이란 말입니다. 그렇게 해서 누(漏)라는 관념, 불루(不漏)라는 관념을 일으키지 말란 말이에요. 관념에 사로잡히지 말고, 분별하지 말아야 합니다. 그러니까 이것은 유상에 집착하지도 말고, 무상에 머물러 있지도 말라는 말이죠. 보통 무상에 가 있는 것을 진(眞), 진여한 상태에 가 있는 것이라고 하고, 유상에 있는 것을 속(俗), 속세에 있는 것이라고 하는데, 원효대사는 양쪽에 다 있었죠. 진속불이(眞俗不二), 진과 속이 둘이 아니라고 했습니다. 속에 있으면서 진을 살고 있고, 진에 있으면서 속의 모든 일을 못 하는 것이 없었습니다. 이래야 하죠. 선불리 진에 있는 것 같은데 속에서는 아무 일도 못 하는 속수무책인 수도자들이 무슨 소용 있냐는 겁니다. 그런 강한 비판의식이 들어가 있는 거예요.

(11)

淨解菩薩이 曰하되, "有爲와 無爲를 爲二라 하나,
若離一切數하면 則心如虛空하나니,
以淸淨慧로 無所礙者를 是爲入不二法門이라 하나이다."

淨解菩薩曰 정해보살이 말했다.

有爲無爲爲二 若離一切數 則心如虛空 유위와 무위를 둘이라고 합니다. 그러나 만약 온갖 유위의 행을 여의고 나면 마음이 허공과 같아집니다.

以淸淨慧 無所礙者 是爲入不二法門 청정한 지혜로써 걸림이 없게 되는 것을 입불이법문이라고 합니다.

'一切數(일체수)'라는 것은 온갖 유위의 행위를 말하죠. '數'는 보통 '법수'라고도 하는데, 개념 설정한 것만을 말합니다.

(12)

那羅延菩薩이 曰하되, "世間과 出世間을 爲二라 하나,
世間性이 空함이 卽是出世間이요,
於其中에 不入不出하고 不溢不散함을 是爲入不二法門이라 하나이다."

那羅延菩薩曰 나라연보살이 말했다.

나라연, nārāyana, 금강역사(金剛力士)를 말하는데 아주 힘이 센 보살입니다.

世間出世間爲二 世間性空 卽是出世間 세간과 출세간을 둘이라 합니다. 그러나 세간의 성(性)이 공한 것이 곧 출세간입니다.

於其中不入不出 不溢不散 是爲入不二法門 그 속에 들어가지 않고

그곳에서 나오지도 않고, 그곳에서 넘쳐흐르지 않고 흩어지지도 않는 것을 입불이법문이라고 합니다.

세간과 출세간이 별개의 다른 것이 아니라 세간의 성이 공한 것을 출세간이라고 한다고 했습니다. 좋죠? 세간의 성 자체가 공한 것이 출세간이니까 그 공한 자리에만 있으면 안 되는 거란 말입니다. 공한 것을 터득하고 다시 세간에 나오는 것이 필요하죠. 그것을 출출세간(出出世間)이라고 합니다.

(13)

善意菩薩이 曰하되, "生死와 涅槃을 爲二라 하나,
若見生死의 性이 則無生死 無縛無解하며 不生不滅이라.
如是解者면 是爲入不二法門이라 하나이다."

善意菩薩曰 선의보살이 말했다.

生死涅槃爲二 若見生死性 則無生死 無縛無解 不生不滅 생사와 열반을 둘이라고 합니다. 그러나 생사의 성은 무생사(無生死)요, 무박(無縛)이요, 무해(無解)요, 불생불멸입니다.

如是解者 是爲入不二法門 이와 같이 깨닫는 것을 입불이법문이라 합니다.

『화엄경』에 '生死涅槃常共和(생사열반상공화)'라는 말이 있죠. 사실은 『화엄경』의 이 말이 여기 『유마경』의 이야기보다 한 걸음 더 앞서가 있습니다. 좀더 의미가 깊어졌습니다. 여기 『유마경』에서는 생사와 열반을, '생사도 없고 열반도 없다', '무박무해(無縛無解)다', '불생불멸이다', 이렇게 생각하라고만 했죠. 그런데 『화엄경』에서는 단적으로 '생사열반상공화'라고 해서 생사와 열반은 언제나 함께 어우러져 있다고 했습니다. 여기서는 단지 '불이'라고 해서 '무박무해'가 되는 것이라고 했는데, 설명이 좀 부족합니다. 조금 더 설명이 있었으면 좋았을 텐데 하는 아쉬움이 들죠.

(14)

現見菩薩이 曰하되, "盡과 不盡을 爲二라 하나,
法이 若究竟하여 盡하거나 若不盡하거나 皆是無盡相이니,
無盡相은 卽是空이요, 空이면 則無有盡·不盡相이니,
如是入者를 是爲入不二法門이라 하나이다."

現見菩薩曰 현견보살이 말했다.

盡不盡爲二 法若究竟盡 若不盡 皆是無盡相 다하는 것과 다하지 않는 것을 둘이라고 합니다. 그러나 법이 마침내 다했을 경우에나, 다하지 않았을 경우에나 법은 본래 다함이 없는 상인 것입니다.

無盡相卽是空 空則無有盡不盡相 무진상이란 곧 공한 것이니, 공하면 다한다, 다하지 않는다는 상이 있을 수 없는 것입니다.

如是入者 是爲入不二法門 이렇게 깨닫는 것을 입불이법문이라 합니다.

盡(진), 다한다, 無盡(무진), 다하지 않는다고 했는데, 『반야심경』에 나오는 '無老死 亦無老死盡(무노사 역무노사진)'이라는 구절의 '盡'과 같은 말입니다. '亦無老死盡'은 노사(老死)가 다함이 없는 거라는 이야기죠. 그 이야기가 여기 '무진상(無盡相)'이라 해서 다함이 없는 거라는 겁니다. 그러니까 공이라고 하는 것은 '다함이 없는 상'이에요. 유위법의 경우는 다한 것처럼 보이고 무위법의 경우는 다하지 않은 것처럼 보이는데, 그것은 유위와 무위가 떼려야 뗄 수 없는 관계 속에 있기 때문입니다. 무위이면서도 유위이고, 유위이면서도 무위이고, 이것은 '생사열반'과 같은 이야기죠. 결국은 진속과 마찬가지입니다. 진속이 불이거든요.

(15)

普守菩薩이 曰하되, "我와 無我를 爲二라 하나,

我尙不可得이거늘 非我를 何可得이리오.

見我實性者는 不復起二니, 是爲入不二法門이라 하나이다."

普守菩薩曰 보수보살이 말했다.

我無我爲二 我尙不可得 非我何可得 아(我)와 무아(無我)가 둘이라고 합니다. 그러나 아라는 것을 찾아낼 수 없는데, 어찌 비아(非我)라는 것을 찾아낼 수 있겠습니까?

見我實性者 不復起二 是爲入不二法門 아의 실성(實性)을 보는 자는 다시는 이런 두 가지로 보는 생각을 일으키지 않습니다. 이것을 입불이법문이라고 합니다.

여기서는 아(我)와 무아(無我)가 상대적인 것으로 구별되는 두 가지 개념으로 설명되고 있습니다. 그런데 무아는 그 다음에 '비아(非我)'라고도 쓰여 있습니다. 무아와 비아가 같은 뜻으로 쓰이지 않을 때도 있고 용법이나 경우에 따라서 뜻의 차이가 생기는데, 여기서는 같은 뜻으로 쓰이고 있고, 원어도 같습니다. '아'는 ātman이고 '무아'와 '비아'는 anātman입니다.

소승불교와 대승불교에서는 '아'의 의미에 대해 많은 차이가 있죠. 대승불교에서는 '아'를 좋게 이야기하는 경우가 있어요. 특히 『열반경』 같은 데에서 '상(常)·낙(樂)·아(我)·정(淨)'이라고 할 때의 '아'는 좋은 의미로 쓰이고 있습니다. 반면 소승불교에서 '아'는 무조건 부정적인 의미를 가지는 것으로 되어 있습니다. 그러니까 여기서 말에 사로잡히다 보면, 또 정말 매번 주의하지 않으면 헷갈릴 수가 있습니다. '아'가 나쁜 말인 줄 알았는데 어떻게 대승불교에서는 자꾸 좋게 쓰느냐, 그런 질문이 나올 수 있죠. 그것은 '아'라는 말의 의미나 내용의 해석을 달리해서 다른 의미가 내포되어 있기 때문입니다.

'아'와 '무아', 이것을 여기서는 대립적인 개념으로 제시하고 있습니다. 지금까지 쭉 여기 나와 있는 두 가지 말들은 대체로 대립적인, 정반대 개념인 경우가 많아요. 그러나 (21)번에 가면 공(空), 무상(無相), 무작(無作)이라고 세 가지가 나옵니다. 이 세 가지를 두고 爲二(위이), 둘이라고 하는데, 그 말이 잘못되지 않았나 생각할 수도 있죠. 또 그 다음 (22)번을 보면 불(佛)·법(法)·중(衆)을 '爲二'라고 하는 말도 있습니다. 여기서도 불·법·중이 셋인데, 이것을 둘이라고 하고 있습니다. 이런 데 나타나 있듯이 '爲二', 둘이라고 한다는 이야기는 앞에 열거한 것이 두 가지이건, 세 가지이건, '별개의 것'이라는 의미가 있다고 생각하면 되죠. (24)번에도 신(身)·구(口)·의(意)업을 '爲二'라 한다고 되어 있고, (25)번에도 복행(福行)과 죄행(罪行), 부동행(不動行)을 '爲二'라고 한다고 했는데, 이것들도 셋입니다. 그러니까 '불이(不二)'의 '이(二)'를 '다를 이(異)'자로 해석해도 좋아요. 異, '별개의 다른 것'이라고 보는 거죠.

그러면 '불이(不二, 不異)'라는 것은 '별개의 것이라고 보지 않는' 견해라고 할 수 있습니다. 그것이 지혜로운 견해겠죠. 그렇다고 해서 하나라고 보느냐 하면 하나는 아닙니다. 둘이면서도 하나, 하나이면서도 둘, 이런 표현으로 이야기해야 하는 거죠. '一中二 二中一(일중이 이중일)', 이렇게, 혹은 '이'만이 아니라 삼, 사, 오, 육 등 수많은 것들 가운데에서 어떤 공통점 혹은 종합성을 발견한다는 말이죠. 그것이 떼려야 뗄 수 없는 관계 속에 종합되어 있다, 원융회통적인 성격을 가지고 있다고 보아야지, 그것들이 다 따로따로 있는 다른 것이라고 보아서는 안 됩니다. 그렇다고 하나라고 하니까 개체의 개성이 없다는 이야기는 아닙니다. 이것도 역시 염두에 두어야 합니다.

우리가『화엄경』의 '하나'라는 이야기를 하면서 개체의 개성이나 자주성, 특이성을 무시한다는 소리들을 잘 알지도 못하고 하는 경우가 많은데 전연 그렇지 않습니다. 이 이론은 아주 중요한 원칙입니다. 이론이라는 것은 실제로 그렇게 되어 있고 이치가 그렇기 때문에 말로 하다 보니 이론이 생긴 것이지, 이론이 먼저 있었던 것은 아니에요. 이 세상의 모든 것이 전부 다 그렇게 되어 있다는 것이 선행하고 있습니다. 그것을 이론으로 이야기한 것뿐이죠. 그래서 이 진리는 누가 만들어낸 것이 아니라, 움직일 수 없는 것, 본래부터 그렇게 되어 있는 진리라고 하는 '것'입니다.

'我尙不可得(아상불가득)이거늘 非我何可得(비아하가득)이리오.' '아(我)'라고 하는 그것부터가 불가득인데 하물며 '아' 아닌 것을 어찌 얻을 수 있겠는가? '아'의 실성(實性)이라고 하는 것은 공이다. 비아(非我)라고 하는 것을 암만 이야기해 보았자 그것도 역시 공이다. 그러니까 '아'라는 것에 대립되는 '비아'라는 것이 있다고 생각하면 안 된다는 것이죠.

나는 이 '아'와 '비아'라는 말을 하면서 무엇을 생각하게 되느냐 하면, 이 이야기를 소위 민족사관을 가지고 있는 역사학자들에게 해 주고 싶어요. 옛날부터 생각한 이야기지만, 민족사관을 가진 역사학자들에게는 우리나라 역사가로서 제일 훌륭한 사람이 단재 신채호 선생이죠. 신채호 선생의 역사관은 '역사라는 것은 아(我)와 비아(非我)의 투쟁이다'라는 말로 표현됩니다. 여기서 '아'는 내 민족이고 '비아'는 다른 민족이라는 뜻인데, 이런 식으로 생각하면 이제 잘못된 민족주의가 생긴단 말이에요. 물론 당시 상황에서는 불가피한 점도 있었겠지만, 불교적인 입장에서 보면 잘못된 생각입니다. 그런 민족주의 사고방식을 가지고 있으면, 강할 때에는 나아가서 식민지를 점령하는 침략자가 되고, 약할 때는 독립투쟁한다고 어디 가서 찡그린 얼굴로 암살이나 하는 역할밖에 못 하게 돼요. 그런 마음 가지고 싸워서는 안 되죠.

독립을 제일 좋은 것이라고 이야기하지만, 제일 좋은 것은 평화주의입니다. 국제평화주의입니다. 민족적인 아(我)만을 내세우고 다른 민족은 비하해서 대립적인 존재로 여기고, 정복하고 지배해야 한다는 생각을 갖지 않도록 사상적으로 감화를 입히는 정신적인 교화운동이나, 그런 철학에 입각한 국제평화주의가 바람직한 것이죠. 그것이 현실적으로 불가능하다고 할지 모르겠지만, 간디 같은 사람은 끝까지 그것을 하려고 했던 겁니다. 간디는 항상 내가 잘못했기 때문에 영국 사람들이 회개하지 못한다고 이야기했거든요. 그래서 내가 단식을 한다, 저항하기 위해서 단식하는 것이 아니라 나 자신을 더 깨끗하고 맑게 하기 위해서 단식한다고 했습니다. 우리나라에 어디 그런 사람이 있었나요? 기독교식으로 이야기하면 하나님 앞에서 아직도 참된 하나님의 아들이 못됐기 때문에, 스스로 올바른 생각이나 행동을 못 하고 있기 때문에 이러한 일이 생겼다고 정말 철저하게 회개하는 입장이 되어야지, 남들보고 자꾸 나무라기만 해서는 안 되는 거죠.

마음가짐이라는 것은 올바른 철학에 의해서만 고쳐질 수 있거든요. 그 철학이 잘못되어 있으면 아무리 개혁을 하려고 해도 안 된단 말입니다. 그 더러운 놈들을 껴안고서 무슨 개혁을 하냐는 말이에요. 거짓말만 하는 놈들을 껴안고서 어떻게 개혁을 하냐는 말입니다. 불교의 이야기를 듣다 보면, '야, 그것 너무 하지 않나? 그 나라는 것도 좀 있으면 좋겠다' 그런 생각이 들죠. '타협 좀 해 주었으면 좋겠다. 나라는 걸 좀 용인해 줄 수 없나?' 하는 마음이 들지만, '철저하게 나는 없는 거야', '공이야 공,

허깨비야 허깨비, 무슨 미련을 자꾸 가지려고 그래?' 그러지 않습니까? 완전히 나 잘났다는 생각, 내가 뭐라는 생각, 그런 생각이 없어져야 한다는 걸 철저하게 강조합니다. '아'가 조금이라도 있으면 거짓이라는 거죠.

그런데 여기서 아(我)의 반대되는 '무아(無我)'라고 하는 것은 진짜 '무아'가 아니에요. 여기 그렇게 표현은 안 했지만, 아마 이런 이야기가 나올 수 있을 거예요. '아(我)라는 것의 자성은 없는 거야. 그것을 무아라고 하는 거야. 그러나 무아라는 것, 비아(非我)라는 것이 따로 있는 것이 아니라, 나 아닌 것, 그 입장에서 보면 그것도 또 다른 형태의 아(我)지. 각자가 다 주관적으로 나, 나 하고 있으면 그것은 암만해도 불이(不二)가 안 돼. 하나가 안 돼. 화합이 안 돼. 평화가 이루어지지 않아.'

그러니까 제일 중요한 것은 결국 아(我)라는 의식, 우리들의 마음속에 있는 아집인데, 이것은 제7식(識)의 산물이란 말이죠. 이것이 우리들의 마음속 깊숙한 곳에 박혀 있어서, 우리는 그것이 나의 본질이라고 착각하고 그것이 있다고 자꾸 생각하지만, 사실은 그것도 망상으로 있는 겁니다. 나라는 것이 어디 있어요? 남들이 자꾸 주위에서 나다, 너다, 그렇게 말을 하다 보니까 나라는 의식이 그 말에 훈습이 되죠. 그것을 명언훈습(名言熏習)이라고 하는데, 그 말에 그만 영향을 받아서, 진짜로 나라는 것이 있고 너라는 것이 있는 것처럼 생각하게 된 것입니다. 사실 나라는 것은 망상일 따름입니다. 나라는 것은 없어요. 인연으로 있을 뿐입니다. 지금 있지 않냐 하지만 그것은 인연 덩어리입니다. 인연이 바뀌면 지금 당장에라도 운명이 바뀔 수 있는 것입니다. 인연이 나를 이렇게 형성해 왔고, 지금도 계속해서 형성해 가고 있어요. 좋은 인연이 있으면 나를 좋게 형성해 가겠지만, 나쁜 인연밖에 없을 때 나는 나쁜 방향으로 몰락해 갈 수밖에 없다는 이야기입니다.

인연을 소중히 생각하라, 인연을 잘 맺으라는 이야기를 심각하게 생각해야 하는 것입니다. '인연소기(因緣所起)'라는 것을 잊어버리고 나를 주장하는 것이 잘못이라는 것을 이제 납득했을 것으로 생각합니다. 사람과 사람이 잘 만나면 하루 종일 기쁘고, 아침부터 식구들끼리 유쾌한 이야기를 나누고 즐거운 표정을 나누면, 그날 하루가 좋지만, 아침부터 이상한 인연을 맺은 상태라면 하루 종일 기분이 나쁘죠. 좋지 않았던 일에 자꾸 영향 받지 말고 빨리 마음가짐을 바꾸어서 좋은 인연을 씩씩하게 다시 맺어 재출발하는 식이 되도록 해야 합니다. 그러니까 '아'라고 하는 고정된 것이 있다든지, 또 '아' 아닌 다른 것이 있다고 생각하지 말라, '아'와 '무아' 혹은 '비아'를 둘로 생각하지 말라, 그런 개체주의는 안 된다, 이런 이야기였습니다.

(16)

電天菩薩이 曰하되, "明과 無明을 爲二라 하나,
無明의 實性은 卽是明이니 明亦不可取요 離一切數이니,
於其中에 平等無二者를是 爲入不二法門이라 하나이다."

電天菩薩曰 전천보살이 말했다.

明無明爲二 無明實性 卽是明 명(明)과 무명(無明)을 둘이라고 합니다. 그러나 무명의 실성이 곧 명입니다.

明亦不可取 離一切數 명 또한 취할 수 없는 것이고 일체의 억측을 떠나 있는 것입니다.

於其中平等無二者 是爲入不二法門 이와 같이 알고 평등무이(平等無二)해지는 것을 입불이법문이라 합니다.

어제 원효학당 강의에서 『아타르바 베다』를 읽었는데, 거기서 그런 이야기가 나왔습니다. 신의 이야기인데, 신이 고백하기를 자기는 어두움을 사랑한다고 했죠. 태양이라든가 달이라든가 어두움의 방해가 되는 일체의 것을 제거한다고 해요. 좀 놀랄 만한 이야기죠. 우리는 흔히 밝음, 낮의 밝음이나 광명한 상태만을 좋다고 이야기하는 경향이 있는데, 그 어느 하나만이 좋다고 하는 태도도 불이행(不二行)이 아니에요. 불이법문에 들어가 있는 태도가 아닙니다. 어두움 없이 광명이 있을 수 없습니다. 어두움이라고 하는 시간, 캄캄한 밤, 그런 밤이 귀중하고 소중하거든요. 그런 밤이래야 우리가 충분히 휴식을 취할 수가 있어요. 밤에도 대낮처럼 떠들고 돌아다니는 나라에는 뭐 하나 될 것 같지가 않아요.

명(明)과 무명(無明)을 둘이라고 보는 것인데, 이런 입장에서 보면 명만 있는 사람은 성인이고 무명만 있는 사람은 범부중생이죠. 그리고 범부중생은 처음서부터 끝까지 범부중생일 수밖에 없고 성인은 처음서부터 성인으로 태어났다는 이야기가 가능한데, 사실 그게 아니거든요. 석가모니 부처님처럼 그런 경우도 있기는 있죠. 그런데 석가모니 부처님이 단 한번의 일생만 사신 분은 아니란 말이에요. 거듭 태어나고 또 태어나고 했다는 것은 결국 무슨 이야기냐 하면, 반복해서 노력하고 노력하는 가운데에 마침내 어리석음 같은 것은 하나도 없는 상태에 태어날 수 있게끔 된 것이죠.

그런데 그 어리석음이라고 하는 상태, 무명이라는 상태, 탐·진·치의 치(癡)라고 하는 상태, 그 치의 실성(實性), 무명의 실성은 명이란 말입니다. 우리가 깨닫지 못해서 그렇지, 지금 어리석은 사람의 마음도 그 본성은 제6식, 제7식으로 해서 제8식의 밑바닥을 가리고 있는 무명만 싹 걷히고 나면 바로 명이 드러납니다. 여기서 무명이 걷힌다는 것은 깨닫는다는 것인데, 자기가 눈물로 참회하고 뉘우치고 새롭게 눈을 뜬다는 이야기입니다. 또 고행을 하고 노력을 해서 —그것이 소위 tapas(타파스)라는 것인데— 땀을 흘려서 전적으로 자기 자신을 개조해서 의식이 싹 바뀌진 상태를 말하죠. 때가 싹 벗겨졌다고요. 때가 싹 벗겨지면 바로 명이 드러난다는 말입니다. 그 무명의 실성을 우리는 누구든지 다 갖고 있거든요. 그 무명의 실성은 본래 명입니다. 여기서의 명은 무명에 대립되는 명이 아니거든요. 그러니까 명이라고 하는 것이 따로 있는 것이 아니라, 무명과 명이 그냥 그대로 같은 장소에, 같은 마음에 있는 거란 말이죠. '무명실성(無明實性)이 곧 법신(法身)이다'라는 구절이 『증도가(證道歌)』에도 있잖아요.

이 명이라고 하는 것은 '일체수(一切數)를 떠난 것'이라고 했는데, 산스크리트어로 하면 saṃkhyā-mārga-atikrantā입니다. atikrantā가 '넘어섰다', '떠났다'라는 뜻이고, saṃkhyā(상키야)는 '계산', '수', mārga는 '거리', '길(道)'라는 뜻이죠. 따라서 saṃkhyā-mārga는 '수의 길'이라는 뜻입니다. 인도 힌두교의 육파(六派) 철학 가운데 상키야 철학이라고 하는 것이 있습니다. 이 철학은 무엇이 잘못됐냐 하면 십이연기처럼 무명-행-식-명색-육입-촉-수 같은 관념들을 일일이 고정시켜 놓고 그것을 세고 있어요. 상키야 철학에서는 그런 것들 하나하나를 다 실제로 존재하는 확고부동한 개념처럼 생각합니다. 그 과정을 스물다섯 가지로 셉니다. '25유(有)'라는 개념이 구체적으로 실재한다고 하면서 그것을 세는 철학이라고 해서 수론(數論)이라고 하죠. 그러면서도 『기신론』과 비슷한 점도 있어요. 『기신론』에는 심진여(心眞如)와 심생멸(心生滅)이 있고, 생·주·이·멸이나 삼세(三細)·육추(六麤) 같은 여러 가지 개념들이 있죠.

여기서 이야기하는 '일체수', saṃkhyā-mārga가 그런 겁니다. 불교에는 법수(法數)라는 것이 있죠. 숫자로 진리들을 열거하고 세는 거예요. 사제는 고·집·멸·도 네 가지로 세고, 팔정도는 여덟 가지를 셉니다. 또 십이연기는 열두 가지입니다. 그밖에도 많은데, 소승불교도들은 수론철학자들처럼 이러한 것들을 고유하게 있는 것으로 생각하고 관념에 사로

잡혔습니다. 사실 그런 관념은 어디까지나 사람들이 생각으로 만들어낸 것에 불과한데, 그 말에 얽매였어요. 말에 그냥 얽매여서 쩔쩔매죠. 말뿐 아니라 형식에 얽매이고, 교리에 얽매이고, 도그마에 얽매이고, 의식에 얽매이고, 또 그 밖의 제도에 얽매이고, 그런 것이 다 지금 여기에 해당하는 겁니다. 관념론, 형식론도 마찬가지죠. 말에 얽매이고, 형식에 얽매이고, 의식이라든가, 제도에 얽매이고, 그러는 것이 saṃkhyā-mārga입니다. 라모뜨 교수는 '일체수(一切數)'라는 것을 'path of calculation'이라고 번역했습니다. '일체 계산하는 일들', '타산'이라는 뜻이죠. 나는 '억측'이라고 번역했는데, '억측'보다는 '계산'이라는 말이 더 좋을 것 같네요. 계산이라는 것은 이러쿵저러쿵 쓸데없는 사려분별을 하는 겁니다.

그러니까 우리 입장에서는 '그런 것이 어디 있어?' 이렇게 말하게 되죠. 문제는 뭐냐 하면 마음입니다. 마음가짐이 얼마나 순수하고 올바르냐 하는 것이 중요한 것이지 형식이나 말이 중요한 것이 아니죠. 이것이 원효대사의 입장이고, 『유마경』의 입장 아닙니까? 그러니까 『유마경』이 뭘 가르치려고 하느냐 하면, 머리 깎고 승복 입고 250가지 계율 하나하나를 다 지키고 거기 얽매이고 하는 것도 일체수라는 겁니다. 일체수를 떠나라는 거예요. 일체수를 초월한 입장에 서라는 거죠. 왜 형식에 사로잡혀 있느냐는 이야기입니다.

일체수를 떠나 있으니 그 마음속은 항상 평등하고 무이(無二)한 상태가 되어 있고, 그것을 입불이법문이라 한다고 했습니다.

(17)

喜見菩薩이 曰하되, "色과 色空을 爲二라 하나,

色卽是空이요, 非色滅空이며, 色性自空이니, 如是受想行識이라.

識과 空을 爲二라 하나, 識卽是空이요, 非識滅空이며, 識性自空하니,

於其中에 而通達者면 是爲入不二法門이나이다."

이 부분이 굉장히 중요합니다. 이것은 『반야심경』의 다른 표현입니다.

喜見菩薩曰 희견보살이 말했다.

色色空爲二 色卽是空 非色滅空 색(色)과 색공(色空)이 둘이라고 하나, 색이 곧 공한 것이지, 색이 멸해서 공이 되는 것이 아닙니다.

'색(rūpa)'과 '색공(rūpaśūnyatā)'은 『반야심경』에 나오는 '色卽是空 空卽是色(색즉시공 공즉시색)'의 '색'과 '공'이라는 이 두 낱말을 염두에 두고 하고 있는 이야기입니다.

'색과 색공을 둘이라고 한다. 그런데 사실은 색이 그냥 그대로 공한 것이다. 색을 멸함으로써 공이 있게 되는 것이 아니다. 색이 그냥 그대로 공인 것이다.' 이것이 아주 중요한 이야기예요. 색을 없애라는 이야기가 아닙니다. 색만 그런 것이 아니라 수·상·행·식도 전부 다 마찬가지라고 하고 있습니다.

그래서 내가 이 말에서 깨달은 게 있어요. 뭘 깨달았냐? 아, 『반야심경』을 새로 해석해야 되겠다는 것입니다. 『반야심경』에서 처음에 '觀自在菩薩 行深般若波羅蜜多時 照見五蘊皆空 度一切苦厄(관자재보살 행심반야바라밀다시 조견오온개공 도일체고액)'이라고 하죠. 오온이 개공(皆空)이다, 색·수·상·행·식이 다 공하다고 했거든요. 색·수·상·행·식이 다 허깨비 같다고 했습니다. 이 말은 결국 색·수·상·행·식이 다 없어야 한다는 이야기인데, 어디까지나 색·수·상·행·식이 본질상 자성(自性)이 없는 것이라고 보라는 말이지, 색·수·상·행·식을 없애 버려라, 다 귀찮은 존재니까 없애 버려라, 그런 이야기는 아니란 말이에요.

色性自空 如是受想行識 색의 자성이 그대로 공한 것입니다. 수·상·행·식도 그와 같습니다.

『반야심경』의 그 다음 구절은 '舍利子 色不異空 空不異色(사리자 색불이공 공불이색) 色卽是空 空卽是色(색즉시공 공즉시색) 受想行識 亦復如是(수상행식 역부여시)'라고 되어 있습니다. '색이 공과 다르지 아니하고 공이 색과 다르지 아니하다. 색이 곧 그대로 공이요, 공이 곧 그대로 색이다. 공이라는 것이 바로 색이다. 수·상·행·식도 역시 그러하다.'

여기 『유마경』에서는 '색성(色性)이 자공(自空)'이라고 했죠. '색의 자성이 그 자체로 공이다'라는 말입니다. 색이 있죠. 있기는 있는데 그 자체가 인연 따라서 자꾸 변하고 생겼다 사라졌다 하는 것이지, 그것이 존재하는 것이 아니거든요. 인연 따라서, 상황 따라서 이렇게 됐다, 저렇게 됐다 하며 잠정적으로 있는 것입니다. 如是受想行識(여시수상행식), 또 색뿐 아니라 수·상·행·식이 전부 다 인연관계에서 나타나는 것입니다. 그래서 그것들이 변하지 않거나, 처음부터 무슨 부모님이 주었거나, 하나님이 주었거나, 부처님이 주었거나 그런 것을 내가 그대로 간직하고, 이것은 내 거야 그러면서 언제까지나 가지고 있는 것이 아니라는 말이죠. 태어날 때도 인연 따라서 태어났고, 태어나자마자 그 다음에 어떤 인연이 있느냐 하는 데 따라서 그 사람의 모든 행과 불행이 좌지우지되는 것이죠. 인연 잘 만난 사람은 행복한 과거를 보내 왔고, 현재도 그렇고, 앞으로도 계속 인연이 좋으면 잘 될 것이지만, 인연이 나쁘면 잘 안 되겠죠.

인연이라는 것은 어렸을 때에는 부모의 인과 연이 중요하겠지만, 크면 자기의 인(因)으로 자기가 만드는 연(緣)이 더 중요합니다. 자기가 만드는 인과 연 중에서 제일 중요한 것이 뭐냐 하면 법을 배워서 아는 것이죠. 이치를 아는 것이 제일 중요합니다. 이치를 알고 이치대로 살려고 노력하는 것이 제일 중요한 거예요. 그래서 좋은 사람들과 인간관계를 맺고 살아가는 것이 제일 중요한 것입니다. 나쁜 인간관계를 맺어 보십시오. 그러면 뭐 쾅쾅 넘어지죠. 암만 많이 가지고 있으면 무슨 소용이 있어요? 좋은 인연관계를 맺은 것 같아도 도대체 원인이 틀려먹었을 때는 당분간은 어떻게 이리저리 숨길 수 있지만, 언젠가 인과응보는 반드시 드러나게 마련이니까 못 숨긴단 말이에요. 인이 제일 중요합니다. 연분으로 어떻게 그 동안 감추긴 감추어 왔는데 결국은 못 감춘단 말이에요.

결국 인과응보가 나타난다는 것인데, 거기에 부처님이 작용하신 거예요. 업보신(業報身)이라는 부처님의 몸이 있습니다. 『법성게』에서 '十佛普賢大人境(십불보현대인경)'이라고 이야기하는 '십불' 중에 업보신이라는 부처님이 있는데, 업보신 부처님은 어떻게 생겼냐 하면, 사람의 몸으로 생기지 않았어요. 참 재미있죠. 이런 것이 『화엄경』의 멋있는 도리 아닙니까? 업을 저질러 놓으면 업보신으로 탁탁 나타난단 말이에요. '네가 언제까지 숨기나 보자' 그러고 계셨을 거예요. 우리가 마음을 고쳐먹으면 풀어 줄지 모르지만, 부처님이 직접 벌주시지는 않습니다. 벌줄 때는 마구니란 놈이 와서 벌준다고 하죠. 무서운 놈이 꿈속에 나타나고 합니다. 그러나 그 마구니도 사실은 부처님의 뜻대로 움직이는 것이죠.

識空爲二 識卽是空 非識滅空 식(識)과 공을 둘이라고 합니다. 그러나 식이 곧 공한 것이고, 식이 멸해서 공이 되는 것이 아닙니다.

識性自空 식의 자성이 스스로 공한 것입니다.

여기서는 색·수·상·행·식의 식(識)만 다시 들었어요. 식이라는 것이 뭐냐 하면 유식(唯識)이란 말입니다. 유식이라는 것은 vijñapti라는 거죠. 그러니까 우리들의 허망분별(虛妄分別)에 의해서 파악되어진, 잘못된 생각으로 만들어진 관념입니다. 그것은 다 허깨비 같은 것이죠. '식과 공이 둘이라고 하지만, 식이 곧 그냥 그대로 공한 것이요, 식의 멸이 공한 것이 아니다.' 非識滅空(비식멸공), 식이 없어져야 한다는 이야기가 아니라 식이 바뀌어야 한다는 이야기죠. 여기서의 식은 제8식입니다. 제

8식이 물들어 있는 식으로 그대로 있는 것이 아니라, 전부 다 물들지 않은 식으로 바뀌어야 한다는 말입니다. 물들어 있는 식이 알라야식인데, 물들지 않은 무구식(無垢識), 아말라식으로 바뀌어야 돼요. 그러면 제7식도, 제6식도, 그 앞의 오식(五識)도 다 부처님의 눈과 귀와 코처럼 아주 좋은 역할을 한다는 말입니다. 색·수·상·행·식이 다 무애자재한 것이 된다는 말이에요.

於其中而通達者 是爲入不二法門 이런 사실에 통달하는 것을 입불이법문이라 합니다.

그러니까 이 색·수·상·행·식의 자성이 공하다고 하는 것에 통달하게 될 것 같으면, 이것을 일컬어 입불이법문이라고 한다고 했습니다.

『반야경』에는 이와 같은 생각을 표현하는 다음과 같은 구절이 있죠.

na śūnyatayā rūpaṃ śūnyaṃ,
nānyatra rūpāc chūnyatā,
rūpam eva śunyatā,
śūnyataiva rūpam.
tathā hi nāmamātram,
idaṃ yad idaṃ rūpam.

공이라는 것 때문에 색이 공한 것이 아니다.
색의 밖에 공이라는 것이 있는 것이 아니다.
색이 바로 공인 것이요,
공한 것이 바로 색이다.
이와 같이 색이란 오직 이름일 따름이다.

(18)

明相菩薩이 曰하되, "四種의 異와 空種의 異를 爲二라 하나,
四種의 性이 卽是空種의 性이라.
如前際·後際空故로 中際亦空하나니
若能如是 知諸種性者면, 是爲入不二法門이라 하나이다."

明相菩薩曰 명상보살이 말했다.

四種異空種異爲二 사대(四大)가 각각 다른 것, 공이 다른 것, 이것을 둘이라고 합니다.

'四種異(사종이)'의 '四種'은 지·수·화·풍의 사대를 말합니다. 지·수·화·풍의 사대가 각각 다르다고 하는 겁니다. '空種異(공종이)'의 '空種'은 공대(空大)를 말합니다. 이렇게 해서 지·수·화·풍 사대와 공대를 서로 대립적인 개념으로 생각하는 경우가 있다는 거예요. 여기서 '種'은 중생이 거기서부터 생겨난다는 뜻에서 '사종(四種)', '공종(空種)'이라고 한 것입니다.

四種性卽是空種性 그러나 사대의 자성이 곧 공의 자성인 것입니다.

지·수·화·풍 사대의 자성이 공한 것이지 공한 것이 따로 있는 것이 아니라는 말이죠.

如前際後際空故 中際亦空 전제와 후제가 다 공하기 때문에 중제 또한 공합니다.

전제(前際), 후제(後際), 중제(中際)의 순서로 나왔습니다. 전제는 시간으로 말하면 시작이라고 해도 되고, 후제는 끝이라고 해도 돼요. 중제라는 것은 그 중간이라고 할 수 있습니다. 이 세 가지를 삼제(三際)라고 하죠. 시작과 끝이 공한 것처럼 그 중간도 역시 공하다는 말입니다. 시간의 전제는 과거이고, 후제는 미래이고, 중제는 현재인데, 과거, 현재, 미

래 따위가 사실은 없는 거다, 시간이라는 것은 없는 거라는 이야기입니다. 시간도 변계소집상(遍計所執相)이라고 했다고요. 시간도 장소도 다 허망분별로 생긴 변계소집상이라고 했습니다. 시간이라는 것은 사람이 만들어낸 것입니다. 본래 시간이라는 것은 없는 거죠. 시간만이 아니라 공간도 마찬가지입니다. 장소에는 앞이 있고 뒤가 있잖아요. 여기가 앞이고 저기가 끝이라고 합니다. 그런데 앞과 뒤가 없어요. 앞과 뒤가 없으니까 가운데도 없습니다. 동서남북 그런 것이 다 없는 겁니다.

若能如是 知諸種性者 是爲入不二法門 이와 같이 모든 종의 성격을 알면 그것을 입불이법문이라 합니다.

지·수·화·풍의 자성이 공 그 자체라고 생각해야 한다는 거죠. 지·수·화·풍은 공에서 나온 거라는 거예요. 이렇게 전부 다 공하다고 알게 되는 것을 입불이법문이라고 했습니다.

(19)

妙意菩薩이 曰하되, "眼과 色을 爲二라 하나,
若知眼性이면 於色에 不貪 不恚 不癡하니 是名寂滅이니라.
如是 耳와 聲, 鼻와 香, 舌과 味, 身과 觸, 意와 法을 爲二라 하나,
若知意性하면 於法에 不貪 不恚 不癡하리니 是名寂滅이라.
安住其中함을 是爲入不二法門이라 하나이다."

妙意菩薩曰 묘의보살이 말했다.

眼色爲二 안(眼)과 색(色)을 둘이라고 합니다.

눈과 눈의 대상인 색을 둘이라 합니다. 여기서는 육근(六根) 중의 안과 그 대상인 색을 대비시키고 있습니다.

若知眼性 於色不貪不恚不癡 是名寂滅 그러나 안(眼)의 본성이 공하

다는 것을 알고 색에 대해 탐심(貪心)과 진심(瞋心)과 치심(癡心)을 내지 않으면 이것을 일컬어 적멸이라고 합니다.

如是 耳聲鼻香舌味身觸意法爲二 이와 같이 이(耳)와 성(聲), 비(鼻)와 향(香), 설(舌)과 미(味), 신(身)과 촉(觸), 의(意)와 법(法)을 둘이라고 합니다.

육근 중의 이·비·설·신·의와 각각 그 대상인 성·향·미·촉·법을 상대적으로 대립시켜 놓고 있죠.

若知意性 於法不貪不恚不癡 是名寂滅 그러나 의(意)의 본성이 공하다는 것을 알고 법에 대해 탐심과 진심과 치심을 내지 않으면 이것을 일컬어 적멸이라고 합니다.

安住其中 是爲入不二法門 이 적멸에 안주하는 것을 입불이법문이라 합니다.

그러니까 여기도 『반야심경』의 '無眼耳鼻舌身意 無色聲香味觸法(무안이비설신의 무색성향미촉법)'이라는 설명이 저절로 나와 있는 것을 아시겠죠. 이 탐·진·치라는 놈 때문에 안·이·비·설·신·의가 색·성·향·미·촉·법을 대할 때 문제가 되는 것이지, 탐·진·치만 없으면 안·이·비·설·신·의와 색·성·향·미·촉·법이 마주쳐도 문제될 것이 없는 거예요. 여기서 '적멸'이라는 것은 없어진다는 이야기가 아니라 걸림이 없고 무애(無礙)하게 되는 것을 말하는데, 그것이 입불이법문입니다.

(20)

無盡意菩薩이 曰하되, "布施와 廻向一切智를 爲二라 하나,
布施의 性이 卽是 廻向一切智의 性이며,
如是 持戒·忍辱·精進·禪定·智慧와 廻向一切智를 爲二라 하나,
智慧의 性이 卽是 廻向一切智의 性이니,

於其中에 入一相者를 是爲入不二法門이라 하나이다."

여기도 중요한 이야기입니다. 여기에는 육바라밀다가 문제되고 있습니다. 보시가 맨 처음에 나오고, 그 다음에 지계, 인욕, 정진, 선정, 지혜의 순으로 되어 있습니다. 육바라밀다가 전부 다 회향일체지(廻向一切智)가 되어야 한다고 하고 있어요.

無盡意菩薩曰 무진의보살이 말했다.

布施廻向一切智爲二 보시와 일체지로 회향하는 것을 둘이라고 한다.

布施性 卽是廻向一切智性 그러나 보시의 본성은 곧 일체지로 회향하는 것의 본성과 같은 것이다.

보시를 왜 하느냐? 왜 베풀어주느냐? 뇌물 주는 것을 한번 생각해 봅시다. 뇌물은 보시가 아닙니다. 뇌물은 윗사람이나 권력 있는 사람에게 바치는 대신 자기에게 이익이 되는 것을 얻으려고 하는 것이죠. 아랫사람에게 선물 주는 것도 가만히 생각해 보면 그 사람을 잘 구워삶으려고 하는 거잖아요. 그런 선물이 아닌 것도 물론 있죠. 좋은 의미의 선물도 있습니다. 그런 진정한 의미의 보시는 일체지로 회향하는 것이라고 했어요. 일체지(一切智), 부처님이 얻은 지혜를 말하죠. 모든 것에 대해서 잘 알고 있고, 행해야 하는 모든 법도 잘 알고 있고, 또 그렇게 법을 행하고 있는 것입니다. 그런 것이 되도록 그 쪽을 향해서 가는 것을 회향이라고 했단 말이에요. 그러니까 자기완성의 길, 혹은 세계 성취의 길이라고 할 수도 있고, 혹은 인간사회의 복지와 평화의 구현을 위한 길이라고 해도 좋겠어요. 이 세상을 평화로운 세상으로 만드는 데 있어서 인간 개개인이 스스로 온전한 자세를 다 갖추기 위해서는 보시를 해야 하고, 지계를 해야 하고, 인욕·정진·선정·지혜의 육바라밀다를 해야 한다는 이야기입니다. 지금 여기는 보시의 성(性), 본질만 이야기했는데, 이제 아래에서는 지혜의 본성을 이야기합니다.

如是 持戒 · 忍辱 · 精進 · 禪定 · 智慧 廻向一切智爲二 이와 같이 지계, 인욕, 정진, 선정, 지혜와 일체지로 회향하는 것을 둘이라고 합니다.

智慧性 卽是廻向一切智性 그러나 지혜의 본성은 곧 일체지로 회향하는 것의 본성과 같은 것입니다.

於其中入一相者 是爲入不二法門 이런 사실을 알고 하나의 상(相)을 깨닫게 되는 것을 입불이법문이라 합니다.

보시와 지혜, 두 가지만 이야기했지만, 지혜, 인욕 등 육바라밀과 모두의 본성이 바로 일체지로 회향하는 것의 본성과 같다는 것이죠. 보시의 참된 의미, 지혜의 참된 의미가 곧 회향일체지다, 이렇게 하나라고 깨달을 때 입불이법문에 들어가게 된다는 이야기입니다.

(21)

深慧菩薩이 曰하되, "是空과 是無相과 是無作을 爲二라 하나,
空卽無相이요 無相卽無作이라.
若空 · 無相 · 無作이면 則無心 · 意 · 識이니,
於一解脫門이 卽是三解脫門者면 是爲入不二法門이라 하나이다."

深慧菩薩曰 심혜보살이 말했다.

是空 是無相 是無作 爲二 공과 무상과 무작을 둘이라고 합니다.

공(空)과 무상(無相)과 무작(無作)이라는 말은 경전을 보면 여기저기에 많이 나옵니다. 또는 공, 무상, 무원(無願), 이렇게 나올 때도 있습니다. 또 어떤 경우에는 무원 대신에 무기(無起)가 나오기도 하죠. 마지막 것이 조금씩 다르게 표현될 뿐, 공과 무상, 이 두 낱말은 언제든지 그대로 열거되고 있습니다. 이 세 가지 것은 사실은 하나의 세 가지 측면을

이야기하고 있는 것이지 세 가지가 별개의 것이라고 생각하면 안 되는 것이죠. 그것을 이제 이야기하는 것입니다.

空卽無相 無相卽無作 그러나 공이 곧 무상이고, 무상이 곧 무작입니다.

若空無相無作 則無心意識 만약 공이고 무상이고 무작이면, 심·의·식도 없게 되는 것입니다.

여기 심(心)·의(意)·식(識)은 citta, manas, vijñāna입니다. 이 세 가지는 유식학파에서 주로 하는 이야기인데, 이때는 아직 유식학파가 성립되기 이전인데도, 여기 이미 나오고 있습니다. 심·의·식, 이것이 바탕이 되어서 유식사상이 나타나게 되죠. 심은 알라야식(제8식), 의는 마나스식(제7식), 식은 제6식과 전(前)5식을 합친 것이라고 생각하면 되겠어요. 그런데 여기서는 심, citta라고 하고 있지, 알라야니 하는 말은 아직 쓰지 않았습니다. citta라는 말은 알라야라는 말보다 조금 더 넓은 의미이고 조금 덜 전문적인 용어입니다. 알라야식이라는 것은 유식학파에서 만들어 낸 말이에요. 『대승기신론』에서는 이 두 가지를 다 쓰죠. '심·의·식'도 쓰고, 또 이 심을 '일심'이라고 하기도 합니다. '일심'은 알라야식만이 아니라 제7식, 제6식, 전5식, 이것들을 전부 다 망라하는 마음을 가리키는 말로 쓰고 있어요. 그러면서 동시에 알라야식도 이 심이라는 말로 이야기하고 있습니다. 공이고 무상이고 무작이면, 이 심·의·식도 없는 것이라고 했습니다.

於一解脫門 卽是三解脫門者 是爲入不二法門 세 가지 해탈의 문이 하나의 해탈문으로 들어옴을 아는 것을 입불이법문이라 합니다.

하나의 해탈문이 세 가지 해탈문처럼 되어 있다, 이렇게 해석할 수도 있습니다. 삼해탈문(三解脫門)이라는 것이 다름 아니라 바로 공, 무상, 무작의 세 가지입니다. 공, 무상, 무작이라는 말 다음에 각각 '삼매'라는 말이 붙어서 공삼매, 무상삼매, 무작삼매가 된다고 이해해도 좋겠어요. 그래서 이것을 삼삼매(三三昧)라고도 하죠. 삼매에 들어갈 때는 이 세 가지에 다 들어가는 것이지 어느 하나에만 들어가는 것은 아니라는 이야기입니다. 그래서 삼매가 곧 해탈이라는 이야기도 되는 셈입니다.

우리가 발원(發願)한다고 하는데, 발원한다는 것도 참 우스운 겁니다. 사실은 발원한다거나 기도한다거나 하는 것도 다 생각을 일으키는 거죠. 생각을 일으키면서 이런저런 잡된 생각을 많이 섞어서 합니다. 사실 그것은 입만 놀리는 거지 생각은 순수하지 않다고 볼 수 있어요. 그런 발원이나 기도 가지고는 아무 일도 못 하고, 사실은 뭐가 일을 하느냐 하면, 삼매죠. 삼매 속에 들어가면 일은 다 저절로 되는 거예요. 그저 마음이 하나가 되어야 하는 거다, 이 삼매에 들어가는 것이 언제든지 제일 중요한 거다, 이렇게 이야기할 수 있겠습니다.

이 불이법문이라는 것은 모든 일에서 이러쿵저러쿵 말만 하지 말라, 무슨 일이든지 삼매가 제일 중요하다, 이것을 강조하는 것입니다. 물론 그것을 분석해 보면 이 세 가지로 설명이 되겠죠. 진짜 삼매가 되려면, 공이라고 하는 자각이 없이는 안 되는 것입니다. 또 무상(無相), 어떤 눈앞에 있는 대상에 대해서 상을 보고 있어도 안 되고, 그 상에 사로 잡혀 있어도 안 됩니다. 또 무작(無作), 작함이 없다고 하는 것은 인위적이지 않은 것을 말하죠. 인위적이라고 하는 것은 언제든지 거짓이 따른다는 이야기인데, 그런 거짓이 따르는 상태는 진짜 삼매라고 할 수 없다는 것입니다.

(22)

寂根菩薩이 曰하되, "佛·法·衆을 爲二라 하나,

佛卽是法이요 法卽是衆이며, 是三寶가 皆無爲의 相이라.

與虛空等이며 一切法도 亦尒하니,

能隨此行者면 是爲入不二法門이라 하나이다."

寂根菩薩曰 적근보살이 말했다.

佛法衆爲二 불·법·중, 이 셋을 둘이라고 합니다.

불(佛)·법(法)·중(衆), 이 셋을 서로 별개의 것이라고 한다는 이야기죠. 여기 불·법·중을 불·법·승이라고 고쳐서 읽을 필요는 없어요. saṃgha를 '중(衆)'이라고 번역한 겁니다. 그러니까 스님을 중이라고 하는 말이 여기서 나왔다고 생각해도 되죠. 중이란 말이 요새는 나쁘게 들릴지 모르지만, 옛날에는 결코 나쁜 뜻이 아니었어요. '사홍서원'에서 '중중존(衆中尊)'이라고 할 때도 '衆'자를 썼죠. saṃgha가 '공동체'라는 말이고, 그래서 '화합중(和合衆)'이라고도 하잖아요.

佛卽是法 法卽是衆 그러나 불이 곧 법이요, 법이 곧 중입니다.

우리가 지난 해(1992년) 말에 '귀의삼보(歸依三寶)' 문제를 가지고 국제학술회의를 했는데, 삼보에 대한 언급이 『유마경』에서도 여러 번 나왔죠. 이제 이다음에 「보살행품」, 「견아촉불품」, 이런 데에도 불·법·중 삼보에 대한 『유마경』의 생각이 나옵니다. 불·법·중을 따로따로 별개의 것이라고 생각하면 안 된다는 입장이죠. 이런 해석을 소위 '일체삼보(一體三寶)', '동체삼보(同體三寶)'라고 합니다. 국제학술회의 논문집에 보시면 제 논문의 끄트머리에 아주 중요한 참고 인용문이 있습니다.[2)]

그것을 참고로 하면 좋겠습니다.

불이 곧 법이요, 법이 곧 불이고, 법이 곧 중이고, 중이 곧 법이 돼야 하는 거죠. 이것이 그렇지 않아서 탈이에요. 불·법·중 사이에 어떤 차별

---

2) 「불교도, 무엇을 믿고 어떻게 살아야 할 것인가?」, 『불교연구 9집』(한국불교연구원, 1993), p. 130.

이나, 맞지 않는 것이 있다면 거기 뭔가 잘못이 있는 거라고 생각합니다.

是三寶 皆無爲相 與虛空等 이 삼보는 다 무위의 상이어서 허공과 같은 것입니다.

이 삼보가 다 무위(無爲)의 상(相)이어야 합니다. 유위의 상은 진짜 삼보가 아니라, 이름만의 삼보, 형상만의 삼보라고 했단 말이에요. 그러니까 이름만의 삼보, 형상만의 삼보를 받들면 안 된단 말입니다. 물론 알맹이가 있고 이름도 형상도 있다면 그것이 가장 바람직하겠지만, 알맹이는 없는데 겉도는 이름만 있고 형상만 있다면 이것은 문제가 되죠. 그래서 무위의 상이라야 하는 겁니다. 이름이니 형상이니 하는 것은 무위의 상이 아닙니다. 무위의 상이라는 것은 상 아닌 상이죠. 상이 아닌 상이 실상(實相)입니다. 말하자면 허공과 같은 겁니다. 與虛空等(여허공등), 허공과 같은 것이다. 그래서 부처를 설명할 때, 불·법·승을 설명할 때 허공과 같은 것이라고 늘 이야기해 왔습니다.

一切法亦尒 能隨此行者 是爲入不二法門 일체법이 또 그와 같으니 이와 같이 알고 행하는 것을 입불이법문이라 합니다.

(23)

心無礙菩薩이 曰하되, "身과 身滅을 爲二라 하나, 身卽是身滅이니라.
所以者何뇨 하니, 見身實相者는 不起見身 及見滅身이니,
身與滅身이 無二無分別이니라.
於其中에 不驚不懼者면 是爲入不二法門이라 하나이다."

心無礙菩薩曰 심무애보살이 말했다.

身身滅爲二 身卽是身滅 몸과 몸의 소멸을 둘이라고 합니다. 그러나 몸은 곧 몸의 소멸인 것입니다.

'身(신)', 몸이 있는 것과 '身滅(신멸)', 몸이 없어졌다는 것은 둘이 아니냐는 이야기를 하는데, 몸이 있다 하지만 사실은 없는 것이죠.

所以者何 見身實相者 不起見身及見滅身 왜냐하면 몸의 실상을 볼 줄 아는 사람은 몸을 보았다는 생각도, 몸을 멸했다는 생각도 일으키지 않기 때문입니다.

身與滅身 無二無分別 몸과 몸의 소멸은 둘이 아니고 분별할 수 없는 것입니다.

於其中不驚不懼者 是爲入不二法門 이렇게 보고 놀라거나 두려워하지 않는 것을 입불이법문이라 합니다.

(24)

上善菩薩이 曰하되, "身 · 口 · 意 善을 爲二라 하나,
是三業은 皆無作相이니라
身無作相이 卽口無作相이며, 口無作相이 卽意無作相이라.
是三業의 無作相이 卽一切法의 無作相이니라.
能如是 隨無作慧者는 是爲入不二法門이라 하나이다."

上善菩薩曰 상선보살이 말했다.

身口意善爲二 신·구·의 삼업을 닦는 것을 둘이라고 합니다.

여기서 '身口意善(신구의선)'은 '身口意業(신구의업)'이 아닌가 생각할 수도 있는데, 고려대장경에도 이렇게 되어 있습니다. 티베트본에서는 '善'이 산스크리트어로 saṃvara에 해당하는 말로 되어 있어요. saṃvara는 '지킨다'는 뜻의 명사입니다. 현장은 이 말을 '律義(율의)'라고 번역하고 있어요. 그러니까 신·구·의 삼업을 지키고 닦는 것이라고 할 수 있죠.

是三業 皆無作相 그러나 이 삼업은 다 무작(無作)의 상을 띠고 있습니다.

身無作相 卽口無作相 口無作相 卽意無作相 신(身)의 무작상은 곧 구(口)의 무작상이고, 구의 무작상은 곧 의(意)의 무작상입니다.

是三業無作相 卽一切法無作相 이 삼업의 무작상이 곧 일체법의 무작상입니다.

能如是隨無作慧者 是爲入不二法門 능히 이와 같이 무작이라는 상을 따라 지혜로워진 것을 입불이법문이라 합니다.

신·구·의를 삼업(三業)이라고 하죠. 신업(身業)은 일하는 것, 행동하는 것이고, 구업(口業)은 말하는 것, 의업(意業)은 생각하는 것입니다. 이 세 가지 업, 혹은 이 세 가지 업을 지키는 것이 사실 무작(無作)이라야 한다는 거예요. 하는 일이 없는 거다. 무작상(無作相)이라고 보아야 한다. 삼업의 무작상이 즉 일체법의 무작상이다. 이것은 무엇을 보라는 이야기냐 하면, 세속의 입장에서만 보면, 모든 것이 전부 다 작위(作爲)인 것 같고, 일어나고 있고, 행해지고 있고, 다 업보가 있는 것 같아도, 영원한 실상을 보면 공이라는 겁니다. 그 영원한 실상을 볼 줄 알아야 한다는 이야기입니다.

그러니까 신·구·의 삼업을 하지 말라는 이야기가 아닙니다. 우리들의 생각과 말과 행동이 무작상(無作相)에 일치하는 생각과 말과 행동이 되면 되는 거거든요. 그러니까 어떤 인위적인 목적의식이나 순수하지 못한 잡된 의식이라든가 그런 것이 섞여 있는 상태에서 생각하고 말하고 행동하는 것은 무작상이 아니죠. 그렇게 하면 안 된다는 겁니다.

(25)

福田菩薩이 曰하되, "福行과 罪行과 不動行을 爲二라 하나,

三行의 實性이 卽是空이니라.

空이면 則無福行이요, 無罪行이면 無不動行이니,

於此三行에 而不起者는 是爲入不二法門이라 하나이다."

福田菩薩曰 복전보살이 말했다.

이 보살도 다른 데는 거의 나오지 않는 이름입니다. 매번 주제와 맞추어서 아주 잘 붙였어요. 복에 관심이 많은 보살이죠. 복 받으려고 불교 믿는 사람들은 불상을 복전이라고 생각하고, 스님을 복전이라고 생각하고 많이 갖다가 바치죠. 하, 이상한 옷 입고, 점도 칠 줄 알고, 거짓말도 슬슬 하고 그래야 복전인 줄 안단 말이에요. 진짜 복전이 무엇인지 들어보세요.

福行罪行不動行爲二 복행과 죄행과 부동행을 둘이라고 합니다.

이렇게 하면 복을 받는다는 것이 복행(福行)이고, 이렇게 하면 죄가 된다는 죄행(罪行)입니다. 또 복도 아니고 죄도 아닌 행위를 부동행(不動行)이라고 합니다. 복행은 욕계(欲界)의 선행을 이야기하고, 죄행은 삼악도(三惡道)의 죄행을 이야기한다고도 합니다. 이 두 가지는 욕계의 이야기죠. 또 부동행이라는 것은 색계(色界)·무색계(無色界)의 행이라고 하는데, 색계와 무색계라는 것은 이미 큰 죄는 짓지 않게끔 된 참선수행자들의 세계거든요. 물론 삼계(三界)라는 것이 다 사람들이 망상으로 만들어낸 것이고 허망한 것이니까 이런 데 집착할 필요는 없습니다. 어쨌든 '이것은 복 받는 행위다' 이런 생각으로 좋은 일 하려고 하는 사람들은 유치한 사람들이죠. 그런 사람들이 어디에 많냐 하면 불교에 많단 말이에요. 뭐 예수교인도 다 하늘나라에 가서 복 받으려고 하니까 마찬가지이긴 하지만. 그렇게 복 받고 안 받고가 문제가 아니라 내가 해야 하니까 한다, 이렇게 하는 것이 진짜 부처님의 가르침이죠. 복 같은 것은 생각하지 말고 하라. 그러면 저절로 다 생긴다. 하기는 머리 좋은 사람은 이런 말도 잘 기억해 두었다가 결국은 복 받는 거니까 하면서 계산할는지 모르지만요. 그런 생각 없이 해야 마음이 맑고 깨끗한 증거이고 진짜 올바른 청정행이 되는 겁니다.

복행과 죄행과 부동행을 분별해서 생각하는 사람들이 있단 말이에요.

三行實性卽是空 그러나 세 가지 행의 실성은 곧 공입니다.

空則 無福行 無罪行 無不動行 공이므로 복행도 죄행도 부동행도 없는 것입니다.

그 세 가지 행위라는 것이 뭐 남는 게 하나도 없어요. 행위라고 했으니까 신업(身業)이겠는데, 물론 확대해석하면 신·구·의 삼업 전부 다라고 할 수 있겠지만, 그 세 가지 행위에 무엇이 남는다고 자꾸 생각하면 안 돼요. 행(行)이라고 하는 것은 전부 다 인연 속에서, 인과관계 속에서 벌어질 뿐입니다. 일단 인과관계를 떠나면 그 행위나 말은 다 공중에서 흩어져 없어지죠. 황사와 더불어 일본으로 건너갔어요. 남아 있는 것이 없습니다. 사람들의 가슴속에는 남아 있을지도 모르죠. 사람들의 의식 속에 기억으로 박혀 있을지는 몰라요. 그러나 그 자체로 보면 없는 거란 말이에요.

於此三行 而不起者 是爲入不二法門 이 세 가지 행에 대해 생각을 일으키지 않는 것을 입불이법문이라 합니다.

그러니까 이것은 복 받는 행위고, 이것은 죄 받는 행위고, 이것은 부동의 행이다 하는 것은 없는 것이니, 이 세 가지 행에 대해서 어떤 마음도 일으키지 말라는 거죠. 현실 속에서 이것이 즉각적으로 자연히 이루어져야 하는 것입니다. 물론 그렇게 하다 보면, 좋은 일 하면 좋은 결과가 생기는 것도 사실이고, 나쁜 일 했을 때는 나쁜 결과가 생기는데, 전부가 다 인과관계 속에서 벌어지는 것입니다. 그것을 깨달아야 돼요. 그 행위 자체가 남아서 언제든지 복을 주러 따라다니고, 화를 주려고 벼르고 있고 그런 것은 아니라는 겁니다.

그러니까 항상 '내가 과거에 잘못을 저질렀는데' 하면서 그 과거에 지은 업에 대해 불안과 공포에 싸여서 '이걸 어떻게 할까? 어떻게 할까?' 고민하고 있으면 안 된다고 했거든요. 공포에 싸여 있지 말고, 잘못한 것이 있으면 그 대신에 좋은 일을 많이 해서 빨리 그것을 지워 없애도록 하는 수밖에는 없는 거예요. 자꾸 그것만 생각하면서 아무 일도 안 하고 거기에만 매달려 있으면 안 되는 겁니다. 그런 것은 없다는 공도리를 지금 여기에서 이야기하고 있습니다. 그 공도리를 모르면 안 된다는 거예요.

(26)

華嚴菩薩이 曰하되, "從我起二함을 爲二라 하나,
見我實相者는 不起二法이니라.
若不住二法이면 則無有識이요 無所識者니,
是爲入不二法門이라 하나이다."

華嚴菩薩曰 화엄보살이 말했다.

從我起二爲二 나를 내세움으로써 생겨나는 나와 나 아닌 것을 둘이라고 합니다.

見我實相者 不起二法 그러나 나의 실상을 아는 자는 두 가지 법을 일으키지 않습니다.

若不住二法 則無有識 無所識者 만약 두 가지 법에 머무르지 않으면 식(識)이 없고, 식(識)하는 대상도 없습니다.

'有識(유식)'은 주관의 식이고, '所識(소식)'은 객관의 법이라고 할 수 있습니다.

是爲入不二法門 이것을 입불이법문이라 합니다.

(27)

德藏菩薩이 曰하되, "有所得의 相을 爲二라 하나,

若無所得이면 則無取捨니라.

無取捨者를 是爲入不二法門이라 하나이다."

德藏菩薩曰 덕장보살이 말했다.

有所得相爲二 모든 대상을 둘이라고 합니다.

若無所得 則無取捨 만약 제법이 무소득(無所得)이면, 취하거나 버리는 바가 없습니다.

無取捨者 是爲入不二法門 이렇게 취하고 버림이 없는 것을 입불이법문이라고 합니다.

(28)

月上菩薩이 曰하되, "闇與明을 爲二라 하나,

無闇이요 無明이면 則無有二니라.

所以者何뇨 하니, 如入滅受想定하면 無闇無明이니,

一切法相도 亦復如是라.

於其中에 平等入者면 是爲入不二法門이라 하나이다."

月上菩薩曰 월상보살이 말했다.

闇與明爲二 암흑과 광명을 둘이라고 합니다.

無闇無明 則無有二 그러나 암흑도 없고 광명도 없으면 둘이라는 것도 없습니다.

나는 암흑은 싫고 광명은 좋다, 그럴지 모르지만, 암흑도 아니고 광명도 아닌 것이 더 좋은 것이죠.

所以者何 如入滅受想定 無闇無明 一切法相 亦復如是 왜냐하면 멸수상정(滅受想定)의 삼매에 들면 암흑도 광명도 없기 때문입니다. 일체법의 상이 역시 그러합니다.

'멸수상정'이라는 것은 수상(受想)을 멸진(滅盡)하는 정(定)입니다. 수상은 색·수·상·행·식의 수·상이죠. 일체법의 상이 광명도 암흑도 아닌 그런 곳에 있단 말이에요. 공이라는 것의 의미가 그런 거라는 이야기입니다.

於其中平等入者 是爲入不二法門 이렇게 일체의 법상을 관하고 그 속에 평등하게 들어가는 것을 입불이법문이라고 합니다.

(29)

寶印手菩薩이 曰하되, "樂涅槃과 不樂世間을 爲二라 하나,
若不樂涅槃하고 不厭世間하면 則無有二이니라.
所以者何뇨 하니, 若有縛이면 則有解요,
若本無縛이면 其誰求解하리요, 無縛無解하면 則無樂厭이니,
是爲入不二法門이라 하나이다."

寶印手菩薩曰 보인수보살이 말했다.

樂涅槃不樂世間爲二 열반을 좋아하는 것과 세간을 좋아하지 않는 것을 둘이라 합니다.

여기서 세간이라는 것은 saṃsāra입니다. 생사윤회입니다.

若不樂涅槃 不厭世間 則無有二 그러나 열반을 좋아하는 것도 아니고, 또 세간을 싫어하는 것도 아니면 곧 둘이 아닌 것입니다.

所以者何 若有縛 則有解 若本無縛 其誰求解 왜냐하면 결박된 상태가 있으면 해탈이 있겠지만, 본래 결박된 것이 아니라면 그 누가 애써 해탈하기를 바라겠습니까?

無縛無解 則無樂厭 是爲入不二法門 결박이 없고 해탈이 없으면 좋아하고 싫어하는 일도 없는 것이니, 이것을 입불이법문이라 합니다.

(30)

珠頂王菩薩이 曰하되, "正道와 邪道를 爲二라 하나,
住正道者는 則不分別 是邪 是正하나니,
離此二者를 是爲入不二法門이라 하나이다."

珠頂王菩薩曰 주정왕보살이 말했다.

正道邪道爲二 정도(正道)와 비도(非道)를 구별하여 둘이라 합니다.

住正道者 則不分別是邪是正 그러나 진실로 정도에 확고히 서게 되면, 사(邪)와 정(正)을 분별하지 않는 것입니다.

離此二者 是爲入不二法門 이 두 가지 차별의식을 떠나는 것을 입불이법문이라 합니다.

(31)

樂實菩薩이 曰하되, "實과 不實을 爲二라 하나,
實見者는 尙不見實하나니 何況非實하리오.
所以者何뇨 하니, 非肉眼의 所見이요, 慧眼이라야 乃能見이니,
而此慧眼은 無見이요 無不見이니라. 是爲入不二法門이라 하나이다."

樂實菩薩曰 요실보살이 말했다.

實不實爲二 실(實)과 부실(不實)을 둘이라고 합니다.

實見者 尙不見實 何況非實 그러나 실을 보는 자는 실을 보지 못하는 것이니, 어찌 하물며 비실을 보겠습니까?

진실이라는 것의 실상을 보는 사람은 진실이라는 것 자체를 보지 못합니다. 그러니 어찌 하물며 진실 아닌 허위, 부실(不實)이라는 것을 보겠습니까?

所以者何 非肉眼所見 慧眼乃能見 而此慧眼無見 無不見 왜냐하면 육안이 아닌 혜안이라야 볼 수 있는 것이기 때문입니다. 그러나 이 혜안에는 본다, 못 본다 하는 것이 없습니다.

是爲入不二法門 이것을 입불이법문이라 합니다.

이렇게 지금까지 서른한 명의 보살들이 각각 이야기했고, 그 다음에 문수사리보살에게 물어 봅니다. 그래서 문수사리가 서른두 번째로 대답을 하죠.

(32)

如是 諸菩薩이 各各說已하고 問文殊師利하되,
"何等이 是菩薩의 入不二法門이오" 하니라.
文殊師利 曰하되,
"如我意者로는 於一切法에 無言無說하며 無示無識하여
離諸問答을 是爲入不二法門이라 하나이다" 하니라.

如是 諸菩薩各各說已 問文殊師利 이와 같이 여러 보살들이 제각기 나름대로 입불이법문을 설하고 나서 문수사리에게 물었다.

何等是菩薩入不二法門 문수사리여, 보살의 입불이법문은 어떤 것입니까?

文殊師利曰 문수사리가 말했다.

如我意者 於一切法 無言無說 無示無識 離諸問答 是爲入不二法門 내 생각으로는 일체법에 대해 말하지 않고, 설하지 않고, 보여주는 바 없고, 식별하지 않고, 모든 문답을 떠나는 것을 입불이법문이라 합니다.

(33)

於是에 文殊師利가 問維摩詰하되,
"我等이 各自說已하니 仁者는 當說하소서,
何等이 是菩薩의 入不二法門이나이까" 하니,
時에 維摩詰이 默然無言이라.
文殊師利가 歎曰하되, "善哉로다 善哉로다.
乃至無有 文字 語言이 是眞入不二法門이로다." 하니라.
說是入不二法門品時에 於此衆中에 五千菩薩이
皆入不二法門하고 得無生法忍하니라.

於是 文殊師利問維摩詰 이때 문수사리가 유마힐에게 물었다.

我等各自說已 仁者當說 何等是菩薩入不二法門 우리들은 각자 나름대로 설했습니다. 거사여, 당신이 말할 차례입니다. 무엇을 보살의 입불이법문이라 하겠습니까?

時維摩詰 默然無言 그때 유마힐이 아무 말 없이 침묵을 지켰다.

文殊師利歎曰 문수사리가 감탄하며 말했다.

善哉 善哉 乃至無有文字語言 是眞入不二法門 과연 옳습니다, 옳습니다. 문자와 말과 설명, 그런 것이 일체 없는 것이 진짜 입불이법문인 것입니다.

說是入不二法門品時 於此衆中 五千菩薩 皆入不二法門 得無生法忍

이와 같이 입불이법문을 설할 때 대중들 중에 있던 오천 명의 보살들이 다 불이법문에 들어 무생법인을 얻었다.

時維摩詰 默然無言(시유마힐 묵연무언), 여기가 제일 중요한 대목이죠. 유마거사의 대답은 뭔고 하니 침묵입니다. 말을 안 한 거예요. 입불이법문의 극치는 침묵을 지키는 겁니다. 여기서 우리가 무엇을 생각해야 하느냐 하면, '입불이(入不二)'라고 하는 것이 불교의 가장 중요한 목표이자 종점이라고 할 수 있는데, 그 목표를 달성하기 위한 방법이 제시되어 있는 것입니다. 바로 침묵이죠. 그것을 구체적으로 실천한 사람들이 누구냐? 누구입니까? 선 수행을 해 가는 사람들이죠. 사실은 말을 많이 하는 것은 소용이 없는 거예요. 묵묵히 수행해 가는 사람이 제일입니다. 그래서 유마거사 하면 입을 딱 다물고 침묵을 지킨 보살로 형용되기도 합니다.

원효대사는 유마거사를 '두구대사(杜口大士)', '목격장부(目擊丈夫)'라고 했습니다. 『대승기신론소』에 이런 말이 나옵니다. '두구대사, 목격장부가 아니고서야 누가 이 대승의 참 뜻을 알겠는가?'라고 하죠. '두구대사'의 '杜'자가 입을 닫는다는 말이죠. '두문불출(杜門不出)'이라고 하지 않습니까? '대사'라는 것은 보살이란 말이에요. '목격장부'의 '목격'이란 것은 목격자가 아니라 진짜 눈으로, 진짜 지혜의 눈으로 봤다는 말이죠. 그러니까 우리가 경 공부를 하지만, 이 경 공부는 결국 두구하고 목격하기 위한 준비과정이라고 할 수 있습니다. 이것이 수반되지 않으면 소용이 없는 것이죠.

이제 다섯 품이 남아 있지만, 뭐 짤막짤막한 것이니까 오래 끌지 않고 끝내려고 합니다. 깊은 뜻을 세밀히 음미하려면 한없이 걸리겠지만, 일단 끝을 맺어야죠. 그 다음에 『임제록』을 공부하겠지만, 『임제록』을 공부하다 보면 역시 중요한 것은 경전이구나 하는 것을 새삼 느끼게 될 거예요. 『유마경』을 다시 또 한 번 쫙 강의해서 여러분들을 전부 『유마경』 박사들이 되도록 만들었으면 좋겠다 싶은 욕심도 있어요. 그런 희망자가 있으면 내가 시간을 내서 더 심도 있게 가르쳐 드릴 용의가 있습니다. 허송세월하지 말고, 내가 죽은 다음에 공부하겠다 생각하지 말고, 열심히 하란 말입니다. 하하, 제가 언제 죽을지 몰라요. 자고 깨니까 뭐 돌아갔다 이런 경우도 있다고요. 사실입니다. 언제 갈지 모르는 겁니다. 그것이 언제든지 순식간에 온다고요. 예배당에서 부르는 노래에 '어둔 밤 쉬 되리니' 하는 구절이 있잖아요. 어둔 밤이 쉬 될 거니까 빨리들 공부하세요.

향적불품 香積佛品 第十

열 번째 「향적불품」의 중요한 주제는 먹는 것, 공양에 대한 이야기입니다. 우리가 '공양드린다'고 하는데, 육신을 먹여 살리는 것이 바로 음식이죠. 음식물 덩어리, 밥입니다. 그러나 부처님은 그런 음식물을 안 드세요. 법신 부처님에게는 밥 갖다 바칠 필요는 없고, 마음을 갖다 바쳐야 합니다. 마음의 뜻으로 밥을 갖다 바치는 수도 있기는 하겠지만, 유치한 방법이죠. 그래서 좀더 세련된 방법으로 꽃이다, 향이다 그런 것들을 바칩니다. 이 「향적불품」에서는 향반(香飯), 향만 먹고 사는 불보살들의 나라가 있고 그 나라에 계신 부처님을 향적(香積) 부처님이라고 했습니다. 그러니까 이 부처님에게는 색·수·상·행·식의 오온이 있을 턱이 없죠. 이 나라에 사는 주민들이 다 보살들인데, 그 보살들도 역시 향만 먹고 사는 것으로 되어 있습니다. 그것을 향반이라고 했는데, 향료를 뿌린 밥이란 말은 물론 아니죠.

우리들의 몸은 밥을 먹고 힘내서 여러 가지 기능들을 다 제대로 발휘할 수 있어야지, 아무 힘도 없고 다 죽어 가는 몸, 기능을 발휘하지 못하는, 좋은 일 하지 못하는 몸은 무슨 소용입니까? 그런 몸이 되기 위해서는 무엇을 먹어야 하느냐? 제일 중요한 것은 「예불문」에서 이야기하듯이 계의 향기, 정의 향기, 지혜의 향기, 해탈의 향기, 해탈지견의 향기를 먹는 것입니다. 이것을 오분법신(五分法身)이라고 하듯이, 이 다섯 가지가 갖추어지면 법의 몸이 저절로 이루어진다는 것입니다. 법의 몸이 저절로 이루어진다. 그러니까 육신을 가진 부처님도 계시죠. 그 분네들은 밥도 드셔야 되겠죠. 그밖에 맛있는 것도 마셔야죠. 그런 것을 다 먹되, 그것이 다 계·정·혜·해탈·해탈지견의 향기로운 것이 되도록 해야 한다는 것을 무엇보다 잊어서는 안 되겠습니다. 이제 첫머리에 그런 이야기들이 나옵니다.

이제 『유마경』의 본론인 '정종분(正宗分)'으로는 열 번째 「향적불품」

과 열두 번째 「견아촉불품」까지 세 품만이 남았습니다. 사실 『유마경』에서 제일 중요한 품으로는 바로 앞의 「입불이법문품」을 꼽습니다. 이 품이 『유마경』의 중심사상을 담고 있는 것이죠. 이 품 말고 다른 품에도 굉장히 깊은 내용이 담겨 있는데, 그 여러 가지 교훈들에 비한다면 지금부터 나오는 「향적불품」과 「보살행품」은 비교적 내용이 단순하다고 할 수 있어요.

1. 중향국과 향적여래

(1)
於是에 舍利佛이 心念하되,
'日時欲至하니 此諸菩薩이 當於何食인고'하니,
時에 維摩詰이 知其意하고 而語言하되,
"佛說八解脫하시니, 仁者가 受行이어늘, 豈雜欲食 而聞法乎아.
若欲食者면 且待須臾하라. 當令汝得未曾有食하리라" 하니라.

여기서 또 사리불이 불려 나옵니다. 좋은 역할은 아니에요. 골탕 먹는 겁니다. 전에도 사리불이 비슷한 역할을 했는데, 유마힐의 방에 와서 두리번두리번 하다가 속마음을 들켰었죠. 왜 두리번두리번 했느냐 하면, 이렇게 많은 사람이 들어오는데 방석도 없고 이 좁은 방에서 모두 다 어디 앉지 그랬단 말이에요. 그러자마자 당장 벼락이 떨어졌습니다. 당신은 법을 구하러 왔소? 앉을 자리를 구하러 왔소? 되게 얻어맞았어요. 지금 여기서는 '정오가 다 됐는데, 밥을 어떻게 먹지?'하고 생각한 것입니다. 원래 스님들은 정오가 지나면 밥을 못 먹게 되어 있었거든요. 계율상

'오후불식(午後不食)'이었습니다. 그러니까 '야, 이것 오늘 또 밥 굶나 보다' 이렇게 생각했을지도 모르죠.

於是 舍利佛心念 그때 사리불이 마음속으로 이런 생각을 했다.

日時欲至 此諸菩薩 當於何食 정오가 다 되어 가는데 이 많은 보살들이 무엇을 먹을까?

時維摩詰 知其意 而語言 그러나 유마힐이 사리불의 마음을 알아차리고 다음과 같이 말했다.

佛說八解脫 仁者受行 豈雜欲食 而聞法乎 부처님께서 여덟 가지 해탈에 관해 설법하셨고, 스님이 그 말씀을 받아 실천하고 있는 줄로 아는데, 어찌 무엇을 먹을까 하는 따위의 잡된 생각을 하며 법을 듣는 것입니까?

若欲食者 且待須臾 當令汝得未曾有食 배가 고파 먹고 싶다면 잠깐만 기다리십시오. 일찍이 맛보지 못한 음식을 먹을 수 있도록 할 것입니다.

유마힐이 사리불의 마음속을 읽고서 이렇게 이야기한 겁니다. 여덟 가지 해탈이라는 것은 바깥의 그 무엇에도 걸리지 않게끔 되었다는 이야기입니다.

(2)

時에 維摩詰이 卽入三昧하고 以神通力으로 示諸大衆하기를,

上方界分 過四十二恒河沙佛土에 有國名衆香하니 佛號는 香積이라.

今現在에 其國의 香氣는 比於 十方諸佛世界人天之香하여 最爲第一이요,

彼土에는 無有聲聞 辟支佛名하며 唯有淸淨大菩薩衆이더라.

佛爲說法하시니 其界一切가 皆以香作樓閣하고, 經行香地하고,

苑園이 皆香이며, 其食의 香氣는 周流十方 無量世界이더라.
時에 彼佛이 與諸菩薩과 方共坐食하니라.
有諸天子하니 皆號香嚴이며, 悉發阿耨多羅三藐三菩提心하고
供養彼佛 及諸菩薩하니, 此諸大衆이 莫不目見이더라.

時維摩詰 卽入三昧 以神通力 示諸大衆 그때 유마힐이 곧 삼매에 들어 신통력으로써 여러 대중에게 부처님 나라를 보여주었다.

上方界分 過四十二恒河沙佛土 有國名衆香 佛號香積 상방으로 42항하사 불국토를 지나 중향국이라는 나라가 있고 거기에는 향적이라는 부처님이 계시는데.

유마거사가 삼매에 들어 신통력으로 여러 대중들에게 부처님 나라를 하나 보여준 거예요. 중향국이라는 나라를 신통력으로 보여주었습니다. 이 중향국이라고 하는 나라가 실제로 있느냐 하는 질문이 있을 수 있는데, 여러분은 어떻게 생각하세요?

유마거사뿐 아니라 불보살들은 우리가 도저히 생각하지 못하는 수많은 세계들을 볼 수 있고, 보여줄 수 있는 능력이 있습니다. 그런데 우리도 그런 것이 가능하냐 하면, 우리 자신의 삼매와 신통력으로써도 가능해요. 그러니까 삼매와 신통력으로써 부처님 나라에 갈 수 있고, 부처님 나라를 보여줄 수도 있고, 무슨 일이든지 다 해낼 수 있는 겁니다. 그러나 보이지 않는다고 아무 것도 없다고 생각하지 말라는 겁니다. 그렇다고 지금 중향국이라고 하는 향적불의 국토가 여기 묘사된 대로 어떤 면적이나 부피를 가지고 실제로 존재하느냐 하면, 나는 그렇다고 생각하지 않습니다. 그것은 이 현실세상과 마찬가지로 가현(假現)으로서 볼 수 있는 것이지, 그것을 실재한다고 볼 수는 없습니다.

이 중향국이라고 하는 나라에 대한 설명을 들어 보면 상방으로 4항하사 불국토를 지나서 있다고 했습니다. '42항하사(恒河沙)'라는 것을 자연과학자들은 또 계산하고 싶겠지만, 구체적으로 셀 수 있는 숫자로 제시한 것은 아닙니다. '항하'라는 것은 갠지스 강이라는 말인데, '항하사'는 갠지스 강의 모래라는 뜻이죠. 갠지스 강의 모래알같이 많다는 말입니다. 그러니까 조그만 모래알 하나도 불국토라고 생각하고 있는 것이죠. 『화엄경』의 입장에서 말하면 일찰나(一刹那), 일찰토(一刹土)가 전부 다 부처님 나라거든요. 그리고 거기에 다 부처님이 계셔요. 미세한 찰진(刹塵)의 수효, 즉 미진수의 부처님이 계신다는 말입니다. 하나하나의 찰진수보다 더 많은 미진수로 자기 몸을 나누어서 나투신다는 말이 있습니다. 그러니까 모든 미립자가 전부 다 부처님이라고 하는 이야기예요. 시간과 공간의 미세한 것들이 전부 다 부처님입니다. 그런 것을 42항하사라고 한 겁니다.

'상방으로 42항하사 불국토를 지나서'라고 했는데, '상방으로'를 '위로', '하늘로'라고 할 수 있습니다. 그리고 '북쪽으로'라고도 할 수 있어요. uttara라는 말에 '상방'이라는 뜻도 있고, '북쪽'이라는 뜻도 있거든요. '북쪽으로'라고도 생각하고 싶은 까닭은 '중향국(衆香國)'이 산스크리트어로는 Sarvagandhasugandhā이기 때문입니다. sarva는 '모든'이라는 말이고, gandha는 '향', sugandha는 '훌륭한 향'이라는 뜻이에요. '모든 향 중에 가장 훌륭한 향'이라고 할 수 있습니다. 그런데 여기서 gandha라는 말이 간다라(Gandhāra)라는 지명을 떠올리게 한단말이에요. 이 간다라라고 하는 지방이 대승불교와 무관하지 않고 『유마경』과도 무관하지 않다고 생각할 수 있습니다.

또 여기서 이야기하는 향을 단순히 물질적인 향이라고만 생각해서는 안 됩니다. 도인이 앉았다 간 자리에서는 향내음이 난다는 이야기가 있어요. 여기서는 중향국(衆香國)이라는 나라가 있고 향적(香積)이라는 부처님이 있다고 했습니다. 향에는 여러 가지가 있지만, 꽃는 향 하나도 부처님이라고 볼 수 있는 거예요. 어제 우리가 감은사지에 갔을 때, 두 개의 탑은 옛날 모습 그대로 있지만 그밖에 남아 있는 것이라고는 주춧돌밖에 없었어요. 비록 건물은 없어졌지만, 부처님 계셨던 곳을 향해 절을 했습니다. 꼭 불상이 있어야만 하는 것은 아니죠. 허공이 부처님이고, 들녘에 핀 개나리도 부처님이고, 그러니까 그 모든 것이 부처님이라고 생각해도 좋습니다. 지금 향적 부처님도 그렇게 이해하면 된다는 말입니다.

계속 중향국에 대한 묘사가 이어집니다.

今現在 其國香氣 比於十方諸佛世界人天之香 最爲第一 지금 현재 그 나라의 향기는 시방 제불세계의 인 · 천의 향기에 비해 가장 뛰어난 향기를 내뿜고 있으며,

彼土 無有聲聞 辟支佛名 唯有淸淨大菩薩衆 그 불국토에는 성문이나 벽지불의 이름이 전혀 없고 오직 청정한 대보살들만이 있었다.

내가 또 내일까지 '내가 살고 싶은 마을'에 대해서 글을 써야 하는데, 말하자면 또 나를 시험에 넣는 거예요. 자칫 말 한마디 잘못하면 잡문 쓰는 것도 도에 어긋날 수가 있습니다. '내가 살고 싶은 마을에는 성문이나 벽지불이 없었으면 좋겠어. 보살들만 있는 마을이면 좋겠어. 그런 나라라면 좋겠어.' 그러나 이런 생각은 소극적인 생각이죠. 하, 마구니도 많고 그런 속에도 가서 살아야 한단 말이에요. 뒤에 보면 향적불의 나라에서 온 보살들이 유마거사에게 '석가모니 부처님의 사바세계와 향적 부처님의 중향국이 무엇이 다르냐'고 하니까, 유마거사는 사바세계의 백성들은 성질이 못되고 고약스러워서 '야, 너 이렇게 하면 지옥에 떨어진다. 너 이렇게 하면 인과응보 받는다' 그런 식으로 가르친다고 말하죠. 중향국의 보살들에게 '중향국에는 그런 고약한 중생들이 없어서, 너희들은

참 그런 것 모르는 세계에 산단다' 이렇게 가르칩니다. 그러니까 어떤 보살들은 '저희도 석가모니 부처님 나라에 가서 그런 일을 하고 싶습니다' 이렇게 이야기하는 사람들도 나타나고 그러죠.

佛爲說法 其界一切 皆以香作樓閣 經行香地 苑園皆香 其食香氣 周流十方 無量世界 부처님이 거기서 설법을 하시니 그 나라 구석구석에 향으로 만들어진 누각이 들어섰고, 경행(經行)을 하자 향기가 땅을 덮었으면, 숲과 동산이 다 향기로 가득 차고, 그곳의 음식은 향기였으며, 온통 시방의 무량세계를 감싸며 흐르고 있었다.

時彼佛與諸菩薩 方共坐食 그때 향적 부처님이 제 보살들과 함께 식사를 하고 계셨다.

식사를 어떻게 하겠습니까? 향기로운 이야기를 나누거나 그냥 앉아 있는 것으로 다 식사가 되는 것이겠죠. 안 잡수셔도 되는 것입니다.

有諸天子 皆號香嚴 悉發悉發阿耨多羅三藐三菩提心 供養彼佛 及諸菩薩 此諸大衆 莫不目見 천자들이 많이 있었는데, 다 향엄이라는 이름을 가지고 있었고, 모두 다 아뇩다라삼먁삼보리심을 발하고 그 부처님과 보살들에게 공양을 바치고 있었으니, 대중들은 빠짐없이 이 광경을 보았다.

향엄(香嚴)은 산스크리트어로 Gandhavyūha입니다. gandha가 향이고, vyūha가 장엄한다는 말이에요. 이 말은 『화엄경』「입법계품」의 이름이기도 합니다. 「입법계품」은 선재동자가 법계, 이 세상 속에 들어와 53 선지식을 만나면서 이 세상을 진리로운 세상으로 만드는 이야기죠. 선재동자가 법계를 진리의 세계로 만든다는 것이 다른 말로 '향으로 장엄한다'고 표현되어 있다고 할 수 있습니다. 그러니까 여기서도 이 『유마경』과 『화엄경』의 관계가 굉장히 밀접하다는 것을 알 수 있어요. 향엄이라는 이름을 가진 천자들이 보살을 도우면서 일하고 있다는 말입니다.

그 향엄천자들이 다 아뇩다라삼먁삼보리심을 발하고 부처님과 모든 보살들에게 공양을 바치고 있는 광경을 유마거사가 대중들에게 보여준 것입니다.

2. 화작(化作)보살의 활약

(3)

時에 維摩詰이 問衆菩薩言하되, "諸仁者여, 誰能致彼佛飯하리오" 하니,
以文殊師利의 威神力故로 咸皆默然하니,
維摩詰이 言하되, "仁은 此大衆이 無乃可恥오" 하니,
文殊師利가 曰하되, "如佛所言이 勿輕未學이로다" 하니라.

문수사리와 유마거사의 대화입니다. 여기서는 가시 돋친 말들이 왔다 갔다 합니다.

時維摩詰 問衆菩薩言 그때 유마힐이 보살대중에게 물었다.

諸仁者 誰能致彼佛飯 그대들 중에 누가 저 향적 부처님의 나라에 가서 탁발해 올 사람이 없겠습니까?

以文殊師利威神力故 咸皆默然 그러나 문수사리의 위신력 때문에 모두 아무 말도 못 하고 있었다.

지금 유마거사가 앉아 있고 대중들이 거기 쭉 둘러앉아 있습니다. 그 대중들의 우두머리가 누구냐 하면 문수사리입니다. 문수사리의 지혜는 유마거사와 대등할 정도이죠. 유마거사와 대등한 대화를 나눌 수 있는 유일한 사람이에요. 유마거사가 이 대중들에게 중향국의 광경을 보여주었거든요. 향적 부처님이 음식을 잡숫고 계신 것도 보여주었습니다. 그

래서 '그대들 중에서 누가 저 향적 부처님 나라에 가서 탁발을 해 올 사람이 없겠소?' 하고 유마거사가 물은 겁니다. '지금 점심시간이 다 돼 가는데, 누구 그곳의 음식을 좀 얻어 올 수 없겠소?' 그러나 문수사리의 위신력 때문에 아무도 말을 못하고 있습니다. 위계질서가 있어서 그런가 보죠. 또 '문수사리가 혹시 말하지 않겠나? 우리가 뭐 나설 필요 없겠다' 이렇게 생각했겠죠. 그러나 문수사리마저도 가만히 있었습니다.

維摩詰言 그러자 유마힐이 말했다.

仁 此大衆 無乃可恥 문수사리여, 그대는 이 대중이 부끄럽지 않습니까?

文殊師利曰 문수사리가 말했다.

如佛所言 勿輕未學 부처님께서 말씀하신 것처럼 아직 공부가 다 안 된 사람들을 가벼이 여기지 마시오.

문수보살이 '아직 공부 덜한 사람들이라고 해서 그렇게 가볍게 천하게 생각하지 마시오' 이렇게 유마거사에게 한 마디 했단 말입니다. 좀 어색하고, 어떻게 보면 좀 수준 얕은 소리인데, 부처님께서 아직 공부가 다 안 된 사람들을 경천(輕賤)히 여기지 말라고 말씀하셨던 것을 상기시킨 것입니다.

(4)

於是에 維摩詰이 不起于座하고 居衆會前에 化作菩薩하니,
相好光明하고 威德殊勝하여 蔽於衆會하더라.
而告之曰하되,
"汝往上方計分하여 度如四十二恒河沙佛土에 有國名衆香하고
佛號香積이니, 與諸菩薩과 方共坐食하니라.
汝往到彼하여 如我辭曰하되,

'維摩詰이 稽首世尊足下하고 致敬無量하며 問訊起居하기를
〈少病少惱하며, 氣力安不하나이다.
願得 世尊所食之餘하여 當於娑婆世界에 施作佛事하여
令此樂小法者를 得弘大道케 하고 亦使如來名聲을 普聞케 하고자 하나이다〉'" 하니라.

於是 維摩詰 不起于座 居衆會前 化作菩薩 그때 유마힐이 자리에서 일어나지 않고 앉은 채로 대중들 앞에 보살 한 사람을 만들어냈다.

相好光明 威德殊勝 蔽於衆會 상호가 빛나고 위덕이 수승한 것이 그 모임의 어느 누구도 따르지 못할 정도였다.

화보살(化菩薩), nirmita bodhisattva입니다. 가짜로 만든 보살이라는 뜻이죠.

而告之曰 그리고 유마거사가 이 화보살에게 말했다.

汝往上方計分 度如四十二恒河沙佛土 有國名衆香 佛號香積 與諸菩薩方共坐食 汝往到彼 如我辭曰 보살이여, 그대가 상방으로 42항하사 불국토를 지난 곳에 있는 중향국이란 나라, 향적 부처님이 계신 곳으로 가서 지금 제 보살들과 함께 앉아 음식을 드시고 계시는 그 부처님께 내 인사말을 다음과 같이 전하거라.

이제 인사말이 깁니다.

維摩詰 稽首世尊足下 致敬無量 問訊起居 少病少惱 氣力安不 유마힐이 세존의 발밑에 머리를 조아리고 한없는 존경심으로 예배하오니 지내시기가 어떠하신지요? 병과 괴로움이 적고, 기력이 편안하신지요?

願得世尊所食之餘 當於娑婆世界 施作佛事 바라옵건대, 세존이시여, 잡수시다 남은 음식을 얻어 사바세계에서 불사(佛事)를 베풀었으면 합니다.

令此樂小法者 得弘大道 亦使如來名聲普聞 작은 법을 좋아하는 그곳 사람들에게 대도(大道)를 널리 펴게 하고, 또 여래의 명성이 두루 시방에 널리 들려지게끔 하고자 합니다.

유마거사가 향적 부처님께 문안인사 여쭈라고 하면서 한 말 가운데 '소병소뇌(少病少惱)'라는 말이 있습니다. 이 말에 걸릴 사람이 있을 것 같은데, 부처님에게도 뭐 병이 있느냐, 부처님도 뭐 괴로워하느냐, 그런 의문이 있을 수 있지요. 여러분들은 어떻게 풀겠습니까? 부처님은 절대로 아프실 리가 없는데 왜 '소병소뇌'라고 했느냐? 이런 문안인사가 어디 있느냐?

부처님도 몸을 가진 분으로 태어나 있는 이상에는 '多病多惱(다병다뇌)'는 아니더라도 '소병소뇌'는 있다는 거예요. 부처님은 '소병소뇌'라도 그것 때문에 뭐 중생들처럼 괴로워하지 않는 것이 다르겠죠. 그것은 없는 것처럼 생각하겠죠. 다 그저 방편처럼 생각하면서 사시는 거예요. 육신이 있는 이상에는 병도 고뇌도 있습니다. 또 죽음이라는 현상도 있기는 있습니다. 그러나 그것은 어디까지나 인연 따라 생기고 있을 뿐입니다. 이것을 유념해야 하는 것입니다.

(5)

時에 化菩薩이 卽於會前에서 昇于上方하니 擧衆皆見이더라.

其去到衆香界하고 禮彼佛足하며 又聞其言하니,

"維摩詰이 稽首世尊足下하고 致敬無量하며 問訊起居하기를

'少病少惱하며, 氣力安不하나이다.

願得 世尊所食之餘하여 欲於娑婆世界에 施作佛事하고

使令此樂小法者를 得弘大道케 하고 亦使如來名聲을 普聞케 하고자 하나이다'" 하니라.

時化菩薩 卽於會前 昇于上方 擧衆皆見 그러나 화보살이 대중들이 모인 앞에서 위쪽으로 올라가니 모든 대중들이 다 이를 지켜보았다.

其去到衆香界 禮彼佛足 又聞其言 화보살은 중향세계에 이르러 향적 부처님의 발에 예배하고 유마힐의 인사말을 전했다.

維摩詰 稽首世尊足下 致敬無量 問訊起居 少病少惱 氣力安不 유마힐이 세존의 발밑에 머리를 조아리고 한없는 존경심으로 예배하오니 지내시기가 어떠하신지요? 병과 괴로움이 없고, 기력은 편안하신지요?

願得世尊所食之餘 欲於娑婆世界 施作佛事 바라옵건대 세존께서 잡수시다 남은 음식을 얻어 사바세계에서 불사를 베풀고자 합니다.

使令此樂小法者 得弘大道 亦使如來名聲普聞 작은 법을 좋아하는 그곳 사람들에게 대도를 널리 펴게 하고, 또 여래의 명성이 두루 시방에 널리 들리게끔 하고자 합니다.

유마거사에게 들은 대로 이렇게 똑같은 말을 되풀이해서 전했습니다. 일본의 메이지시대에 살았던 가또 세끼도(加藤咄堂)라는 사람이 있는데, 『유마경』만 공부한 분이었어요. 그 사람의 강의록인 『유마경강화(維摩經講話)』라는 책을 읽으면서 옛날 사람들도 미처 생각하지 못했던 것을 볼 수 있었습니다. 그것이 무엇이냐 하면, 이 문안 인사 가운데 세 가지 중요한 이야기가 있다는 거예요. 지금 세존께서 잡수시던 음식 남은 것을 얻어다가 세 가지를 하겠다고 한 것입니다. 첫째는 欲於娑婆世界(욕어사바세계)에 施作佛事(시작불사)하고, 둘째는 使此樂小法者(사차요소법자)를 得弘大道(득홍대도)케 하고, 셋째는 亦使如來名聲(역사여래명성)을 普聞(보문)케 하리다, 이 세 가지 일입니다. 위에서 이 부분에다 표를 해 두면, 나중에 읽을 때 이것이 그냥 한 말이 아니로구나 하는 것을 알 수 있을 겁니다.

여기서는 사바세계와 중향국을 대비해서 이야기하고 있는데, 현장의 번역에서는 사바세계를 '감인(堪忍)세계'라고 하고 있습니다. 감인, 감내한다, 인내한다, 그런 뜻이죠. 사바세계라는 말이 인도말로는 sahāloka이거든요. sahā(혹은 sabhā)라는 말에 '감인'이라는 뜻이 있습니다. 구마라집은 그냥 음을 따서 사바(娑婆)세계라고 했고, 현장은 뜻을 따서 감인세계라고 한 거예요. 이제 뒤에서 사바세계에 대한 설명이 많이 나옵니다. 사바세계의 성격에 대해서 설명을 잘 들을 수 있어요.

이에 비해 중향국(衆香國)이라는 나라는 실지로 어디 있는 것은 아니지만, 비유를 들어서 이상적인 나라가 있다고 한 것이죠. 모든 향이 아주 아름다운 향기를 뿜는 곳이라는 뜻입니다. 굉장히 상징적인 의미를 가졌다고 할 수 있는데, 그 나라에는 잘못 살고 있는 중생이 없다고 했어요. 그러니까 탐 · 진 · 치 부리는 사람이 없는 것이죠.

요새 대통령이 말끝마다 도덕적인 타락을 개탄하는데, 그런 말을 들을 때마다 '여기는 사바세계니까 그렇지. 중향국이 아니고 사바세계니까 갑자기 중향국으로는 안 된다', 내가 가서 그렇게 이야기해 주고 싶은 생각이 듭니다. '너무 큰 기대는 갖지 말라.' 참 어려운 일이에요. 여기 사바세계라는 곳은 참고 견디고, 또 용서해 주고 가르쳐 주고 쓰다듬어 주고, 그러면서 가끔가다 칠 놈은 치고 이러면서 가는 데죠. 전부 다 하루아침에 도덕군자가 되기를 기대할 수 없는 곳이 여기라는 말입니다. 그러니까 석가모니처럼 참을성이 많은 부처님이 계셔야 하죠.

중향국에는 보살만 있고 중생이 없습니다. 탐 · 진 · 치의 마음을 가진 사람이 없단 말이에요. 자 · 비 · 희 · 사와 육바라밀다만 하려고 하는 보살들로 꽉 차 있는 나라입니다. 그러니까 그곳의 음식을 사바세계로 얻어와서 시작불사(施作佛事)를 하려고 하는 겁니다. 실제로 먹는 덩어리진 음식이 아니라, 사람 되게 하는 데에는 뭘 먹어야 하느냐 하는 이야기입니다. 어떤 양식을 먹여야 하느냐?

양식, 사실 사람도 물고기도 짐승도 다 다른 것들을 먹고 언젠가 또 다른 것들의 먹이가 되고 말죠. 동물의 세계를 보세요. 전부 다 먹고 먹히고 말죠. 요전 날 대왕암에 갔다 왔지만, 문무왕이 '죽어서 구질구질하게 고기밥이 되느니 나를 화장해서 재를 바다에 뿌려라. 나는 용왕이 되겠다'고 했다고 하는데, 가만히 생각해 보면 차라리 구질구질하게 물고기밥이 되는 게 나았을지 모르겠다는 생각이 들어요. '너만 깨끗하게 먹히지 않으려고 하는 것보다는 물고기한테 먹혀 줘라.' 이런 정신이 더 멋있지 않겠느냐는 생각이 듭니다. 먹고 먹히면서 사는 것 아니냐? 이 세상의 모든 물질은 누구의 밥이 돼 주는 것 아니냐? 물질이라는 것과 밥이란 말이 같은 말로 통한단 말이에요. 밥이 돼 준다는 것이 얼마나 중요하냐?

그런데 밥에도 여러 가지 종류가 있습니다. 그중에 정신적인 양식이 중요한 거죠. 그래서 저 출세간의 먹을 것으로는 법을 알고 얻는 희열, 참선을 통해서 얻는 희열, 원(願), 염(念), 해탈 등의 정신적인 양식이 있습니다. 그런 먹이를 가져오는 겁니다. 그런 먹이를 갖다가 여기 사바세계에서 불사를 하겠다고 생각하는 거예요. 이제 뒤에 나오겠지만, 중향국에서 가져오는 밥을 그릇에 담았다고 하는데, 그 그릇은 책일 수도 있고, 우리들의 몸일 수도 있고, 입일 수도 있어요. 반드시 밥그릇 국그릇에 담아 오지 않는다는 말입니다. 그런 것도 먹어야 되겠지만, 요새 우리가 잘 알게 된 것은 그런 덩어리진 것 가운데에는 좋지 않은 것들이 많다는 거잖아요? 먹는 것 가운데에도 정말 부처님의 몸을 가꾸는 데 꼭 필요한 양식이 있고, 그렇지 않은 양식이 있는 거예요. 술 많이 먹어서 부처님이 될까요? 고기 많이 먹어서 부처님이 될까요? 생선회 많이 먹어서 부처님이 될까요? 정말 잘 생각해 봐야죠. 저 멍멍 보신탕 많이 먹어서 보신해 보았자 법신을 보신하는 것은 안 되겠죠. 정말 다 죽게 된 사람을 살리기 위한 경우라면 모를까. 중향국에서 가져오는 음식은 그런 것이 아닙니다.

그러니까 '欲於娑婆世界에 施作佛事하고'가 부처님의 'ㅂ'자도 전혀 모르는 사람들에게 불법이 중요하다는 것을 알려주는 것이라면, '使此樂小法者를 得弘大道케 하고'는 불교를 알기는 아는데 소법(小法)을 좋아하는 사람들에게 대도를 알고 따라오고, 대도를 현양할 수 있게끔 하겠다는 것입니다. 세 번째 '使如來名聲을 普聞케 하리라'는 것은 여래의 명성이 두루두루 모든 사람들에게 들려지도록 하겠다는 것입니다. 여래(如來)라고 하는 것은 그냥 부처라는 '佛'자와는 다른 거예요. 아라한(阿羅漢), 응공(應供), 이렇게 부처님의 이름에 여러 가지가 있지만, 여래라는 이름이 제일 귀중한 이름이란 말입니다. 여래는 여여한 경지를 이야기하는 말이죠. 조그마한 무슨 민족, 국가 따위를 초월해서 우주 자연, 온 누리에 여여한 마음, 공동체 의식을 실현시킨 분, 그 여여한 경지에 오신 분이 여래입니다. 그 경지야말로 최고의 경지라는 것을 알게끔 해 주기 위해서 이제 중향국의 부처님이 잡수시다 남은 음식을 가져오는 것입니다. 부처님 되게끔 하는 데 있어서 절대로 필요한 그 음식을 남은 것이 있으면 가져다가 저희들이 불사를 하겠다는 것입니다. 제가 가또 선생에게서 힌트를 얻어서 내 자신의 해석을 붙였습니다. 마지막에 한 해석은 내 해석이었습니다.

(6)

彼諸大士가 見化菩薩하고 歎未曾有하기를,

"今此上人이 從何所來뇨, 娑婆世界가 爲在何許뇨,

云何名爲 樂小法者뇨" 하고, 卽以問佛하니라.

佛告之曰하되,

"下方으로 到如四十二恒河沙佛土에 有世界名娑婆하고 佛號釋迦牟尼니,
今現在 於五濁惡世에 爲樂小法衆生하여 敷演道敎하니라.
彼有菩薩하니 名維摩詰이며 住不可思議解脫하고 爲諸菩薩 說法하니라.
故遣化하여 來稱揚我名하고 竝讚此土하여
令彼菩薩로 增益功德케 하느니라" 하니라.

彼諸大士 見化菩薩 歎未曾有 중향국의 모든 보살들은 이 화보살을 보고 미증유한 일이라고 찬탄하였다.

今此上人 從何所來 娑婆世界 爲在何許 云何名爲 樂小法者 卽以問佛 그리고 이 상인은 어디서 왔느냐, 사바세계는 어디에 있느냐, 작은 법을 좋아하는 자란 어떤 사람들이냐 하는 것을 부처님께 여쭈었다.

佛告之曰 향적 부처님이 이들 보살에게 대답하셨다.

下方 到如四十二恒河沙佛土 有世界名娑婆 佛號釋迦牟尼 저 아래 쪽으로 42항하사 불국토를 지난 곳에 한 세계가 있는 이름은 사바세계이고, 그곳의 부처님은 석가모니라고 한다.

今現在於五濁惡世 爲樂小法衆生 敷演道敎 지금 현재 오탁악세에 작은 법을 좋아하는 중생들을 위해 올바른 길을 가르치고 계신다.

彼有菩薩 名維摩詰 住不可思議解脫 爲諸菩薩說法 그곳에 유마힐이라는 보살이 있는데, 불가사의해탈에 머무르면서 모든 보살을 위해 법을 설하고 있다.

故遣化 來稱揚我名 竝讚此土 令彼菩薩 增益功德 그래서 화보살을 보내어 내 이름을 칭양하고 아울러 이 불국토를 찬탄하며, 그 나라의 보살들로 하여금 공덕을 더욱 증대시키도록 하고 있는 것이다.

(7)

彼菩薩이 言하되, "其人이 何如로 乃作是化하고
德力과 無畏와 神足이 若斯하나이까" 하니,
佛言하사대, "甚大하니 一切十方으로 皆遣化往하며
施作佛事하고 饒益衆生하느니라" 하니라.

彼菩薩言 중향국의 보살들이 말했다.

其人 何如乃作是化 德力無畏神足若斯 유마힐이란 사람은 어떻게 이러한 화보살을 만들 정도로 덕력과 무외, 신족이 뛰어납니까?

佛言 부처님이 말씀하셨다.

甚大 一切十方 皆遣化往 施作佛事 饒益衆生 그 힘이 매우 크니라. 일체 시방으로 다 화보살을 보내어 불사를 베풀고 널리 중생에게 이익을 주느니라.

(8)

於是에 香積如來가 以衆香鉢에 盛滿香飯하고 與化菩薩하니라.
時에 彼九百萬菩薩이 俱發聲言하되,
"我欲詣娑婆世界하여 供養釋迦牟尼佛하고
竝欲見維摩詰等 諸菩薩衆하리이다" 하니,
佛言하사대, "可往이로다.
攝汝身香하고, 無令彼諸衆生으로 起惑着心케 하라.
又當捨汝本形하고 勿使 彼國未菩薩者 而自鄙恥케 하라.
又汝於彼에 莫懷輕賤 而自礙想하라.
所以者何뇨 하니, 十方國土는 皆如虛空이기 때문이며,
又諸佛이 爲欲化諸樂小法者하여 不盡現其淸淨土耳이기 때문이니라."

於是 香積如來 以衆香鉢 盛滿香飯 與化菩薩 그때 향적여래가 향내 그윽한 바루에 향반(香飯)을 가득 채워 화보살에게 주셨다.

음식에는 보통 우리가 먹는 음식 말고도 여러 가지가 있습니다. 그래서 아홉 가지 음식이 있다고 하죠. 우선 덩어리진 음식, 단식(段食)이라는 게 있어요. 덩어리진 음식을 우리가 먹지 않습니까? 그 다음에 촉식(觸食)이라는 게 있습니다. 안 · 이 · 비 · 설 · 신 · 의(眼耳鼻舌身意)가 대상물과 접촉하는 것이 촉(觸)이죠. 눈으로 보기만 해도 배부르다, 귀로 듣기만 해도 배부르다고 하잖아요. 그런 것이 다 촉입니다. 부처님 말씀을 듣기만 해도 배부르다, 그런 생각까지 와야죠. 그 다음에 사식(思食)은 상상과 관련된 것입니다. 다음은 식식(識食), 지적인 것이죠. 이것은 색 · 수 · 상 · 행 · 식과 관련 있는 식입니다. 이렇게 네 가지를 세간식(世間食)이라고 합니다.

또 출세간식(出世間食)이라는 것이 다섯 가지가 있습니다. 출세간식은 뭐냐 하면 도인들이 먹는 것, 도인이 되기 위해서 먹는 거예요. 참선하는 것, 선열식(禪悅食)이라는 것이 있습니다. 선을 해서 기쁨을 맛 볼 수 있는 사람들이 먹습니다. 다음 원식(願食), 원을 가지고 살란 말이에요. 원을 가지고 사는 사람과 마지못해 끌려가는 사람은 다르잖아요? 어디를 가든지 자기가 하려고 하는 일이 있다면, 원을 가지고 살아야죠. 억지로 끌려가면서 살지 말고, 원력(願力)이 있어야 합니다. 선열식이 자기 자신의 문제에만 국한된다면, 원식은 남에게까지도 확대 될 수 있어요. 그 다음에 염식(念食)이 있습니다. 원력을 갖고 항상 염하면서 살아야죠. 그 다음에 해탈식(解脫食)이 있습니다. 귀신에게도 얽매이지 말고, 부처에게도 얽매이지 말고, 천당과 지옥에도 얽매이지 말라는 겁니다. 또 자기 자신이 잘못된 주체일 경우에는 자기 자신에게도 얽매이면 안 되죠. 돈, 지위, 명예, 쾌락의 대상, 그런 것으로부터도 해탈되어야 합니다. 마지막으로 법희식(法喜食)이라는 것이 있습니다. 법희식, 법의 기쁨이라고 했는데, 진리 속에서 산다는 기쁨이죠. 이런 출세간식을 소승불교도들은 자신들만 먹는다고 생각했어요. 저희들은 밥 안 먹어도 되나?

時彼九百萬菩薩 俱發聲言 그러자 구백만 명의 보살들이 함께 소리 내어 말했다.

我欲詣娑婆世界 供養釋迦牟尼佛 幷欲見維摩詰等諸菩薩衆 저희도 사바세계에 가서 석가모니불께 공양을 올리고, 아울러 유마힐 등의 보살 대중을 뵙고자 합니다.

佛言 부처님이 말씀하셨다.

可往 攝汝身香 無令彼諸佛生 起惑着心 그래, 가도 좋다. 그러나 그대들 몸의 향을 거두어라. 그래서 그 나라의 중생들이 그 향내음을 맡고 미혹하고 애착하는 마음이 생기지 않도록 하여라.

又當捨汝本形 勿使彼國未菩薩者 而自鄙恥 또 그대들은 그대들의 본 모습을 버려야 한다. 그래서 그 나라의 아직 보살이 되지 못한 자들이 부끄러워하거나 비굴해지지 않도록 해야 한다.

又汝於彼 莫懷輕賤 而作礙想 또 그대들은 그 나라의 중생들을 경천히 여기거나 장애가 된다는 생각을 하지 말아야 한다.

所以者何 十方國土 皆如虛空 왜냐하면 시방 국토의 참모습은 텅 빈 허공과 같기 때문이다.

又諸佛爲欲化諸樂小法者 不盡現其淸淨土耳 또 제불이 청정한 불국토를 다 나타내 보이지 않는 것은 저 작은 법을 즐기는 자들을 교화하기 위해서일 따름입니다.

여기에 새겨 두어야 할 이야기가 있습니다. '너희들이 따라가겠다고 하니까, 그래, 따라가는 데 조건이 있어. 뭐냐 하면 몸의 향을 거두고 너희들의 본형(本形)을 버려야 돼.' 이렇게 이야기했단 말이에요. 중향국의 보살들은 항상 향이 나는 보살들이죠. 그런 훌륭한 모습을 가지고 있는 사람들이에요. 그렇지만 사바세계의 아직도 구린내 나고 더러운 모습을 하고 있는 사람들 속에 갈 때는 그런 모습을 버려야 한다고 했습니다. '나는 깨달았다. 나는 이런 길에 있다' 그런 것을 과시할까봐 이렇게 이야기했습니다. '그것은 백해무익이야.' 자기한테도 해롭고 다른 사람한테도 해롭다는 거죠. 우리가 이런 것을 참 조심해야 합니다. 그러니까 세상에서 대접을 받으면 큰일 나는 수가 많아요. 오히려 세상에서 대접을 받지 않는 것이 좋아요. 좀 무시당하고 경멸당하는 편이 차라리 낫습니다. 쉽게 오만해지거든요.

그리고 또 보살이 되지 못한 다른 사람들로 하여금 부끄러워하거나 자기비하를 하지 않게 하라고 했는데, 물론 암만 그렇게 안 하려고 해도, 내 경험으로도 그렇대요. 처음에 불도에 들어오면, '이거 내가 뭐냐?' 부끄러워요. 그리고 자기비하를 하게 됩니다. 그런데 그런 마음도 어느 정도 있어야 분발을 해요. 전혀 없으면 분발을 못 합니다.

또 이런 이야기를 뒷받침하기 위해서 시방 국토의 참모습이 다 허공과 같은 것이라는 이야기를 했습니다. 허공을 무시하지 말라, 우습게 생각하지 말라는 이야기죠. 또 소법을 즐기는 자들을 교화하기 위해서 그 청정한 불국토를 다 나타내 보이지 않는 것이라고 했습니다.

(9)

時에 化菩薩이 旣受鉢飯하고 與彼九百萬菩薩과 俱히
承佛威神 及維摩詰力하여 於彼世界에서 忽然不現하고
須臾之間에 至維摩詰하니라.

時化菩薩 旣受鉢飯 與彼九百萬菩薩俱 承佛威神 及維摩詰力 於彼世界 忽然不現 須臾之間 至維摩詰 그때 화보살이 바루에 밥을 받아 가지고, 구백만의 보살과 더불어 부처님의 위신력과 유마힐의 힘을 받아, 중향세계에서 홀연히 몸을 감추어 순식간에 유마힐의 집에 도착했다.

3. 여래의 감로미반(甘露味飯)

(10)

時에 維摩詰이 卽化作九百萬師子之座하니 嚴好함이 如前하더라.
諸菩薩이 皆坐其上하고 是化菩薩이 以滿鉢香飯을 與維摩詰하니,
飯香이 普熏 毗耶離城 及三千大千世界하니라.
時에 毗耶離의 婆羅門 居士等이 聞是香氣하고
身意快然하여 歎未曾有하니라.
於是에 長者主 月蓋가 從八萬四千人하고 來入維摩詰舍하니,
見其室中에 菩薩甚多하고 諸師子座가 高廣嚴好하니,
皆大歡喜하고 禮衆菩薩 及大弟子하고 却住一面하니,
諸地神 虛空神 及欲 · 色界諸天이 聞此香氣하고
亦皆來入維摩詰舍하니라.

時維摩詰 卽化作九百萬師子之座 嚴好如前 그때 유마힐이 신통력으로 구백만 개의 사자좌를 만들어내니 그 아름다움이 이전과 같았다.

諸菩薩 皆坐其上 중향국에서 온 보살들이 다 그 사자좌에 앉았다.

是化菩薩 以滿鉢香飯 與維摩詰 화보살이 바루에 가득 채운 향반(香飯)을 유마힐에게 바치니.

飯香普熏 毗耶離城及三千大千世界 그 향반의 향기가 널리 퍼져 나가 비야리성과 삼천대천세계에 그윽히 풍겼다.

時 毗耶離婆羅門居士等 聞是香氣 身意快然 歎未曾有 그때 비야리성의 바라문과 거사 등이 이 향기를 맡고 몸과 마음이 다 상쾌해짐을 느끼면서, 일찍이 없던 일이라고 찬탄하였다.

於是 長者主月蓋 從八萬四千人 來入維摩詰舍 그때 장자의 우두머리인 월개라는 사람이 팔만사천 명의 사람들을 이끌고 유마힐의 집에 들어왔다.

見其室中 菩薩甚多 諸師子座 高廣嚴好 皆大歡喜 그들은 그 집에 보살들이 많이 모여 있고, 그들이 앉은 사자좌가 높고 넓고 아름답기 그지없는 것을 보고 크게 기뻐하였다.

禮衆菩薩及大弟子 却住一面 그리고 많은 보살들과 대제자들에게 절하고 한쪽으로 가서 자리잡았다.

諸地神虛空神及欲色界諸天 聞此香氣 亦皆來入 維摩詰舍 이번에는 지신, 허공의 신, 욕계와 색계의 천들이 향기를 맡고 모두 유마힐의 집으로 들어왔다.

(11)

時에 維摩詰이 語舍利佛等 諸大聲聞하되,
"仁者여, 可食如來甘露味飯이로다.
大悲所熏이니 無以限意로 食之하고 使不消也하라" 하니라.

時維摩詰 語舍利佛等諸大聲聞 그때 유마힐이 사리불 등 모든 성문들에게 말했다.

仁者 可食如來甘露味飯 자 여러분, 여래의 감로맛의 밥을 드십시오.

大悲所熏 無以限意食之 使不消也 대비의 향기가 스며 있으니, 비열(卑劣)한 생각을 가지고 먹어서 소화가 안 되게 하지 마십시오.

여기까지가 유마힐의 말입니다. 사리불 같은 대성문들에게 하는 말입니다. 사리불이 다시 유마힐에게 배우는 입장에 있어요.

無以限意(무이한의)로 食之(식지)하고 使不消也(사불소야)하라. 여기서 '한의(限意)'라고 하는 말에 대해서 여러 가지 해석이 있는데, 나는 산스크리트어를 참고해서 '비열한 생각'이라고 번역했습니다. 산스크리크어로는 prādeśika-citta라고 해요. citta는 마음이죠. 라모뜨 교수는 prādeśika를 불어로 mesquin이라고 번역했어요. 믿지 못하겠다는 듯이 눈을 이상하게 뜨고, 의심에 가득 차서 눈을 흘겨보는 것을 mesquin이라고 합니다. 비천하고 비열하다고 할까요. 라모뜨는 prādeśika-citta를 'sentiment mesquin'이라고 번역했습니다. 그러니까 이소승불교도들이 지금 이 음식을 유마거사가 먹으라고 하니까, 먹을 것도 없는데 뭘 이런 것을 다 먹으라고 하느냐 하고 좋지 않은 생각을 가질 수 있단 말이에요. '이걸 먹어서 배가 부르나?' 뭐 이런 생각을 할 수도 있죠.

그런데 현장은 이 prādeśika-citta라는 말을 '소분하열심(少分下劣心)'이라고 번역했습니다. 재미있어요. 역시 산스크리트어의 대가답습니다. 그러니까 전적으로 마음을 다 준 것이 아니라 긴가민가하면서 소분(少分)만 준 거예요. 전적으로 거기에 마음을 준 것이 아니라 아주 조금만 주고, 그것을 못마땅하다고 생각하는 마음입니다. 그러니까 멸시하는 마음이라고 할까요? 이 성문들은 언제나 교만한 사람으로 나타나니까, 이런 생각으로 먹으면 틀림없이 소화가 안 된다는 거죠.

우리가 밥 먹을 때도 의심하면서 먹으면 꼭 소화가 잘 안 되잖아요. 원효대사가 해골바가지 물을 마셨는데도 소화 잘 됐거든요. 밤중에 하도 고단하고 목말라서 의심 안 하고 그냥 해골에 고여 있는 썩은 물을 마시고 다시 깊은 잠에 들었습니다. 조금도 이 '소분하열심'이라는 것이 없었거든요. '한의(限意)'라는 것은 '제한됐다'는 말이니까, 그런 생각 없이 먹었을 때는 괜찮았어요. 그런데 그 다음날 아침에 어저께 먹은 것을, 벌써 먹은 지 몇 시간이 지나서 소화가 다 되고도 남았을 텐데, 그 물을 해골물이라고 생각하니까 그냥 갑자기 배가 뒤집혀서 전부 다 토해 버렸습니다. 그 물이 나온 게 아닐 거예요. 아마 딴 것이 다 나왔겠죠. 참 묘하지 않습니까? 전부 다 토해 버렸어요. 마음, 이것이 유식(唯識)이죠. 마음이 모든 것을 다 만든다는 거예요. 마음에 불안과 공포, 의심이 많을 때는 이런 결과가 생기지만, 이런 것이 없을 때는 아무런 탈이 없다는 이야기입니다.

大悲所熏(대비소훈), '대비의 향기가 스며 있다'는 말에 대해서도 옛날부터 많은 사람들이 설명을 했더군요. 구마라집은 '부처님이 잡수시던 음식은 부처님의 마음가짐이 그대로 반영된 것이다. 대자대비에서 나온 음식이다. 대자대비의 향기가 스며 있지 않나?'라는 식으로 설명했습니다. 그리고 '이 음식이 미련한 너를 불쌍하게 쳐다보고 있다. 내려다 봐. 이 음식은 단순한 음식이 아니야. 이 향기가 부처님이다'라는 식으로 설명하고 있는 경우가 많습니다. 앞의 『유마경』의 「제자품」에서는 십대제자들이 밤낮 조그만 생각을 가지고 유마거사의 큰 생각을 측량하고 촌탁(忖度)하려다가 당하고 또 당했죠.

(12)

有異聲聞이 念하기를, '是飯少而 此大衆人人이 當食이로다'하니,

化菩薩이 曰하되,

"勿以聲聞小德小智로 稱量 如來無量福慧하라.

四海는 有竭하나 此飯은 無盡이니 使一切人食揣이로다.

若須彌하니 乃至一劫이라도 猶不能盡이니라.

所以者何뇨 하니, 無盡의 戒 · 定 · 智慧 · 解脫 · 解脫知見 功德을

具足한 者의 所食之餘는 終不可盡이니라."

有異聲聞念 그때 대중 중에 못된 생각을 가진 성문이 있어서 이런 생각을 했다.

是飯少 而此大衆人人當食 이 밥은 양이 이렇게 적은데, 어떻게 이 많은 대중들이 먹는단 말인가?

化菩薩曰 화보살이 말했다.

勿以聲聞小德小智 稱量如來無量福慧 성문의 작은 덕, 작은 지혜로써 여래의 무량한 복덕과 지혜를 재려고 하지 마시오.

四海有竭 此飯無盡 使一切人食揣 사해의 바닷물은 마를 날이 있어도 이 밥은 무궁무진합니다. 모든 사람을 다 먹이기에 족하고 남음이 있습니다.

'揣'은 보통 옥편에는 '헤이릴 취', 혹은 '췌'로 되어 있는데, 여기서는 '단'으로 읽습니다. '단식(揣食)'의 준말이에요. 덩어리진 음식이라는 말인데, '摶(박)' 또는 '段(단)'으로 쓰기도 하죠. 단식은 향(香) · 미(味) · 촉(觸)의 색법(色法)을 체(體)로 하는 식이라고 정의되고 있습니다.

若須彌 乃至一劫 猶不能盡 수미산 같이 큰 것을 일겁에 걸쳐 다 먹는다 해도 다하지 않는 것과 같습니다.

所以者何 無盡戒定智慧解脫解脫知見 功德具足者 所食之餘 終不可盡 왜냐하면 다함이 없는 계와 정과 혜와 해탈과 해탈지견의 공덕을 구족한 자가 먹다 남은 것은 끝내 다함이 없기 때문입니다.

여기 이 이야기를 읽으면 성경 이야기가 기억나죠. 성경에 나오는 이야기와 상당히 비슷한데 한번 비교를 해 보아도 좋을 거예요. 『마태복음』

14장 13절에 나오는 이야기입니다. "예수께서 요한의 제자들의 이야기를 들으시고, 배를 타고 거기를 떠나 혼자 한적한 곳으로 가셨습니다. 그러자 무리들이 이 소문을 듣고 여러 동네에서 걸어 나와서 그를 따라왔습니다. 예수께서 그 무리를 보시고 측은히 여겨 그들 가운데에서 병자를 고쳐 주셨습니다. 저녁때가 되자 제자들이 예수께 와서 말했습니다. '이 곳은 빈 들이요, 날도 이미 저물었습니다. 그러니 무리를 헤쳐 제각기 음식을 사 먹게 마을로 보내시는 게 좋겠습니다.' 예수께서 그들에게 말씀하셨습니다. '그들을 보낼 것 없다. 너희가 그들에게 먹을 것을 주라.' 제자들이 다시 말했습니다. '우리가 여기 가진 것이라고는 떡 다섯 개와 물고기 두 마리밖에 없습니다.' 이때 예수께서 말씀하셨습니다. '그것을 이리 가져 오너라' 하시고, 무리를 잔디 위에 앉게 하고는 떡 다섯 개와 물고기 두 마리를 가지시고 하늘을 우러러 감사기도를 드린 후에 떡을 떼서 제자들에게 주시니 제자들은 무리에게 나누어주었습니다. 그들이 모두 배불리 먹고 나서 남은 조각을 주워 모으니 열두 광주리에 가득 찼습니다. 먹은 사람은 여인과 어린이들 외에도 남자가 오천 명 가량 되었습니다."

비슷한 이야기가 『마가복음』에도 있고, 『누가복음』과 『요한복음』에도 있어요. 이것은 예수 당시 있었던 일로 사복음서에서 들은 사람에 따라 조금씩 다르게 기술했지만, 물고기 두 마리와 떡 다섯 개가 문제가 아니겠죠. 역시 신통력을 발휘할 수 있다는 것으로만 해석해서는 안 되고, 사람이 떡으로만 사느냐 하는 문제와 관련시켜서 해석해야 되지 않겠나 생각합니다.

(13)

於時鉢飯 悉飽衆會하여도 猶故不澌라.

其諸菩薩과 聲聞 天人으로서 食此飯者는 身安快樂하나니,
譬如 一切樂莊嚴國의 諸菩薩也이더라.
又諸毛孔이 皆出妙香함이 亦如衆香國土의 諸樹之香이더라.

於時鉢飯 悉飽衆會 猶故不賜 이 바루의 밥으로 대중들을 배부르게 한 후에도 바루에는 밥이 처음과 같이 그대로 남아 있었다.

'賜(사)'는 옥편에 잘 안 나오는 글자인데, '죽는다'. '다한다'는 뜻입니다. '盡(진)'과 같은 뜻이라고 보면 되겠어요.

其諸菩薩 聲聞天人 食此飯者 身安快樂 譬如一切莊嚴國 諸菩薩也 모든 보살과 성문과 천인들로서 이 밥을 먹은 자들은 심신이 쾌적하고 안락하기가 마치 일체락장엄국에서 온 보살들과 같았다.

又諸毛孔 皆出妙香 亦如衆香國土 諸樹之香 또 신체의 모공에서 풍겨 나오는 미묘한 향기가 중향국토의 나무들에서 풍겨 나오는 향기와 같았다.

4. 향적여래는 어떻게 법을 설하는가

(14)

尒時에 維摩詰이 問衆香菩薩하되, "香積如來는 以何說法하느뇨" 하니,
彼菩薩이 曰하되, "我土의 如來는 無文字說이요,
但以衆香으로 令諸天人을 得入律行하나이다.
菩薩이 各各 坐香樹下에 聞斯妙香하고 卽獲 一切德藏三昧하나니,
得是三昧者는 菩薩所有功德을 皆悉具足하나이다" 하니라.

尒時 維摩詰問衆香菩薩 그때 유마힐이 중향국의 보살들에게 물었다.

香積如來 以何說法 향적여래께서는 어떻게 설법하십니까?

彼菩薩曰 그 보살들이 대답했다.

我土如來 無文字說 但以衆香 令諸天人 得入律行 우리나라의 여래께서는 문자로 설법하시지 않고 다만 가지가지 향으로써 제천과 인들을 율행으로 들어갈 수 있게 합니다.

율행(律行)이라고 했는데, 이 말은 율장(律藏)과는 아무런 관계가 없습니다. 여기서 율행이라고 하는 것은 계율, 혹은 화목을 깨뜨리는 행위가 아닌, 세상을 화목하게 만들고 조화로운 생활 속에 들어갈 수 있게 하는 것이죠. 결국 평화를 가져오게 하는 것입니다. 향기를 맡게끔 함으로써 그렇게 한다는 거예요.

菩薩 各各坐香樹下 聞斯妙香 卽獲一切德藏三昧 보살들은 각각 향을 풍기는 나무 밑에 앉아서 그 묘향을 맡기만 하면 일체덕장이란 삼매를 얻습니다.

아름다운 나무의 향기를 맡기만 해도 일체덕장이라는 삼매를 얻게끔 됩니다. 그러니까 그런 향기를 풍기는 나무가 있어야 되겠고, 그 나무의 향기를 맡기 위해서 갈 수 있는 기회와 장소가 많이 있어야 되겠죠.

'일체덕장(一切德藏)'은 산스크리트어로 sarvabodhisattvaguṇākara입니다. sarva, '모든', bodhisattva, '보살의' guṇā, '공덕', akara, '광산'이라는 뜻이에요. 보살의 온갖 공덕이 무궁무진하게 간직된 삼매, 그냥 퍼내기만 하면 얼마든지 쓸 수 있는 삼매입니다. 그 삼매가 돼 있어야 온갖 공덕을 쓸 수 있단 말이에요.

得是三昧者 菩薩所有功德 皆悉具足 이 삼매를 얻기만 하면 보살이 가져야 할 모든 공덕을 다 구족하는 것입니다.

5. 사바세계 석가모니불의 설법

(15)

彼諸菩薩이 問維摩詰하되,

"今世尊 釋迦牟尼는 以何說法하나이까" 하니라.

維摩詰이 言하되, "此土衆生은 剛强難化일새,

故로 佛이 爲說 剛强之語하여 以調伏之하니,

① 言是地獄이요, 是畜生이요, 是餓鬼요

② 是諸難處요, 是愚人生處며

③ 是身邪行이요, 是身邪行報며 ④ 是口邪行이요, 是口邪行報며

⑤ 是意邪行이요, 是意邪行報며 ⑥ 是殺生이요, 是殺生報며

⑦ 是不與取요, 是不與取報며 ⑧ 是邪婬이요, 是邪婬報며

⑨ 是妄語요, 是妄語報며 ⑩ 是兩舌이요, 是兩舌報며

⑪ 是惡口요, 是惡口報며 ⑫ 是無義語며, 是無義語報며

⑬ 是貪嫉이요, 是貪嫉報며 ⑭ 是瞋惱요, 是瞋惱報며

⑮ 是邪見이요, 是邪見報며 ⑯ 是慳悋이요, 是慳悋報며

⑰ 是毁戒요, 是毁戒報며 ⑱ 是瞋恚요, 是瞋恚報며

⑲ 是懈怠요, 是懈怠報며 ⑳ 是亂意요, 是亂意報며

㉑ 是愚癡요, 是愚癡報며 ㉒ 是結戒요, 是持戒요, 是犯戒며

㉓ 是應作이요, 是不應作이며 ㉔ 是障礙요, 是不障礙이며

㉕ 是得罪요, 是離罪며 ㉖ 是淨이며, 是垢며

㉗ 是有漏며, 是無漏며 ㉘ 是邪道요, 是正道며

㉙ 是有爲요, 是無爲며 ㉚ 是世間이요, 是涅槃이라 하나니

以難化之人은 心如猿猴故로 以若干種法으로 制御其心하여야

乃可調伏이니라.

譬如 象馬의 㑥悷不調 加諸楚毒하여 乃至 徹骨한 然後에야 調伏하나니, 如是 剛强難化衆生故로 以一切若切之言이라야 乃可入律이니라."

彼諸菩薩問維摩詰 중향국의 보살들이 유마힐에게 물었다.

今世尊釋迦牟尼 以何說法 지금 세존 석가모니께서는 어떻게 설법하십니까?

維摩詰言 유마힐이 대답했다.

此土衆生 剛强難化 이 땅의 중생들은 거칠고 고집이 세서 교화하기가 어렵습니다.

故不爲說 剛强之語 以調伏之 그래서 부처님께서도 거칠고 강한 어조로 이 중생들을 조복하십니다.

① **言是地獄 是畜生 是餓鬼** 그래서 말씀하십니다. 이것이 지옥입니다. 이것이 축생입니다. 이것이 아귀입니다.

② **是諸難處 是愚人生處** 이것이 갖가지 난을 겪는 자가 처하는 곳입니다. 이것이 어리석은 자가 태어나는 곳입니다.

여기까지는 육도중생에 대해 이야기하고 있죠. 육도중생이 사바세계에 있다는 거예요.

다음에는 신 · 구 · 의 삼업(三業)에 대한 이야기가 있습니다. 신 · 구 · 의 삼업으로 잘못을 저지르면 이런 데 간다고 가르친다는 것이죠.

③ **是身邪行 是身邪行報** 이것이 몸으로 하는 삿된 행위요, 이것이 그 과보입니다.

④ **是口邪行 是口邪行報** 이것이 입으로 하는 삿된 행위요, 이것이 그 과보입니다.

⑤ **是意邪行 是意邪行報** 이것이 생각으로 하는 삿된 행위요, 이것이 그 과보입니다.

다음에는 십악(十惡)이 나옵니다. 살생(殺生), 불여취(不與取), 사음(邪婬), 망어(妄語), 양설(兩舌), 악구(惡口), 무의어(無義語), 탐(貪), 진(嗔), 치(癡)가 순서대로 나오고 있습니다. 그러니까 신 · 구 · 의 삼업을 다시 풀어서 이야기한 것이죠.

⑥ **是殺生 是殺生報** 이것이 살생이고, 이것이 그 과보입니다.

⑦ **是不與取 是不與取報** 이것이 불여취이고, 이것이 그 과보입니다.

불여취(不與取), 주지 않았는데 가지는 것입니다. 도둑질이라는 말이죠. 율장에 나오는 말이지만 그 말이 좋으니까 『유마경』에서도 썼습니다. 주어지지 않은 것은 취하지 말라는 말이에요. 사실 주어진 것은 하나도 없다고요. 그러니까 가져서는 안 되는 거죠. 불여취, 결국 다 도둑질한 것입니다. 이런 철저한 윤리의식을 어디 다른 데서 이야기하나요? 나도 없는데 무슨 놈의 내 것이 있어? 주웠어? 그게 네 거야? 언제 누구한테 받았냐? 그러니까 이 자본주의라는 것부터 좀 바꿔야 한다고요. 불교는 지금 같은 자본주의를 용납할 수가 없습니다. 이 『유마경』의 철학은 그렇게 되어 있지를 않아요. 자본주의가 생각을 바꿔 먹어야 되죠.

⑧ **是邪婬 是邪婬報** 이것이 사음이고, 이것이 그 과보입니다.

음(淫)을 전적으로 다 부정한 것이 아니라 사음만 부정했습니다.

다음 네 가지는 말로 하는 악입니다.

⑨ **是妄語 是妄語報** 이것이 망어이고, 이것이 그 과보입니다.

망어(妄語)는 거짓말만 하는 것이 아니에요. 진실이 아닌 말 전체가 다 망어입니다. 그러니까 우리가 하는 말은 다 거짓일 수 있어요. 그래서 「입불이법문품」에서는 침묵을 지키는 모범을 보여 주었던 것이죠.

⑩ **是兩舌 是兩舌報** 이것이 양설이고, 이것이 그 과보입니다.

양설(兩舌), 두 혓바닥을 놀리는 겁니다. 다른 말로 하면 사기, 속임수, 아첨, 고자질, 이런 것도 다 양설이죠.

⑪ **是惡口 是惡口報** 이것이 악구이고, 이것이 그 과보입니다.

⑫ **是無義語 是無義語報** 이것이 무의미한 말이고, 이것이 그 과보입니다.

無義語(무의어), 이것은 보통 기어(綺語)라고 하는데, 의미 없는 말은 하지 말라는 겁니다. 요즘 한국에는 이런 게 너무 많아요.

다음에는 탐 · 진 · 치입니다. 조금씩 말을 바꾸었어요.

⑬ **是貪嫉 是貪嫉報** 이것이 탐욕과 질투요, 이것이 그 과보입니다.

貪嫉(탐질), 탐질에는 질투가 밤낮 따라다니죠.

⑭ **是瞋惱 是瞋惱報** 이것이 성내고 남을 괴롭힘이요, 이것이 그 과보입니다.

瞋惱(진뇌), 진심(瞋心)에는 밤낮 고뇌가 따라다닙니다.

⑮ **是邪見 是邪見報** 이것이 사견이고, 이것이 그 과보입니다.

치(癡)를 다른 말로 하면 사견이거든요. 사견에는 여러 가지가 있지만, 이 세상의 모든 것이 전부 다 인연 따라서 이루어지고 있다는 것, 그래서 다 헛되고 알맹이가 없는 공이라고 하는 사실을 모르고 모든 것이 실재하는 것이라고 생각하는 것이 사견 중의 사견입니다.

다음 여섯 가지는 육바라밀다의 반대입니다.

⑯ **是慳悋 是慳悋報** 이것이 인색함이고, 이것이 그 과보입니다.

慳悋(간린), 보시하지 않고 인색하게 구는 것입니다. 보시하지 않으면, 그 대가가 와요. 누가 와서 꼭 뺏어 가죠. 아, 그때 줄 걸 말이야. 그때 갖다 바칠 걸 말이야, 하고 후회하게 만들어요.

⑰ **是毁戒 是毁戒報** 이것이 계를 훼손하는 일이고, 이것이 그 과보입니다.

毁戒(훼계). 계라고 하는 것은 어떤 계율조목을 이야기하는 것이 아니라 인간관계에서 사람들이 지켜야 하는 하나의 원칙이고, 그 원칙을 허물어뜨리는 것을 훼계라고 했어요.

⑱ **是瞋恚 是瞋恚報** 이것이 진에이고, 이것이 그 과보입니다.

인욕 안 하고 밤낮 화내고 찡그리고 싸우고 그러는 것이 진에(瞋恚)죠. 한국 사람들 무섭다고요. 이북 사람도 무섭고 남한 사람도 무섭고, 다 이 진에가 너무 심합니다.

⑲ **是懈怠 是懈怠報** 이것이 게으르고 태만함이고, 이것이 그 과보입니다.

懈怠(해태)는 정진의 반대죠.

⑳ **是亂意 是亂意報** 이것이 마음의 산란함이고, 이것이 그 과보입니다.

亂意(난의)는 선정의 반대입니다. 이렇게 거꾸로 육바라밀다를 생각하는 것도 좋잖아요. 생각이 문란해지거나 생각이 산란해지지 않도록 하는 것이 선정이란 말입니다.

㉑ **是愚癡 是愚癡報** 이것이 어리석음이고, 이것이 그 과보입니다.

愚癡(우치)는 지혜, 반야의 반대말 아닙니까?

㉒ **是結戒 是持戒 是犯戒** 이것이 계를 세움이고, 이것이 계를 지킴이고, 이것이 계를 범함입니다.

여기서 쭉 아래까지는 전부 소승에서 이야기하는 것들입니다. '結戒(결계)'라는 것은 도를 닦기 위해서 나는 적어도 이것은 안 하겠다고 조목조목 계를 정해서 지키겠다고 하는 것입니다. 그것을 지키는 것이 지계이고, 지키지 않는 것은 범계입니다.

㉓ **是應作 是不應作** 이것은 마땅히 해야 할 일이고, 이것은 마땅히 해서는 안 되는 일입니다.

㉔ **是障礙 是不障礙** 이것은 장애가 되는 일이고, 이것은 장애가 되지 않는 일입니다.

㉕ **是得罪 是離罪** 이것은 죄를 얻는 일이고, 이것은 죄를 떠나는 일입니다.

㉖ **是淨 是垢** 이것은 깨끗한 일이고, 이것은 더라운 일입니다.

㉗ **是有漏 是無漏** 이것은 유루요, 이것은 무루입니다.

㉘ **是邪道 是正道** 이것은 사도요, 이것은 정도입니다.

㉙ **是有爲 是無爲** 이것은 유위요, 이것은 무위입니다.

㉚ **是世間 是涅槃** 이것은 세간이요, 이것은 열반입니다.

이렇게 쭉 이야기했습니다.

以難化之人 心如猿猴故 以若干種法 制御其心 乃可調伏 교화하기 어려운 사람들은 마음이 마치 원숭이들 같아서 갖가지 법으로 그 마음을 제어한 다음에야 조복할 수 있는 것입니다.

'猿猴(원후)'는 원숭이입니다.

譬如象馬 𢤱悷不調 加諸楚毒 乃至撤骨 然後調伏 비유컨대 코끼리나 말처럼 사납고 다루기 힘든 놈들은 갖가지 채찍질을 가해서 뼈 속까지 아픔이 사무치게 해야 비로소 다스려지는 것입니다.

'𢤱悷(농려)'는 사나워서 다루기 힘든 것을 말합니다. 코끼리나 말도 순하게 만들려면 조련이 필요한데, 아주 성질이 고약한 놈들이 많이 있죠. 이제 그 성징 고약한 놈들이 '不調(부조)'인데, 그런 놈들에게는 채찍을 가해야 한다는 것입니다.

구마라집은 세상에 다섯 가지의 말이 있다고 해요. 첫째, 먼 데서 채찍 모양만 보아도 즉시 공손해지는 말이 있고, 둘째, 채찍으로 얻어맞고야 공손해지는 놈이 있습니다. 셋째, 채찍으로 맞아서는 공손해지지 않고 송곳으로 찔러야 공손해지는 놈이 있고, 넷째는 가죽을 송곳으로 조금 찌를 정도가 아니라 구멍을 낼 정도로 막 찔러대야 알아듣는 놈이 있다는 거예요. 제일 고약한 놈이 다섯 번째 놈인데, 이 놈은 그냥 맞고 또 맞아서 온몸에 채찍자국이 날 정도로, 徹骨(철골), 뼈에 사무칠 정도로 아파야 아는 놈이 있다는 겁니다. '楚毒(초독)'의 '楚'는 '매맞는다'는 뜻이에요.

如是 剛强難化衆生故 以一切若切之言 乃可入律 그와 같이 고집 세고 다스리기 힘든 중생들이기 때문에 일체의 쓰라린 고언(苦言)을 듣고 난 다음에야 율에 들어가게 되는 것입니다.

구마라집은 중생에게도 다섯 가지가 있다고 했습니다. 이 이야기를 들어보면 재미있어요.

첫째는 다른 사람의 무상사(無常事)를 보고서, '아, 세상 다 그렇구나' 하고 불교에 귀의하는 사람은 마음 착한 사람이에요. 무상사라고 하는 것은 사람이 뜻하지 않게 죽었다든가 그런 일이죠.

두 번째는 스승을 따라 공부하다가 스승이 무상한 죽음을 당하는 것을 보고 깨달은 사람입니다.

세 번째는 스승 정도 가지고 못 깨달아요. '뭐 그 사람 죽게 되어서 죽었겠지' 이렇게 생각합니다. 그래서 형제 친척이 죽었을 때 비로소 깨닫는 사람이 있다는 거예요.

네 번째 사람은 부모가 죽었을 때 비로소 깨닫는 사람입니다. 요새는 그런 사람도 아마 없을지 몰라요.

다섯 번째는 오불관언(吾不關焉), 제가 다 죽게 됐을 때, 자기 자신에게 무상이 닥쳐왔을 때, 고뇌가 극도에 달해서 도저히 형용할 수 없는 상태가 됐을 때 비로소 기어 들어오는 사람입니다. 제일 둔한 사람이죠.

구마라집이 이렇게 이야기했습니다. 중국 사람들이 아마 당시 그랬나 봐요.

여기서, 사바세계에서 석가모니 부처님이 하는 설법에 대한 유마거사의 이야기가 끝났습니다.

(16)

彼諸菩薩이 聞說是已하고 皆曰 未曾有也라 하며,

"如世尊 釋迦牟尼佛이 隱其無量自在之力하고

乃以貧所樂法으로 度脫衆生하시니,

斯諸菩薩도 亦能勞謙하여 以無量大悲로 生是佛土라" 하니라.

維摩詰이 言하되,

"此土菩薩은 於諸衆生에 大悲堅固하여 誠如所言하니

然이나 其一世에 饒益衆生함이 多於彼國의 百千劫行이라" 하니라.

彼諸菩薩 聞說是已 皆曰未曾有也 중향국의 보살들이 이 말을 듣고 다들 일찍이 없던 일이라고 말했다.

如世尊釋迦牟尼佛 隱其無量自在之力 乃以貧所樂法 度脫衆生 석가모니 세존께서는 무량한 자재의 힘을 가지고 계시면서도 그 힘을 감추시고 저 가난하고 보잘것없는 중생들이 좋아하는 법에 따라 중생들을 제도하고 해탈하게 하십니다.

斯諸菩薩 亦能勞謙 以無量大悲 生是佛土 이 사바세계의 모든 보살들도 역시 스스로 능력이 있으면서도 겸손하게 자신을 낮추어 애써 일하고, 무량한 대비로써 이 사바세계라는 부처님 땅에 태어나는 것입니다.

維摩詰言 유마힐이 말했다.

此土菩薩 於諸衆生 大悲堅固 誠如所言 이 땅의 보살은 모든 중생들에 대한 대비심이 견고하여 진실로 당신들이 말한 바와 같이 삽니다.

然其一世 饒益衆生 多於彼國 百千劫行 그 보살들이 일생동안 요익중생하는 일은 중향국에서 백천 겁 동안 하는 일보다도 많습니다.

여기 맨 끝줄에 중요한 말이 나옵니다. 중향국이 좋은 나라이기는 하지만, 이렇게 살기 어려운 사바세계보다 못한 점이 있어요. 요익중생할 수 없는 데란 말이죠. 중향국에서는 요익중생할 일이 없습니다. '이 사바세계에서 요익중생하는 일을 당신네 나라와 비교하면, 당신네 나라에서 백천 겁 동안 하는 일보다 훨씬 더 많은 일을 일평생에 하고 있는 셈입니다.' 이 얼마나 멋있습니까?

6. 사바세계 보살의 열 가지 선법(善法)

(17)

所以者何뇨 하면,

此娑婆世界에는 有十事善法하여 諸餘淨土之所無有니,

何等爲十이뇨,

① 以布施로 攝貧窮하고 ② 以淨戒로 攝毁禁하고

③ 以忍辱으로 攝瞋恚하고 ④ 以精進으로 攝懈怠하고

⑤ 以禪定으로 攝亂意하고 ⑥ 以智慧로 攝愚癡하고

⑦ 說除難法으로 度八難者하고 ⑧ 以大乘法으로 度樂小乘者하며

⑨ 以諸善根으로 濟無德者하며 ⑩ 常以四攝으로 成就衆生하니

是爲十이니라.

유마거사의 말이 계속됩니다.

所以者何 此娑婆世界 有十事善法 餘淨土之所無有 왜냐하면 이 사바세계에는 다른 정토에는 없는 열 가지 착한 일이 있기 때문입니다.

우리는 사바세계에 살고 있습니다. 오늘날 우리가 처해 있는 현실이 그냥 그대로 사바세계라는 것을 더욱더 절실하게 느끼게끔 하는 상황입니다. 그런 속에서 보살이 해야 하는 열 가지 일, 십사선법(十事善法)이

있어요. 다른 정토에는 없는 것이라고 했습니다. 그러니까 향적 부처님이 계신 중향국과 같은 데에는 이런 것이 없다는 이야기입니다. 중향국에서 말하는 선이라는 것은 이 사바세계 것과는 많이 다를 수 있어요. 선을 어떻게 생각하느냐 하는 것이 세계에 따라서 다르다는 것을 알 수 있습니다.

그 열 가지 중에는 보시, 정계(淨戒), 인욕, 정진, 선정, 지혜의 육바라밀다가 나와 있습니다. 그러니까 육바라밀다는 『유마경』에서 보살도로서 제일 강조되고 있는 것입니다. 우리나라 불교도 육바라밀다를 강조합니다. 그렇지만 불교도가 되면서 수계할 때 받는 오계(五戒)와 육바라밀다가 일치하지 않는 점이 많이 있어요. 그런 것은 일치시켜 놓아야 좋지 않겠나 하는 생각을 항상 갖고 있습니다. 단순히 '살생하지 말라'는 이야기로 시작해서는 안 되죠. 요새는 수계를 주면서 육바라밀다를 붙여서 해석하는 경우도 많이 있는 것으로 알고 있기는 하지만, 이 육바라밀다를 더 많이 강조해야 한다고 생각합니다.

『유마경』에서는 육바라밀다와 함께 방편이 나오고, 또 산발적이지만 원(願)에 대해서도 이야기합니다. 십바라밀다가 될 때 포함되는 방편, 원, 역, 지, 네 가지가 정연하게 정리되어 있지는 않지만, 간간이 언급되고는 있어요. 이렇게 십바라밀다가 아직 완성되지 않았다는 점에서 『유마경』이 편찬된 시기를 가늠할 수도 있죠. 그러니까 완성된 십바라밀다가 나오는 경전들보다는 더 오래된 거라고 봅니다. 물론 십바라밀다라의 전통이 어느 특정한 지역에서 나왔거나, 지역적인 차이에 의한 것이라고 생각할 수 있을지도 모르지만, 역시 시대적인 간격이 있다고 보는 것이 좋을 것입니다.

何等爲十 그 열 가지 착한 일들이란 이런 것들입니다.

저는 『유마경』에서 이 대목이 주목할 만한 것이라고 생각돼서 늘 노트

에다 표를 해 두곤 했는데, 보살이라면 이런 능력을 갖추고 있어야 한다는 것이죠.

① **以布施攝貧窮** 보시로써 가난한 사람들을 섭(攝)합니다.

가난하고 궁한 사람들이 없게 해야 합니다. 빈궁한 사람들이 없도록 섭하려면, 자기 자신이 가난하고 빈궁해서는 안 되겠죠. 보살 스스로가 없어서 여기저기 얻어먹으러 돌아다닌다면 말이 안 됩니다. 보살 스스로가 없어서 여기저기 얻어먹으러 돌아다닌다면 말이 안 됩니다. 보살은 적어도 얻어먹고 있지는 않아야 합니다. 그러니까 보시를 하려면 생산을 해야 한다는 것이 내 주장입니다. 앞으로의 불교는 생산을 해야 돼요. 앞으로가 뭐예요? 이미 내가 옛날부터 해 온 이야기인데, 생산 안 하잖아요. 생산은 안 하고 입장료만 받아먹고, 그렇게 공짜로 돈이 들어오니까 잘못되는 거잖아요. 과거에 조상들이 남겨 놓은 부처님 유산 팔아먹고 있어요. 그것이 어디 스님들 독점물인가요? 우리 전 국민의 것이죠. 그것은 전체 불교를 위해서 써야 합니다. 보시를 제대로 하고 있느냐? 보시의 의미를 우리는 알잖아요. 법시(法施), 재시(財施), 무외시(無畏施)가 있죠. 적어도 한 달에 한 번쯤은 '보시했나? 법시 했나? 재시 했나? 무외시 했나? 빈궁한 사람들 도와주는 일이 있었나?' 이것을 살펴보자는 겁니다.

② **以淨戒攝毁禁** 계로써 부도덕한 사람들을 섭합니다.

계를 지키려고 생각하다 보면, 야, 250계 어떻게 지키나 하는 생각이 들죠. 그러니까 그것은 우리와 관계있는 것이 아니라는 결론이 곧 나옵니다. 그래서 원효대사는 어떤 계를 지키라고 했느냐 하면, 율의(律儀), 그러니까 이 율법적인 것은 자기 신분에 맞게끔 지키라고 했어요. 그것이 첫째 섭율의계(攝律儀戒)라는 단계입니다. 그런데 그것보다 더 중요한 것이 섭선법계(攝善法戒)죠. 섭선법이 뭐냐? 선한 법을 골라 가면서 하라고 했단 말이죠. 선한 일이 뭔지 모르겠을 때는, 요익중생하는 일이면 된다고 했습니다. 요익중생계, 섭중생계(攝衆生戒)를 하라는 거죠. 250계를 지켰더라도 섭중생계를 안 하면 계를 지킨 게 아니라는 것이 원효대사의 입장입니다. 원효대사의 입장이기만 한 것이 아니라 그것이 정법의 입장입니다.

나는 이것이 앞으로의 정치, 경제, 교육, 언론, 방송, 신문, 잡지 등 대중매체들이 해야 하는 일이라고 생각합니다. 신문, 잡지, 방송이 지금 중생들에게 이익되는 일을 하고 있나요? 대중문화, 대중음악, 이런 것들을 한번 생각해 보세요. 그런 것은 예술도 아니지만, 동물 같은 애들이 나와서 그냥 발광하는데, 그것이 누구에게 이로운 거냐? 다 쓸데없는 자극만 많이 주어서 그냥 사람들이 다 그 희생물이 된다구요. 방송에 죄가 많아요.

③ **以忍辱攝瞋恚** 인욕으로써 성내는 사람들을 섭합니다.

잘못하는 사람이 많을 때는 참고 견뎌야 할 일도 많죠. 화가 나도 전부 참고, 포용해 주어야 하는 게 원칙입니다. 그렇다고 그것을 그냥 덮어놓고 감싸주라는 이야기는 아니죠. 인욕으로 진에를, 성나서 날뛰는 사람들을 잡아야 합니다. 이것은 다른 사람에 대한 이야기도 되지만, 자기 자신에 대한 이야기도 됩니다. 앞에서 보시할 수 있도록 가난해지지 않아야 한다는 이야기도 자신을 위해서 열심히 일하라는 거예요. 또 정계(淨戒)로 훼금(毁禁)을 섭하라는 것도 다 자기 자신과 관계가 있습니다.

④ **以精進攝懈怠** 정진으로써 게으르고 나태한 사람들을 섭합니다.

⑤ **以禪定攝亂意** 선정으로써 마음이 산란한 사람들을 섭합니다.

난의(亂意)라는 것이 언제든지 사고를 일으키는 원인이 되죠. 그냥 잠깐 정신이 흩어진 사이에 사고가 오잖아요. 교통사고 나고, 뭐 물건 잃어버리고, 이러는 것이 전부 다 난의에서 옵니다. 그러니까 정신 바짝 차리고 있는 것도 선(禪)입니다. 무념무상이라야 한다고, 지갑이니, 뭐 가지고 있는 것 다 잊어버리고 멍하니 있는 것은 선이 아니에요. 어디 가서 내려야 하는지 다 알고 가야죠. 뭐 안 내려도 될 정도가 됐다면 몰라요. 그러나 어디 가서 내려서 일을 해야 하는 사람이라면, 어디 가서 어떻게 내리는지 다 계산하면서 행동하는 것이 선이죠. 그냥 무념무상, 문자만 외워서 멍하니 있으면 안 되는 겁니다. 난의에는 혼침(昏沈)도 있고 도거(掉擧)도 있죠. 혼침은 이제 이야기한 것처럼 멍청한 대로 푹 가라앉은 상태이고, 도거라는 것은 마냥 어쩔 줄 몰라서 바람개비처럼 가벼운 거예요. 혼침, 도거, 이런 것도 전부 난의입니다.

⑥ **以智慧攝愚癡** 지혜로써 어리석은 사람들을 섭합니다.

⑦ **說除難法度八難者** 여덟 가지 어려움에 처해 있는 사람에게는 그곳에서 벗어나는 법을 가르쳐 줍니다.

팔난(八難)이라고 하는 데 대해서는 앞에서도 설명했습니다. 견불문법(見佛聞法), 부처님을 보고 정법을 듣는 데 장애가 되는 여덟 가지 상황입니다. 지옥, 아귀, 축생, 장수천(長壽天), 변지(邊地), 맹농음아(盲聾瘖啞), 세지변총(世智辯聰), 불전불후(佛前佛後)의 여덟 가지입니다. 이러한 여덟 가지 난에 처해 있는 자에게는 그곳에서 벗어나는 법을 가르쳐 준다고 합니다. 사실 대승에서는 이런 이야기를 잘 안 하는데, 소승에서 하던 이야기를 갖다가 한 것입니다.

⑧ **以大乘法度樂小乘者** 대승법으로써 소승을 좋아하는 사람들을 제도합니다.

소승을 좋아하고 거기 빠져 있는 사람들에게는 대승법을 가르쳐 주어서 거기서 나오게 한다는 말입니다. 뭐가 대승이고 뭐가 소승인지를 잘 알아야 한다는 말이죠. 그런데 대승이라는 이름이 붙었다고 해서 다 좋은 것은 아니에요. 대승에도 정말 이상한 말법적인 요소가 많죠.

⑨ **以諸善根濟無德者** 모든 선근으로써 덕이 없는 자들을 제도해야

합니다.

덕이 없는 자에게는 여러 가지 선근을 심어서 덕을 키우도록 해야 한다는 말입니다.

⑩ **常以四攝成就衆生 是爲十** 항상 사섭으로써 중생들을 성취하게 합니다. 이것이 열 가지 착한 일입니다.

사섭이 매우 중요하게 제기되고 있습니다.

사바세계의 보살은 이런 일들을 해야 한다는 것을 유마거사가 가르쳐 주고 있는 것입니다.

7. 정토에 태어날 수 있는 조건

(18)

彼菩薩이 曰하되, "菩薩은 成就幾法하여야
於此世界에서 行無瘡疣하고 生于淨土하느뇨" 하니라.
維摩詰이 言하되, "菩薩이 成就八法하여야
於此世界에서 行無瘡疣하고 生于淨土하니라" 하니,
何等爲八이뇨 하면,
① 饒益衆生하되 而不望報하며
② 代一切衆生하여 受諸苦惱하고, 所作功德을 盡以施之하며
③ 等心衆生하여 謙下無礙하며
④ 於諸菩薩에 視之如佛하며
⑤ 所未聞經을 聞之不疑하며, 不與聲聞으로 而相違背하며
⑥ 不嫉彼供하고 不高己利하고
⑦ 而於其中에 調伏其心하며, 常省己過하고 不訟彼短하며

⑧ 恒以一心으로 求諸功德하나니
是爲八法이니라.
維摩詰과 文殊師利가 於大衆中 說是法時에
百千天人이 皆發悉發阿耨多羅三藐三菩提心하고
十千菩薩이 得無生法忍하니라.

여기서는 정토에 가서 태어날 수 있는 조건을 말하고 있습니다. 이런 이야기가 원효대사의 『무량수경종요』 같은 데에도 나온단 말이에요. 뭐 염불만 한다고 정토에 가서 태어나는 게 아니라는 겁니다.

彼菩薩曰 중향국의 보살들이 말했다.

菩薩成就幾法 於此世界 行無瘡疣 生于淨土 보살은 어떤 법을 성취해야 이 세계에서 상처입지 않고 정토에 태어날 수 있습니까?

'瘡疣(창우)'는 부스럼과 혹이란 뜻인데, 몸에 난 상처를 말합니다.

維摩詰言 유마힐이 말했다.

菩薩成就八法 於此世界 行無瘡疣 生于淨土 보살이 여덟 가지 법을 성취하면 이 세계에서 상처입지 않고 정토에 태어날 수 있습니다.

何等爲八 그 여덟 가지란 다음과 같은 것입니다.

① **饒益衆生 而不望報** 요익중생하되 그 보답을 바라지 않는다는 것입니다.

② **代一切衆生 受諸苦惱 所作功德 盡以施之** 일체중생을 대신해서 갖가지 고뇌를 받고, 지은 바 공덕은 다 일체중생에게 베풀어줍니다.

③ **等心衆生 謙下無礙** 중생들에게 평등한 마음을 갖고 겸손하게 하심(下心)하며 걸림이 없습니다.

④ **於諸菩薩 視之如佛** 모든 보살들 보기를 부처님 대하듯 합니다.

⑤ **所未聞經 聞之不疑 不與聲聞 而相違背** 아직 듣지 못했던 경을 듣

고 의심하지 않고, 성문과도 서로 반목하지 않습니다.

⑥ 不嫉彼供 不高己利 다른 사람이 공양 받는 것을 보고 질투하지 않으며, 자기 이익에 교만하지 않습니다.

⑦ 而於其中 調伏其心 常省己過 不訟彼短 이런저런 일을 겪으면서도 그 마음을 조복하고, 항상 자기 잘못을 반성하며, 남의 잘못을 알려서 탓하지 않습니다.

⑧ 恒以一心 求諸功德 항상 일심으로 모든 공덕을 구합니다.

是爲八法 이것을 여덟 가지 공덕이라고 합니다.

維摩詰 文殊師利 於大衆中 說是法時 百千天人 皆發悉發阿耨多羅三藐三菩提心 十千菩薩 得無生法忍 유마힐과 문수사리가 대중들 속에서 이와 같이 법을 설할 때, 백천에 달하는 천인들이 다 아뇩다라삼먁삼보리심을 발했고, 십천의 보살이 무생법인을 얻었다.

보살행품 菩薩行品 第十一

1. 유마힐과 문수, 부처님께 옴

(1)

是時에 佛說法 於菴羅樹園하시니,

其地가 忽然히 廣博嚴事하고, 一切衆會가 皆作金色이더라.

阿難이 白佛言하되,

"世尊이시여, 以何因緣으로 有此瑞應하나이까.

是處가 忽然히 廣博嚴事하며 一切衆會가 皆作金色이나이다" 하니,

佛告 阿難하사대,

"是는 維摩詰과 文殊師利가 與諸大衆의 恭敬圍繞하고 發意欲來하니,

故로 先爲此瑞應이니라" 하시니라.

是時佛說法 於菴羅樹園 其地忽然 廣博嚴事 一切衆會 皆作金色 그때 부처님께서 암라수 동산에서 설법을 하고 계셨는데, 갑자기 땅이 넓어지고 장엄해지더니 그곳에 모인 모든 회중이 다 황금빛 광채를 발하였다.

阿難白佛言 아난이 부처님께 아뢰었다.

世尊 以何因緣 有此瑞應 세존이시여, 무슨 인연으로 이와 같이 상서로운 일이 생긴 것입니까?

是處忽然 廣博嚴事 一切衆會 皆作金色 갑자기 이곳이 넓어지고 장엄해지며 모든 회중이 다 황금빛으로 찬란하게 되었습니다.

佛告阿難 부처님이 아난에게 말씀하셨다.

是維摩詰文殊師利 與諸大衆 恭敬圍繞 發意欲來故 先爲此瑞應 이것은 유마힐과 문수사리가 여러 대중들과 함께 공경과 위요를 받으며 이곳에 오려고 뜻을 세운 까닭에 먼저 이런 상서로운 조짐이 생긴 것이니라.

(2)

於是에 維摩詰이 語文殊師利하되,

"可共見佛하고 與諸菩薩하여 禮事供養이로다" 하니,

文殊師利가 言하되, "善哉 行矣로다. 今正是時이니라" 하니라.

維摩詰이 卽以神力으로 持諸大衆과 竝師子座하고 置於右掌하여

往詣佛所하고 到已着地하여

稽首佛足하고 右繞七匝 一心合掌하여 在一面立하니,

其諸菩薩이 卽皆避座 稽首佛足하고 亦繞七匝하고 於一面立하니라.

諸大弟子와 釋·梵·四天王等도 亦皆避座하여

稽首佛足하고 在一面立하니라.

於是에 世尊께서 如法慰問諸菩薩已하고,

各令復坐하고 卽皆受教하라 하니 衆坐已定이로다.

다시 유마힐의 집으로 장소가 옮겨집니다. 거기서 유마힐이 문수사리에게 이야기하는 거예요.

於是 維摩詰語文殊師利 그때 유마힐이 문수사리에게 말했다.

可共見佛 與諸菩薩 禮事供養 함께 부처님을 뵙고 저 보살들과 더불어 공양드리는 것이 어떻겠습니까?

文殊師利言 문수사리가 말했다.

善哉 行矣 今正是時 좋습니다. 가십시다. 지금이 바로 그때입니다.

維摩詰 卽以神力 持諸大衆 竝師子座 置於右掌 往詣佛所 그러자 유마힐이 곧 신력으로 여러 대중들과 그들이 앉아 있던 사자좌를 오른쪽 손바닥 위에 올려놓고 부처님 계신 곳으로 갔다.

到已着地 稽首佛足 右繞七匝 一心合掌 在一面立 그곳에 도착하자 유마힐은 땅에 엎드려 부처님 발밑에 이마를 대고 절하고, 부처님 오른

쪽으로 일곱 바퀴를 돈 다음 일심으로 합장하고 한쪽에 가서 섰다.

其諸菩薩 卽皆避座 稽首佛足 亦繞七匝 於一面立 모든 보살들도 곧 자리에서 일어나 부처님 발밑에 이마를 대고 절하고, 부처님 오른쪽으로 일곱 바퀴를 돈 다음 한쪽에 가서 섰다.

諸大弟子 釋梵四天王等 亦皆避座 稽首佛足 在一面立 모든 대제자들과 제석천, 대범천과 사천왕 등도 역시 모두 자리에서 일어나 부처님 발밑에 이마를 대고 절하고, 한쪽에 가서 섰다.

於是世尊 如法慰問諸菩薩已 各令復坐 卽皆受敎 衆坐已定 그때 세존께서 법대로 모든 보살들을 위문하신 다음 각각 자리에 돌아가 앉게 하니, 즉시 분부에 따라 모두가 자리에 좌정했다.

2. 향반(香飯)의 효과

(3)

佛語 舍利弗하사대, "汝見 菩薩大士의 自在神力之所爲乎아" 하시니,
"唯然, 已見이나이다" 하니라.
"於汝意云何오" 하시니,
"世尊이시여, 我覩 其爲不可思議하옵건대
非意所圖이며 非度所測이나이다" 하니라.

佛語舍利弗 부처님께서 사리불에게 물었다.

汝見菩薩大士 自在神力之所爲乎 그대는 유마힐 보살대사의 자재한 신력이 하는 일을 보았는가?

唯然 已見 예, 보았습니다.

於汝意云何 네 생각이 어떠하냐?

世尊 我覩其爲不可思議 非意所圖 非度所測 세존이시여, 저는 그분이 불가사의한 일을 하는 것을 보았습니다. 그것은 전연 뜻밖의 것이었고, 헤아릴 수 없는 것이었습니다.

사리불이 지금까지 『유마경』에서 자주 등장했죠? 천녀와의 이야기 때만 해도 사리불이 상당히 불손한 태도를 취했었는데, 여기 와서는 상당히 공손해졌습니다. 유마거사에게 확실히 뭔가 압도당한 것 같아요.

(4)

尒時에 阿難이 白佛言하되,

"世尊이시여, 今所聞香은 自昔未有이오니 是爲何香이나이까" 하니,

佛告 阿難하사대, "是는 彼菩薩의 毛孔之香이니라" 하시니라.

於是에 舍利弗이 語阿難言하되,

"我等毛孔에서도 亦出是香이나이다" 하니,

阿難이 言하되, "此는 所從來이나이까" 하니라.

曰하사대 "是는 長者 維摩詰이 從衆香國으로 取佛餘飯하여

於舍食者의 一切毛孔에 皆香若此로다."

尒時 阿難白佛言 그때 아난이 부처님께 말씀드렸다.

世尊 今所聞香 自昔未有 是爲何香 세존이시여, 지금 코에 와 닿는 향은 일찍이 맡아보지 못한 것입니다. 이것이 무슨 향기입니까?

佛告阿難 부처님이 아난에게 말씀하셨다.

是彼菩薩 毛孔之香 이 향은 중향국 보살들의 모공에서 나오는 향기이니라.

於是 舍利弗語阿難言 그러자 사리불이 아난에게 말했다.

我等毛孔 亦出是香 우리들의 모공에서도 그 향기가 나오고 있네.

阿難言 此所從來 아난이 말했다. 이 향은 어디서 온 것입니까?

曰 是長者維摩詰 從衆香國 取佛餘飯 於舍食者 一切毛孔 皆香若此 부처님이 말씀하셨다. 이 향은 장자 유마힐이 중향국으로부터 부처님이 드시다 남은 밥을 가져오게 해서 그 밥을 유마힐의 집에서 먹은 사람들 모두의 모공에서 나오는 향이니라.

아난과 사리불 같은 십대제자들이 부처님 주위에 자리를 차지하고 있습니다. 석굴암에도 십대제자들이 있죠. 제석천과 대범천이 있고, 문수사리보살과 보현보살이 있고, 십일면관세음보살이 있습니다. 그리고 그 위에 올라가면 또 많은 보살들이 있습니다. 그중에 머리를 기르고 모자 같은 것을 쓴 사람이 있는데 그 사람이 유마힐입니다. 석굴암의 사상적인 배경이 뭐냐 하는 문제에 대해서 이러쿵저러쿵 말을 많이 하는데, 역시 『화엄경』을 바탕으로 하고 있는 거죠. 좀더 구체적으로 보면 화엄경의 정신이 기초가 되면서 『유마경』과도 관계가 깊다고 생각됩니다. 『유마경』과 『화엄경』의 밀접한 관계는 이미 말씀드렸죠? 『화엄경』의 다른 이름이 『유마경』의 다른 이름과 같다고 했습니다. 『고려대장경』에 실려 있는 구마라집의 번역본에는 '유마힐소설경' 아래에 '일명 불가사의해탈경(不可思議解脫經)'이라고 되어 있는데, 이것은 『화엄경』의 다른 이름이기도 합니다.

지금 여기서는 향기에 대한 이야기를 하고 있습니다. 그 자리에 있으면서 향반을 먹은 모든 사람들의 모공에서 향기가 나오고 있어요. 그럼 그 향반이 무슨 밥이겠느냐 하는 것을 생각해 볼 필요가 있을 거예요. 밥에 대해서는 이야기를 많이 했는데, 덩어리 밥은 물론 아니죠. 출세간의 밥일 텐데, 출세간식(出世間食)에 여러 가지가 있다고 했습니다. 선열식(禪悅食), 원식(願食), 염식(念食), 해탈식(解脫食), 법희식(法喜食), 이렇게 순서가 있는데, 그러한 것을 먹고 법신을 키운 사람들에게서 향기가 나온 것이라고 생각해야 되겠죠. 이제 이 향기가 언제까지 지속되느냐 하는 이야기로 이어집니다.

(5)

阿難이 問維摩詰하되, "是香氣는 住하기를 當久如오" 하니,

維摩詰이 言하되, "至此飯消이리라" 하니,

曰하되, "此飯久如當消이리오" 하니,

曰하되, "此飯의 勢力은 至于七日 然後에야 乃消하니라" 하니라.

阿難問維摩詰 是香氣 住當久如 아난이 유마힐에게 물었다. 이 향기는 얼마나 오랫동안 머뭅니까?

維摩詰言 至此飯消 유마힐이 대답했다. 이 밥이 다 소화될 때까지 갑니다.

曰 此飯久如當消 아난이 물었다. 이 밥은 얼마 후면 소화가 됩니까?

曰 此飯勢力 至于七日 然後乃消 유마힐이 대답했다. 이 밥의 기운은 7일 동안 갑니다. 그리고 난 후 사라집니다.

이 향기는 7일 동안 간다고 했는데, 7일이라는 것은 무슨 원을 세우고 수행을 한다든지 할 때 세우는 기한 같은 것입니다. 7일은 『리그베다』 시절부터 인도 사람들이 시간의 단위로 많이 생각해 온 것이죠. 달이 신월(新月)에서 만월(滿月)로 갈 때 7일이 두 번이면 만월이 되고, 또 7일이 두 번이면 다시 신월로 오죠. 그러니까 이 7일이라는 숫자의 상징적 의미를 무시할 수는 없지만, 이 숫자에 너무 구애될 필요도 없을 거예요.

(6)

又阿難아, 若聲聞人으로서 未入正位하고 食此飯者면
得入正位 然後에야 乃消하며,
已入正位하여 食此飯者면 得心解脫한 然後에야 乃消하며,
若未發大乘意하고 食此飯者는 至發意에야 乃消하고,
已發意하고 食此飯者는 得無生忍한 然後에야 乃消하고,
已得無生忍하고 食此飯者는 至一生補處한 然後에야 乃消하니라.

유마힐이 계속 이야기합니다.

又阿難 若聲聞人 未入正位 食此飯者 得入正位 然後乃消 또 아난이여, 만약 성문인으로 아직 정위에 들어서지 못한 사람이 이 밥을 먹었으면, 정위에 들어선 뒤에야 그 기운이 사라질 것입니다.

정위(正位)라고 하는 것은 성문이 무위(無爲)열반을 증득하는 것을 말합니다. 성문의 길을 가다가 무위열반을 얻을 때까지 이 향반의 효력은 유지된다는 것입니다.

已入正位 食此飯者 得心解脫 然後乃消 이미 정위에 들어선 사람이 이 밥을 먹었으면, 마음의 해탈이 이루어진 뒤에야 이 기운이 사라질 것입니다.

그러니까 성문으로서의 정위에는 들어갔을지 모르지만, 심해탈(心解脫)이라는 더 높은 경지까지는 아직 못 간 상태입니다.

若未發大乘意食此飯者 至發意乃消 아직 대승에 뜻을 발하지 않은 사람이 이 밥을 먹었으면, 그 뜻을 발한 뒤에야 이 기운이 사라질 것입니다.

심해탈을 얻었는지는 모르지만, 대승의 뜻을 일으키지 않았단 말이에요. 이럴 경우에는 대승의 초발의(初發意)를 할 때까지 이 밥 기운이 지속된다고 합니다.

已發意食此飯者 得無生忍 然後乃消 이미 그 뜻을 발한 사람이 이 밥을 먹었다면 무생법인을 얻은 다음에야 이 기운이 사라질 것입니다.

已得無生忍食此飯者 至一生補處 然後乃消 이미 무생법인을 얻은 사람이 이 밥을 먹었다면 일생보처에 도달한 후에야 이 기운이 사라질 것입니다.

여기 (6)번부터 (7)번까지는 향기가 언제 어떻게 소멸되느냐 하는 이야기를 하는데, 각각 그 사람의 수행에 따라서 분류가 되어 있어요. 어떻게 수행을 하느냐 하는 데 따라서 성문인이라고 불려지기도 하고, 대승인이라고 불려지기도 합니다. 성문에도 아직 정위에 들어가지 못한 성문이 있고, 정위에 들어간 성문이 있습니다. 또 대승에도 이런 등급이 있습니다. 『화엄경』이나 『보살영락본업경』 같은 데서도 수행의 단계를 십신(十信), 십주(十住), 십행(十行), 십회향(十廻向), 십지(十地), 등각(等覺), 묘각(妙覺) 등으로 이야기하고 있는데, 그 수행의 단계를 『유마경』도 마찬가지로 인정하고 있는 것이죠.

성문이 정위에 들어가지 못했을 때는 아직 살·도·음·망(殺盜婬妄)의 죄를 지을 가능성이 있어요. 정위에 들어가면 그런 것은 아예 없어지겠지만, 그 다음에 심해탈의 경지까지 가는 것이 성문으로서 최고의 자리입니다. 심해탈에 못 간 사람은 아직 자기가 열반을 얻었다느니, 도통을 했다느니 하는 생각을 가지고 있는데, 그런 생각에서 해방된 상태가 심해탈입니다. 마음의 해탈이라는 상태인데 거기까지 이제 가야겠죠.

그런데 성문보다는 보살이 되는 것이 더 좋은 거예요. 성문이라는 형식주의, 율법주의에 갇혀 있는 수도자는 세상에서 큰 죄는 안 짓겠죠. 욕심이 없으니까 죄는 많이 안 짓겠지만, 그 대신 세상에 이익을 주는 것도 거의 없을 거예요. 그래서 내가 평소에 우리는 인간들에게 좋은 먹이가 되어야 한다고 이야기하는 겁니다. 뭐 줄 게 있어야죠. 사실 성문과 보살을 비교해 보면, 성문은 좋고 나쁘고 간에 줄 줄 모르는 사람이에요. 줄 것도 없고, 그렇다고 남의 것을 빼앗지는 않습니다. 그것만 해도 괜찮은 거죠. 그것만 해도 도둑놈은 아니지만, 그래도 뭔가 줄 것을 만들어 가지고, 줄 수 있어야 할 것 아니겠어요? 그런 성문이 되지 말고 보살이 되라는 겁니다.

그래서 심해탈을 얻은 성문은 어디까지 가야 하느냐 하면, 대승의 뜻을 발해야 합니다. 대승에 뜻을 두고 대승 보살이 되어야 한단 말이죠. 성문이 성문으로 끝난다면 그것은 아직 미완성이고 부족하기 짝이 없는 상태입니다. 그래서 미발대승의(未發大乘意)의 사람에게는 발심을 하게 한 다음에라야 이 향기가 없어진다고 했습니다. 초발심보살, 초발의보살이 된 것이죠.

이미 발심을 하게 된 사람에게는 또 여러 단계가 있습니다. 보통 보살에게는 네 단계가 있다고 하죠. 맨 첫 단계는 처음으로 발심을 한 보살, 초발심보살이고, 초발심보살이 점점 더 깨닫게 되면 행도(行道)보살로 갑니다. 이 단계부터 육바라밀다를 실천합니다. 거기서 이제 수행을 더 많이 쌓아올리면 불퇴전(不退轉)보살이 됩니다. 뒷걸음질 치지 않게끔 된 보살이죠. 이 단계에 가면 이미 굉장히 높은 데까지 간 거예요. 거기서 더 수행을 해서 앞으로 나가게 되면 일생보처(一生補處)보살이 됩니다. 『유마경』에서는 이미 무생법인(無生法忍)을 얻고 난 사람이 이 밥을 먹으면 일생보처에 도달한 후에야 그 향기가 사라진다고 했어요. 그러니까 무생법인을 얻는 것은 일생보처가 되기 전의 이야기라고 할 수 있습니다. 불퇴전보살의 단계쯤 갔을 때 무생법인을 얻겠죠. 일생보처는 굉장히 높은 겁니다. 이제 부처나 다름없는 단계까지 간 것이죠.

(7)

"譬如 有藥名曰上味니 其有服者는 身諸毒滅한 然後에야 乃消하고,
此飯도 如是하여 滅除一切 諸煩惱毒하면 然後에야 乃消하리라."
阿難이 白佛言하되, "未曾有也이나이다.
世尊이시여, 如此香飯이 能作佛事이나이다."

譬如有藥 名曰上味 其有服者 身諸毒滅 然後乃消 비유컨대 상미(上味)라는 약이 있습니다. 이 약을 먹은 사람은 몸의 모든 독이 다 사라진 연후에야 약 기운이 사라집니다.

此飯如是 滅除一切 諸煩惱毒 然後乃消 이와 같이 이 밥은 일체의 번뇌를 다 없애고 난 다음에야 그 기운이 사라질 것입니다.

'번뇌의 독'이라고 했는데, 번뇌 마구니를 항복시킨다거나 번뇌의 독을 없앤다든가 하는 데 이 향반이 중요한 역할을 하는 것입니다.

阿難白佛言 아난이 부처님께 말했다.

未曾有也 世尊 如此香飯 能作佛事 미증유한 일입니다, 세존이시여. 이 향반이 이렇게 큰 불사를 하는 줄은 미처 몰랐습니다.

여기까지는 향반이 하는 불사에 대한 설명이었습니다.

3. 불국토와 불사(佛事)

(8)

佛言하사대, "如是니라, 如是니라, 阿難아.
或有佛土하니 以佛光明으로 而作佛事하고,
有以諸菩薩로 而作佛事하고.

有以佛所化人으로 而作佛事하며,

有以菩提樹로 而作佛事하며,

有以佛衣服臥具로 而作佛事하며,

有以飯食으로 而作佛事하며,

有以園林臺觀으로 而作佛事하며,

有以三十二相과 八十隨形好로 而作佛事하며,

有以佛身으로 而作佛事하며,

有以虛空으로 而作佛事하고,

衆生이 應以此緣으로 得入律行하며."

佛言 부처님이 말씀하셨다.

如是 如是 阿難 그렇다, 그렇다, 아난아.

或有佛土 以佛光明 而作佛事 어떤 불국토에서는 부처님이 광명으로써 불사를 하고.

얼마 전에 수필을 하나 쓰라고 해서 꽃 이야기를 썼는데, 선인장 꽃은 해가 뜨면 폈다가 해가 지면 시들죠. 나는 그것도 모르고, 아이구, 벌써 졌다, 그랬더니, 그 다음날 아침에 또 방긋 피었더라구요. 그러다가 해가 지니까 요 놈이 또 져요. 그러니 햇빛이 얼마나 중요합니까? 광명으로써 불사를 하는 거죠.

有以諸菩薩 而作佛事 어떤 데서는 보살로써 불사를 하고.

有以佛所化人 而作佛事 어떤 데서는 부처님이 변화시켜 만든 화인(化人)으로써 불사를 하며.

여기 『유마경』에서는 천녀가 나오고, 화작보살이 나왔죠. 화인으로써 불사를 했습니다.

有以菩提樹 而作佛事 어떤 데서는 보리수로써 불사를 하고.

옛날에는 보리수로써 불사를 했잖아요. 불상 같은 것이 없을 때는 보리수 같은 것을 가지고 불사를 했습니다. 어떻게 보면 성황당 나무 같은 것도 일종의 불사예요. 우리가 크게 생각하면 전부 다 받아들여 줄 수 있습니다.

有以佛衣服臥具 而作佛事 어떤 데서는 부처님의 의복과 와구(臥具)로써 불사를 하며.

有以飯食 而作佛事 어떤 데서는 밥을 먹게 함으로써 불사를 하고.

有以園林臺觀 而作佛事 어떤 데서는 아름다운 동산, 숲, 언덕, 누각 등으로써 불사를 하며.

有以三十二相八十隨形好 而作佛事 어떤 데서는 삼십이상 팔십종호로써 불사를 하고.

有以佛身 而作佛事 어떤 데서는 부처님 몸으로써 불사를 하고.

有以虛空 而作佛事 어떤 데서는 허공으로써 불사를 하며.

衆生 應以此緣 得入律行 중생을 이런 인연으로 율행에 들어가도록 하느니라.

(9)

有以夢·幻·影·響 鏡中像과 水中月 熱時炎 如是等喩로 而作佛事하고,
有以音聲·語言·文字로 而作佛事하며,
或有淸淨佛土 寂寞無言하여
無說·無示·無識·無作·無爲로 而作佛事하나니.

有以夢幻影響鏡中像 水中月熱時炎 如是等喩 而作佛事 또 어떤 데서는 꿈이나 허깨비, 그림자나 산울림, 거울 속의 그림자, 물위에 비친 달, 더울 때의 아지랑이 등의 비유를 들어 불사를 하고.

有以音聲語言文字 而作佛事 어떤 데서는 음성, 언어, 문자로써 불사를 하고.

或有清淨佛土 寂寞無言 無說無示無識無作無爲 而作佛事 또 어떤 청정한 불국토에서는 적막하여 말이 없고, 설하는 일이 없으며, 보여지는 일도 없고, 식별하는 일도 없이, 무작무위로 불사를 하기도 하는 것이니.

우리가 열린 마음으로, 부처님을 받아들이는 마음으로 이 세상 인간들이 하는 모든 일들을 다 받아들이면, 그것이 전부 다 불사가 될 수 있다고 합니다. 그러니까 반드시 좋은 것만이 아니라, 꿈이나 허깨비, 그림자, 산울림, 거울에 비친 상이나 물 위에 비친 달, 또 한참 더울 때의 아지랑이, 이런 비유를 들어서 불사를 하시기도 하기 때문에, 그런 모든 현상을 보면서 부처님을 볼 수 있어요. 또 모든 말과 소리와 문자가 다 불사가 될 수 있습니다. 나쁜 것은 나쁜 것대로, 좋은 것은 좋은 것대로 다 불사가 될 수 있습니다. 부처님 말씀이 적혀 있는 불경이라고 해서 훌륭한 사람들의 이야기만 나오는 것은 아니잖아요. 죄 많이 짓는 사람들의 이야기가 얼마나 많이 나옵니까? 우리가 지금 죄 많이 짓고 고통당하는 사람들의 모습을 보면서, 경 읽듯이 거기서 진리를 읽고 진리의 목소리를 들어야 하는 겁니다. 그것을 들어야 된다고요. 물론 우리가 밤낮 비관적인 이야기만 듣고 있노라면 희망이 없어지고 스트레스가 쌓인다고 하지만, 스트레스가 쌓이는 사람은 정신이 약해서 그런 거예요. 스트레스가 쌓이면 부처님한테 와서 절도 좀 하고, 오염되지 않은 대자연의 품에 안겨 보는 것도 필요하겠죠. 나는 언제든지 헤르만 헤세의 『싯다르타』를 생각하는데, 싯다르타가 도도히 흐르는 강물을 물끄러미 쳐다보면서 깨닫는 장면이 있잖아요. 그런 것도 좀 하고 그러면 스트레스가 안 쌓이죠. 밤낮 신문만 근시안적으로 바라다보고, 밤낮 라디오만 듣고 있으니까, 스트레스가 쌓이는 겁니다. 밤낮 아이들과 양양거리기만 하니까 스트레스가 쌓이죠. 훨씬 더 넓은 창공을 바라다보아야 하겠습니다.

(10)

如是 阿難아, 諸佛의 威儀와 進止와 諸所施爲는 無非佛事니라.

阿難아, 有此四魔와 八万四千諸煩惱門하되 而諸衆生은 爲之疲勞하나,

諸佛은 卽以此法으로 而作佛事하나니.

如是 阿難 諸佛威儀進止 諸所施爲 無非佛事 이와 같이 아난아, 제불의 모든 위의(威儀)와 나가고 들어가는 몸가짐과, 그 밖의 하시는 모든 일은 다 불사가 아님이 없느니라.

그러니까 여기서 말하는 '제불의 위의'라는 것을 꼭 사람이라고만 생각해서는 안 됩니다. 이 세상 모든 것이 다 제불의 불사이거든요.

阿難 有此四魔 八万四千諸煩惱門 而諸衆生 爲之疲勞 諸佛 卽以此法 而作佛事 아난아, 인간 세상에는 네 가지 마구니가 일으키는 팔만사천 가지 번뇌문이 있고, 이 때문에 중생은 피곤하고 괴로워하고 있지만, 모든 부처님은 이 법으로써 불사를 하시는 것이다.

네 가지 마구니라는 놈이 중생에게는 언제나 마구니이겠지만, 부처님의 마음으로 대하면 선지식이 되잖아요. 부처님은 그 마구니들을 다 선지식이라고 했단 말이죠. 팔만 사천의 번뇌도 다 선지식이라고 했습니다. 여기서 필요한 것이 뭐냐 하면 원(願)이에요. 받아들이려고 하는 원입니다. 좋은 일 하려고 하는, 불사를 하려고 하는 원이 중요한 것입니다.

(11)

是名入一切諸佛法門이라 하느니라.

菩薩이 入此門者는 若見一切淨好佛土하여도
不以爲喜하고 不貪不高하며,
若見一切不淨佛土하여도 不以爲憂하고 不礙不沒하며,
但於諸佛에 生淸淨心하고 歡喜恭敬함이 未曾有也니라.
諸佛如來는 功德平等이나 爲化衆生故로 而現佛土가 不同이니라.

是名入一切諸佛法門 이것을 입일체제불법문이라고 하는 것이다.

이것을 일체 제불의 법문에 들어가는 것이라고 한다.

菩薩入此門者 若見一切淨好佛土 不以爲喜 不貪不高 보살로서 이 법문에 들어가는 자는 일체 청정하고 아름다운 불국토를 보아도 기뻐하거나 탐내거나 교만해지는 일이 없다.

若見一切不淨佛土 不以爲憂 不礙不沒 또 일체 부정(不淨)한 불국토를 보아도 걱정하거나 마음에 걸리거나 의기소침하는 일이 없다.

但於諸佛 生淸淨心 歡喜恭敬 未曾有也 다만 모든 부처님에 대한 청정심을 일으키고 환희공경하며 미증유한 일이라고 기뻐할 따름이다.

諸佛如來 功德平等 爲化衆生故 而現佛土不同 제불여래는 그 공덕이 평등하지만, 근기가 다른 중생들을 교화하기 위해서 불국토에 차이가 있음을 보이시는 것이다.

여기가 아주 중요한 대목이어서 나는 줄을 쳐 놓았습니다.

(12)

阿難아, 汝見諸佛國土하니,
地에는 有若干하나 而虛空에는 無若干也니라.
如是 見諸佛色身에는 有若干耳이나 其無礙慧에는 無若干也니라.

阿難 汝見諸佛國土 地有若干 而虛空 無若干也 아난아, 그대가 제불의 국토를 보니 땅에는 여러 가지 차이가 있으나 허공에는 차이가 없지 않던가?

'若干(약간)'이라는 것은 '여러 가지, 다양한' 정도로 생각하면 좋겠습니다. 울퉁불퉁한 것이 있고, 뭔가 걸리는 것이 있고, 땅에는 약간의 차이가 있으나 허공에는 그런 차이가 없다. 허공에는 걸림이 없다. 그래서 불국토를 상징하는 가장 좋은 것은 허공입니다. 허공은 산스크리트어로 ākāśa죠. 보통 영어로는 ether라고 번역해요. 그 안에 여러 가지 것이 다 있다는 거예요. 아무 것도 없는 것이 아닙니다.

『법성게』에서 '十佛普賢大人境(십불보현대인경)'이라고 할 때, '十佛'이라고 부처님의 몸을 열 가지로 이야기하는데, 그중에 '허공신(虛空身)'이라는 것이 있습니다. 부처님의 몸을 허공으로 설명하는 것이죠. 아주 의표를 찌르는 이야기입니다. 허공이야말로 부처님이라는 말입니다.

『대집경(大集經)』에도 항상 잊혀지지 않는 말이 있어요. '부처님 보고 싶습니다' 자꾸 그러니까, '네 앞의 무엇을 보느냐' 하고 묻죠. '허공밖에 보이는 것이 없습니다' 하고 대답하니까 '바로 그 허공이 부처다'라고 하는 말이 있습니다. 여러분이 이 말을 알아들었을까요? 허공이 부처라는 것, 알아들은 사람도 있을 거예요. 그것을 알아듣게끔 돼야겠죠.

如是 見諸佛色身 有若干耳 其無礙慧 無若干也 그와 같이 제불의 색신을 보니 거기에는 차이가 있지만, 그 무애한 지혜에는 차이가 없지 않은가?

여기는 뭐 어려운 것은 하나도 없는데, 아주 중요한 이야기를 하고 있습니다. 제불국토를 이야기하면서 불국토와 불신(佛身), 부처님 나라와 부처님의 몸에 대해서 이야기하고 있습니다. 불신이라는 말과 불국토라는 말은 다른 것이 아니라 같은 거예요. 이 '몸 신(身)'자는 사람이나 움직이는 동물에만 쓰는 말로 되어 있죠. 그렇지만 곰곰이 생각해 보면 몸이라는 것은 살아 있는 생활의 주체이자 생활의 영역입니다. 생활의 마당, 생활공간이에요. 그것이 바로 몸입니다. 몸에는 눈이나 귀 같은 안·이·비·설·신(眼耳鼻舌身)이 있고, 밖에 있는 것, 안에 있는 것, 그리고 그것들 사이에 일종의 질서가 있죠. 높고 얕고, 중요하고 덜 중요하고, 서로서로 의존되어 있는 관계, 유기적으로 불가분리의 관계 속에 있습니다. 그것이 몸입니다. 사람이 뭘 먹고 사느냐 하는 것으로 이야기하면, 공기 먹고 살고, 물 먹고 살고, 땅 위에 돋아난 여러 가지 곡식이나 야채, 과일, 이런 것들을 먹고 삽니다. 그 속에 햇빛도 있고, 낮과 밤도 있고, 서늘함도 있고 더운 열기도 있고, 그런 것이 교체됩니다. 그런 것이 없으면 사람의 몸이 살 수 없어요. 그러니까 더 확대해서 해석하면 몸과 이 몸을 둘러싼 자연은 불가분리의 관계에 있는 것이죠. 그래서 이 전체가 불국토이고 불신(佛身)인 것입니다.

그렇게 생각했을 때 『화엄경』의 비로자나 불신이라는 것이 나온단 말입니다. 비로자나 불신이라는 것은 사람 따위의 조그마한 개체나 지구 덩어리만을 이야기하는 것이 아니라 이 우주자연의 몸 전체를 이야기하는 거죠. 비로자나 불신은 육지만 이야기하는 것도 아니고, 바다도 이야기하고, 하늘과 허공도 이야기하고, 태양계만 이야기하는 것도 아니고, 그 밖의 다른 유성의 세계도 다 이야기합니다. 그러니까 이 우주 전체를 두고 법신이라고 하고, 또 다른 말로는 법계라고 하고, 국토라고 하는 겁니다.

그래서 불국토나 불신이나 사실은 같은 말인데, 좁게 생각해서 '석가모니 부처님' 하면서 사람으로 생각할 때는 색이 있는 몸, 색신(色身)이라는 말을 하죠. 그 색신이 이제 무애(無礙)한 색신이냐, 무애하지 못한 색신이냐 하는 이야기를 하게 됩니다. 무애하다고 하는 것은 걸림이 없다는 이야기니까, 자유와 해탈을 얻은 몸이냐, 그렇지 못한 몸이냐 하는 차별이 있다는 거죠. 그런데 그렇게 되는 데에는 무엇보다 마음가짐이 중요합니다. 여기 핵심은 마음인데, 맑고 깨끗하고 지혜롭고 자비로운 마음일 경우에는 정말 무애한 색신이 되고, 그렇지 못한 오염된 마음일 때에는 밤낮 충돌, 충돌, 어디든지 가서 부딪치고, 장애가 되고, 다른 사람들에게 해를 끼치는 사고뭉치의 몸뚱어리가 되는 것이죠. 흔히 '국토' 라고 하면, '지(地)'만을 국토라고 생각하는데, 여기서는 '지'와 '허공'의 둘을 이야기하고 있습니다.

4. 불(佛)의 평등성과 불가사의성

(13)

阿難아, 諸佛의 色身·威相·種性과 戒·定·智慧·解脫·解脫知見과
力·無所畏·不共之法과 大慈大悲와 威儀所行과 及其壽命과
說法敎化 成就衆生하고 淨佛國土하여 具諸佛法함은 悉皆同等이니라.
是故로 名爲三藐三佛陀며 名爲多陀阿伽度며 名爲佛陀니라.
阿難아, 若我廣說 此三句義하면, 汝以劫壽라도 不能盡受하려니와,
正使 三千大千世界 滿中衆生이 皆如阿難 多聞第一하여 得念摠持하고,
此諸人等이 以劫之壽라도 亦不能受하리라.
如是 阿難아, 諸佛의 阿耨多羅三藐三菩提는 無有限量이요,
智慧辯才는 不可思議니라.

'불의 평등성과 불가사의성', 이 제목은 물론 경 자체에 붙여진 것은 아니고 라모뜨 교수가 붙인 것인데, 잘 붙였어요.

阿難 諸佛 色身威相種性 戒定智慧解脫解脫知見 力無所畏不共之法 大慈大悲 威儀所行 及其壽命 說法敎化 成就衆生 淨佛國土 具諸佛法 悉皆同等 아난아, 모든 부처님은, 색신과 위상(威相), 종성(種性), 계·정·혜·해탈·해탈지견, 십력, 사무소외, 십팔불공법, 대자대비, 위의소행(威儀所行), 그리고 그 수명, 설법교화, 성취중생, 불국토를 청정하게 하는 일, 그 모든 불법을 갖추고 있다는 점에서, 모두 동등하니라.

색신과 위상. 위상은 위엄 있는 모습이죠. 삼십이상 팔십종호 같은 것을 이야기할 수 있습니다. 종성은 앞에도 나왔는데, 마음가짐입니다. 계(戒)·정(定)·혜(慧)·해탈(解脫)·해탈지견(解脫知見)은 오분법신(五分法身)이에요. 「예불문」 맨 처음에 '계향·정향·혜향·해탈향·해탈지견향'이라고 하는 것이 부처님의 법신을 다섯 가지로 쪼개서 이야기한 것입니다. 계·정·혜 삼학(三學)에 해탈과 해탈에서 생기는 지견이 붙었습니다. 해탈에서 끝나면 자기만 좋은 경지에 들어가고, 이타행이 이루어지지 않고 있는 거죠. 그래서 해탈지견은 해탈을 통해 남에게 이익을 주는 일이 이루어지는 것까지 말합니다. 부처님에게는 이 다섯 가지 법의 모습이 있다는 거예요. 이것은 초기불교서부터 있었어요. 삼학과 함께 아마 거의 동시에 나온 가르침이었다고 생각되는데, 대승불교에 와서도 법신을 해석할 때 늘 이것을 중요하게 생각했습니다.

그 다음에 부처님을 설명하는 데 '역(力)'이라고 한 것은 '십력(十力)'을 말합니다. 앞에서도 이야기했지만, 『불교개론』에 있는 '십력'을 다시 한번 참고할 필요가 있습니다. 그 다음에 '무소외'라는 것은 '사무소외(四無所畏)'를 말하는 거죠. 이것도 앞에서 설명했는데, 쉬운 말로 설명한다면 '두려움 없음'입니다. 불안과 공포가 없다는 이야기죠. 요새 말로 하면 '자신(自信)'입니다. 강의하는 사람들이 자기가 이야기하는 것에 대해서 자신이 없으면 두렵죠. 환히 알고 있으면 두려움이 없습니다. 이 자신이 필요하단 말이에요. 그런데 언제 자신이 생기느냐? 하다 보면 조금씩 조금씩 나아지는 거예요. 하하하! 내가 왜 웃는지 아세요? 자신도 없으면서 뻔뻔스러운 경우들도 있잖아요. 참 곤란하죠. 다 아는 것처럼 하는 법사들이 제일 문제예요. 그러나 자기가 공부한 것을 남에게 가르쳐 보는 것도 중요합니다. 그러다 보면 자기가 모른다는 것을 알게 되죠. 잘 가르치기 위해서 더 공부하게 됩니다. 이제 여러분들도 어디 가서 이런 이야기들을 꼭 나누어 보기 바랍니다.

내가 여러 가지 생각을 많이 합니다. 이런 강의, 이런 일 하는 것이 다 부질없는 생각이고 잘못된 것이라면 책망을 하시라고 부처님에게 말씀드렸습니다. 지금 강의 듣는 여러분들도 있고, 또 앞으로 인연을 맺을 사람들도 있겠죠. 내가 언제 죽는다고는 이야기 못하겠지만, 80세까지는 일해야겠다고 생각하고 있어요. 사람 일은 알 수 없는 것이지만, 80까지는 누가 데리고 가려고 해도 안 가겠다고 생각하고 있습니다. 그러니까 내가 80세 됐을 때 인연 맺는 사람에게는 장담 못하겠지만, 지금 인연 맺은 사람들에게는 무슨 이야기를 하고 싶은가 하면, 그 동안 여러분들이 많이 배워서 활용할 수 있기를 바랍니다. 뭐 좀 한 사람 구실을 하게 되어서, 어디든지 가서 마음대로 일하라 이거죠. 그 동안에 나보다 연세가 많아서 혹시 가고 싶은 사람이 계시면 조금 참았다가 더 일하고 가셔야죠. 일 하다가 가야 진짜 마지막 인생 회향이 멋있게 되는 거란 말입니다. 나는 그것을 바랍니다. 여기서 그냥 배우기만 하면 뭐 하느냐, 그런 생각 갖지 말고, 내가 지금 갖고 있는 모든 것을 여러분들에게 전부 다 이야기해 준다고 생각하고, 지금 강의를 들으시기 바랍니다.

다음에 '불공지법(不共之法)'은 부처님에게만 있는 법입니다. 不共, 다른 사람들과 더불어 하지 않는, 부처님에게만 있는 법이죠.

대자대비와 위의소행, 그 수명과 설법교화, 성취중생……. 우리 인생이 정말 알차냐 알차지 못하냐 하는 평가기준은 성취중생을 얼마나 했느냐에 있다고 생각합니다. 주위에 있는 중생들을 얼마나 많이 성취시켜 주었느냐? 중생이 중생노릇 안 하게끔 해 주는 것이 성취중생이죠. 이것이 요익중생(饒益衆生)입니다. 여러 가지 선교방편을 써 가면서 그 사람이 자기 자신의 잘못을 깨닫고 올바른 길에 들어서도록 하는 것이 성취중생의 바른 길입니다. 나는 '요익중생'보다도 '성취중생'이라는 표현이 더 좋습니다. 혹은 '성숙중생(成熟衆生)'이라고도 했어요. 이것이 우리들의 할 일이라고 나는 생각합니다. 학교에서는 막연하게 '홍익인간(弘益人間)' 그러는데, 박사가 되어도 중생밖에 안 되는 놈 만드는 것은 소용없는 거죠. 보살이 되도록 해야 합니다.

淨佛國土(정불국토), 여기가 부처님 국토인데, 본래가 깨끗한데, 우리가 더럽혔어요. 우리가 더럽히고 있어요. 그러니까 본래의 모습을 찾게끔 해야 한단 말이죠.

具諸佛法(구제불법)함은 悉皆同等(실개동등)이니라. 부처님에게 있는 여러 가지 법을 다 갖추는 것은 모든 부처에게 있어서 동등하다는 말입니다. 내용이 똑같다는 말입니다.

是故 名爲三藐三佛陀 名爲多陀阿伽度 名爲佛陀 그러므로 삼먁삼불타, 타타가타, 붓다라고 부르는 것이다.

여기서 세 가지 산스크리트 어휘로 부처님을 설명하고 있습니다. '三藐三佛陀(삼먁삼불타)'는 Samyaksaṃbuddha, '多陀阿伽度(다타아가도)'는 Tathāgata, 그 다음 '佛陀(불타)'는 Buddha, 이것은 뭐 다 아는 거죠.

Samyaksaṃbuddha는 samyak, 정(正), saṃ, 등(等), buddha, 각(覺), 그래서 '정등각'이라고 번역합니다. '등' 대신에 '변(遍)', '각' 대신에 '지(知)'를 써서 '정변지'라고도 해요. 그러나 '정등각'만은 못하죠. 올바로 두루두루 남김없이 모든 것을 다 깨달았다는 뜻입니다.

Tathāgata는 앞에서도 설명했는데, tathā(여여하게)와 gata(가다), 혹은 agata(오다)가 결합된 말입니다. 그래서 끊는 데 따라서 '여거(如去)', 혹은 '여래(如來)'라고 번역됐습니다. '여래'라고 하면 '여여한 곳에 왔다', '여여한 곳에서 왔다', '여여하게 왔다'는 말이 되고, '여거'는 '여여한 곳으로 갔다', '여여하게 갔다'는 말이 됩니다. 산스크리트어는 복합어가 많은데, 그런 경우에는 상황에 따라 해석해야 하거든요. 그래서 Tathāgata는 '여여해진 상태에 간 사람', '여여하게 온 사람', 그런 뜻이 됩니다. '여여(如如)'라고 하는 것이 뭐냐 하면 싸움이 없는 상태죠. 여래는 자비롭지 않거나 얼굴 붉히거나 하는 일이 없습니다. 여여한 곳에서부터 정말 다른 사람들이 여여해지도록 가르쳐 주기 위해서 그런 사명을 가지고 온 사람입니다. 그런 사람이 싸움판 만들려고 올 턱이 있나요? 그러니까 잘 생각해 봐야 한다고요. 스님이냐, 스님이 아니냐가 중요한 것이 아니고, 목사냐, 신부냐 하는 것이 중요한 것이 아닌 겁니다.

요전 날 원불교가 주최한 종교 간의 대화 모임에서 잠깐 이야기하면서, '인간은 먹이라는 것을 요새 내가 깨달았다. 인간은 먹이가 되어야 한다. 다른 사람들에게 좋은 먹이가 되어야 한다, 불량식품이 되어서는 안 된다' 그런 요지로 짤막하게 몇 마디를 했습니다. 그 자리에 백남억 신부가 있었어요. 그 옛날 유럽이 한참 좋았던 시절에 같이 공부했던 사람인데, 그 사람도 뭐 주교도 되고 추기경도 될 뻔했지만, 다 운 좋은 사람이 추기경 되고 주교 되고, 지금은 주교들 밑에서 심부름하는 사람입니다. 이 친구가 단상에 올라가더니 '아, 나는 이선생과 옛날부터 같이 공부해서 잘 아는데, 이선생이 짤막하게 이야기했지만 그 속에 굉장히 깊은 내용이 있는 것 같다'고 했습니다. 그래서 다 끝난 다음에 내가 '당신 그게 무슨 소린지 알아들었어?' 했더니, '아, 그럼 알아들었지' 해요. 그 사람은 어떻게 알아들었냐 하면, '십자가에 못 박힌 예수가 먹이 아니냐?'고 해요. 악마들한테 먹이가 되어 주었잖아요. 그랬더니 거기 있던 원불교 박청수 교무가 저희 선생이 와서 이야기했다고 좋아하면서 제게 악수하자고 합니다. 촉식(觸識)을 하자고 해요. 그래 내가 손을 내밀어 꽉 쥐어 주면서 '자네, 잘한다'고 했습니다. 참 이렇게 사람들의 마음과 마음이 마주쳤을 때, 무슨 종파가 문제가 되나요? 마음만 맞으면 무슨 담을 높이 쌓고 그럴 필요가 없는 거잖아요.

중요한 것은 불량식품이 안 되는 거예요. 불량식품이 되면 안 됩니다. 내가 이제 잘못 가르치면 불량식품이 되는 거죠. 거짓말만 자꾸 가르치고 있으면 사기입니다. 그러니까 공부 열심히 해야 된다고요. 밤잠 자지 않고 공부해야 합니다. 이것 뭐 80년 살아도 또 공부할 게 남을 것 같아서 또 다시 태어나야 되겠다고 생각할 때도 있어요. 유마거사가 그랬다고요. 다시 또 태어나야 한다고 했습니다. 윤회가 두렵긴 뭐가 두려워? 이렇게 사는 윤회는 좋지.

어쨌든 여기서는 부처님이 이런 세 가지 이름으로 불린다고 했습니다.

阿難 若我廣說 此三句義 汝以劫壽 不能盡受 아난아, 만약 내가 이 삼구(三句)의 뜻을 자세히 설명하자면 그대가 겁으로 헤아릴 정도의 긴 수명을 누린다 할지라도 다 받아 들을 수 없을 것이다.

正使三千大千世界 滿中衆生 皆如阿難多聞第一 得念摠持 此諸人等 以劫之壽 亦不能受 삼천대천세계의 모든 중생이 다 아난과 같이 다문(多聞)제일이고, 좋은 기억력과 총지(摠持)의 힘을 지니고 있다 해도, 또 이 모든 사람들이 겁으로 헤아릴 수 있는 수명을 누린다 해도 다 받아 듣지 못한다.

아난은 '다문제일'이라고 불렀잖아요. 들으면 잊지 않고 총지하고 있어요. 총지란 말은 본래 잘 기억하고 있다는 말입니다. 원래 이 말은 '다라니'라는 말인데, 다라니가 어쩌다 보니 주문이라는 말이 되어 버렸지만 주문이 아니에요. 그것은 싸구려로 타락한 거예요. 총지란 것은 마음의 문제거든요. 마음의 모든 지혜가 응결되어 있는 경우를 이렇게 이야기하는 겁니다. 그런 사람들의 수명이 겁으로 헤아릴 정도로 길고 그 수명이 다할 때까지 설명을 하더라도 설명을 다 받지 못할 거라는 이야기입니다. '그 사람들이 죽고 난 다음에도 계속해서 이어질 것이야.'

如是 阿難 諸佛阿耨多羅三藐三菩提 無有限量 智慧辯才 不可思議 이와 같이 아난아, 제불의 아뇩다라삼막삼보리는 한량이 없으며, 그 지혜와 변재는 불가사의한 것이다.

5. 성문에 대한 보살의 우월성

(14)

阿難이 白佛言하되,
"我는 從今已往으로 不敢自謂 以爲多聞하리이다" 하니라.
佛告 阿難하사대, "勿起退意하라.
所以者何뇨 하면, 我說汝於聲聞中爲最多聞이요 非謂菩薩이니,
且止하라, 阿難아. 其有智者라도 不應限度 諸菩薩也니라.
一切海淵은 尙可測量이나,
菩薩의 禪定智慧와 摠持辯才 一切功德은 不可量也니라.
阿難아, 汝等은 捨置 菩薩所行하라.
是維摩詰 一時所現 神通之力은 一切聲聞·辟支佛이 於百千劫에
盡力變化하여도 所不能作이니라."

阿難白佛言 아난이 부처님께 말씀드렸다.

我從今已往 不敢自謂 以爲多聞 제가 이제부터 감히 스스로 '다문'이

라 말하지 않겠습니다.

아난은 '다문제일'이라고 불려 왔다고 했죠. 많이 들은 것으로 제일 가는 제자라고 했던 것인데, 겸손하게 앞으로는 '다문제일'이라고 안 하겠다고 했습니다.

佛告阿難 부처님이 아난에게 말씀하셨다.

勿起退意 그렇게 실망하고 물러나려는 생각을 일으키지 말아라.

所以者何 我說汝於聲聞中爲最多聞 非謂菩薩 왜냐하면 내가 그대를 '다문제일'이라고 했던 것은 성문 중에서 그렇다는 말이었지, 보살 중에서도 그렇다는 말은 아니었기 때문이다.

且止 阿難 그런 생각 하지 말아라, 아난아.

其有智者 不應限度 諸菩薩也 지혜 있는 사람이라 할지라도 보살의 능력은 헤아릴 수 없는 것이다.

一切海淵 尙可測量 菩薩禪定智慧 摠持辯才 一切功德 不可量也 바다의 깊이는 어떤 바다든 측량할 수 있겠지만, 보살의 선정과 지혜와 총지와 변재와 일체 공덕은 측량할 수 없는 것이다.

阿難 汝等 捨置菩薩所行 아난아, 그대들은 보살의 행하는 바에 대한 생각을 버려야 한다.

보살의 영역에 속하는 행위에 대해서 섣불리 경쟁할 생각을 하지 말라는 것입니다.

是維摩詰 一時所現 神通之力 一切聲聞辟支佛 於百千劫 盡力變化 所不能作 이 유마힐이 일시에 나타낸 바 신통력은 모든 성문과 벽지불이 백천 겁에 걸쳐서 힘을 다해 변화를 해 보아도 능히 하지 못하는 바이다.

성문과 벽지불의 길을 가는 불교도들이 그 길을 버리지 않으려고 한다면, 어떻게 할 수 없다는 말입니다. 그 사람들을 보살로 만들기 어려우면 보살은 보살들끼리 살아가는 수밖에 없겠죠. 그것을 뭐 고치겠다고 그럴 필요도 없는 거예요.

6. 진(盡)·무진(無盡)해탈법문

(15)

尒時에 衆香世界 菩薩來者가 合掌하고 白佛言하되,

"世尊이시여, 我等 初見此土하고 生下劣想하였나니,

今自悔責하고 捨離是心하나이다.

所以者何뇨 하니, 諸佛方便은 不可思議니,

爲度衆生故로 隨其所應하여 現佛國異나이다.

唯然 世尊이시여, 願賜少法하소서.

還於彼土하여 當念如來하리이다."

尒時 衆香世界 菩薩來者 合掌白佛言 그때 중향세계에서 온 보살들이 합장하고 부처님께 말씀드렸다.

世尊 我等初見此土 生下劣想 세존이시여, 저희들은 처음 사바세계를 보았을 때 이 세계에 대해 하열(下劣)하다는 생각을 했습니다.

今自悔責 捨離是心 지금 스스로 자책하고 뉘우치며 그런 생각을 버립니다.

所以者何 諸佛方便 不可思議 왜냐하면 부처님들이 쓰시는 방편은 불가사의하기 때문입니다.

爲度衆生故 隨其所應 現佛國異 중생들을 제도하기 위해서 그 응하는 바에 따라서 불국토를 나타내심에 차이가 있는 것입니다.

唯然 世尊 그러합니다, 세존이시여.

願賜少法 還於彼土 當念如來 원컨대 저희들에게 가르침을 내려 주십시오. 저희 나라로 돌아가 여래를 항상 기억하고 생각하겠나이다.

중향국에서 온 보살들이 사바세계의 석가모니 부처님에게 뭘 좀 배워 가지고 가겠다고 하는 이야기죠. 처음에 여기 왔을 때는 '야, 이 사바세계, 참 더러운 세상, 시시한 세상이로구나' 이렇게 좀 멸시하는 생각이 있었는데, 지금 후회하고 자책한다고 했습니다. 대신 무슨 생각을 하게 됐냐 하면, '아, 부처님의 방편은 참 불가사의하구나. 중생을 제도하기 위해서는 중생들의 근기에 따라서 불국토를 다르게 혹은 같게 나타내시는구나' 이런 생각을 하게 된 것이죠.

(16)

佛告 諸菩薩하사대, 有盡·無盡解脫法門하니 汝等當學하라.

何謂爲盡이뇨, 謂有爲法이요.

何謂無盡이뇨, 謂無爲法이니.

佛告諸菩薩 부처님께서 보살들에게 말씀하셨다.

有盡無盡解脫法門 汝等當學 진(盡)·무진(無盡)이라는 두 가지 해탈법문이 있으니 그대들이 배워야 할 것이다.

何謂爲盡 謂有爲法 무엇을 진이라 하느냐 하면, 유위법을 말하고.

何謂無盡 謂無爲法 무엇을 무진이라 하느냐 하면, 무위법을 말한다.

'진(盡)'과 '무진(無盡)', 보통 이런 뜻으로 쓰지 않는 말이기 때문에 잘 표시해 놓고 기억해야 하겠습니다. 아주 중요한 말이죠. '진·무진해탈법문'이라는 것의 내용도 잊어버리지 않아야 돼요.

다 공인데, 뭐 나도 너도 다 허깨비 같은 존재인데, 무슨 요익중생, 좋은 일 할 게 있냐? 그런 말들을 많이 하죠. 반야사상을 잘못 이해하면 허무주의나 보살행 무용론을 주장하기 쉽습니다. 그런 잘못을 경고하고 올바로 잘 이해시키려는 의미가 여기 있습니다. 이제 그것을 설명한 (17)번은 굉장히 긴데, 여기 나오는 대로 조목별로 따로따로 써 놓고 공부를 하면 훨씬 낫죠.

(17)

如菩薩者는 不盡有爲하고 不住無爲하느니라.

何謂不盡有爲뇨.

謂不離大慈하고 不捨大悲하며, 深發一切智心하여 而不忽忘하고,

教化衆生하되 終不厭倦하고, 於四攝法에 常念順行하고,

護持正法하고 不惜軀命하며, 種諸善根하고 無有疲厭하며,

志尙安住하고 方便廻向하며, 求法不懈하고 說法無悋하며,

勤供諸佛하며, 故入生死하되 而無所畏하며,

於諸榮辱에 心無憂喜하며, 不輕未學하며 敬學如佛하고,

墮煩惱者를 令發正念케 하고, 於遠離樂에 不以爲貴하고,

不着己樂하고 慶於彼樂하며, 在諸禪定하여 如地獄想하고,

於生死中에 如園觀想하며, 見來求者에 爲善師想하며,

捨諸所有하고 具一切智想하며, 見毁戒人하고 起救護想하며,

諸波羅密을 爲父母想하고, 道品之法을 爲眷屬想하고,

發行善根하되 無有齊限하며, 以諸淨國 嚴飾之事로 成己佛土하고,

行無限施하여 具足相好하고, 除一切惡하고 淨身口意하며,

生死無數劫이라도 意而有勇하고, 聞佛無量德에 志而不倦하고,

以智慧劒으로 破煩惱賊하고,

出陰界入하여 荷負衆生하고 永使解脫케 하며,

以大精進으로 摧伏魔軍하고,

常求無念 實相智慧하며,

行於世間法에 少欲知足하고,

於出世間에 求之無厭하여 而不捨世間法하며,

不壞威儀法하되 而能隨俗하며, 起神通慧하여 引導衆生하고,

得念摠持하여 所聞不忘하고, 善別諸根하여 斷衆生疑하고,

以樂說辯하여 演法無礙하고, 淨十善道하며 受天人福하고,

修四無量하여 開梵天道하고, 勸請說法하여 隨喜讚善하고,

得佛音聲하고 身口意善하며, 得佛威儀하고 深修善法하여,

所行轉勝하여 以大乘教로 成菩薩僧하고,

心無放逸하여 不失衆善하나니,

行如此法을 是名菩薩의 不盡有爲라 하느니라.

이 부분은 굉장히 긴데요. 뭐라고 할까 지구력이 있어요. 인도 사람들 참 지구력이 있습니다.

부처님의 말씀이 계속 이어지고 있습니다.

如菩薩者 不盡有爲 不住無爲 보살은 유위법도 없어서는 안 되고, 무위법에 머물러서도 안 된다.

유위는 보통 나쁜 것이라고 생각하는데, 유위법은 이 세상에서 인연 맺고 사는 것을 말합니다. 세속의 모든 일들을 다 유위법이라고 하거든요. 무위법은 그 반대로 그런 데서 벗어난 것, 아무 것도 안 하는 것이라고 할 수 있어요. 무위법에 머물러서도 안 된다고 했습니다. 이것이 노장사상과 조금 다른 점이에요. 노장사상은 무위에 그냥 딱 젖어 버리거든요. 거기서 그냥 가라앉아 버려요. 신선놀음입니다. 그런데 불교는 무위에 머무르지 말라고 했단 말이에요. 그렇다고 해서 유위에 머무르라는 이야기는 물론 아니죠. 유위법도 없어서는 안 된다는 거예요. 그래 여기

서 구체적으로 그 하나 하나를 쭉 열거했습니다.

何謂不盡有爲 유위법을 없애지 않았다는 것은 무엇을 말하는가?

謂不離大慈 不捨大悲 대자(大慈)를 떠나지 않고 대비(大悲)를 버리지 않는 것이다.

언제든지 대자대비하라는 거예요. 이것이 보살에게 있어서 제일 중요합니다.

深發一切智心 而不忽忘 깊이 일체지를 얻겠다는 마음을 발하되 조금도 소홀히 하거나 잊지 않고.

여기 열거되고 있는 것을 보면 거의 전부 다 일하라는 이야기예요. 세속에서 일하라는 이야기입니다. 그 중 딱 하나가 공도리와 관련돼 있다고 볼 수 있는데, 바로 이것이죠. 이것도 보기에 따라서는 두 가지가 다 포함되어 있다고 볼 수 있어요. 일체지(一切智)니까, '지' 중에는 두 가지가 다 있잖아요. 진실로 공한 도리를 아는 것, 그것이 근본이겠죠. 그러나 그것에만 머무르는 것이 아니라 가(假)도 알아야 합니다. 그것을 속제라고 하죠. 진제(眞諦)와 속제(俗諦), 이것이 둘이 아니라고 생각하는 중도제일의제(中道第一義諦)를 실천해 가야 하는데, 그런 마음가짐을 가지고 아주 깊이 일체지심을 발하여 잠시도 잊어 버리지 말고 중생을 교화하라는 말입니다.

敎化衆生 終不厭倦 중생을 교화하되 끝까지 싫증을 내거나 피곤해하지 않으며.

於四攝法 常念順行 사섭법을 항상 잊지 않고 거기에 따라 살고.

사섭법은 여러 번 나왔는데 보시(布施), 애어(愛語), 이행(利行), 동사(同事)입니다. 살아가는 데 항상 이것이 기본이 돼야죠. 승만(勝鬘)부인이 '십대서원'에서 '나를 위해서 재물을 받지 않겠다'고 했습니다. 그럼 누구를 위해서? 빈곤한 중생들을 성숙시키기 위해서 재물을 받고 쓰겠다고 했습니다. 또 '나를 위해서 사섭법을 행하지 않겠다'고 했어요. '내가 성불하기 위해서 사섭법을 하는 것이 아니라, 다른 사람들을 위해서 사섭법을 행하겠다.' 그러니까 자기 자신을 위해서 사는 것이 아니라, 중생들을 위해서 사는 것이 보살이라는 이야기죠. 중생들을 위해서 산다. 그 당시의 중생들만이 아니라 머나먼 훗날의 중생들까지, 그 나라의 중생들만이 아니라 먼 다른 나라 중생들까지 위해서 사섭법을 행하는 것이 제일 중요하다는 것입니다.

護持正法 不惜軀命 정법을 지키고 간직하되 신명을 아끼지 않으며.

정법이 제일 중요합니다. 정법을 지키기 위해서는 목숨도 아까워하지 않아야 합니다. 정법이 무너지는 날에는 큰일난다는 거죠. 그럼 정법이 뭐냐? 정법은 대자대비로 하나가 되는 것밖에 없어요. 이 세상의 모든 재산이 누구 거냐? 부처님 거죠. '네 것은 아무 것도 없어. 내 것이라는 것은 하나도 없어. 주어지지 않은 것을 가지는 것은 다 도둑질이야. 다 도둑놈, 다 놓고 가라.'

種諸善根 無有疲厭 갖가지 선근을 심되 피로를 느끼거나 싫증을 내지 않으며.

선한 일은 언제든지 큰 나무로 자라날 수 있는 뿌리라는 거죠. 선한 씨를 뿌리고 뿌리가 돋도록 하라는 것입니다. 그 일을 하는 데 죽을 때까지 피염(疲厭)이 있을 수 없다고 합니다.

志尙安住 方便迴向 공덕을 회향하는 방편을 행함에 항상 기쁨을 간직하며.

求法不懈 說法無悋 법을 구하되 태만하지 않고, 법을 설하되 인색하지 않으며.

법을 구하는 데 있어서 태만하지 말라. 네가 아직 알려면 멀었다는 거예요. 설법하는 것을 아까워하지 말라. 법을 말하는 것은 의무입니다. 법시(法施)입니다.

勤供諸佛 부지런히 모든 부처님께 공양 드리며.

아, 이것 전부 부처님 덕택에 이만큼 일하고 있다고 생각하고 언제든지 부지런히 공양드려라.

故入生死 而無所畏 일부러 생사에 들어가되 두려워함이 없고.

일부러 생사 속에 들어가라. 성불하지 않는다는 거예요. 성불해서 나만 편안한 상태에 있는 것이 아니라, 일부러 생사에 들어가도 두려워하지 않는 것입니다.

於諸榮辱 心無憂喜 온갖 영욕에도 근심이나 기뻐하는 마음의 동요가 없으며.

영광스럽다고 무작정 좋아하지 말고, 어려움을 당했다고 근심걱정만 하지 말고, 아무렇지 않게 생각해야 한다는 말입니다.

不輕未學 敬學如佛 아직 배우지 못한 사람이라고 경천히 여기지 않고, 배운 이를 받들기는 부처님 같이 하고.

墮煩惱者 令發正念 번뇌에 떨어져 있는 자들에게는 바른 생각을 발하게 하며.

於遠離樂 不以爲貴 멀리 떠나 있는 즐거움을 귀하다 하지 않고.

이 세상을 떠나 멀리멀리 세상과 동떨어진 낙을 혼자서 즐기는 것을 귀하다고 생각하지 말라는 말입니다.

不着己樂 慶於彼樂 자기 자신의 낙에 집착하지 않고 다른 이의 낙을 기뻐하며.

자기 자신이 지금 행복한 데 있다고 거기에만 집착하지 말고 남의 즐거움을 시기하지 말라는 겁니다. 지금 이렇게 쭉 읽으면서 내가 하고 싶은 이야기가 좀 많은데, 우선 성경에 있는 사랑에 대한 설명과 비교하고 싶은 생각이 떠올라요. 성경에 있는 사랑에 대한 이야기보다 이것이 훨씬 더 구체적이고 깊은 내용을 가지고 있는 것 같아요. 그냥 일반적인 원칙으로 사랑은 미워하지 않으며, 시기하지 않으며 하는 이야기보다 여기 있는 제시되어 있는 내용이 훨씬 더 구체적이고, 중요한 순서에 따라 나열된 것 같습니다.

在諸禪定 如地獄想 갖가지 선정에 빠져 있는 것을 지옥에 있는 것처럼 생각하고.

여기서 '在諸禪定(재제선정)'이라고 하는 것은 형식적인 선정을 이야기하는 거죠. 형식적으로 '참선합네' 하고 다른 일은 안 하고 앉아 있는 것, 나는 주일 지킨다고 하면서 아픈 환자 돌보러 안 가는 것과 마찬가지잖아요. 참선보다 더 중요한 일, 급한 일이 남 도와주는 거란 말입니다. 그러니까 아무 때나 형식적인 선정에만 빠져 있는 것은 지옥에 있는 것처럼 생각하라. 如地獄想(여지옥상)하라. 이것은 그냥 평범하게 쓴 말인 것 같지만, 아마 억양을 달리해서 읽어야 될 거예요.

於生死中 如園觀想 생사윤회 속에 있는 것을 아름다운 동산에서 노니는 것처럼 여기며.

생사라는 것은 윤회라는 말이기도 하죠. 그러니까 같은 일 밤낮 되풀이하면서 다람쥐 쳇바퀴 돌 듯이 악순환을 되풀이 해 가고 있는 것을 생사라고 합니다. 그것을 헛된 삶이라고 하거든요. 무엇으로 태어났다가 다시 무엇으로 태어난다, 윤회를 이렇게만 생각하지 말아야죠. 짐승으로 태어난 것이 사람으로 태어난 것보다 더 나은 경우도 많습니다. 사람의 모양을 하고 있기 때문에 무조건 다 좋은 것이 아니라, 어떤 사람으로 어떻게 살고, 어떻게 말하고, 어떻게 일하고, 어떻게 행동하느냐 하는 것이 더 중요하다는 말입니다. 생사를 되풀이한다. 밤낮 나쁜 짓하고 또 하고, 이런 것을 되풀이하는 것을 윤회라고 하는 것입니다. 그러니까 지금 여러분들이 생활하면서 하룻밤 자고 새날을 맞이하고, 일주일을 보내고 새

주일을 맞이하고, 한 달을 보내고 새 달을 맞이하고, 한해를 보내고 또 새해를 맞이하고, 이러는 동안에 작년이 금년이고 어제가 오늘이고 밤낮 똑같은 것을 되풀이한다고 생각하면 그것이 윤회입니다. 여러분들이 생사윤회하고 있는 겁니다.

'야, 오늘 햇빛은 더 아름답다, 오늘 아침의 이 꽃은 정말 부처님처럼 보이는구나', 뭐 이런 식으로 보일 때 이 삶이 기쁨에 찬 것이 되죠. 그러니 뭔가를 바꾸어서 새로운 아침이 되도록 해야겠습니다. 우리나라 이름이 그래도 아침만은 고요하다고 했잖아요. 저녁에는 시끄러울 망정 아침이 고요한 나라라고 했습니다. 그런데 아침도 고요하지 않다면 어떻겠습니까? 그러니까 이 매일 매일이 뭔가 새롭게 시작되어야겠죠. 공자님이 잘 이야기했잖아요. '그냥 매일 매일 새롭게 태어나야 한다.' 이것이 중요하겠죠.

생사윤회 속에 살면서도 꽃동산에서 살고 있다는 생각을 하라. 사실 어떻게 보면 우리는 아주 도도하게 흘러가는 홍수 속에 살고 있습니다. 홍수 속에서도 물에 젖지 않고 떠내려가지 않는 섬에 든든하게 안주하고 있는 것 같은 느낌을 가질 수도 있지 않겠습니까?

見來求者 爲善師想 무엇이든 구하는 자를 보거든 선지식을 만난 듯 생각하고.

무엇이든 달라고 오는 자를 보거든 선지식을 만난 듯 생각하고 대하라는 겁니다.

捨諸所有 具一切智想 가진 것을 모두 버리면서 그것이 일체지를 이루는 방편이라고 생각하고.

이것도 재미있습니다. 가지려고 하면 지혜가 안 생겨요. 억지로 빼앗기고 도둑맞아 아쉬운 생각이 들 때도 지혜가 안 생기지만, 한번 정말 마음놓고 주어 보았을 때 지혜가 생길 거예요.

見毁戒人 起救護想 계를 문란케 하는 자를 보거든 구하고 지켜야겠다는 생각을 내고.

諸波羅密 爲父母想 모든 바라밀다를 부모와 같다고 생각하고.

道品之法 爲眷屬想 삼십칠도품의 법을 권속이라 생각하고.

發行善根 無有齊限 선근을 일으켜 행하되 제한 있게 하지 않으며.

以諸淨國 嚴飾之事 成己佛土 모든 정토의 장엄장식들을 가져다 자기 불국토를 완성하고.

行無限施 具足相好 무한한 보시로써 상호를 다 갖추며.

除一切惡 淨身口意 모든 악을 제거하고 신·구·의 삼업을 청정하게 하고.

生死無數劫 意而有勇 생사가 무수한 겁에 걸치더라도 마음은 용기로 가득 차고.

聞佛無量德 志而不倦 부처님의 한량없는 덕을 듣고 뜻은 더욱 굳건해져 기쁨에 넘치며.

以智慧劒 破煩惱賊 지혜의 칼로써 번뇌의 적을 무찌르고.

出陰界入 荷負衆生 永使解脫 오음, 십팔계, 십이입에서 나와 중생을 업고 영원히 해탈케 하며.

'陰界入(음계입)'이라는 것은 오음(五陰)과 십팔계(十八界), 십이입(十二入)을 말합니다. 음과 계와 입이라고 하는 데 머물러 있지 말고, 거기에 갇혀 있지 말고, 거기에서 나오라는 말이에요. 거기서 나오라는 것은 뭐 어떻게 하라는 말이냐? 오온이라는 것은 색온(色蘊), 수온(受蘊), 상온(想蘊), 행온(行蘊), 식온(識蘊)이라는 관념이잖아요. 관념의 노예가 되지 말라는 겁니다. 그런 이름의 노예가 되지 말라는 거예요. 색·수·상·행·식이라고 하는 것은 인간의 기능이고, 인간의 한 부분입니다. 색은 인간에게 있어서 가장 기본적인 것, 신체입니다. 가령 마릴린 먼로를 생각해 봅시다. 그 사람 오온에서 벗어났나요? 못 나왔어요. 그 사람은 육체에만 신나 있거든요. 육체라고 하는 테두리 속에서 놀고 있었거든요. 잘 모르겠지만 그 밖으로 못 나간 것 같아요. 그 속에 그냥 갇혀 있었던 거죠.

예술품들도 보면 그래요. 루브르박물관에 있는 비너스상은 이 오온에서 튀어나왔습니까? 못 나왔어요. 못 나온 게 뭐냐 하면 자신의 육체미, 관능미에 도취되어 있다는 거죠. 자기 스스로 그것 이상 더 다른 데로 나가고 있지 않아요. 그 사람에게 아마 무언가 더 있다면, 상상의 아름다움 같은 것을 혹시 가지고 있을지 모르지만, 어떤 다른 지혜 같은 것은 거기에 없지요. 내가 늘 하는 이야기지만, 그것을 미륵반가사유상과 비교해 보라는 말입니다. 미륵보살상에 그런 오음의 색채가 남아 있다면, 정말 보살이라는 이름으로 불릴 만한, 멋있는 모델은 아직 되지 못한다고 해야 할 거예요. 그런데 고려시대의 불상을 보면 이 음·계·입에서 나와 있지 못해요. 그런 관점에서 미술사를 공부하면 좋을텐데 그렇게들 안 하죠.

음·계·입에서 나오라. 그러니까 감각적인 차원, 의식의 차원, 색·수·상·행·식의 차원을 벗어나야 한단 말입니다. 색·수·상·행·식의 차원에 속박되어 있는 상태에서는 안 됩니다. 이것을 여러분들이 잘 알아야 합니다. 이 이야기는 아주 중요한 것으로 『반야심경』에서도 강조되고 있죠. '照見五蘊皆空 度一切苦厄(조견오온개공 도일체고액).' 오온에서 나온다고 하는 것은 오온을 일단 부정할 수 있을 정도가 되어야 나온단 말입니다. 일단 그런 것을 부정하고 더 좋은 가치를 알아야만 거기서 나올 수 있죠. 여전히 좋아하는 상태에서는 안 된다는 거예요.

그러니까 이 오온, 십팔계, 십이입에서 나와서 중생을 업고 영원히 해탈케 한다. 荷負衆生(하부중생), 중생을 업고 가라. 예수님이 십자가를 메고 가는 그림이 있죠. 형장에 끌려가면서 무거운 나무를 메고 가는 그림 말입니다. 그것이 '荷負'죠. '荷負十字架(하부십자가)'입니다. 그 십자가를 중생이라고 생각하면 어떨까요? 중생을 업고 가라는 거죠. 중생을 업고, 중생을 해탈케 하는 겁니다.

以大精進 摧伏魔軍 대정진으로써 마군을 무찔러 항복시키고.

常求無念 實相智慧 항상 무념의 실상 지혜를 구하며.

行於世間法 少欲知足 세간법을 행함에 있어 욕심을 적게 하고 족함을 알며.

於出世間 求之無厭 而不捨世間法 출세간을 구하는 데 싫증을 내지 않지만, 세간법을 버리지 않으며.

不壞威儀法 而能隨俗 위의법을 깨뜨리는 일이 없지만 능히 세속을 따라가고.

起神通慧 引導衆生 신통력이 함께 하는 지혜를 일으켜 중생을 인도하고.

得念摠持 所聞不忘 염과 총지를 얻어, 들은 바를 잊지 않으며.

善別諸根 斷衆生疑 모든 근기를 잘 분별하여 중생의 의심을 끊고.

以樂說辯 演法無礙 요설(樂說)하는 변재로써 법을 연설하되 걸림이 없으며.

淨十善道 受天人福 십선도를 잘 닦아서 천·인의 복을 누리고.

修四無量 開梵天道 사무량심을 갈고 닦아 범천의 길을 열며.

勸請說法 隨喜讚善 설법해 주기를 권청하며, 수희(隨喜)하고 선행을 찬탄하며.

得佛音聲 身口意善 부처님의 음성과 신·구·의 삼업의 훌륭함을 얻으며.

得佛威儀 深修善法 부처님의 위의를 얻어 선한 법을 더욱 깊이 닦고.

所行轉勝 以大乘敎 成菩薩僧 하는 일 더욱 수승하여 대승의 가르침

으로써 보살의 승가를 이루고.

여기 '菩薩僧(보살승)'이란 말이 나왔습니다. 보살의 승가가 따로 있었다는 것, 적어도 그런 생각이 있었던 것을 여기서 알 수 있죠.

心無放逸 不失衆善 마음에 방일함이 없이 중선(衆善)을 잃어 버리지 않으며.

行如此法 是名菩薩 不盡有爲 이와 같은 법을 행하는 일을 보살의 부진유위(不盡有爲)라 하느니라.

이것이 다함이 없는 유위법이라는 말입니다.

(18)

何謂菩薩의 不住無爲뇨.

謂修學空하되 不以空爲證하고,

修學無相·無作하되 不以無相·無作爲證하고,

修學無起하되 不以無起爲證하고,

觀於無常하되 而不厭善本하고,

觀世間苦하되 而不惡生死하고,

觀於無我하되 而誨人不倦하고,

觀於寂滅하되 而不永滅하고,

觀於遠離하되 而身心修善하고,

觀無所歸하되 而歸趣善法하고,

觀於無生하되 而以生法으로 荷負一切하고,

觀於無漏하되 而不斷諸漏하고,

觀無所行하되 而以行法으로 敎化衆生하고,

觀於空無하되 而不捨大悲하고,

觀正法位하되 而不隨小乘하고,

觀諸法虛妄하고 無牢·無人·無主·無相하고,
本願未滿이나 而不虛 福德 禪定 智慧하고,
修如此法함을 是名菩薩不住無爲라 하나니라.

이번에는 무위에 머무르지 않는 것에 대해 부처님이 이야기합니다. 사실 아까 '부진유위(不盡有爲)'와 같은 이야기죠.

何謂菩薩不住無爲 그러면 보살이 무위법에 주하지 않는다는 것은 무엇을 말하는 것인가?

謂修學空 不以空爲證 보살은 공을 배우고 닦는다. 그러나 공을 증(證)하지 않는다.

그러니까 보살은 마지막 경지까지는 안 가고 남겨 놓고 있는 거예요. 라모뜨는 이 구절을 산스크리트어로 다음 같이 복원했습니다. 'śūnyatāṃ parikaroti na tu śūnyatāṃ sākṣātkaroti.' śūnyatāṃ parikaroti, 공을 닦는다, 배우고 닦는다. tu는 '그러나', na는 부정이에요. sākṣāt는 sa+akṣā인데, '눈으로'라는 말입니다. sākṣātkaroti는 '눈으로 본다', '깨닫는다', 영어로 하면 realize라는 말이에요. 'na tu śūnyatāṃ sākṣātkaroti'는 '그러나 공이라고 하는 상태를 증득(證得)하지 않는다'라는 뜻이 되죠. 완전히 공이라고 하는 자리에 들어가 버리지 않는다는 이야기입니다. 거기에 완전히 몰입하지 않는다는 말이에요.

修學無相無作 不以無相無作爲證 보살은 무상(無相)과 무작(無作)을 닦는다. 그러나 무상과 무작을 증하지 않는다.

修學無起 不以無起爲證 보살은 무기(無起)를 닦는다. 그러나 무기를 증하지 않는다.

마찬가지로 무상과 무작과 무기에 관해 이야기하고 있습니다. 공도 무상도 무작도 무기도 다 무위죠. 이렇게 무위의 상태에 머무르지만 않는다는 이야기를 하고 있습니다. 그것이 보살이라는 거예요.

여기 무상(無相)은 ānimitta, 무작(無作)은 apraṇihita, 무기(無起)는 anabhisaṃskāra입니다. 무상은 어떤 상에 얽매이지 않는 거죠. 무작은 어떤 의도라든가 목적이라든가 이런 것을 가지고 무슨 일을 하지 않는 것입니다. 그 마음이 공을 깨달음으로 해서 맑아지기 때문에 작위(作爲)한다는 생각 없이 저절로 일이 이루어지는 것이 무작위의 상태죠. 무상도 뭐 애써 땀을 뻘뻘 흘리면서 인위적인 노력을 해 가지고 되는 것이 아니죠. 형상이 나타날 수 있어요. 그런 형상에 대한 집착을 가지고 무슨 일을 할 수도 있고, 또 자기 마음속에 뭔가 목적이라든가 의향이 있기 때문에 그것이 자기 거동 속에, 말 속에 어떤 상으로 나타날 수 있습니다. 그런 것이 일체 없는 상태가 무상, 무작, 무기입니다.

觀於無常 而不厭善本 보살은 모든 법을 무상(無常)이라고 본다. 그러나 선한 뿌리를 쓸데없다 하지 않는다.

보살은 모든 유위법을 무상(anitya)으로 본다는 말이죠. 산스크리트어로는 'anityāḥ sarvasaṃskārā iti pratyavekṣate'입니다. 그러나 선한 뿌리를 마다하지 않는다, 착한 마음씨마저도 다 허망한 것이라고 생각하지 않는다는 말입니다.

觀世間苦 而不惡生死 보살은 세간이 고통스러운 것이라고 본다. 그러나 기꺼이 생사 속에서 살아간다.

보살은 모든 유위법이 고통스러운 것이라고 본다. 산스크리트어로는 'duḥkhāḥ sarvasaṃskārā iti pratyavekṣate'입니다. 그러나 이 생사를 결코 미워하지 않는다, 기꺼이 생사윤회 속에서 살아간다는 말입니다.

觀於無我 而誨人不倦 보살은 모든 법이 무아라고 본다. 그러나 사람들에게 게으름 부리지 않도록 가르친다.

'anātmānaḥ sarvadharmā iti pratyavekṣate, na tvātmānam utsṛjati.'

티베트본을 토대로 복원한 산스크리트어에 의하면 뒷부분은 '나를 포기하지 않는다'라는 뜻입니다.

觀於寂滅 而不永滅 보살은 적멸을 본다. 그러나 영원히 멸에 떨어지지 않는다.

觀於遠離 而身心修善 보살은 멀리 떠나 있어야 함을 본다. 그러나 몸과 마음으로 선을 닦는다.

觀無所歸 而歸趣善法 보살은 귀의할 바가 없다고 본다. 그러나 선법으로 돌아가고 있다.

觀於無生 而以生法 荷負一切 보살은 일체 법이 생하는 바 없음을 본다. 그러나 생멸법으로 일체 중생의 짐을 진다.

觀於無漏 而不斷諸漏 보살은 무루(無漏)함을 본다. 그러나 모든 누(漏)를 끊지 않는다.

유루한 생사유전의 길을 마다하지 않습니다.

觀無所行 而以行法 教化衆生 보살은 행하는 바 없음을 본다. 그러나 행법으로써 중생을 교화한다.

觀於空無 而不捨大悲 보살은 공무(空無)임을 본다. 그러나 대비심을 버리지 않는다.

觀正法位 而不隨小乘 보살은 정법의 자리를 본다. 그러나 소승을 따라가지 않는다.

觀諸法虛妄 無牢無人無主無相 本願未滿 而不虛福德禪定智慧 보살은 제법이 허망하고, 견고하지 못하며, 인(人)도 주(主)도 없고, 상(相)도 없으며, 본원(本願)이 아직 충족되지 못한 것임을 본다. 그러나 그에게는 복덕과 선정과 지혜가 허(虛)하지 않은 것이다.

修如此法 是名菩薩不住無爲 이와 같은 법을 닦는 것을 보살이 무위법에 주하지 않는 것이라고 한다.

아주 중요한 대목입니다. 몇 번 이야기해도 또 이야기해야 되겠다는 생각이 들고, 또 혼자 공부할 때도 몇 번이고 반복해서 읽어 보고 또 읽어 보면서 깊이 생각해야 하는 대목입니다. 언제든지 이렇게 한편으로는 세속의 생멸법을 부정하는 원칙을 고수하면서도, 그렇다고 이 생멸법을 무시해서는 안 된다는 것입니다. 우리가 이 속에서 인연을 맺고 살고 있는 이상, 불쌍한 사람은 불쌍한 사람으로 보고 구제해 주면서, 섣불리 이 세속을 부정하고 세속에서의 책임을 회피하지 말라는 가르침입니다.

각 구절의 앞부분에서 하고 있는 이야기는 전부 다 진여의 측면에서 보았을 때, 공의 측면에서 보았을 때의 원칙을 이야기한 것이라고 할 수 있죠. 뒷부분은 네가 이 세속에서 생멸의 인연을 맺고 살고 있는 한, 또 네가 원해서 이 속에 들어와서 인연을 맺은 이상에는, 마지못해서 이 생멸인연 속에 얽혀서 살 것이 아니라 중생을 깨닫게 하고 그들로 하여금 더 이상 고통 속에 헤매지 않게 하겠다는 원을 갖고서 살아야 하고, 그 책임을 잊어버린다는 것은 있을 수 없는 일이라고 강조하고 있습니다. 뒷부분에서 강조된 세속에서의 의무, 책임은 해도 되고 안 해도 되는 권고 정도가 아니라, 절대로 안 하면 안 된다는 것입니다. 공은 공이지만, 공(空) · 가(假) · 중(中)이라는 생각을 갖고 우리가 진여란 한 가지 측면에서만 살아가서는 안 된다는 말이죠.

체(體) · 상(相) · 용(用)이 떼래야 뗄 수 없는 관계라는 것을 아마 철저하게 생각해야 할 것 같아요. 체가 있는 곳에는 언제든지 상과 용이 따라다닌다는 것을 확실히 해 두어야 하겠습니다. 그러니까 체가 중요하니까 나는 체만을 생각한다, 이런 것은 있을 수가 없는 것이죠. 체가 물론 진여의 측면, 불생불멸의 측면이고, 인연생멸과 관계없는 차원일지 모르지만, 인연생멸하는 상과 용의 차원을 떠나서 순전히 체이기만 할 수는 없다는 것을 이야기해 두어야 하겠습니다. 또한 상만 보고 그것이 전부라고 생각해서 용을 못 보는 사람도 있고, 어떤 사람은 용만 보고 상을 못 보는 사람도 있고 그럴지 모르지만, 상과 용은 체를 바탕으로 생겨나고 있다는 것도 알아야 합니다.

내가 지금 체·상·용이라고 하는 말을 쓰면서 '체'라고 하는 데 힘을 주고, 상과 용이라고 하는 것은 조금 다른 차원에 있다고 이야기했습니다. 그러나 체와 상과 용은 떼래야 뗄 수 없는 관계에 있고, 진(眞)과 속(俗)은 불가분리의 관계에 있습니다. 진이 아무리 좋다고 하더라도, 속을 무시하는 진, 속과 완전히 절연한 진은 있을 수 없다는 것을 여기서 강조하고 있는 거예요.

(19)

又具福德故 不住無爲하고, 具智慧故 不盡有爲하며,
大慈悲故 不住無爲하고, 滿本願故 不盡有爲하며,
集法藥故 不住無爲하고, 隨授藥故 不盡有爲하며,
知衆生病故 不住無爲하고, 滅衆生病故 不盡有爲하며,
諸正士菩薩은 以修此法으로 不盡有爲하고 不住無爲하나니,
是名 盡·無盡 解脫法門이니라.
汝等은 當學할지니라.

여기는 세속에서 사람들이 원하는 것, 사람들이 가져야 한다고 생각하는 것, 해야 한다고 생각하는 것들을 쭉 열거했습니다.

又具福德故 不住無爲 보살은 복과 덕을 다 갖추기 위해서, 무위법에 머무르지 않는다.

복덕이 뭐냐 하면 좋은 인연 맺고 사는 것이 복덕이죠. 감투를 쓰고 높은 자리에 올라가는 것이 참 복덕이냐? 그것이 복덕일 경우도 있겠죠.

정말 정정당당하게 거짓 없이 부정을 저지르지 않고 살 때야말로 그것이 끝까지 복덕이 되겠죠. 보살은 복덕을 갖추기 위해서 무위에 주하지 않는다고 했는데, 나는 여기서 한마디 거꾸로 이야기한다면, 복덕을 갖추는 노력을 하되 항상 무위라는 입장을 잊지 말라는 이야기를 하고 싶어요. 내 것이 아니라는 생각을 항상 잊지 말라고 하고 싶습니다.

具智慧故 不盡有爲 보살은 지혜를 갖추기 위해서, 유위법을 파괴하지 않는다.

여기 앞에서는 무위, 뒤에는 유위라고 했죠. 복덕과 지혜의 관계는 어떻게 됩니까? 지금 나란히 열거되고 있는데, 여기서 복덕이라는 것은 자비행을 이야기합니다. 남을 위해서 자비행을 하는 것을 이야기하는 거예요. 그러면 지혜라는 것은 뭐냐?

불교의 근본문제가 뭐냐 하면, 깨닫는 거라고 하고, 해탈하는 거라고 하고, 열반하는 거라고 하죠. 그러면 깨달으라고 하는 것이 뭐 어떻게 하라는 거냐? 어떻게 되기를 원하냐? 무엇 때문에 불교를 믿느냐? 여러분은 무엇 때문에 불교공부 하세요? 법사가 되기 위해서? 여기에 대해서 이제 크게 두 가지로 생각할 수 있어요. 모든 사람들에게 복덕을 베풀어주기 위해서, 모든 사람들에게 복덕의 근원인 자비를 베풀어줄 수 있게 되기 위해서, 이것이 하나입니다. 그렇게 되기 위해서 또 다른 하나는 우선 자기가 뭘 알아야죠. 지혜로워져야 하는데, 그러면 지혜로워지는 것이 무엇이냐? 그것이 참 어려워요. 알기만 한다고 되는 것이 아니라 행동까지도 다 그렇게 돼야 합니다. 맨 마지막 묘각위(妙覺位)에 가면 법계에 주변(周遍)하면서 두루두루 못 가는 데가 없듯이 어떤 것에도 걸림이 없게끔 되면서 모든 것과 더불어 하나가 되는 것이 지혜로워지는 거라고 합니다. 시간적으로 고금(古今)의 차이도 없고, 피차(彼此), 여기냐 저기냐 하는 장소의 차이도 없어요. 동서고금 전부 다 통하는 시방삼세에 주변하여 무애해지는 지혜가 되어야 하고, 그것이 바로 부처라는 설명이 원효의 글에서도 묘각을 설명하는 대목에서 나오고 있습니다. 그것이 지혜로워지는 것이죠. 걸림이 없게끔 되는 거예요.

걸림이 없게끔 되는 것이 지혜로워지는 건데, 그 지혜를 다 갖추기 위해서 유위법을 다 하지 않는다고 했단 말입니다. 지혜가 다 갖추어진다는 이야기는 다시 말하면 자기를 무로 돌리고 공한 세계에 마음대로 드나들 수 있게끔 됐다는 이야기입니다. 그런 상태가 되면 유위와는 아무 상관이 없는 사람이 될 것 같은데, 결코 이 유위의 세계를 버리지 않고 유위의 세계에서 벌어지는 모든 것들을 외면하지 않는다는 이야기거든요. 그러니까 나도 공이요, 내 주변에 있는 모든 법도 다 공이라고 하는 도리를 알고 있기 때문에 아무런 미련이나 집착이 없습니다. 자칫 잘못하면 아무 일도 안 할 수 있는데, 생멸인연을 본질로 하는 이 유위의 세상에서 도피하지 않고, 이 세상 속에서 살면서 그것을 아주 멋들어지게 마찰과 대립이 없는 곳으로 만들어 간다는 이야기입니다. 이것 양쪽이 다 되지 않으면, 진과 속이 하나가 되는 상태가 될 수 없어요. 그래서 이 두 가지를 동시에 보고 있는 것이죠.

大慈悲故 不住無爲 보살은 대자비심이 있기 때문에 무위법에 머무르지 않는다.

滿本願故 不盡有爲 보살은 본원을 구족하기 위해서, 유위법을 파괴하지 않는다.

集法藥故 不住無爲 보살은 법약을 채집하기 위해서, 무위법에 머무르지 않는다.

법약이라고 하는 것은 생멸인연하는 관계 속에 사는 사람들에게 필요한 약이죠. 현실 속에서 이렇게 이렇게 하라는 약이겠죠.

隨授藥故 不盡有爲 보살은 그 약을 필요에 따라 나누어주기 위해서,

유위법을 파괴하지 않는다.

知衆生病故 不住無爲 보살은 중생의 병을 알고 있기 때문에 무위법에 머무르지 않는다.

滅衆生病故 不盡有爲 보살은 중생의 병을 없애 주기 위해서, 유위법을 파괴하지 않는다.

諸正士菩薩 以修此法 不盡有爲 不住無爲 모든 정사(正士) 보살은 이러한 법을 실천함으로써 유위법을 파괴하지 않고, 또 무위법에도 주하지 않는 것이다.

是名盡無盡解脫法門 이것을 일컬어 진·무진해탈법문이라고 하는 것이다.

汝等當學 그대들은 마땅히 이 법을 배워야 한다.

이런 원칙을 배워서 실생활 속에서, 그러니까 회사원이나 공무원이나 판사, 검사나, 이런 사람들이 『유마경』에 나오는 이런 법, 육법전서의 법이 아니라 이런 진짜 법이 몸에 밸 수 있도록, 응용자재해질 수 있도록 하는 교육이 되어야 하지 않겠어요? 우리나라는 이것이 아직 안 돼 있단 말이죠.

(20)

尒時에 彼諸菩薩이 聞說是法하고 皆大歡喜하여
以衆妙華 若干種色 若干種香으로 散遍三千大千世界하여
供養於佛과 及此經法과 竝諸菩薩已하고,
稽首佛足하며 歎未曾有言하되,
"釋迦牟尼佛이 乃能於此 善行方便이라" 하고,
言已 忽然不現하여 還到彼國하니라.

尒時 彼諸菩薩 聞說是法 皆大歡喜 그때 중향국의 보살들은 이 법을 듣고 다 크게 환희하였다.

以衆妙華 若干種色 若干種香 散遍三千大千世界 供養於佛 及此經法 竝諸菩薩已 稽首佛足 歎未曾有言 갖가지 아름다운 빛깔과 향기의 꽃들을 삼천대천세계에 두루 뿌리고, 부처님과 이 경의 법과 모든 보살들에게 공양하고, 부처님 발밑에 머리 숙여 예를 올리고, 미증유라고 찬탄하며 말했다.

釋迦牟尼佛 乃能於此 善行方便 석가모니 부처님이시니까 이렇게 훌륭한 선행방편을 보이실 수 있구나!

言已 忽然不現 還到彼國 이 말을 끝내자마자 중향국에서 온 보살들은 홀연히 자취를 감추고 그 나라로 돌아갔다.

견아촉불품 見阿閦佛品 第十二

이 품의 제목은 「견아촉불품」이라고 되어 있는데, '아촉불을 본다'는 뜻입니다. 아촉(阿閦)은 부처님의 이름인데, 산스크리트어로 Akṣobhya를 이렇게 옮긴 거예요. Akṣobhya는 '부동(不動)', '무동(無動)'이란 말입니다. '움직이지 않는다.' 그러니까 아촉불은 부동불, 무동불입니다. 이 아촉불이라는 부처님은 동쪽에 계신다고 되어 있어요. 서쪽에는 누가 계시죠? 서쪽에는 아미타부처님이 계신 것으로 되어 있습니다. 일찍부터 서쪽에는 아미타 부처님이 계신다고 하는 경전이 나왔기 때문에 서쪽은 그렇게 딱 자리가 잡히고 말았어요. 그래서 어느 경에서든지 서쪽에는 아미타 부처님이 있다고 합니다. 그런데 부처님이 서쪽에만 계시냐? 천만의 말씀이죠. 온 시방삼세에 부처님이 안 계신 데가 없어요. 이것이 참된 불타관입니다. 어디 서쪽에 계신 부처님만이 제일 으뜸가는 부처님이겠냐? 또 동쪽에만 부처님이 계신 것도 아니다. 그러면서 이제 법신(法身), 보신(報身), 화신(化身)의 사상이 생기는 것입니다.

이 이론을 가장 멋있게 설명하는 것이 체(體)·상(相)·용(用)으로 설명하는 것이죠. 체로서의 법신 부처님은 보이지 않는 진여(眞如)의 부처님, 이름도 형상도 없는 부처님이라고 생각했습니다. 이름이나 형상으로 설명할 수 없는 거예요. 나중에 『화엄경』에서 노사나(盧舍那) 부처다, 비로자나(毘盧遮那) 부처다 하는 이름들이 생겼지만, 그것은 사실 어떤 특정한 이름이나 형상으로 표현할 수 없는 것입니다. 『화엄경』에서는 체로서의 법신 부처님이 최고이지만, 그렇다고 해서 체·상·용의 이론이 구체적으로 나오지는 않아요. '체'라는 말이 가끔 나오고, '상'과 '용'이란 말도 가끔 볼 수 있지만, 세 가지가 정연하게 체계화되지는 않았습니다. 이것이 이론으로 정립된 것은 『대승기신론』에 가서입니다. 『대승기신론』은 『화엄경』의 사상을 토대로 쓸데없는 이야기들을 빼고 간단하게 잘 정리한 대승불교의 개설서라고 할 수도 있어요.

이제 「견아촉불품」에서는 맨 처음에 부처님이 유마힐에게 어떻게 부처님을 볼 수 있느냐고 묻습니다. 유마힐이 아주 길다랗게 대답을 합니다. 거기서 한 토막 이야기가 끝납니다. 그 다음에 사리불이 유마힐에게 당신은 어디서 죽어서 여기에 태어났느냐는 질문을 합니다. 그러자 유마힐이 나는 죽은 데가 없고 또 어디에 다시 태어나는 법이 없다고 대답하죠. 그 대화를 듣고 있던 부처님이 사리불에게 묘희국(妙喜國)이라는 나라가 있고 거기에 무동 부처님이 있는데, 유마힐은 거기에서 죽어서 사바세계에 와서 태어났다고 합니다. 그러자 사리불이 묘희국이라는 나라는 정토인데, 어째서 그 정토를 버리고 이렇게 험한 곳에 와서 태어났느냐고 묻죠. 이 말을 받아서 유마힐이 사리불에게 보살은 비록 부정(不淨)한 불국토에 태어난다 할지라도 중생들을 제도하기 위해서 태어난다고 대답합니다.

그러니까 대중들이 묘희세계의 무동여래와 그 보살과 성문의 무리들을 보기를 원하자, 부처님이 유마힐에게 묘희세계를 보여주도록 합니다. 그때 유마힐이 묘희세계를 손아귀에 쥐고 사바세계로 가져와서 보여줍니다. 그리고 석가모니 부처님께서 대중들에게 묘희세계와 같은 청정한 불국토를 얻고자 하면 마땅히 이 무동 부처님이 어떻게 수행해 왔느냐 하는 것을 잘 배워야 한다고 가르칩니다. 이에 사리불이 환희 속에서 찬탄하는 것으로 「견아촉불품」이 끝납니다.

그러니까 '부처님을 본다'는 이야기가 이 품의 주제입니다. 부처님을 본다, 아촉불을 본다, 아촉불의 나라를 본다, 이것은 다 관련 있는 이야기입니다. 끝부분에서 석가모니 부처님이 어떻게 수행해야 한다는 이야기는 자세하게 안 했는데, 그 자세한 내용이라고 볼 수 있는 것이 이제 보게 될 맨 앞에 나와 있습니다.

1. 여래는 형상으로 볼 수 없다

(1)

尒時에 世尊께서 問維摩詰하사대,

"汝欲見如來하니 爲以何等 觀如來乎아"하니라.

維摩詰이 言하되, "如自觀身實相하듯이 觀佛亦然하나이다.

① 我觀如來컨대 前際不來요 後際不去며 今則不住이나이다.

② 不觀色하고 不觀色如하며 不觀色性하며

③ 不觀受想行識하며 不觀識如요 不觀識性이나이다.

④ 非四大起이며 同於虛空이며

⑤ 六入이 無積이며 眼耳鼻舌身心을 已過하였으며

⑥ 不在三界며

⑦ 三垢已離며

⑧ 順三脫門하여

⑨ 具足三明이나 與無明等이며

⑩ 不一相 不異相이며

⑪ 不自相 不他相이며

⑫ 非無相 非取相이며

⑬ 不此岸 不彼岸이며 不中流 而化衆生이며

⑭ 觀於寂滅이나 亦不永滅이며

⑮ 不此不彼이며

⑯ 不以此 不以彼이며

⑰ 不可以智知이나 不可以識識이며

⑱ 無晦無明이며

⑲ 無名無相이며

⑳ 無强無弱이며

㉑ 非淨非穢이며

㉒ 不在方 不離方이며

㉓ 非有爲 非無爲이며

㉔ 無示無說이며

㉕ 不施不慳이며

㉖ 不戒不犯이며

㉗ 不忍不恚이며

㉘ 不進不怠이며

㉙ 不定不亂이며

㉚ 不智不愚이며

㉛ 不誠不欺이며

㉜ 不來不去며　　　　　　　　　㉝ 不出不入이며

㉞ 一切 言語道斷이며　　　　　　㉟ 非福田 非不福田이며

㊱ 非應供養이고 非不應供養이며　㊲ 非取非捨며

㊳ 非有相 非無相이며　　　　　　㊴ 同眞際 等法性이며

㊵ 不可稱 不可量이고 過諸稱量이며

㊶ 非大非小며　　　　　　　　　㊷ 非見非聞이고 非覺非知이며

㊸ 離衆結縛하며　　　　　　　　㊹ 等諸智하며

㊺ 同衆生하며　　　　　　　　　㊻ 於諸法에 無分別하며

㊼ 一切에 無失·無濁·無惱며　　㊽ 無作無起며

㊾ 無生無滅이며　　　　　　　　㊿ 無畏無憂며

51 無喜無厭이며　　　　　　　　52 無着이며

53 無已有 無當有 無今有며

54 不可以一切言說 分別顯示나이다.

世尊이시여, 如來身이 爲若此하나이다.

作如是觀하니, 以斯觀者를 名爲正觀이요,

若他觀者를 名爲邪觀이나이다."

이 부분이 대단히 중요하고 또 분량도 많습니다. 내용은 『금강경』에 나왔던 것과 대강 마찬가지 이야기인데, 부처님과 유마거사의 대화형식으로 되어 있습니다.

尒時 世尊問維摩詰 그때 세존께서 유마힐에게 물으셨다.

汝欲見如來 그대가 여래를 보고자 왔구나.

爲以何等觀如來乎 그대는 여래를 어떻게 보는가?

維摩詰言 유마힐이 대답했다.

如自觀身實相 觀佛亦然 저는 여래를 볼 때 마치 자신의 실상을 보듯

부처님을 봅니다.

여기서 실상이 뭐죠? 공이잖아요. 그러고서 부연설명을 하는 겁니다.

① **我觀如來 前際不來 後際不去 今則不住** 저는 여래가 과거로부터 오는 것도 아니고, 미래로 가는 것도 아니고, 현재에 머물러 있는 것도 아니라고 봅니다.

이 전제(前際), 후제(後際), 금(今)이라는 것은 공간을 이야기할 때도 있지만, 여기서는 시간을 이야기합니다. 전제는 과거, 후제는 미래, 금은 현재입니다. 여기서는 그렇게 분명하게 이야기하지는 않았지만, 『금강삼매경』에서는 '지금'만 있다는 의미로 이야기하고 있어요. '금현행(今現行)', 과거도 미래도 지금 여기에 다 있다, 지금 현재 행하는 것 안에 과거도 미래도 와 있어야 한다고 설명하고 있습니다. 여기서는 분명치 않지만 그런 뜻으로 보완해서 이해하면 좋을 것 같습니다.

'前際不來(전제불래)요', 여기서 전제가 불래라는 이야기는 과거가 현재에 와서 어떤 좋지 않은 영향을 주는 것이 아니라는 거예요. 그런 식으로 오지 않는다는 이야기라고 보면 좋을 겁니다. 과거의 업이 나를 좌지우지 못한단 말이에요. 그러니 과거의 업보에 사로잡혀서 살지 말라는 이야기입니다. 또 '後際不去(후제불거)며', 불교는 미래지향적으로 살게 되어 있어요. 현재를 살아가는데 미래를 내다보면서 사는 거죠. 미래가 어디 딴 데로 가서 사라져 버리는 게 아니에요. 그러니까 미래라는 것이 여기와 다른 어디 저기 먼데 있는 것처럼 생각하면 안 되는 거죠.

보통 과거라는 것이 우리에게 좋지 않은 것일 수가 많은데, 좋은 과거라도 사람에게 자만심을 갖게 하고, 밤낮 과거에만 묶여서 살게끔 할 가능성이 있지 않아요? 부잣집 자식이 부자라고 하는 것은 사실 부모의 업보거든요. 그 부모의 업보만 믿고 살면 절대로 행복은 오지 않아요. 물론 좋은 인연, 좋은 연분이 되는 것은 사실이겠지만, 좋은 연분이라는 것은 어디까지나 연분으로 끝나는 것이지, 역사의 주체, 인생의 주체는 자기 자신입니다. 자기 자신이 그 좋은 것을 제대로 이용하지 못하면 아무 소용이 없는 거죠. 그래 과거가 좋아도 문제고, 과거가 나쁠 경우에는 나쁜 과거에 대한 회한이나 후회, 이런 생각에 사로잡혀서 '나는 어차피 뭐 이런데' 하며 자포자기할 가능성이 있습니다. 이제 그런 과거는 오지 않는다는 말입니다. 그런 과거가 자꾸 와서 영향을 주면 안 되죠. 그러니까 이른바 좋았다고 하는 과거도 가만히 생각해 보면 아주 좋지만은 않았을지도 몰라요. 또 나빴던 것은 그것을 보상하면서 하나 하나 그 좋지 않은 결과가 더 이상 영향을 미치지 않도록 자꾸 좋은 것을 만들어 내야죠. 미래도 마찬가지입니다.

그렇다고 해서 '今則不住(금즉부주)', 현재에 만족하고 현재에 머물러 있는 것이 아닙니다. 현재라는 것은 진행 중에 있는 것이니까 앞으로 계속해서 나아가는 것입니다. 여래가 이렇게 살고 계시고, 또 우리도 그렇게 살아야 한다는 것이죠. 아마 자연을 관찰해 보면 자연이 그렇게 돼 있지 않을까 싶어요. 자연의 도리가 그럴 거라고 생각합니다. 다 묻어버리고 새로운 것으로 자꾸 발전해 가는 것이라고 생각합니다.

또 달리 해석하면 과거, 현재, 미래가 없다는 겁니다. 소승불교도들은 이런 것을 잘 모를 거예요. 석가모니 부처님, 부처님 오신날 이것만 자꾸 생각하고 있죠. 기독교도 그렇잖아요. 기독교인들은 부활이라는 것으로 해결하는데, 부활이라는 것이 없었더라면 영원하다는 것을 설명할 길이 없었을 거예요. 그런데 우리 부처님의 경우는 본래 그런 거였습니다. 여기서는 법신 부처님의 경우를 이야기하고 있는 거거든요. 석가모니 부처님이나 보신, 화신과 같이 생멸인연 속에 들어오신 부처님이야 언제 오신 때가 있으니 과거로 설명할 수 있고, 또 얼마동안 사신 기간이 있고, 또 가시고 난 뒤 미래란 것을 생각할 수가 있으니까, 과거, 현재, 미래로 이야기할 수 있습니다. 그렇지만, 법신 부처님의 경우는 그렇지 않단 말입니다. 법신은 언제든지 있는 것이거든요. 이것을 놓치지 말아야죠. 언제든지 체·상·용으로 보아야 하는 겁니다.

② **不觀色 不觀色如 不觀色性** 저는 여래를 색으로 보지 않고, 색의 여여(如如)로 보지 않으며, 색의 자성(自性)으로 보지 않습니다.

③ **不觀受想行識 不觀識如 不觀識性** 마찬가지로 저는 여래를 수·상·행·식으로 보지 않고, 그것들의 여여(如如)라고 보지 않으며, 그것들의 자성으로 보지 않습니다.

여래를 색·수·상·행·식(色受想行識)으로 보지 않는다는 이야기입니다. 그러니까 여기에 『반야경』의 사상이 그대로 나타나 있습니다. 『반야경』보다 한 걸음 더 나아간 사상을 가지고 있기는 하지만, 출발점은 같은 데 있어요. 색·수·상·행·식으로 보지 않는다고 했습니다. 또 색여(色如), 수여(受如), 상여(想如), 행여(行如), 식여(識如), 색·수·상·행·식의 여여함이라는 것, 소위 여여라는 관념을 가지고도 볼 수 없다고 했습니다. 또 색성(色性), 수성(受性), 상성(想性), 행성(行性), 식성(識性), 색·수·상·행·식의 자성으로서도 볼 수 없다고 했습니다. 여기서는 색·수·상·행·식의 '색'과 '식', 이 두 가지를 가지고 이야기하고 있죠. 색은 우리들의 육신이고 식은 우리들의 육신이 가지고 있는 기능 중에 지적인 인식작용인데, 거기다 '여(如)'자를 붙여서 그것이 여여하다는 관념을 가지고는 못 본다고 한 거예요. 여여해지기만 하면 부처를 볼 수 있지만, 여여하다는 관념을 가지고는 못 본다는 거죠.

색여, 색성은 관념화한 것이죠. 말이 의미하는 어떤 이미지가 객관적으로 존재하는 것처럼 착각하면 안 된다는 말입니다. 부처님을 불상으로 보아도 안 되지만, 원불교에서 하는 것처럼 일원상(一圓相) 같은 것으로 보아도 안 되는 거죠. 무엇으로 표현했든 간에, 부처님의 여여한 모습 자체라면 모를까, 여여하다는 관념, 여여하다는 자성, 이런 개념으로 생각해서는 안 되죠. 색여는 '색의 여여', 색성은 '색의 자성'이라는 말입니다. 여여(如如)는 tathatā, 자성(自性)은 svabhāva라고 하는 거죠. 그런데 이 tathatā, svabhāva라는 말들은 사실 설명상 만들어낸 것이지 그 말 자체가 신비롭거나 훌륭한 것은 아니잖아요. 그 말이 실재하거나 그런 것은 아니거든요. 그 말은 그런 상태를 형용하는 말일 뿐인데 사람들은 그 말을 듣고 제멋대로 엉뚱한 망상을 할 수가 있는 거죠.

자성이라고 하는 것도 부처님에게만 고유한 어떤 성격이 있다고 생각하면 물건이 돼 버린단 말이에요. 이 자성이라는 말은 잘못하면 영혼이라고 생각하는 수가 있는데, 그런 것도 없는 거거든요. 『법성게』에서는 '不守自性隨緣成(불수자성수연성)'이라고 했습니다. 자성은 '변하지 않는 어떤 property'라고 할 수 있는데, property는 재산이라는 말도 되죠. 변하지 않는 고유한 성(性)이 없는 겁니다. svabhāva의 sva는 '스스로', '저절로', bhāva는 '존재하는 것'입니다. 그 자체로서 존재하는 것. svabhāva, 어떤 그 스스로 존재하는 덩어리 같은 것이 있는 것이 아니거든요.

색의 자성, 수의 자성, 상의 자성, 행의 자성, 식의 자성, 이런 것들이 있는 것이라고 보지 않으며, 또 그것들의 tathatā(如如)라고도 보지 않는다고 했습니다. 여기서 우리가 혼동하면 안 되죠. 부처님은 색·수·상·행·식이 무루(無漏)하고 무애자재한 분인 것은 틀림없습니다. 그런데 그것은 관념으로, 어떤 말로 표현되는 것이 아니고, 실제로 상황 속에서, 생멸인연 속에서 행동으로 나타나는 자재(自在)를 의미하는 것이라고 생각해야 합니다. 그러니까 물질적인 것, 혹은 감각적인 것으로, 어떤 관념적인 것으로 부처님을 생각하지 않아야 하는 겁니다. 어디에서나 정말 실제 생활 속에 나타나는 것이되, 위에서 「보살행품」의 마지막 부분에서 이야기한 공이라는 진여한 도리를 알면서 이 생멸인연의 가(假)를 지혜와 자비로 살아가는 분, 그러한 중도의 삶을 살아가는 분이 부처님이라고 할 수 있습니다.

이것은 용수(龍樹)의 『중론송(中論頌)』에 나오는 것과 상통하는 견해인데, 라모뜨 교수는 다음과 같은 구절을 인용하고 있습니다.

> 형색(形色)으로써 나를 보았거나 음성으로써 인도되었거나
> 그런 사람들은 잘못된 견해, 해로운 시각을 가진 자로서
> 결코 나를 보지 못하리라.
> 모든 부처는 법을 통해서 보여져야 한다.
> 도사(導師)는 법신이기 때문이다.
> 사물의 본성, 법성은 그 자체로 식별할 수 없는 것이니
> 그것을 식별하려는 것은 불가능한 일이다.
>
> (*Madhyamakavṛtti*, p. 448)

그러니까 저기 법계도가 있는데, 밤낮 그것을 붙여 놓고 딸딸 외우고 그럴 수 있게끔 됐다고 여래가 되는 것은 아니란 말입니다. 저것이 나타내 주고 있는 의미를 자연스럽게 실천할 수 있게 되어야 하는 거예요. 마찬가지로 '佛(불)'자를 붙이고 다녀도 그렇고, 뭐 불상을 모시는 것도 마찬가지입니다. 으리으리하게 화려한 사찰 만들어 놓고 커다란 부처님들을 모셔 놓고, 스님들은 예불 안 하고 바깥에만 나가 돌아다니면서 정치만 하는 것도 문제죠. 예불 시간에 가면 사람이 없잖아요. 그러니까 불상이 커지면 신심이 작아지는 것 같아요. 다른 종교에서도 다 그랬습니다. 서양에서는 성당이 커지면 신심이 떨어졌습니다. 아주 형편없었어요. 그래 거기서도 다 찌부러져 가는 암자 같은 데에서 성인이 나타났다고요.

그런 것도 우리가 심각하게 생각해야 될 것 같아요. 그래서 요새 나는 그런 생각도 합니다. 종단은 절대로 신도가 많아지고 커지면 안 돼요. 교회도 절대로 커지면 안 됩니다. 그러니까 어떻게 보면 종파가 많을 수록 좋은 것 같아요. 싸움만 안 한다면 조그마한 것들이 많이 생겨서 오순도순 사이좋게 가는 것이 좋을 것 같다는 생각을 합니다.

④ **非四大起 同於虛空** 여래는 사대가 생기한 것이 아니고 허공과 같은 것입니다.

사대(四大)는 지·수·화·풍이죠. 지·수·화·풍은 물질적인 것인데, 지·수·화·풍이 그 자체로서가 아니라 온전히 살아서 숨쉬는 흙과 물과 불과 공기가 되기 위해서는 그것을 둘러싸고 있는 허공이 정말 막힘이 없는 그런 것이어야 하지 않는가 이렇게 이야기할 수도 있을 것 같습니다.

『우파니샤드』 같은 데서 우주의 구성요소들 가운데에서 무엇이 제일 중요하냐 했을 때 이와 비슷한 설명들이 있습니다. 물 속에도, 불 속에도, 바람 속에도, 흙 속에도 'hiraṇya garbha', 황금의 알과 같은 어떤 생명체가 있고, 그것이 없으면 다 죽은 거라는 이야기가 있죠. 그러니까 허공이라고 하는 것이 조그맣다면 황금의 알 같은 것이라고 이야기할 수도 있고, 크다면 한없이 큰 허공이라고 이야기할 수도 있겠죠. 그런 것이라고 보아야 하고, 또 이 이야기는 원효대사가 『화엄경소』의 서문에서 이야기한 것을 통해서도 자세히 음미해 볼 필요가 있어요. '지극히 크고 또 지극히 미세하다'고 하는 이야기가 있습니다. '동시에 크기도 하고 미세하기도 한 것'이라고 했습니다.

⑤ **六入無積 眼耳鼻舌身心已過** 여래는 육입(六入)의 축적물이 아니라 안·이·비·설·신·의를 이미 넘어섰습니다.

여기서는 안(眼)·이(耳)·비(鼻)·설(舌)·신(身)·심(心)이라고 했는데, 이것은 안·이·비·설·신·의나 마찬가지죠. 이것이 육근(六根), 육입(六入)입니다. 육입의 축적만이 아니라, 그런 것을 넘어선 것입니다.

⑥ **不在三界** 여래는 삼계에 계시지 않습니다.

⑦ **三垢已離** 여래는 삼구(三垢)를 떠났습니다.

삼구는 탐·진·치 삼독(三毒)입니다.

⑧ **順三脫門** 여래는 삼해탈문을 따라 해탈하셨습니다.

삼해탈문이라는 것은 공(空)삼매, 무상(無相)삼매, 무작(無作)삼매입니다. 삼삼매라고도 하는 거죠.

⑨ **具足三明 與無明等** 여래는 삼명을 구족하고 있으면서도 무명과 같습니다.

삼명(三明)이라는 것은 숙명통, 천안통, 누진통을 말합니다. 육신통 가운데 세 가지를 특별히 삼명이라고 하죠. 숙명통(宿命通)은 자기 자신과 다른 사람들의 과거 일들을 환히 다 꿰뚫고 아는 것이고, 천안통(天眼通)은 미래의 일들을 환히 아는 것이고, 누진통(漏盡通)은 자기 자신에게 이미 어떠한 종류의 실수도 더러움도 없어졌다는 것입니다. 이 누진통까지 가려면 보통 일이 아닌데, 이런 세 가지 신통력을 다 구족했으면서도 겉으로 보면 무명과 같다고 했으니 이것이 얼마나 어려운 일이냐 하는 것을 알 수 있어요. 무명과 같다. 이것이 아마 대안대사 같은 사람이라고 생각됩니다. 신통력이 있다는 것을 자꾸 나타내는 것은 소인이나 하는 짓이죠. 그러니까 이런 신통력이 있어도 아무 능력이 없는 바보처럼 있는 것이 진짜입니다.

⑩ **不一相 不異相** 여래는 오직 하나의 상도 아니요, 다양한 많은 상도 아닙니다.

여기서부터는 이제 대립되는 개념을 이야기해 가면서, 이것도 아니고 저것도 아니라는 이야기를 하고 있습니다. '不一相 不異相(불일상 불이상)', 이것은 여러분 다 아시잖아요. '不一不異(불일불이)'라는 말은 팔불중도(八不中道)에도 있습니다. 용수가 중도(中道)를 설명하면서, 모든 것은 하나다, 전체적으로 그것은 똑같은 거다, 이렇게 보는 것을 일상(一相)으로 본다고 하죠. 그런가 하면 모든 것은 각각 다르다고 보는 것을 이상(異相)으로 본다고 합니다. 다르면서도 하나이고 하나이면서도 다른 것, '一中一切多中一 一卽一切多卽一(일중일체다중일 일즉일체다즉일)', 이것이 이제 가장 올바른 설명이 되겠죠.

⑪ **不自相 不他相** 여래는 자신의 상도 아니요, 다른 이가 만든 상도 아닙니다.

자타를 구분하면 안 된다는 것입니다. 자(自)와 타(他)가 있는 동안에 이것은 여래가 아니라는 거죠. 이제 내가 부처가 돼야 하겠다고 하면서 아직도 나와 남을 구분하는 의식이 남아 있다면 어림도 없는 일입니다. 자상(自相), 이것은 내 것이다, 이것은 나다, 타상(他相), 저것은 남의 것이다, 저것은 남이다, 이런 것이 있으면 안 된다는 겁니다.

⑫ **非無相 非取相** 여래는 상을 취함이 없는 무상도 아니요, 상을 취하는 취상도 아닙니다.

무상(無相), 취상(取相)이라고 했는데, '무'를 '사(捨)'자로 보세요. 버려야 하느냐, 취해야 하느냐 했을 때 그냥 일률적으로 버리기만 하는 상도 아니요, 일률적으로 취하기만 하는 상도 아닙니다. 사실 취할 게 있고 버릴 게 있어요. 취한다고 하는 것은 무엇을 취하는 것이냐? 취한다는 것은 말하자면 이 세상을 살아가면서 긍정하는 거죠. 아무리 공이다, 이 세상이 공이다, 이 몸뚱어리가 공이다 하지만, 이 세상과 이 몸과 이 사람들을 버리라는 것이 아니에요. 이것은 이것대로 인정해야 하는 것입니다. 또 공이라는 것도 그렇단 말입니다. 공이라는 것도 '공이니까 뭐 다 버리는 거다', 이렇게 생각해도 안 되는 거죠. 공은 언제든지 가와 관련

되어 있다는 입장에서 우리가 보아 나가야 하겠죠. 그래서 '취(取)'를 '유(有)'라고 보아서 '유'와 '무'로 설명해도 되겠습니다.

⑬ **不此岸 不彼岸 不中流 而化衆生** 여래는 차안도 아니요, 피안도 아니요, 그렇다고 중간에도 있지 않으면서 중생을 교화합니다.

차안(此岸)에 머물러 있다고 하는 것은 이 세상의 중생을 제도하기는 커녕 제 욕심만 채우는 것이고, 피안에 있다고 하는 것은 수도자가 저쪽 세상, 편안한 세상에 가 있으면서 중생을 제도하지 않는 것입니다. 중생을 제도하지 않는다고 하는 점에서는 차안에 있는 자나 피안에 있는 자나 마찬가지란 말이죠. '中流(중류)', 강의 중간에 있는 자도 중생을 제도 안 해요. 어중간한 것도 문제라는 겁니다.

⑭ **觀於寂滅 亦不永滅** 여래는 적멸을 관하지만 영원히 멸하지 않습니다.

'永滅(영멸)'이 아니라고 보아야 한다, 영원히 아무 것도 없는 것이 아니라는 말입니다.

⑮ **不此不彼** 여래는 여기도 저기도 아닙니다.

⑯ **不以此 不以彼** 여래는 이것으로써 하지도 않고 저것으로써 하지도 않습니다.

이것을 통해서 가야 하느냐, 저것을 통해서 가야 하느냐, 이것과 저것을 동시에 생각하며 가야 한다는 것입니다.

⑰ **不可以智知 不可以識識** 여래는 지(智)로써 알 수 있는 것도 아니요, 식(識)으로써 알 수 있는 것도 아닙니다.

그럼 무엇으로써 알 수 있습니까? 그러니까 둘 중에 어느 하나만 택하라는 이야기가 아니죠. 식이 필요 없다는 이야기가 아닙니다. 식도 필요하죠. 또 지혜만 있어도 안 된다는 이야기입니다. 지혜와 식이 동시에 이루어져야 하거든요. 이 점을 우리가 놓치기 쉽다는 말입니다.

⑱ 無晦無明 여래는 어둠도 아니요, 밝음도 아닙니다.

⑲ 無名無相 여래에게는 이름도 없고, 형상도 없습니다.

이름도 있고 형상도 있죠. 그러나 이름이 다가 아니고 형상이 다가 아닙니다.

⑳ 無强無弱 여래는 강한 것도 아니고, 약한 것도 아닙니다.

㉑ 非淨非穢 여래는 깨끗한 것도 아니고, 더러운 것도 아닙니다.

㉒ 不在方 不離方 여래는 어떤 정한 곳에 있는 것도 아니고, 또 그런 장소를 떠나 있는 것도 아닙니다.

그러니까 여래가 서방정토에 있다든지, 정토는 서쪽에만 있고 여기는 더러운 데라든지 그렇게 생각하면 여래가 아닌 것입니다.

㉓ 非有爲 非無爲 여래는 유위도 무위도 아닙니다.

소승불교도들 혹은 소승적인 생각을 가진 대승불교도들을 향해서 주의를 환기시키는 이야기들이에요.

㉔ 無示無說 여래는 보여주거나 설하는 일이 없습니다.

사실 보여주고 말하고 설명하고 다 하지만, 그런 형식적인 것에만 있는 것은 아니라는 것을 이야기하는 겁니다. 그런 것이 본질적인 것이 아니라는 이야기겠죠.

㉕ 不施不慳 여래는 보시도 아니고, 간린(慳吝)도 아닙니다.

이제부터 ㉚번까지는 육바라밀다가 들어 있습니다. 이것은 보시바라밀다를 이야기하고 있는 것이죠. 간린은 인색하게 구는 것으로 보시의 반대입니다.

㉖ 不戒不犯 여래는 지계도 아니고, 훼범(毁犯)도 아닙니다.

㉗ 不忍不恚 여래는 인욕도 아니고, 진에(瞋恚)도 아닙니다.

㉘ 不進不怠 여래는 정진도 아니고, 해태(解怠)도 아닙니다.

정진도 아니고 해이하거나 태만한 것도 아닙니다.

㉙ **不定不亂** 여래는 선정도 아니고, 난의(亂意)도 아닙니다.

선정도 아니고 마음이 산란한 것도 아닙니다.

㉚ **不智不愚** 여래는 지혜도 아니고, 우치(愚癡)도 아닙니다.

이렇게 번역했는데, 여기 와서 보니까 좀 다른 생각도 드네요. 여기서 왜 육바라밀다를 '아니 불(不)'자로 부정을 했느냐 이거예요. '보시하는 것도 아니요', '계를 지키는 것도 아니요', '인욕하는 것도 아니요', 사실 이렇게 번역해야 마땅하죠.

원효의 『금강삼매경론』에 보면 '출세육도(出世六度)', '출세간의 육바라밀다'라고 해서 아주 깊은 지혜의 입장에서 육바라밀다를 해석한 것이 있습니다. 한 예만 들면 보시의 진정한 모습은 이 세상 모든 것에 대한 의식이 없어진 상태까지 가지 않으면 안 된다고 했습니다. 삼계에 대한 생각이 없어져야 한다고 했어요. 보통 보시에는 세 가지 생각이 있으면 안 된다고 하죠. 내가 준다는 생각, 무엇을 준다는 생각, 누구에게 준다는 생각, 이런 것을 가지면 안 된다고 해요. '내가 너에게 주었다', 그 의식이 남아 있으면 준 사람이 나중에 언젠가 안 갚아준다고 불평할 거예요. 여러분 다 경험이 있을 겁니다. 내가 누구에게 이렇게 좋은 일을 많이 해 주었는데, 받은 사람은 다 잊어 먹고 있어요. 얼마 받았는지, 누구한테 받았는지 다 잊어 먹고 있는데, 준 사람은 잔뜩 기억하고 있는 거예요. 그러다가 그 대가를 안 주면 보복을 하거든요. 그러니까 그것은 보시가 아니라는 거예요. 그래서 '수레바퀴 윤'자를 써서 삼륜청정(三輪淸淨)이라고 합니다. 주는 놈도 잘 돌아가야 하고, 잘 돌아가는 수레라야 하고, 받는 사람도 아무 무리 없이 잘 받게끔 해 주어야 하는 것이죠. 주면서 내가 얼마짜리를 주었다 그러면 그 물건에 때가 묻어요. 그러니까 그 놈이 뭐 음식이라면 먹었을 때 몸 속에 들어가서 어디 가서 달라붙을지도 모르죠.

不施不慳(불시불간), 그러니까 인색한 마음을 가지고 있으면 주었던 것도 다 소용없는 거잖아요. 여러분 주위에서 그런 예가 있었나 없었나 한번 생각해 보세요. 그러니까 좋은 일도 잘 해야지 잘못 하면 큰일 나는 겁니다.

㉛ **不誠不欺** 여래는 진실도 아니고, 거짓도 아닙니다.

㉜ **不來不去** 여래는 와 버린 것도 아니고, 가 버린 것도 아닙니다.

㉝ **不出不入** 여래는 나가 버린 것도 아니고, 들어와 버린 것도 아닙니다.

그러니까 덮어놓고 오기만 한다고 좋은 것도 아니고, 덮어놓고 나가기만 하는 것, 들어가기만 하는 것도 좋은 것이 아니라는 겁니다. 출입이 자재라야 하거든요. 갔다가 왔다가 하는 것도 자유자재! 여기 이 말들 속에 '자유자재'라는 의미가 포함되어 있죠.

㉞ **一切言語道斷** 여래는 일체 언어도단입니다.

언어도단이라는 말의 의미는 잘 알고 계시죠. 언어의 길이 끊겼다, 그러니까 언어로는 표현할 수가 없다, 언어로는 도저히 정확하게 말할 수가 없다는 말입니다.

㉟ **非福田 非不福田** 여래는 복전이 아니고, 그렇다고 복전이 아닌 것도 아닙니다.

복전(福田)이라는 것은 산스크리트어로 puṇyakṣetra라고 하는데, 부처님에게 공양을 바치거나 부처님을 공경하면 복을 심는 것과 마찬가지로 나중에 좋은 과보를 얻는다는 생각입니다. 지금도 수행하는 사람들은 복밭이라고 생각되고 있는데, 제대로 수행하는 사람이라야 공양을 드려서 복을 받을 만한 사람이라고 봐야 하겠죠.

㊱ **非應供養 非不應供養** 여래는 공양 받을 만한 대상도 아니요, 공양 받지 못할 만한 대상도 아닙니다.

'應供(응공)'이라는 말이 arhat, 아라한이라는 말의 의미잖아요. 마땅히 공양을 받을 사람이란 뜻이거든요. 소승불교도들은 아라한이 되고자 하니까, 나는 공양 받기 위해서 수행한다는 목적이 있다고 할 수 있습니다. 그런데 내가 공양을 받기 위해서 머리를 깎았다, 수행을 한다, 그런다면 그것은 참 고약한 거죠. 그러니까 원효대사가 대단한 겁니다. 공양 안 받으려고 승복을 벗어 제치고 남들이 깔보고 멸시하는 속인이 됐잖아요. 그래서 훨씬 지혜도 모자라고 덕도 모자라는 경흥스님이 국사가 되었을 때, 자기는 아무 것도 아닌 것이 되어 굴속에 혼자 숨어서 살다가 4년 후에 세상을 뜹니다.

원효대사가 예순 여섯일 때 경흥은 말을 타고 다니면서 으시댔는데, 그러다가 아무 것도 아닌 스님에게 야단을 맞죠. 『삼국유사』에 그런 이야기가 있습니다. 경흥스님이 말 타고 다닌다는 소문을 들은 어떤 스님이 썩은 생선을 광주리에 넣고 경흥스님이 말 타는 곳에 앉아 있었단 말이에요. 그러니까 그 스님이 노발대발해서 이 무엄한 놈이 중인 주제에 살생한 물건을 가지고 다니느냐고 야단을 쳤습니다. 그러니까 이 스님이 말하기를 '이것은 죽은 생선이오만 대사께서는 어찌하여 밤낮 살아 있는 말을 다리 사이에 끼고 다니면서 고생을 시키시오?' 한마디 하고 쓱 가 버렸다고요. 그래 경흥이 놀라서 저놈이 암만해도 보통 놈이 아닌 것 같아서, 그 스님을 쫓아가 보니까 경주 남산의 문수보살상이었다고 하잖아요. 그런 이야기가 얼마나 파다하게 펴져 있었으면 『삼국유사』에 적어 놓았겠습니까? 경흥스님이 국사가 됐지만 사실 아무 것도 내세울 것이 없는 사람이죠. 경흥스님의 글이라는 것을 지금 읽어 보면 그까짓 것 별로 가치도 없어요. 뭐 그것을 가지고 논문을 써서 박사학위도 받고 그러지만, 원효대사의 글과는 비교도 안 되죠. 분량도 얼마 안될 뿐더러 내용도 형편없습니다.

㊲ **非取非捨** 여래는 취하는 것도 아니요, 버리는 것도 아닙니다.

㊳ **非有相 非無相** 여래는 상이 있는 것도 아니요, 상이 없는 것도 아닙니다.

㊴ **同眞際 等法性** 여래는 진제와 동등하고 법성과도 동등합니다.

여기는 부정적이 아닌 표현으로 이야기했습니다. 여래는 진제(眞際, bhūtakoṭi)와 동등합니다. 그리고 법성(法性, dharmatā)과도 동등합니다. 진제라든가 법성이라든가 하는 이야기는 상당히 철학적인 이야기인데, 『유마경』에서도 이런 이야기를 했다는 것은 특별히 표시를 하고 기억할 만합니다.

진제는 실제(實際)와 같은 말입니다. 진짜 파고 파서 진실의 궁극적인 자리에 간 것, 더 이상 갈 데가 없는 데까지 갔을 때 그것이 진제란 말이거든요. 궁극적인 것입니다. 『우파니샤드』에서 이야기한 것과 같은 궁극적인 본성이라고 이야기해도 되겠죠.

법성은 참 어려운 말입니다. 『법성게』에 '法性圓融無二相 諸法不動本來寂(법성원융무이상 제법부동본래적)'이란 구절이 있는데, '법'이라는 말 자체가 어려운 말입니다. 지금 여기 꽃꽂이해 놓은 것을 보면, 여러 가지 법이 모여서 또 하나의 법을 만들었습니다. 이 한 송이 꽃이라는 법만 하더라도 그 안에 여러 가지 법이 모여서 생기지 않았습니까? 그러니까 세포 하나, 미립자들 하나 하나가 전부 다 법이라고 할 수 있거든요. 그런 의미에서 보면 이 세계를 구성하고 있는 여러 가지 구성요소들, 아주 미세한 것을 포함해서 크고 작은 것들, 눈에 보이는 그 모든 것이 다 법이라고 할 수 있습니다. 그것이 또 동시에 진리를 말해 주고 있습니다. 이 놈들이 전부 다 이치에 따라서 움직이고 있거든요. 그러니까 법이라는 글자는 그 모든 것을 의미하기도 하고 또 진리 자체를 말하기도 합니다. 법성, dharmatā는 모든 것들이 갖고 있는 기반, 바탕이라는 말입니다.

㊵ 不可稱 不可量 過諸稱量 여래는 재거나 헤아릴 수 없으며 그런 것을 초월하고 있습니다.

'不可稱 不可量(불가칭 불가량)'이라는 말은 다른 말로 하면 '무량(無量)'이죠. 라모뜨는 티베트본을 토대로 '여래는 무게나 분량을 재는 자(tulā)가 아니며, 재어진 것(tulita)이 아닙니다'라고 했습니다. 그런 척도를 넘어선 것이죠.

㊶ 非大非小 여래는 큰 것도 아니고 작은 것도 아닙니다.

대(大)라는 일정한 모양을 갖춘 것도 아니고, 소(小)라고 하는 모양을 갖춘 것도 아닙니다.

㊷ 非見非聞 非覺非知 여래는 견(見)과 문(聞)과 각(覺)과 지(知)의 대상이 아닙니다.

견문각지(見聞覺知)라는 말은 이 경의 앞에서도 자주 언급이 됐는데, 좋은 말이 아니에요. 부처님과 상관이 없어요. 견문, 보고 듣는다. 견은 눈(眼)이 하는 것이고, 문은 귀(耳)가 하는 것이죠. 코(鼻)로 냄새 맡는 것도 문이라는 글자를 씁니다. 향을 맡는 것을 '문향(聞香)'이라고 하죠. 각지라는 것은 상(想)과 식(識)이 하는 것 아닙니까? 그러니까 색·수·상·행·식이 하는 것이 견문각지입니다.

㊸ 離衆結縛 여래는 모든 인연의 결박을 벗어나 있습니다.

㊹ 等諸智 여래는 일체지에 대한 평등성을 실현합니다.

'諸智(제지)'는 '일체지'란 말입니다.

㊺ 同衆生 여래는 모든 중생과 둘이 아닙니다.

㊻ 於諸法 無分別 여래는 제법에 대해 분별하지 않습니다.

라모뜨 교수가 산스크리트어로 복원한 것을 보면 이 세 가지가 똑같은 형식으로 되어 있습니다. 'sarvajñajñāna-samatā-prāpta', 일체지와 평등함을 실현한다. 'sarvasattva-advaya-prāpta', 중생과 둘이 아님을 얻는

다. 'sarvadharma-nirviśeṣa-prāpta', 제법에 대한 무분별성을 얻는다.

㊼ 一切無失 無濁無惱 여래는 어디에서나 실수가 없고, 타락함도 없으며, 고뇌도 없습니다.

아래에 나오는 것들도 다 이 부분의 '一切(일체)'에 연결된다고 할 수 있습니다.

㊽ 無作無起 여래는 작업함도 없고 또 생겨남도 없습니다.

여기서 ㊾번까지는 앞에서 이야기한 삼해탈과도 관련이 있는 이야기입니다. '作(작)'은 kriyā, '起(기)'는 jāti입니다. '作'은 인위적으로 무엇을 만들어내는 것이고, '起'도 역시 억지로 생겨나는 것을 말합니다. 그러니까 여래는 억지로 무엇을 만들어내는 것도 없고, 억지로 일으키는 것도 없습니다. 그러니까 여기서는 여래라고 하는 말이 가지고 있는 상당히 추상적인 의미를 생각하게 되죠. '불(佛)'이라고 하면 우리가 '부처님'이라고 부르고 사람으로서 오신 부처님을 생각하게 되는데, '여래'라고 하면 여래법신이라는 좀더 추상적인, 철학적인 의미를 생각하게 된단 말이에요. 그러니까 여기서 법신, '체'로서의 부처님의 의미를 유의해야 할 것 같습니다. 『유마경』에서는 체·상·용이라고 하는 논리를 아직 쓸 줄 모르죠. 여기는 그 말이 적용되어 있지 않지만, 우리가 이미 알고 있는 입장에서 그것을 활용해서 해석할 필요가 있는 겁니다.

㊾ 無生無滅 여래는 생멸하지 않는 것입니다.

태어난다거나 파멸한다거나 하는 일이 없습니다. '무생무멸'이라고 하는 것은 진여란 말입니다. 체를 이야기한 것이죠.

㊿ 無畏無憂 여래는 두려워한다거나 근심하는 일이 없습니다.

51 無喜無厭 여래는 기뻐하거나 싫증내는 일이 없습니다.

52 無着 여래는 집착함이 없습니다.

53 無已有 無當有 無今有 여래는 과거와 미래와 현재가 없습니다.

아까 현재만이 있다고 했지만 현재라는 것도 의식하지 않는 거죠.

㉞ **不可以一切言說 分別顯示** 여래는 일체의 언설로써 분별하거나 나타내 보일 수 없습니다.

世尊 如來身爲若此 세존이시여, 여래의 몸은 이와 같습니다.

作如是觀 以斯觀者 名爲正觀 若他觀者 名爲邪觀 이와 같이 관하면 이를 정관(正觀, samyak paśyati)이라 하고, 만약 이렇게 관하지 않으면 이를 사관(邪觀, mithyā paśyati)이라고 합니다.

2. 유마힐은 어디에서 왔는가

(2)

尒時에 舍利弗이 問維摩詰하되, "汝於何沒하여 而來生此하오" 하니라.
維摩詰이 言하되, "汝所得法에는 有沒生乎아" 하니,
舍利弗이 言하되, "無沒生也요" 하니라.
"若諸法이 無沒生相이면, 云何問言 汝於何沒 而來生此라 하느뇨.
於意云何뇨, 譬如 幻師가 幻作男女하면 寧沒生耶아" 하니,
舍利弗이 言하되, "無沒生也이니다" 하니라.
"汝豈不聞 佛說 諸法이 如幻相乎아" 하니,
答曰하되, "如是로다" 하니라.
"若一切法이 如幻相者라면,
云何問言하여 '汝於何沒하여 而來生此아라' 하느뇨.
舍利弗아, 沒者는 爲虛誑法의 敗壞之相이요,
生者는 爲虛誑法의 相續之相이니
菩薩은 雖沒이라도 不盡善本고, 雖生이라도 不長諸惡이니라" 하니라.

티베트본에는 이 앞에 다음과 같은 부분이 있습니다.

그때 사리불이 부처님께 말했다.

"세존이시여, 이 유마거사는 이 사바세계에 오시기 전에 어디에서 죽었습니까?"

부처님께서 대답하셨다.

"사리불아, 이 성인(satpuruṣa)에게 그대가 직접 물어 보아라."

이 부분은 한역본에는 없고 티베트본에만 나오는데, 후대에 티베트본의 원본에 덧붙여진 것 같습니다.

尒時 舍利弗問維摩詰 그때 사리불이 유마힐에게 물었다.

汝於何沒 而來生此 거사여, 당신은 여기에 태어나기 전에 어디에서 죽었습니까?

직역하면, '어디에서 죽어서 여기에 와서 태어났습니까?' 하는 물음이죠. 생사, 생사윤회의 문제를 이야기하고 있습니다.

維摩詰言 汝所得法 有沒生乎 유마힐이 말했다. 당신이 보아 온 법 가운데 어디 하나라도 죽고 나고 하는 것이 있습니까?

'tvayā sākṣātkṛteṣu dharmeṣu, sthavira, asti kaścid dharmo yo mriyate votpadyate vā.' 이것은 라모뜨 교수가 티베트본을 근거로 해서 산스크리트어로 복원을 한 것입니다. 마지막의 'mriyate votpadyate'에서 mriyate는 '죽는다'는 말입니다. votpadyate는 va와 utpadyate가 합쳐져서 발음상 변형된 것인데, vā는 '또는'이라는 말이고, utpadyate는 '생겨난다', '태어난다'는 뜻이죠. 혹은 죽고, 혹은 태어나고 그런 것 본 일이 있느냐, 그 말입니다. 봤죠, 많이 봤습니다. 우리는 도인이 아니니까 밤낮 그런 것만 보죠.

그런데 적어도 지혜로운 눈을 가졌다면 그런 것에 주목하고 있지는 않아야 되지 않겠어요? 그런 것에 관심이 가 있지는 않아야 하죠. 오, 허깨비가 왔다가 허깨비가 갔구나, 그렇게 생각해야 한다는 거예요. 허깨비가 죽고 태어나고가 어디 있나? '어, 그것 너무하다. 그것 너무 허깨비라고 하지 말라. 그래도 꼬집으면 아프다. 얼마나 귀중한 건데, 멋있는데' 그럴지 모르지만, '귀중하기는 뭐가 귀중해?' 당장 이렇게 나와야죠. 이것이 참 어려운 거예요. 사실 아무 것도 아니라고 생각하면서, 또 지극히 귀하게 생각하고, 불쌍하게 생각하고, 봐주고 도와주고, 다 그러라는 거거든요. 자비를 베풀어야 하는 겁니다.

당신이 보아 온 법에 죽는다 산다 하는 것이 어디 있던가? 사리불쯤 되면 보통 인간, 보통 평범한 범부가 아니고 수행을 많이 쌓은 사람, 또 지혜가 제일이라고 불려지는 사람이니까, 대화내용이 좀 달라야 될 것 아니겠어요?

舍利弗言 無沒生也 사리불이 말했다. 아니오, 내가 보는 것 중에는 아무 것도 나고 죽고 하는 것이 없습니다.

이렇게 대답을 하기는 했는데 말만 그렇게 했는지, 진짜로 그렇게 생각하는 건지 그게 문제란 말입니다. 겉으로 말만 그렇게 한 것 같아요. 그럼 가짜죠. 그러니까 유마힐이 말합니다.

若諸法無沒生相 云何問言 汝於何沒 而來生此 만약 어떤 법에도 나고 죽고 하는 것이 없다면, 어째서 나에게는 어디서 죽어서 여기에 태어났느냐고 묻는 것입니까?

於意云何 譬如幻師 幻作男女 寧沒生耶 당신은 어떻게 생각하시오? 비유컨대 환사(幻師)가 만든 허깨비 남자나 여자가 어디 죽었다 다시 태어나고 합니까?

舍利弗言 無沒生也 사리불이 말했다. 아니오, 죽고 태어나고 하는 일

이 없습니다.

유마힐이 묻습니다.

汝豈不聞 佛說諸法 如幻相乎 당신도 부처님께서 제법은 환상(幻相)과 같은 것이라고 하시는 것을 들은 바 있지 않습니까?

答曰 如是 사리불이 대답했다. 그렇습니다.

그러자 유마힐이 다시 묻습니다.

若一切法 如幻相者 云何問言 汝於何沒 而來生此 만약 일체법이 환상과 같은 것이라면 어째서 나에게 어디서 죽어서 여기에 태어났느냐고 묻는 것입니까?

舍利弗 沒者 爲虛誑法 敗壞之相 生者 爲虛誑法 相續之相 사리불이여, 죽음이란 허망한 유위법의 중단일 따름이요, 생이란 허망한 유위법의 지속일 따름입니다.

菩薩 雖沒 不盡善本 雖生 不長諸惡 보살은 비록 죽는다 할지라도 선의 뿌리에서 나온 행위를 중단하지 않고, 또 다시 태어난다 할지라도 악한 법의 행위들을 계속하지 않는 것입니다.

이 마지막 구절이 중요한 것 아니겠어요? 이 말에 설명이 다 돼 있는 것은 아니지만, 행간의 뜻을 알아들어야 합니다. 행간에 말하지 않은 여백이 많단 말입니다. 그것을 알아들으라는 거죠. 일일이 다 어떻게 설명하느냐? 그러니까 여기에 대해서 여러분들이 이렇게도 생각해 보고 저렇게도 생각해 보고, 이것을 화두로 삼는 거예요. 생이란 무엇이고 사란 무엇이냐? 화두가 되는 겁니다. 화두를 쥐라고 하는 이야기가 바로 이런 이야기죠. 내가 이제 여러분에게 화두를 드렸습니다. 이야기의 실마리를 드린 거예요. 여러분들이 여기에 대해서 무슨 답을 쓰시란 말입니다. 어떤 식의 해답이든지 좋아요. 시로 지어도 좋고, 긴 문장으로 해도 좋고, 친한 친구한테 편지하는 식으로 해도 좋고, 어떤 형식이든지 좋아요. 자기가 원하는 가장 멋있는 방식으로 한번 지어 보기 바랍니다.

생과 사가 뭐냐? '죽음이란 허망한 유위법의 중단일 따름이요, 생이란 허망한 유위법의 지속일 따름이다. 보살은 비록 죽는다 할지라도, 또 다시 태어난다 할지라도, 선의 뿌리에서 나온 행위를 중단하지 않고 악한 법의 행위들을 계속하지 않는 것이다.' 그러니까 보살도 죽기도 하고 다시 태어나기도 하고 그럽니다. 또 선과 악도 구분합니다. 할 줄 모르는 것이 아니에요. 그런데 뭐가 다르냐 하면 보살은 선을 한사코 지키려고 하고, 선의 뿌리에서 나온 행위들을 중단하지 않고 계속 더 많이 행하려고 하죠. 선한 일을 더 많이 하려고 하고, 악한 일은 안 하려고 하는 마음가짐이 있단 말입니다. 이것이 보살이라는 말이죠. 그러니까 인연법으로는 생(生)도 하고 사(死)도 하는 거예요. 그렇지만 생 자체가 중요한 것도 아니고 사 자체가 중요한 것도 아니고, 여기서 중요한 것은 얼마만큼 좋은 일을 많이 하느냐, 얼마만큼 나쁜 일을 안 하느냐 하는 것입니다.

(3)

是時에 佛告 舍利弗하사대, "有國名妙喜하니 佛号는 無動이니라.
是維摩詰은 於彼國에 沒하여 而來生此니라" 하니라.
舍利弗이 言하되, "未曾有也나이다, 世尊이시여.
是人이 乃能捨 淸淨土하고 而來樂此 多怒害處나이다" 하니,
維摩詰이 語舍利弗하되, "於意云何뇨, 日光出時에 與冥合乎아" 하니,
答曰, "不也오. 日光出時에는 卽無衆冥이오" 하니라.
維摩詰이 言하되, "夫日이 何故로 行閻浮提하느뇨" 하니,
答曰, "欲以明照하고 爲之除冥함이니라" 하니라.
維摩詰이 言하되, "菩薩도 如是하여 雖生不淨佛土라도 爲化衆生故로 不與愚闇 而共合也며 但滅衆生 煩惱闇耳니라" 하니라.

是時 佛告舍利弗 그때 부처님께서 사리불에게 말씀하셨다.

有國名妙喜 佛号無動 묘희라는 나라에 무동이라는 부처님이 계신다.

묘희(妙喜)는 Abhirāti입니다. 무동(無動)은 아촉불, Akṣobhya죠. 그러니까 Akṣobhya가 '부동(不動)'이라고 번역될 때도 있고, '무동'이라고 번역될 때도 있습니다.

是維摩詰 於彼國沒 而來生此 이 유마힐은 그 나라에서 죽었다가 여기 사바세계로 와서 태어났다.

여기는 사바세계, Sahāloka입니다. sahā가 무슨 뜻이었어요? 참기 어려운 것을 참아야 하는 나라, 어려움을 참고 견디어야 하는 나라이죠. 일부러 이곳을 골라서 태어났다고 유마거사가 맨 처음에 이야기했잖아요. 보살은 어쩔 수 없이 어디에 수동적으로 태어나는 것이 아니라, 자기가 원해서 태어난다고 하죠. 자기가 어디 가서 태어날지 원하는 장소에 태어난다고 했거든요. 자유의사로 선택해서 원하는 곳으로 가서 태어난다고 했습니다. 그러니까 우리가 어디에 일하러 가는데, 억지로 가는 것이 아니라 자기가 원해서 가는 것과 같은 것입니다.

위에서 유마거사는 생사 따위가 없는 것이라고 했지만, 사실 생사가 없는 것은 아니죠. 어쩔 수 없이 태어나든 원해서 태어나든, 태어나면 죽음이 있고, 죽으면 태어남이 있는 겁니다. 그래서 유마거사는 묘희국에서 죽었다가 이 사바세계에 왔다고 한 것입니다.

그렇다고 또 묘희국이라고 하는 나라가 어느 하늘에 있느냐 하면, 글쎄 뭐 그것을 찾으러 로케트 타고 가겠다고 한다면 곤란하죠. 그것은 하나의 픽션으로 하는 이야기입니다. 신화적인 요소를 갖다 넣은 겁니다. 좋은 것 나쁜 것, 전부 다 우리들 생각으로 이렇게 만들어낼 수 있거든요. 지금 좋은 것을 상상으로 이렇게 만들어낸 겁니다.

舍利弗言 사리불이 말했다.

未曾有也 世尊 是人 乃能捨淸淨土 而來樂此多怒害處 미증유한 일입니다, 세존이시여. 이 사람이 그 청정한 나라를 버리고 노해(怒害)가 많은 이곳으로 즐겨 찾아 왔다니.

'미증유'는 일찍이 없었다는 말이죠. 일본말로 '아리가또(ありがとう)'가 바로 이 말 아닙니까? 참 이런 데 태어나 주셨으니 얼마나 고맙냐 이렇게 생각하는 것입니다. 일본 사람들이 나쁜 점도 많지만, 이런 것은 참 부럽단 말이에요. '이 얼마나 고마우냐? 하, 있기 어려운 일을 이렇게 해주시다니.' '미증유한 일입니다. 정말 고마운 일이네요.' 이렇게 번역을 할 수도 있는 겁니다.

維摩詰語舍利弗 유마힐이 사리불에게 말했다.

於意云何 日光出時 與冥合乎 당신 생각이 어떠합니까? 햇빛이 날 때 어둠이 같이 있는 것을 보았습니까?

答曰 不也 日光出時 卽無衆冥 사리불이 대답했다. 아니오, 햇빛이 날 때 어둠이라고는 조금도 없지요.

維摩詰言 夫日何故 行閻浮提 유마힐이 말했다. 해가 무슨 까닭으로 염부제에 뜨지요?

염부제(閻浮提)는 Jambudvīpa입니다. dvīpa는 대륙을 의미하는 말인데, 불교적인 세계관에서 보면 수미산을 중심에 둔 대양의 사방에 있는 커다란 섬들 가운데 남쪽에 있는 것이 Jambudvīpa예요. 해가 무슨 까닭으로 염부제로 가서 뜨는가?

答曰 欲以明照 爲之除冥 사리불이 대답했다. 밝게 비춤으로써 어둠을 제거하고자 함입니다.

이 한마디 말로 불교라는 것을 설명할 수 있습니다. 어두움을 밝게 비춤으로써 어두움을 제거하는 가르침이다, 광명의 길이다, 이렇게 이야기해도 된단 말이죠.

維摩詰言 유마힐이 말했다.

菩薩 如是 雖生不淨佛土 爲化衆生故 不與愚闇 而共合也 但滅衆生 煩惱闇耳 보살은 이와 같아서 비록 부정(不淨)한 불국토에 태어난다 할지라도 중생을 교화하고자 하는 까닭에 어리석고 어두운 사람들과 더불어 하지 아니하고, 다만 중생들의 번뇌의 어두움을 없앨 따름입니다.

중생을 교화시키고자 하는 까닭에, 'sattva pariśodhanārtham'이라고 합니다. sattva는 '중생', pariśodhana는 '완전히 깨끗이 하다', '정화하다', artha는 '…하기 위해서'라는 뜻이에요. 중생들의 탐·진·치를 정화시켜 나가기 위해서, 중생들을 교화하고자 하는 까닭에, 이 말을 '爲化衆生故(위화중생고)'라고 했습니다.

不與愚闇 而共合也(불여우암 이공합야), 어리석고 암흑과 같은 자들과 더불어 하지 않는다는 말이에요. 共合, 야합하지 않는다는 말이죠.

但滅衆生 煩惱闇耳(단멸중생 번뇌암이), 다만 중생들의 번뇌의 어둠을 없앨 따름입니다. 이것이 유마거사 같은 보살이 해야 하는 일이라는 겁니다.

'爲化衆生'은 '요익중생'입니다. '귀일심원 요익중생(歸一心願 饒益衆生)' 하는 것입니다. 여기서 '不淨佛土(부정불토)'라고 했는데, 불국토가 왜 부정하냐, 이런 생각을 가질지 모르지만, 불국토라는 것이 다 우리가 생각하는 훌륭한 부처님 나라처럼 그렇게 돼 있는 것이 아니죠. 이 세계가 다 부처님 땅인데 중생들이 더럽혀서 사바세계가 된 것입니다. 중생도 실은 중생노릇을 안 해도 되는, 본래 부처잖아요. 본래 부처의 씨알들입니다. 여래장(如來藏)들입니다. 그런데 자기 신분을 잊어버리고 중생놀음만 하니까 중생이 된 것입니다. 자기 마음속의 깨끗한 마음을 깨닫기만 하면 성문, 연각이 되고, 더 잘 깨달으면 보살이 되고 부처가 될 수 있는 존재들입니다. 모든 중생들이 전부 다 부처가 됐을 때는 그야말로 본래 불국정토의 모습을 되찾을 수 있겠지만, 지금은 그렇게 안 돼 있단 말이죠. 그러니까 불국정토가 여기 말고 다른 데 있다거나 여기는 불국정토가 아니라거나 이렇게 생각하면 안 된다는 말입니다. 여기가 바로 불국정토입니다. 그런데 부정한 상태에 있죠. 더러워져 있습니다.

옛날 신라 사람들이 여기 신라 땅은 부처님의 나라, 옛날부터 불국정토라고 했는데, '어느 부처님이 언제 여기 계셨는데…', 뭐 이러면서 계산하면 안 돼요. 어느 부처님이나 다 관계가 있었죠. '그러면 신라가 그렇게 훌륭한 나라였단 말이냐?' 이렇게 또 착각해도 안 됩니다. '그런 데가 어디 있어? 불국정토가 어디 있어?' 또 이렇게 생각해도 안 됩니다. 본래는 다 불국정토인데, 한동안 부처님이 누군지도 모르고 살았고, 지금도 모르고 살고 있는 겁니다. 그러나 한때는 좀 잘 알았던 시기도 있었던 것 같아요. 잘 아는 왕들, 대신들, 장군들, 그 밖의 온 국민들이 불교를 잘 아는 시대가 있었습니다. 그렇게 정법을 잘 아는 시대의 신라는 그래도 괜찮은 나라가 됐었겠죠. 그러나 여전히 중생들은 있어서 그 중생들을 섭수(攝受)할 것은 섭수하고, 절복(折伏)할 것은 절복하면서 그런 정토를 이루었을 겁니다.

오늘날도 마찬가지예요. 절복할 놈이 언제든지 있습니다. 꺾어서 항복시켜야 할 놈은 꺾어서 항복시키지 않으면 안 되죠. 그런 중생들이 권력을 다 쥐고 있으면 어떻게 되겠습니까? 정치권력을 가지고 있는 사람이든지, 돈을 가지고 있는 사람이든지, 군사적 권력을 가지고 있는 사람들이 깡패들처럼 야합을 하면 어떻게 되겠습니까? 우리가 그런 시대에 살기도 했지만, 참 생각하면 한심한 일이죠.

민주주의가 제대로 되려면 지도자라는 사람부터 거짓말을 안 하고 악한 짓을 안 하고 올바로 살지 않으면 안 됩니다. 이것은 누구나 이구동성으로 하는 이야기죠. 문제는 어떻게 그것을 해 나갈 수 있느냐 하는 것입니다. 참 악의 세력이라는 것은 굉장히 크기 때문에 부처님의 경우도 마구니와의 싸움은 성불하시던 그 날부터 계속되었잖아요. 보리수 아래 앉아 있을 때부터 마구니가 그냥 부처님을 무너뜨리려고 야단이었죠. 마구니라는 놈은 탐·진·치가 사람으로 바뀐 것이잖아요. 탐·진·치가 바뀐 놈, 참 겁나는 놈들이죠. 이것을 이길 수 있는, 절복할 만한 힘이 있어야 하는 겁니다.

3. 묘희국의 출현

(4)

是時에 大衆이 渴仰欲見 妙喜世界의 無動如來 及其菩薩 聲聞之衆하니,

佛이 知 一切衆會의 所念하고, 告維摩詰言하되,

"善男子야, 爲此衆會하여 現妙喜國 無動如來 及諸菩薩 聲聞之衆하라.

衆皆欲見이로다"하시니라.

於是에 維摩詰이 心念하되,

'吾當 不起于座하고 接妙喜國의 鐵圍·山川·溪谷 江河·大海·泉源 須彌·諸山 及日月·星宿 天·龍·鬼神·梵天等宮 竝諸菩薩·聲聞之衆 城邑·聚落 男女大小 乃至 無動如來 及菩提樹 諸妙蓮華의 能於十方作佛事者하니라.

三道의 寶階 從閻浮提하여 至忉利天하고 以此寶階로 諸天이 來下하여,

悉爲禮敬 無動如來하고 聽受經法하니라.

閻浮提人도 亦登其堦하여 上昇忉利하고 見彼諸天하니,

妙喜世界는 成就如是 無量功德하고,

上은 至阿迦膩吒天하고 下는 至水際하며

以右手로 斷取하기를 如陶家輪하고

入此世界하기를 猶持華鬘하고 示一切衆하리라' 하나니.

是時 大衆渴仰 欲見妙喜世界 無動如來 及其菩薩 聲聞之衆 그때 대중들이 묘희세계의 무동여래와 그 보살, 성문의 무리를 보고자 하였다.

佛知一切衆會所念 告維摩詰言 부처님께서 모든 대중들의 생각을 아시고 유마힐에게 말씀하셨다.

善男子 爲此衆會 現妙喜國 無動如來 及諸菩薩 聲聞之衆 衆皆欲見 선남자야, 이 대중들을 위해 묘희국의 무동여래와 보살, 성문의 무리를 나타내 보여라. 대중들 모두가 보고 싶어하느니라.

於是 維摩詰心念 그때 유마힐이 생각했다.

吾當不起于座 接妙喜國 鐵圍山川 溪谷江河 大海泉源 須彌諸山 及日月星宿 天龍鬼神 梵天等宮 竝諸菩薩 聲聞之衆 城邑聚落 男女大小 乃至無動如來 及菩提樹 諸妙蓮華 能於十方作佛事者 내가 자리에서 일어나지 않고 신통력으로 묘희국의 철위산천, 계곡과 강하, 대해, 샘, 수미산과 그 밖의 산들, 해와 달, 별들, 천, 용, 귀신, 범천 등의 궁전, 보살과 성문의 무리들, 성읍과 취락, 남녀노소, 심지어 무동여래와 그 보리수와 갖가지 아름다운 연꽃들이 시방에서 불사를 하고 있는 것을 모두 손에 쥐리라.

묘희국에 철위산천이 있어요. 이 철위(鐵圍)라는 것은 한 세계를 철갑처럼 둘러싸고 있는 산입니다. 그 안쪽에 대양과 대륙과 산들이 겹겹이 놓여 있죠. 그 광경을 철위산천이라고 묘사했습니다. 그 세계에는 산천, 계곡, 강하(江河), 대해(大海), 샘, 가운데의 수미산과 그 둘레를 여러 겹으로 둘러싸고 있는 산들, 해와 달, 별들, 천, 용, 귀신, 범천 등의 궁전 등이 있고, 또 보살과 성문의 무리들, 도시와 마을, 남녀노소가 있습니다.

또 무동여래가 있고, 그 보리수와 연화도 있거든요. 이러한 모든 것들이 다 시방에서 불사를 하고 있는데, 그 모든 것들을, 앉은 채 전부 다 손아귀에 넣겠다고 생각한 거예요.

三道寶階 從閻浮提 至忉利天 以此寶階 諸天來下 悉爲禮敬無動如來聽受經法 세 개의 사다리가 염부제에서 도리천까지 이어져 있는데, 이 사다리를 따라 제천들이 내려와 모두 무동여래께 예경을 드리고 경법(經法)을 설하심을 듣는다.

도리천(忉利天)은 삼십삼천이라고도 하죠. 수미산의 꼭대기에 있는 것이 도리천입니다. 묘희세계의 모습을 계속 설명하고 있는 거예요.

閻浮提人 亦登其堦 上昇忉利 見彼諸天 염부제의 사람들은 또 그 사다리로 도리천에 올라가 제천을 만나니.

妙喜世界 成就如是 無量功德 上至阿迦膩咤天 下至水際 묘희세계는 무량한 공덕을 성취하여 위로는 아카니슈타천에 이르고 아래로는 수제(水際)에 이른다.

아카니슈타(Akaniṣṭha)천은 색구경천(色究竟天)이라고도 하는데, 색계에서 제일 높은 하늘나라입니다. 눈으로 보이는 것 중에서 가장 높은 하늘나라죠. 밑으로는 수제에 이른다고 했는데, 염부제의 바다와 접한 물가에까지 이르렀다는 것이죠. 이렇게 굉장히 넓은 지역을 오른쪽 손으로 틀어쥔 거예요.

以右手斷取 如陶家輪 入此世界 猶持華鬘 示一切衆 이 모든 것을 도공이 물레 위의 흙을 쥐듯 오른손으로 쥐고 이 세계 속으로 들어와 아름다운 화만(華鬘)을 손에 쥔 것처럼 일체 대중에게 보여주리라.

화만은 꽃으로 장식된 머리에 쓰는 화관 같은 것을 말합니다. 이렇게 유마힐이 생각했다는 것이죠.

(5)

作是念已하고 入於三昧하여 現神通力하고,
以其右手로 斷取 妙喜世界하여 置於此土하니라.

作是念已 入於三昧 現神通力 以其右手 斷取妙喜世界 置於此土 이렇게 생각하고 삼매에 들어 신통력을 나투어 오른손으로 묘희세계를 쥐어 이 땅 위에 놓았다.

(6)

彼得神通 菩薩 及聲聞衆 竝餘天人이 俱發聲言하되,
"唯然 世尊이시여, 誰取我去이나이까. 願見救護하소서" 하니,
無動佛이 言하되, "非我所爲니라. 是 維摩詰의 神力所作이니라" 하니라.
其餘 未得神通者는 不覺不知 己之所往이더라.
妙喜世界가 雖入此土하되 而不增減하고,
於是世界도 亦不迫隘하고 如本無異하니라.

彼得神通 菩薩及聲聞衆 竝餘天人 俱發聲言 신통력을 갖춘 묘희세계의 보살과 성문의 무리, 그 밖의 천인들은 모두 소리를 질렀다.

唯然 世尊 誰取我去 願見救護 아, 세존이시여, 누가 우리를 손아귀에 쥐고 가는 것입니까? 구해 주소서.

無動佛言 非我所爲 是維摩詰 神力所作 무동불이 말했다. 내가 하고 있는 것이 아니다. 이것은 유마힐이 신통력으로 하고 있는 것이다.

여기까지가 무동여래의 말입니다.

其餘未得神通者 不覺不知 己之所往 신통력을 갖추지 못한 그 밖의 자들은 자기가 어디로 가는지 알지 못했다.

妙喜世界 雖入此土 而不增減 於是世界 亦不迫隘 如本無異 묘희세계가 이 사바세계 속에 들어왔지만 그 세계에 증감이 없었고, 이 세계도 또한 비좁아지는 일이 없이 본래와 조금도 다름이 없었다.

4. 아촉불께 바치는 찬탄

(7)

尒時에 釋迦牟尼佛이 告諸大衆하사대,
"汝等은 且觀 妙喜世界 無動如來와 其國嚴飾과 菩薩行淨과
弟子淸白하느뇨" 하시니,
皆曰, "唯然, 已見이나이다" 하니라.
佛言하사대, "若菩薩이 欲得 如是淸淨佛土면
當學 無動如來 所行之道할지니라" 하시니라.
現此妙喜國時에 娑婆世界 十四那由他人은
發阿耨多羅三藐三菩提心하고 皆願生於妙喜佛土하니라.
釋迦牟尼佛이 卽記之曰하사대, "當生彼國하리라" 하니라.
時에 妙喜世界는 於此國土에 所應饒益 其事訖已하고,
還復本處하니 擧衆 皆見하니라.

尒時 釋迦牟尼佛告諸大衆 그때 석가모니 부처님께서 여러 대중에게 고하셨다.

汝等且觀 妙喜世界 無動如來 其國嚴飾 菩薩行淨 弟子淸白 그대들은 잠시 묘희세계의 무동여래와 그 나라의 장엄함과 보살의 청정한 행과 제자들의 청백(淸白)함을 보았는가?

皆曰 唯然 已見 모두가 대답했다. 예, 다 보았습니다.

佛言 若菩薩欲得 如是淸淨佛土 當學 無動如來所行之道 부처님께서 말씀하셨다. 만약 보살이 이와 같은 청정한 불국토를 얻고자 하거든 마땅히 무동여래께서 행하신 길을 배워야 하느니라.

석가모니 부처님의 말이 끝났습니다.

現此妙喜國時 娑婆世界 十四那由他人 發阿耨多羅三藐三菩提心 皆願生於妙喜佛土 유마거사가 이와 같이 묘희국을 보여주었을 때 사바세계의 14나유타나 되는 사람들이 아뇩다라삼먁삼보리심을 발하고, 다 묘희불국토에 태어나기를 발원했다.

14나유타, 이것은 숫자의 단위인데 많은 수를 나타낸다, 이렇게 생각해 두면 되겠죠.

釋迦牟尼佛 卽記之曰 當生彼國 석가모니 부처님은 그 사람들에게 수기를 주시며 말했다. 그대들이 마땅히 그 나라에 태어나리라.

수기(授記)하셨다고 하는 것은 그렇게 예언을 준 것이죠.

時妙喜世界 於此國土 所應饒益 其事訖已 還復本處 擧衆皆見 묘희세계는 이 사바세계에서 해야 할 요익중생의 일을 다 마친 뒤 본래의 자리로 되돌아가니 대중들이 모두 다 이 광경을 보았다.

5. 사리불의 환희

(8)

佛告 舍利弗하사대, "汝見 此妙喜世界와 及無動佛不아" 하니,

"唯然, 已見이나이다, 世尊이시여.

願使一切衆生으로 得淸淨土케 하기를 如無動佛하고

獲神通力하기를 如維摩詰하소서.

世尊이시여, 我等은 快得善利하고 得見是人하여 親近供養하였나이다.

其諸衆生이 若今現在건 若佛滅後건 聞此經者면 亦得善利하리니,

況復聞已하고 信解受持하고 讀誦 解說하며 如法修行함에 있어서리오."

佛告舍利弗 부처님께서 사리불에게 말씀하셨다.

汝見 此妙喜世界 及無動佛不 그대가 이 묘희세계의 무동 부처님을 보았는가?

唯然 已見 世尊 願使一切衆生 得淸淨土 如無動佛 獲神通力 如維摩詰 예, 보았습니다, 세존이시여. 원하건대 일체 중생이 무동 부처님처럼 청정한 불국토를 얻고, 유마힐처럼 신통력을 얻게 되었으면 합니다.

사리불이 이제 끝 부분쯤 되니까 많이 깨달았죠. 종래에는 야단만 맞다가 여기서는 제법 괜찮은 이야기를 합니다. 묘희세계도 보았고, 묘희세계의 무동불도 보았거든요.

'일체중생들로 하여금 무동불처럼 청정불국토를 얻게 했으면 좋겠습니다.' 그러니까 우리 중생 한 사람 한 사람이 다 이렇게 자기의 불국토를 이룩할 수 있는 겁니다. 우리 개인 한사람이 성불하면 거기에 그 사람의 불국토가 생기는 겁니다. 어렵게 생각할 것이 하나도 없어요. 참 중요한 이야기죠.

또 '일체중생이 다 유마거사처럼 신통력을 얻었으면 좋겠습니다.' 이 신통력이라는 것은 교화의 능력 아닙니까? 그 능력이 대단하지 않습니까? 사바세계 속에서 중생들을 가르치는 방편의 힘이 대단하거든요. 그러니까 특히 교육자는 그런 방편, 신통력이 아주 좋아야 한다는 것을 생각할 수 있어요.

世尊 我等 快得善利 得見是人 親近供養 세존이시여, 저희들은 이 분

을 만나 친히 가까이서 공양할 수 있었으니 얼마나 큰 복인지 알 수 없습니다.

其諸衆生 若今現在 若佛滅後 聞此經者 亦得善利 지금 현재 부처님이 계실 때이건 훗날 부처님이 안 계실 때이건 이 경을 듣는 모든 중생들 역시 큰 복을 얻을 것입니다.

況復聞已 信解受持 讀誦解說 如法修行 하물며 이 경을 듣기만 하는 것이 아니라, 신해(信解)하고 수지(受持)하고 독송하고 해설하며 여법(如法)하게 수행하는 사람은 말할 필요도 없을 것입니다.

이 부분을 읽으면서, 이제 '경이 거의 끝부분에 왔구나' 하는 것을 알 수 있습니다. 이 경을 공부하고, 독송수지하는 공덕에 관한 이야기들이 나와 있습니다. 이제 이런 이야기는 다음 「법공양품」에 가면 더 장황하게 강조가 되죠. 이것은 소승경전이나 대승경전이나 어느 경전에서든지 끝부분에 가면 나오는 거예요. 이제 「법공양품」에 가면 진짜 멋있는 이야기들이 많이 있습니다.

(9)

若有手得 是經典者는 便爲已得 法寶之藏이며,
若有讀誦하여 解釋其義하고 如說修行하면 卽爲 諸佛之所護念하리라.
其有供養 如是人者는 當知할지이다, 卽爲 供養於佛임을.
其有書持 此經卷者는 當知할지이다, 其室에 卽有如來임을.
若聞是經 能隨喜者는 斯人이 卽爲取一切智하고,
若能信解 此經 乃至 一四句偈라도 爲他說者면 當知할지니,
此人은 卽是 受阿耨多羅三藐三菩提記하니라.

若有手得 是經典者 便爲已得 法寶之藏 이 경을 손에 쥐고 다니는 사

람은 이미 법보의 장(藏)을 차지한 것입니다.

若有讀誦 解釋其義 如說修行 卽爲諸佛之所護念 이 경을 독송하고 그 뜻을 해석하고, 설한 대로 수행하는 사람은 모든 부처님께서 호념(護念)하시는 바가 될 것입니다.

其有供養 如是人者 當知 卽爲供養於佛 이와 같이 공양하는 사람은 부처님께 공양드리고 있다는 사실을 마땅히 알아야 할 것입니다.

其有書持 此經卷者 當知 其室卽有如來 이 경을 서사(書寫), 수지하는 사람은 그 집에 여래를 모시고 있다는 사실을 마땅히 알아야 할 것입니다.

若聞是經 能隨喜者 斯人卽爲取一切智 이 경을 듣고 수희(隨喜)할 수 있는 사람은 일체지를 취하게 될 것입니다.

若能信解此經 乃至一四句偈 爲他說者 當知 此人卽是 受阿耨多羅三藐三菩提記 이 경을 신해(信解)하고 그 중 하나의 사구게(四句偈)라도 남에게 설해 주는 사람은 머지않아 아뇩다라삼먁삼보리를 얻으리라는 수기를 받게 될 것이라는 사실을 마땅히 알아야 할 것입니다.

얼마나 멋있습니까? 서사(書寫)하라는 거예요. 옮겨 적으라는 겁니다. 여러분이 이 책을 가지고 어디에든지 가서 이야기해 주라고요. 이제는 못할 게 없지 않습니까? 내가 하는 것처럼 하란 말입니다.

법공양품 法供養品 第十三

이제 남은 「법공양품」과 「촉루품」은 『유마경』의 본론은 아니고 '유통분(流通分)' 입니다. 「촉루품」은 이 경을 누구에게 부탁하노라 하는 이야기이고, 「법공양품」은 이 경을 공부하는 여러 가지 방법, 그러니까 수지한다거나, 서사한다거나, 독송한다거나, 해설한다거나, 그대로 실천한다거나 하는 것들을 강조하고 있습니다. 그 모든 것을 총괄해서 '법공양(法供養)' 이라고 하는 거죠.

1. 천제의 약속

(1)

尒時에 釋提桓因이 於大衆中에 白佛言하되,
"世尊이시여, 我雖從佛 及文殊師利 聞百千經하여도
未曾聞 此不可思議 自在神通 決定實相 經典하나이다."

尒時 釋提桓因 於大衆中 白佛言 그때 석제환인이 대중들 가운데 있다가 부처님께 아뢰었다.

석제환인(釋提桓因)은 제목에 나오는 천제(天帝)와 같은 신입니다. 석제환인은 산스크리트어로 'śakra devānām indra'를 번역한 거예요. śakra는 '강한'이라는 뜻이고, devānām은 '신들의', '신 중에서'라는 뜻이고, Indra가 신의 이름입니다. 이것을 한자로 그대로 옮긴 것이 '釋提桓因' 입니다. 마지막의 '因'자 다음에 '陀羅(다라)'가 붙어서 '인다라'라고 하기도 하는데, 『화엄경』에도 자주 나오죠. '제망찰해(帝網刹海)'라고 할 때의 제석천(帝釋天)이 바로 이 인드라입니다. 여기서는 '석제'가 '제석'으로 순서가 바뀌어 있고, '제'도 '提'가 아니라 '帝'로 썼습니다. 또 천제라고 불려지기도 합니다.

世尊 我雖從佛及文殊師利 聞百千經 未曾聞 此不可思議 自在神通 決定實相經典 세존이시여, 제가 부처님과 문수사리로부터 백천의 경을 들었습니다만, 일찍이 이렇게 불가사의하고 자재신통한 결정실상(決定實相)의 경전을 들어 본 적이 없습니다.

여기서 『유마경』을 특징지어서 '불가사의 자재신통 결정실상 경전'이라고 하고 있습니다. 라모뜨는 산스크리트어로 Acintya-vikurvaṇa-nayapraveśa-nirdeśa로 복원하고 있습니다. 제석천의 평가입니다.

이 제석천이 여러 가지 경을 많이 들었다고 해요. 부처님과 문수사리로부터 들었다고 합니다. 특별히 부처님과 함께 문수사리를 거명하는 까닭은 문수사리가 지혜의 보살로 알려져 있기 때문이죠. 그러니까 법문(法門) 하시는 보살, 지혜를 알게 해 주는 보살로서 대표적인 보살입니다. 부처님과 문수사리 이외에 여기다가 다른 보살 이름을 붙이면 아마 어색할 거예요. '從佛及觀世音菩薩(종불급관세음보살)' 하면 안되겠죠. '從佛及普賢菩薩(종불급보현보살)'이라고 해도 안될 거예요. '從佛及文殊師利'라야 합니다. 보살이 많지만 역시 경전을 설하는 분으로서는 문수사리가 주인공이 돼 있는 경우가 많습니다.

이것은 별개의 이야기인데, 현대 불교학을 하는 입장에서 경전을 분석해 보면, 문수사리가 주인공이 돼 있는 문수사리 계통의 경전이 있는가 하면, 주인공이 다른 사람으로 되어 있는 경우가 있어요. 설법의 주체가 아니라 이야기 속에서 서술되는 실천의 중심을 말합니다. 그러니까 뭐 보살도 같은 것을 이야기하는 경우라면 보현보살이 중심이 되어 있는 보현보살 계통의 경전도 있어요. 그래서 이러한 경전들이 성립될 때 서로 무슨 관계가 있는 것이 아니냐, 혹은 그 제자들 가운데에 이런저런 그룹이 있었던 것이 아니냐는 이야기를 하는 사람들이 있기도 합니다. 별로 그렇다는 생각은 안되지만 그런 것도 있으니까 이야기를 해 둡니다.

제석천이 '百千經(백천경)'을 들었다고 하는데, '백천'이라는 것은 100×1000입니다. 그러니까 많다는 이야기로 들으면 돼요.

(2)

如我解 佛所說 義趣컨대,

若有衆生이 聞是經法하고 信解·受持·讀誦之者면,

必得是法이 不疑니, 何況如說修行이리오.

斯人은 卽爲閉衆惡趣하고 開諸善門하며,

常爲諸佛之所護念하고 降伏外學하고 摧滅魔怨하며,

修治菩提하고 安處道場하여 履踐 如來所行之跡하리이다.

如我解佛所說義趣 若有衆生 聞是經法 信解受持 讀誦之者 必得是法 不疑 何況如說修行 제가 부처님께서 설하신 바 의취(義趣)를 이해한 대로 말씀드린다면, 만약 중생 중에 이 경의 법을 듣고 신해하고 수지하고 독송하는 사람이 있다면 그 사람은 반드시 이 법을 얻을 것을 의심하지 않습니다. 하물며 설하신 바와 같이 수행하는 사람이야 두말할 것도 없을 것입니다.

문법(聞法), 그러니까 법문을 많이 들으러 다니는 겁니다. 역시 불교 법회라고 하는 것이 이렇게 경전들을 하나하나 알게끔 들려주고 설명해 주면서 이해시키고, 그래서 신해(信解)할 수 있도록 하고, 신해한 것을 수지(受持)하고 독송할 수 있게끔 해야 하지 않겠습니까? 우리가 요즘 아침에 『화엄경』 게송을 독송하는데, 한문글자만 외우면서 독송해 가지고는 무슨 감흥이 일어나고 또 거기서 무슨 공덕이 생길 것이라고는 생각되지 않아요. 중요한 것은 알아야 하는 겁니다. 그 내용이 무엇인지 알고, 그래서 그것이 고마운 글이라고 하는 것을 알아야 합니다. 그래서 신해가 돼야 수지하고 싶은 생각도 나겠죠.

수지라는 것에는 여러 가지 방법이 있을 겁니다. 항상 어떤 경을 가지고 다니고 싶은 수지도 있겠죠. 오늘 아침에 산책을 하면서 보니까 길가에 차가 한 대 서 있어요. 차안에 십자가가 하나 매달려 있는데, 젊은 사람이 성경책을 열심히 읽고 있었어요. 그 앞에 예배당이 있어요. 기독교 믿는 사람들 하여간 성경책을 수지하는 것 하나는 대단하죠. 차안에 언제나 가지고 다닙니다. 우리에게도 그렇게 가지고 다니면서 읽고 싶은 경, 지니고 싶은 경이 있으면 좋겠어요. 물론 무슨 신통력이 있다고 해서 가지고 다니고 싶은 것은 아니죠. 꽤 오래 됐습니다만, 언젠가 봉은사에 가니까 어떤 보살 할머니가 저를 보더니 반가워하면서, '이것 이박사 하나 줘야지' 하면서 조그만 『금강경』 하나를 주었습니다. 참 고맙더라구요. 조그만 『금강경』을 비닐로 커버까지 만들어 씌웠던데, 사람들은 아마 여러 가지 의미로 가지고 다닐 겁니다.

그런데 아직도 많은 사람들이 그것을 읽기 위해서 가지고 다닌다는 생각은 들지 않아요. 오히려 『금강경』은 가지고 다니면, 부처님의 호신불격인 의미가 있다고들 하죠. 그래서들 가지고 다닐텐데, 그러지 말고 좀 읽으란 말입니다. 책이 닳고 닳아서 어디에 뭐가 있는가 하는 것을 환히 알아서 마음대로 응용할 수 있게 되는 것도 필요하지 않겠나 싶어요. 책에 때가 묻고 또 묻고, 이렇게 몇 번씩 강의를 듣고 또 들어서 이해를 해야 하겠죠. 불교경전은 어렵거든요.

오늘 내가 여기 안 가지고 왔지만, 옛날에는 얇게 영인(影印)한 『유마경』을 가지고 구도회 여름 연수 때 교재로 썼습니다. 4박 5일 했나요? 4박 5일 동안에 그것을 다 뗐습니다. 아마 그때 실상사에서 한 것 같은데, 거기에는 방도 없었어요. 강당이 어디 있나요? 실상사의 나무그늘 아래에서 강의를 했습니다. 그러니까 그 책에는 실상사의 어느 여름날의 땀이 그대로 배어 있죠. 그때만 쓴 것이 아니고 그 다음에도 또 쓰고, 또 쓰고, 다행이 종이가 두꺼워서 쓰고 또 쓰고 해도 아직도 건재합니다. 두꺼운 책은 가지고 다니기 어려우니까, 저는 여행 중에도 항상 이 『유마경』을 가지고 다닙니다. 어쩌다 기억이 잘 안 나고 어디 좀 읽고 싶은 대목이 나올 수가 있단 말입니다. 잊어버리는 것이 많은데, 항상 이렇게 가지고 다니면서 보면 마치 부처님을 만난 것처럼 느껴질 때가 있습니다.

이 모든 중요한 경전들을, 어느 하나만 그렇게 하는 것이 아니라 모든 경전들에 익숙해지도록 가르치는 일을 우리 법회에서 했으면 좋겠어요. 뭐 『선가귀감』이다, 『육조단경』이다, 그런 2차, 3차의 책들 말고, 부처님의 말씀이 적혀 있는 경전 자체를 본격적으로 공부하면 좋겠어요. 이번에 2학기에는 '대승불교개설'을 시작해야겠다고 생각하고 있는데, 대승불교의 경전들을 먼저 차례차례 보아 나갔으면 합니다. 처음에는 간단하게, 그 다음에는 하나하나 세밀하게, 이런 식으로 공부를 해 나가는 겁니다. 진리는 정말 넓디넓은 바다와 같은 것입니다. 그것을 차근차근 배워 나가야 하겠죠. 그런데 그 어느 하나를 잘 이해함으로써 다른 것과 관련을 지어서 이해할 수 있게끔 됩니다. 그러니까 경전들 상호간의 관계 같은 것도 잘 알아야 하고, 그렇게 공부를 해 나가는 것이 가장 바람직스러운 것이 아닐까 생각합니다.

신해(信解), 수지(受持), 독송(讀誦). 우리는 지금 신해만 하고 있는 단계인지도 몰라요. 여기 이 법회에서는 신해만 하고 사실 '여설수행(如說修行)'은 안하고 있어요. 제발 부탁인데, 공부는 이 귀로만 하는 게 아니고 눈으로만 하는 것이 아닙니다. 몸으로 하는 것이고, 마음으로 하는 것이고, 전체 행동으로 하는 겁니다. 그러니까 몸을 아끼지 말고 자기가 가지고 있는 것을 아끼지 말고, 써 있는 대로, 들은 대로 실천해야 합니다. 자기가 읽은 대로, 이해한 대로 실천해야 합니다. 공부라는 것이 그냥 지식으로만 아는 것은 소용없는 거예요.

내가 처음에 불교공부를 서양 사람들한테 배우면서 지식으로만 불교공부를 한다고 생각했어요. 선생들도 뭐 믿으려고 하는 사람은 아니었죠. 그런데 경전을 읽다 보면, 처음부터 끝까지 이것은 실천 안하면 안 된다고 하는 이야기뿐이란 말이에요. 정직한 사람이라면 그 경전의 말씀들을 본체만체하고 넘어가기는 어려울 겁니다. 얼마동안은 못 본 척 할 수 있지만, 읽으면 읽을수록 다음 페이지에도 또 그 이야기가 나오고, 그 다음 페이지에도 또 그 이야기가 나오고, 너 이것 실천하느냐 안 하느냐, 그러고 다그치는데, 그렇게 안 할 수가 있습니까? 실천하는 것이 제일 중요합니다.

신해, 수지, 독송만 해도 '必得是法(필득시법)'이라고 했습니다. '이 법을 얻는다'고 하는 것이 무엇을 말하는 것이냐? 그것은 이 법을 안다는 말이라고 생각하면 될지 모르겠습니다. 그러나 조금 더 깊이 생각하면 이 법을 얻는다고 하는 것은 '그렇게 된다. 법처럼 된다'는 말일 겁니다. 그러니까 들은 것은 들은 것대로 내버려두고, 실천하는 것은 제멋대로 하면 안 된다는 말입니다. '如說修行(여설수행)', 설하신 대로 그대로 수행하라고 했습니다. 네 생각을 감히 하지 말라는 말이에요. 네 생각을 거기 개입시키지 말라. 그렇게 되면 달라지죠.

斯人 卽爲閉衆惡趣 開諸善門 常爲諸佛之所護念 降伏外學 摧滅魔怨 修治菩提 安處道場 履踐如來所行之跡 그 사람은 즉시 모든 악취(惡趣)를 닫아 버리고 모든 선한 문을 열게 될 것이며, 항상 제불께서 보호하고 염려해 주실 것이며, 외도들을 항복시키고 마구니의 무리들을 물리쳐 없애며, 보리를 닦고 도량에 편안히 머무르며, 여래께서 행하신 바 발자취를 따라 실천할 것입니다.

閉衆惡趣(폐중악취), 여러 가지 악취의 문을 닫아 버려요. '衆惡趣'에 안 가도 되게 됩니다. 저절로 문이 닫겨요. 여러 가지 악취(惡趣)가 뭡니까? 지옥, 아귀, 축생, 수라, 인, 천, 이것들 전부가 다 악취예요. 하늘나라까지도 악취란 말이죠. 그런 악취로 발길이 가지 않게끔 된단 말입니다. 악취로 가라고 해도 못 가요. 開諸善門(개제선문), 그리고 선으로 가는 문만이 열립니다. 저절로 악인이 안 되고 선인이 될 수밖에 없죠.

常爲諸佛之所護念(상위제불지소호념), 이때 진짜로 부처님이 호념해 주시는 바가 된다고 했습니다. 그냥 가지고만 다닌다고 호념해 주시는 것이 아니에요. 어느 분이 그러시던데, 부처님과 같이 있으면 —같이 있다고 하는 것은 우리 안의 부처님, 바깥에 있는 부처님, 이 경에 있는 부처님과 같이 있으면— 벌써 얼굴이 다르고 행동이 다르고 그렇기 때문에 감히 다른 놈들이 와서 찝쩍거리지 못한다는 말입니다. 제불이 호념해 주시는 바가 되는 것이죠.

降伏外學(항복외학), 그리고 외도들의 학문을 항복시킬 수 있어야 돼요. 외도들의 학문이 뭐가 나쁜지도 모르고, 또 우리 학문이 어느새 외도처럼 돼 가고 있는 것도 잘 모르고 있다면 곤란하다구요.

마구니가 내 속에 들어와서 그냥 안방에 앉아 있어요. 그럴 수도 있습니다. 이 마구니들은 미리미리 퇴치해서, 부처님 자리에다가 마구니를 갖다 앉혀 놓지 말란 말입니다. 언제든지 악이 우리를 그쪽으로 유혹하고, 또 외도가 우리를 그 길로 자꾸 유인하고 그러면서 결국 우리를 죽이려고 포위하고 공격해 들어오려고 하고 있는 것이죠. 摧滅魔怨(최멸마원), 이것이 제일 어려운 것 같아요. '마원'은 마구니와 원수, 이렇게 둘로 생각하면 좋을 거예요. 원수를 만들지 말라. 여기서 말하는 '최멸'이라고 하는 것은 힘으로, 순전히 물리적인 힘으로 싸워서 이기는 것을 말하는 것이 아닙니다. 아마 힘이라고 하지만 힘의 질이 다르지 않겠나 생각이 됩니다. 마구니의 힘과 우리 불제자의 힘, 보살의 힘은 다른 것이겠죠. 보살의 힘은 자비의 힘, 자기극복의 힘이라고 생각합니다.

修治菩提(수치보리)하고 安處道場(안처도량)하여. 이것이죠. 보리를 닦아 이제 깨달음을 잘 간직하고 언제든지 편안하게 도량에 머물러 있단 말입니다. 언제든지 가는 곳마다 거기가 다 도량입니다. 도량에 대한 이야기가 『유마경』 첫머리에서 나오지 않았습니까? 유마거사가 어디서 오는 것을 보고 광엄동자가 '어디서 오십니까?' 하고 묻잖아요. 그랬더니 도량에서 온다고 했죠. 도량이 어디 있느냐, 그 쪽에는 절도 아무 것도 없는데 도량이 어디 있느냐고 물으니까, 곧은 마음, 정직한 마음, 깊은 마음, 아주 자비로운 마음, 그것이 곧 도량이다, 그것이 있는 곳이 곧 도량이다, 자·비·희·사의 마음이 있는 곳이 곧 도량이다, 유마거사가 이렇게 대답했습니다. 언제든지 그런 마음으로 살라는 것이죠.

履踐如來所行之跡(이천여래소행지적), 여래가 가신 그 발자국을 밟고 가게끔 된다. 여기 『유마경』에서 말씀하신 그대로 수행해 갈 것 같으면 그렇게 된다는 것이죠. 그런데 그 수행이 뭐였나 하는 것을 착각하지 말아야 돼요. 『유마경』에서 말씀하신 수행은 뭐 출가해서 머리 깎고 중노릇하라는 이야기가 아닙니다. 보살행을 하라. 출가이건 재가이건 상관없어요. 보살이 되라고 하는 것이었어요. 우리는 지금 너무나 형식에 사로잡혀 있습니다. 이제는 세상을 등지고 출가해야만 하는 불교의 시대는 이미 지나간 거예요. 그런데도 아직도 그것이 인정되지 않고 있는 것이 지금의 상황입니다.

(3)

世尊이시여, 若有受持讀誦 如說修行者면
我當 與諸眷屬 供養給事하리이다.

所在聚落·城邑 山林·曠野에 有是經處에는
我亦 與諸眷屬과 聽受法故로 共到其所하여
其未信者는 當令生信케하고 其已信者는 當爲作護하리이다.

世尊 若有受持讀誦 如說修行者 我當與諸眷屬 供養給事 세존이시여, 만약 이 경의 법을 수지 독송하고, 말씀하신 대로 수행하는 사람이 있다면, 제가 제 권속과 함께 찾아가 마땅히 공양을 드리고 받들겠나이다.

所在聚落城邑 山林曠野 有是經處 我亦與諸眷屬 聽受法故 共到其所 거기가 마을이든 성읍이든, 산림이든 광야이든, 이 경이 있는 곳에는 제가 제 권속과 함께 법을 듣고 받아들이기 위해 가겠습니다.

其未信者 當令生信 其已信者 當爲作護 그래서 아직 믿지 않는 사람은 믿게끔 하고 이미 믿는 사람은 보호하겠습니다.

2. 유마경에 대한 찬탄

(4)
佛言하사대, "善哉 善哉로다. 天帝여, 如汝所說하여 吾助尒喜하리라.
此經은 廣說 過去·未來·現在 諸佛의 不可思議 阿耨多羅三藐三菩提니,
是故로 天帝여, 若善男子·善女人이 受持讀誦 供養是經者면
卽爲供養 去來今佛이니라."

佛言 善哉 善哉 天帝 如汝所說 吾助尒喜 부처님이 말씀하셨다. 좋은 일이다, 좋은 일이다, 천제여. 그대가 말한 바와 같다. 그대가 하는 일을 내가 기쁜 마음으로 도우리라.

此經廣說 過去未來現在諸佛 不可思議阿耨多羅三藐三菩提 이 경은 과거, 미래, 현재의 모든 부처님들의 불가사의한 아뇩다라삼먁삼보리에 관해 널리 설하신 것이다.

是故 天帝 若善男子善女人 受持讀誦 供養是經者 卽爲供養 去來今佛 그러므로 천제여, 만약 선남자 선여인이 이 경을 수지, 독송, 공양하는 것은 곧 과거, 미래, 현재의 모든 부처님들을 공양하는 것이 되느니라.

'去來今(거래금)'의 '去'는 과거, '來'는 미래, '今'은 현재입니다.

(5)

"天帝여, 正使 三千大千世界의 如來滿中하기를
譬如 甘蔗·竹·葦·稻·麻·叢林이라도
若有善男子·善女人이 或一劫 或減一劫에
恭敬·尊重 讚歎·供養 奉諸所安하거나
至諸佛滅後에 以一一全身舍利로 起七寶塔하여
縱廣 一四天下하고 高至梵天하거나
表刹莊嚴하기를 以一切華香·瓔珞·幢幡·伎樂 微妙第一로써 하며,
若一劫 若減一劫에 而供養之하면,
於天帝意云何뇨, 其人은 植福이 寧爲多不아."
釋提桓因이 言하되, "多矣이나이다, 世尊이시여.
彼之福德은 若以百千億劫으로도 說不能盡이나이다."

天帝 正使三千大千世界 如來滿中 譬如 甘蔗竹葦稻麻叢林 천제여, 삼천대천세계에 여래가 가득하여, 비유컨대 사탕수수나 대나무, 갈대, 벼, 삼, 아카시아의 숲과 같다고 하자.

若有善男子善女人 或一劫 或減一劫 恭敬尊重 讚歎供養 奉諸所安

만약 선남자나 선여인이 일겁 동안 혹은 그보다 조금 적은 기간 동안 그 여래들을 공경하고 존중하고 찬탄하고 공양하며, 편안하도록 공양했다고 하자.

티베트본에는 '일겁 동안 혹은 그보다 더 오랫동안'이라고 되어 있습니다.

至諸佛滅後 以一一全身舍利 起七寶塔 縱廣一四天下 高至梵天 表刹莊嚴 以一切華香瓔珞 幢幡伎樂 微妙第一 또 그 부처님들이 돌아가시고 난 뒤에는 그 하나하나의 전신사리(全身舍利)로 칠보탑을 세우는데, 그 크기가 종횡으로 사천하를 다 망라할 정도이고 높이는 범천에 이를 정도이며, 표찰(表刹)을 갖가지 꽃과 향과 영락과 깃발과 음악으로 미묘하기 그지없게 장엄했다고 하자.

표찰은 탑 위에 세워지는 기둥을 말합니다.

若一劫 若減一劫 而供養之 또 일겁이나 그보다 조금 적은 기간 동안 이 탑에 공양을 올렸다고 하자.

於天帝意云何 其人植福 寧爲多不 천제여, 그대 생각이 어떠한가? 그 사람이 복을 많이 심었다고 하겠는가, 아닌가?

釋提桓因言 多矣 世尊 彼之福德 若以百千億劫 說不能盡 석제환인이 말했다. 복을 많이 심었나이다, 세존이시여. 그 사람의 복덕은 백천억 겁에 걸쳐도 다할 날이 없을 것입니다.

(6)

佛告 天帝하사대,

"當知하라, 是善男子·善女人이 聞是 不可思議解脫經典하고,

信解·受持·讀誦·修行하면 福多於彼니라.

所以者何뇨 하면, 諸佛菩提가 皆從是生이며,

菩提之相은 不可限量이니, 以是因緣으로 福不可量이니라."

佛告天帝 부처님께서 천제에게 말씀하셨다.

當知 是善男子善女人 聞是不可思議解脫經典 信解受持讀誦修行 福多於彼 마땅히 알라. 선남자와 선여인이 이 불가사의해탈경전을 듣고 신해하고 수지하고 독송하고 수행하면, 그 복은 앞서 말한 사람의 복보다 더 많으니라.

문법(聞法), 신해(信解), 수지(受持), 독송(讀誦), 수행(修行). 여기는 수행까지 들어가 있습니다. 그렇게 하는 것이 저 사리탑을 쌓고 뭐하는 것 보다 훨씬 더 복이 많다고 했어요. 왜냐하면 부처님의 말씀을 신해하고 수지하면서 수행하는 것이 제일이거든요. 듣고 제대로 살려면 수행하는 것이 제일이라. 무슨 수행을 하려면, 원리원칙이 있어야 되잖아요. 그러니까 철학을 먼저 듣고 배워야죠. 그리고 그것이 잊혀지지 않도록 수지독송해야 합니다. 또 수행하면서 완전히 자기 것이 되도록 해야죠. 자꾸 반복해 가는 동안에 그렇게 됩니다. 실수도 하고 잘못도 하고, 또 칠전팔기하면서 그렇게 되는 거죠. 이렇게 하는 것이 인생이고, 제대로 사는 것 아니겠어요?

所以者何 諸佛菩提 皆從是生 菩提之相 不可限量 왜냐하면 제불의 보리가 다 이 법공양으로부터 생기는 것이며, 보리의 상(相)은 한량없기 때문이다.

以是因緣 福不可量 이런 인연으로 그 복은 헤아릴 수가 없는 것이다.

보리의 상은 한량이 없다. 부처님의 보리, 깨달음이라는 것은 그까짓 것 뭐 얻으나 마나 한 것이 아니라, 그것이 바로 복의 근원이에요. '복의 근원'이란 찬송가가 있죠? 복의 근원이 어디 있다고 하죠? 기독교에서는 어디 있다고 그랬는지 기억이 안 나네요. 모든 만복의 근원이 어디 있냐? 깨달음에 있다. 우리 입장에서는 그렇게 이야기해야 되겠어요. 만복의 근원이 깨달음에 있습니다. 그러니까 잘못 깨달으면 화(禍)가 옵니다. 복의 반대가 화죠. 재앙이란 말입니다. 재앙에서 벗어나려면 제대로 깨달아라. 빌어서 될 문제가 아니라, 깨달아라. 어디 무당 절 같은 데가 있으면 빌기 전에 깨달으라고 써 붙였으면 좋겠어요.

3. 보개왕과 아들들

(7)

佛告 天帝하사대, "過去 無量阿僧祇劫時에 世有佛하니,

曰 藥王如來·應供·正遍知·明行足·善逝·世間解·無上士·調御丈夫·天人師·佛世尊이라.

世界名은 大莊嚴이며 劫曰 莊嚴이니라.

佛壽二十小劫이며

其聲聞僧은 三十六億那由他며, 菩薩僧은 有十二億이니라.

天帝여, 是時에 有轉輪聖王 名曰 寶蓋하니라.

七寶具足하고 主四天下하니,

王有千子하야 端正勇健하고 能伏怨敵이더라."

佛告天帝 부처님이 천제에게 말씀하셨다.

過去無量阿僧祇劫時 世有佛 曰藥王如來應供正遍知明行足善逝世間解無上士調御丈夫天人師佛世尊 과거 무량아승기겁 때에 약왕(藥王)여래·응공·정변지·명행족·선서·세간해·무상사·조어장부·천인사·불세존이 계셨다.

약왕여래, 산스크리트어로는 Bhaiṣajyarāja라고 할 수 있어요. '여래·응공·정변지·명행족·선서·세간해·무상사·조어장부·천인사·불세존'은 부처님의 열 가지 이름을 함께 쓴 것이죠.

世界名大莊嚴 劫曰莊嚴 그 세계를 대장엄이라고 했고, 그 겁을 장엄이라고 했다.

佛壽二十小劫 其聲聞僧 三十六億那由他 菩薩僧 有十二億 부처님의 나이는 20소겁(小劫)이었으며, 그곳의 성문승(聲聞僧)의 수는 36억 나유타나 되었고, 보살승(菩薩僧)의 수는 12억 나유타나 되었다.

天帝 是時有轉輪聖王 名曰寶蓋 七寶具足 主四天下 천제여, 그때 전륜성왕이 있었는데 이름을 보개라고 하였으며, 칠보를 구족하고 있었고 사천하의 주인이었다.

보개(寶蓋)는 산스크리트어로 Ratnacchatra라고 할 수 있습니다.

王有千子 端正勇健 能伏怨敵 그 왕에게는 천 명의 아들이 있었는데 모두 다 단정한 모습에 용감하고 건장하여 능히 원적(怨敵)을 항복시킬 만했다.

4. 보개왕과 월개왕자의 공양

(8)

尒時에 寶蓋가 與其眷屬과 供養藥王如來하고,
施諸所安하여 至滿五劫하니, 過五劫已에 告其千子하되,
"汝等도 亦當如我 以深心으로 供養於佛하라" 하니라.
於是에 千子가 受父王命하여 供養藥王如來하기를
復滿五劫하고 一切施安하더라.

尒時 寶蓋與其眷屬 供養藥王如來 施諸所安 至滿五劫 그때 보개가 그 권속과 더불어 약왕여래께 공양을 드리고 여러 가지 좋은 물건들을 시주하며 5겁(劫)을 채웠다.

過五劫已 告其千子 5겁이 지난 다음에 왕이 천 명의 아들들에게 말했다.

汝等 亦當如我 以深心供養於佛 너희들도 나와 같이 부처님을 깊고 정중한 마음으로 공양하거라.

於是 千子 受父王命 供養藥王如來 復滿五劫 一切施安 그래서 천명의 아들들도 부왕의 명을 받들어 약왕여래께 만(滿) 오겁 동안 공양을 드리며 모든 좋은 물건을 시주하였다.

(9)

其王의 一子 名曰月蓋하니 獨坐思惟하기를,

'寧有供養 殊過此者아' 하니라.

以佛神力으로 空中에 有天曰하되,

"善男子야, 法之供養은 勝諸供養이니라" 하니라.

卽問하되, "何謂 法之供養이나이까" 하니,

天曰하되, "汝可往問 藥王如來하라. 當廣爲汝說 法之供養하리라" 하니라.

卽時에 月蓋王子가 行詣藥王如來하여

稽首佛足하여 却住一面하고 白佛言하되,

"世尊이시여, 諸供養中 法供養勝이라 하니 云何爲法供養이리오."

其王一子 名曰月蓋 獨坐思惟 왕자들 중에 월개라는 아들이 혼자 앉아서 생각했다.

월개(月蓋)는 Candracchattra라고 할 수 있습니다.

寧有供養 殊過此者 이보다 더 수승한 공양은 없는 것일까?

以佛神力 空中有天曰 부처님께서 신력으로써 공중에 천을 나타내어 이렇게 말하게 했다.

善男子 法之供養 勝諸供養 선남자여, 공양 중에서는 법의 공양이 제일 훌륭하니라.

卽問 何謂法之供養 왕자가 물었다. 어떻게 하는 것을 법의 공양이라고 합니까?

天曰 汝可往問藥王如來 當廣爲汝說 法之供養 천이 말했다. 그대가 약왕여래께 가서 여쭈어 보아라. 아마 그대를 위해 법의 공양에 관해 자세히 말씀해 주시리라.

卽時 月蓋王子 行詣藥王如來 稽首佛足 却住一面 白佛言 이 말을 듣고 월개왕자는 약왕여래 계신 곳으로 가서 그 발 밑에 머리를 대고 절한 다음 물러나 한쪽에 서서 부처님께 아뢰었다.

世尊 諸供養中 法供養勝 云何爲法供養 세존이시여, 여러 공양 중에 법공양이 제일이라 하는데, 어떻게 하는 것이 법공양입니까?

5. 약왕여래의 설법

(10)-(11)

佛言하사대,

"善男子여, 法供養者는 諸佛所說의 深經은 一切世間이

難信 難受하고 微妙難見이요 清淨無染하니라.

非但 分別思惟之所能得이라,

菩薩法藏의 所攝이며 陀羅尼의 印으로 印之라.

① 至不退轉이며

② 成就六度하여

③ 善分別義하고

④ 順菩提法하며

⑤ 衆經之上이며

⑥ 入大慈悲하고

⑦ 離衆魔事와 及諸邪見하고

⑧ 順因緣法하고

⑨ 無我며, 無人이며, 無衆生이며, 無壽命하고

⑩ 空하며, 無相이며, 無作이며, 無起이며

⑪ 能令衆生 坐於道場하여 而轉法輪하며

⑫ 諸天·龍神·乾闥婆等이 所共歎譽이며

⑬ 能令衆生을 入佛法藏하며

⑭ 攝諸賢聖의 一切智慧하며

⑮ 說衆菩薩 所行之道하며

⑯ 依於 諸法實相之義하여 明宣 無常·苦·空·無我·寂滅之法이며

⑰ 能救 一切毁禁衆生이며 諸魔外道 及貪着者를 能使怖畏하며

⑱ 諸佛賢聖 所供稱歎이며

⑲ 背生死苦하고 示涅槃樂하며

⑳ 十方三世諸佛의 所說이니라.

若聞 如是等經하고 信解 受持 讀誦하며

以方便力으로 爲諸衆生하여 分別解說하고 顯示分明하고 守護法故니

是名 法之供養이니라."

佛言 약왕 부처님이 말씀하셨다.

善男子 法供養者 諸佛所說深經 선남자여, 법공양이라는 것은 제불이 말씀하신 심오한 경에 대한 공양이니라.

一切世間 難信難受 微妙難見 淸淨無染 심오한 경은 일체 세간 사람들이 얻기 어렵고, 받아들이기 어렵고, 미묘하여 보기 어려우며, 청정하고 물들지 않은 것이라.

이제 경전공부를 해 보면 실감이 납니다. 부처님 경전의 그 깊은 의미를 믿기 어렵다는 것, 難信(난신), 받아들이기 어렵다는 것, 難受(난수), 또 미묘해서 보기 어렵다는 것, 微妙難見(미묘난견), 이런 것을 실감하게 됩니다. 그래서 경은 자꾸 읽고 또 읽고, 또 다른 사람의 해설도 많이 보고 그러는 것이 좋은 것 같아요. 그리고 또 실수도 해 가면서 자꾸 다른 사람들에게 이야기해 보는 겁니다. 그러면 매번 매번 달라진다고요. 그러면서 저절로 믿음이 생기고 받아들이는 태도가 달라집니다. '신수봉행(信受奉行)'이라고 하잖아요. 경전 맨 처음에는 언제든지 '여시아문(如是我聞)'으로 시작하죠. 그러니까 경전은 부처님 자신이 쓰신 게 아니라는 거예요. 부처님 말씀하신 것을 제자가 '이와 같이 내가 들었노라' 하고 시작하거든요. '여시아문'으로 시작해서 맨 끝에 가서 '신수봉행'으로 끝난다고요. '믿고 받아들이고 받들어 행하겠습니다' 하는 말로 끝나는 것입니다.

그러니까 세상에 공부하는 사람들이 많지만, 우리처럼 '믿고 받아들이고 말씀하신 대로 받들어 행하겠습니다' 하면서 공부할 수 있다는 것은 참 좋은 것 아닙니까? 그런 공부가 어디 또 있냐는 말이에요. 불교 공부를 할지라도 이렇게 경전을 공부하는 것이 아닌 다음에는 그렇게 잘 안되죠. 그러니까 짐작이 가시겠죠. 어학 공부라든가 역사 공부라든가 이런 것 가지고는 자기가 믿고 받아들이고 행할 게 없잖아요? 뭘 믿어?

뭘 행해? 그것은 지식으로서 끝난다고요. 그런데 이것은 자기가 실천해야 되는 거란 말입니다. '실천하겠습니다' 하고 공부할 때마다 받아들이는 거거든요. 그러니까 참 이런 공부가 또 어디 있느냐는 겁니다. 그런데 믿지도 못할 것을 충성을 다해 가며 믿기로 하고 받아들이기로 하는 것도 있지 않습니까? 그런 종교는 잘못된 거라고 생각합니다.

그런데 불교의 경우에도 근기(根機)의 차이에 따라서 하근기, 얕은 근기의 사람들에게는 얕은 수준의 이야기를 합니다. 뭐라고 할까, 좀 쉽게 비유적으로 설명하니까, 여러 가지 것을 많이 아는 사람의 입장에서는 '이것은 받아들일 수 없는데' 하는 수준의 내용의 것들이 있죠. 그런 것은 받아들이지 않으면 되는 거예요. 그런데 문제는 '너무 어려워서 잘 모르겠다' 그런 게 있거든요. 『반야심경』이나 『금강경』 같은 것은 굉장히 어렵죠. 이 『유마경』에도 얼마나 어려운 대목이 많습니까? 그러니까 자꾸 공부해야 해요. 공부하는 방법은 다문(多聞), 역시 많이 들어야 하고 많이 읽어야 합니다.

요새는 들을 만한 선생이 많지 않으니까 문제이지만, 옛날 같으면 그래도 스승이 많아서 좋았습니다. 그렇지만 옛날부터 우리나라에 경전에 대해서 들을 만한 스승이 많았다는 생각은 별로 안 듭니다. 저 자신도 우리나라에서 경전에 대해서 배운 스승은 없었어요. 경전을 정확하게 설명해 볼 수 있는 사람은 역시 산스크리트어도 제대로 알고, 역사도 알고, 불교학을 제대로 공부한 사람이 아닌 다음에는 못 해 주는 거죠. 가면 갈수록 자꾸 느끼는 것이 뭐냐 하면, 경전의 모든 것을 다 알아야 한다는 말이죠. 여러분들이 아직 철저하게 읽지 못한 것들이 있어요. 건성건성 읽은 것들이 있습니다. 그렇게 읽어 가지고서는 안돼요. 철저하게 읽어서 제 것으로 소화시켜 가지고 있어야 합니다. 뭐 거의 외우다시피 하고 있어야 어느 하나의 경전이 전부 다 이해가 되죠.

무슨 이야기를 하려고 하느냐 하면, '一切世間 難信難受'라고 했듯이, 이 세속 사람들로서는 이해하기 어려운 것이라는 말입니다. 그러니까 돈벌이밖에 생각 안 하고, 술 먹을 것밖에 생각 안 하고, 이 세상에서 노는 것밖에 생각 안 하는 세속 사람으로서는 도저히 이해할 수 없는 거라는 겁니다. 불교를 가르칠 때, 예수를 믿다가 의심이 생긴 사람에게 불교를 가르치면 쏙쏙 잘 들어가요. 어떻게 보면 예수를 믿다가 의심이 안 생기면 그것도 이상하죠. 예수를 믿다 보면 반드시 의심이 생기기 마련이에요. 하나님이라는 것이 이렇게 뭐 수염 나고 면류관 쓰고 그런 것이 어디 하늘에 있다고 하고, 훅하고 영혼을 불어넣어서 인간을 만들었다고 하는데 만들긴 뭘 만들어? 우스꽝스러운 소리 하지 말라. 그러니까 그런 의심이 있는 사람이 좋아요. 공산당 하다가 의심이 생긴 사람도 참 좋아요. 그런데 제일 안 되는 것은 타락해서 아무 생각도 없는 놈팽이가 제일 어렵죠. 아예 아편중독쯤 걸려서 폐인이 되기 직전, 구렁텅이에서 재기하려고 하는 정도의 사람이라야 아마 구제가 가능할 거예요.

清淨無染(청정무염), 이것은 아래 이야기와 관련된 것입니다.

非但 分別思惟之所能得 菩薩法藏所攝 陀羅尼印印之 비단 분별사유로써 능히 알 수 있는 것이 아닐 뿐더러, 보살법장(菩薩法藏) 속에 포함된 것이며, 다라니의 인(印)이 찍혀 있는 것이다.

분별사유, 분별이라는 글자도 나쁘고 사유라는 글자도 별로 좋지 않은 거예요. 사유라는 것은 사량(思量), 뭐 이런 것인데, 아주 나쁘지만은 않아요. 사유라는 것이 어느 시기까지는 필요하죠. 또 완전히 공의 경지에까지 가서 근본적인 입장을 버리지 않은 상태에서 방편으로 분별사유하는 경우라면 괜찮은데, 분별사유밖에 할 줄 모르는 것은 유식의 이론으로 말하면 허망한 분별식으로, 잘못된 의식으로 이해하려고 하는 거거든요. 의식이 가서 그것을 붙잡으려고 하는데, 그런 무기를 가지고는 거기 갈 수가 없어요. 부처님의 청정무염한 경지는 그 사정거리 밖에 있습니다. 사유라는 무기는 아주 구태의연한 무기란 말이에요. 분별사유의 힘으로는 그것을 도저히 잡을 수가 없단 말입니다. 그러니까 자기자신이 청정무염해지기 전에는 이것을 잘 모른다고 할 수 있겠죠.

菩薩法藏(보살법장)의 所攝(소섭)이며, 陀羅尼(다라니)의 印(인)으로 印之(인지)라. 이 깊은 경전은 다 보살과 관계가 있는 거예요. 성문, 연각, 제자들 이야기밖에 안 나오는 경전, 보살이란 말이 한마디도 안 나오는 경전은 다 소승경전이죠. 물론 위경(僞經)들에도 '무슨 보살' 이런 것이 조금 나오는 경우가 있지만, 그런 가짜 경전들은 보면 금방 압니다. 처음서부터 끝까지 논리적으로 도무지 맞지 않는 이야기가 많으니까요. 언제가 한번 그런 맞지 않는 경전들을 갖다가 시험삼아 한번 분석해 볼 필요가 있을 것 같아요.

그 다음에 다라니의 인으로 인지한다고 했는데, 다라니를 보통은 주문이라고 생각하지만, 본래의 뜻은 응결된 힘이 뭉친 것, 총지(摠持)라고 한다고 했습니다. 그러니까 삼매를 통해서, 삼매 자체가 응결된 마음의 집중력입니다. 뭔가 에센스만이 잘 농축된 그런 것이라고 볼 수 있죠. 摠, 모든 것이, 持, 간직됐다, 그런 의미가 있는데, 말하자면 여래장과 비슷하다고도 볼 수 있어요. 그런데 여래장은 마음을 두고 하는 이야기이지만, 다라니라는 것은 말을 두고 하는 이야기거든요. 말 속에 그런 것이 다 포함되어 있다는 말입니다. 그러니까 이 경전도 결국 말 아닙니까? 그 말 속에는 여러 가지 의미가 전부 다 포함되어 있거든요. 그런 특징이 있다는 겁니다.

이어서 이 경의 법을 ①번부터 ⑳번까지 설명하고 있습니다. 이런 것들이 전부 다 이 경전 안에 망라되어 있는 특징이란 말이죠. 지금 이것은 『유마경』을 두고 하는 이야기지만, 다른 대승경전들도 이와 같은 성격을 가지고 있는 경우가 많죠.

① **至不退轉** 이 경의 법은 불퇴전에 이르는 길을 보여주며.

② **成就六度** 육바라밀다의 완성된 모습을 보여주며.

육바라밀다를 완성시키고 싶은 사람이 있으면, 이 『유마경』의 내용을 잘 이해해야 완성시킬 수 있다는 거예요. 보시, 지계, 인욕, 정진, 선정, 지혜, 이 여섯 가지를 외우는 것은 쉽지만, 보시 하나라도 제대로 실천한다는 것은 쉬운 일이 아니죠. 계를 지킨다는 것도 어려운 일입니다. 원효대사를 뭐 파계했다고 하겠지만, 그것을 판단한 기준은 하찮은 거예요. 너희들의 기준은 세상을 버리는 것 아니냐? 세상을 구제하는 입장에서 보면, 천만의 말씀! 계를 지키고도 남는 것이죠. 단적으로 말하면, 자비심이 없는 놈의 계 따위가 어디 있냐는 거죠. 소승의 계는 250가지, 348가지나 있지만, 거기에는 자비심이 없어요. 그것이 근본적인 결함이죠. 냉혈한 동물이에요. 너는 너, 나는 나, 모른다 이거예요. '아, 스님은 참 깨끗하고 좋으시네요', '스님은 도를 지켜서 참 좋겠습니다', '나는 팔자가 더러워 죽어갑니다', '너는 팔자가 그 모양으로 태어났으니까 할 수 없지. 나는 좋은 팔자를 타고 태어나서 지금 성불하고 열반에 간다.' 간단하게 이야기하면 그런 거예요. 우습죠. 그러니까 그런 불교는 이제 그만 두어야 합니다.

중요한 것은 육바라밀다를 어떻게 실천하고 있느냐 하는 것입니다. 보시를 할 줄 아나, 지계를 할 줄 아나, 한 가지라도 제대로 하라는 거죠. 보시가 제일 중요하겠지만, 인욕도 잘해야 되고, 정진도 잘해야 되죠. 정진도 그렇잖아요. 우리 몸의 한계가 있기 때문에 새벽 기도 같은 것을 하다 보면, 아, 이것 죽겠단 말이죠. 기운이 안 날 때도 있거든요. 그런데도 항상 기쁘게 나가게 된단 말입니다. 정진이죠. 인욕이죠. 선정입니다. 평소에 선정을 많이 해 두면 웬만한 어려움 따위는 다 이겨낼 수 있다는 거예요. 그래서 선정이 필요합니다. 힘을 키우는 데는 선정이 제일 중요하다고 해요. 선정이라는 것이 앉아서 하는 선정도 있지만, 산에 올라가는 선정도 선정이거든요. 힘을 키우는 겁니다. 아침마다 산에 가는 것도 선정이고, 일요일마다 산에 가는 것도 선정이죠. 그런데 선정은 잘 해야 돼요. 불고기 먹고 소주 먹으려고 산에 가는 것은 곤란하죠. 그것이 주가 되면 곤란합니다. 그 선정만 가지고는 부처가 못 돼요. 선정으로 힘을 갖추었다면, 그 다음에는 보시를 했느냐, 지계를 했느냐가 중요합니다. 제대로 된 지계를 해야 하는데, 소승의 계율만을 가지고는 안된단 말입니다. 이렇게 成就六度(성취육도), 그러니까 대승경전에 육바라밀다 이야기가 안 나오는 곳이 있다면 이상한 거예요.

③ **善分別義** 의미를 잘 분별하고 있고.

또 법은 의미를 잘 분별해 주고 있어야 되죠. 그런데 어떤 경을 보면 물론 가끔 이상한 데가 있는데, 그것은 학자들이 이미 이야기했듯이 나중에 사람들이 슬쩍 집어넣은 거예요. 그런 부분을 빼놓고는 어쩌면 그렇게 탁탁 다 논리적으로 맞아 들어가는지, 의미가 처음부터 끝까지 정말 정연하게 딱 맞아 들어가니까 감탄을 금하지 못하게 되는 겁니다. '야, 대단하구나' 하고 합장을 하게 돼요. 그런 마음가짐이 생기면서 경에 대한 이해가, 그 내용이 점점 내 것이 됩니다. 자꾸 내 것이 됩니다. 처음에는 몰라요. 처음에 뭐 객관적으로 뭐가 있나 찾아보려고 하는 동안에는 잘 모른다는 말입니다.

④ **順菩提法** 보리분법에 부합하며.

보리법이라는 것은 보리분법(菩提分法)을 말하는데, 칠각지(七覺支), 37각지, 이런 것을 가리킵니다. 앞에서도 이야기했고, 또 『불교개론』을 참고해도 좋겠어요.

⑤ **衆經之上** 모든 경들보다 뛰어나며.

⑥ **入大慈悲** 대자비심에 넘쳐흐르고.

심오한 경전 치고 자비심을 말하지 않는 경전이 없죠. 원효대사도 그랬습니다. 공도리를 아는 것이 중요한데, 공도리를 알고 자비심이 없는 것보다는 차라리 공도리를 좀 모르더라도 자비심이 넘쳐흐르는 것이 더 좋다고 이야기하고 있어요. 이것이 대승불교의 특징이란 말입니다. 공만 강조한 것은 결국 성문, 독각의 길이었거든요.

⑦ **離衆魔事 及諸邪見** 갖가지 마구니의 일을 떠나 있고 또 사견을 떠나 있으며.

마구니의 일이 뭐냐 하는 것을 항상 기억하고 있어야죠. 마구니에 네 가지가 있다고 했죠. 번뇌마, 오온마, 천마, 사마라고 했습니다. 번뇌가 마구니이고, 오온이 마구니이고, 죽음이 마구니입니다. 천마(天魔)도 마구니라고 했죠. 하나님 마구니예요. 타화자재천과 같은 하나님입니다. '내가 모든 능력을 다 가지고 있으니 너 천당에 안 올래?' 유혹하고 그래서 인간들로 하여금 자기 스스로 무슨 일을 하는 것을 방해하는 놈이죠. 그 하나님이 왜 마구니냐 하면, 자기한테 의지하게 함으로써 인간들이 자기 자신 속에 있는 진짜 참된 능력을 잊어버리게 하고 바깥에 있는 마구니만 따라가게끔 하기 때문입니다. 그러니까 부처님도 그런 식으로 믿으면 부처님이 아니라 마구니란 말이에요. 부처님이 항상 이야기한 것이 뭐냐 하면, 너 자신 속에 있는 네 마음을 깨끗이 하라고 했잖아요. 나를 믿지 말고 네 마음을 깨끗이 하라. 석가모니 부처님은 나를 믿으라고 한 적이 없어요. 상(像)을 만들고 그 상 앞에 와서 절하라고 해 본 적이 없습니다. 나 죽은 다음에 이놈들이 그런 것 하리라고 짐작하셨겠지만, 그래도 나 죽은 다음에 어떻게 하라고 했죠? 정진하라고 했습니다. '自燈明(자등명) 法燈明(법등명)', 자기를 등불로 삼아라, 이 마음이 바로 법이다, 이것을 깨끗하고 밝게 갈고 닦아라 라고 했습니다.

사견(邪見)을 떠나라고 했는데, 사견이 뭡니까? 커다랗게 이야기하면 없는 것을 있다고 생각하는 것이죠. 인연 따라서 임시로 생겼다가 없어졌다가 그러면서 가는 것에 자꾸 집착하지 말라는 것입니다. 인연소기(因緣所起)라는 것이 영원한 것이라고 생각하는 것이 사견이잖아요. 부처님 말씀 가운데에는 사견을 떠나라는 이야기가 없는 데가 없습니다. 그렇다고 해서 아무 것도 없다고 생각해도 안 되죠. 있다고 생각하는 것은 유견(有見), 혹은 상견(常見)이라고 하는데, 아무 것도 없다고 하는 것은 무견(無見)입니다. 그것도 사견이란 말이에요. 그럼 어떻게 생각해야 옳으냐? 공(空)·가(假)·중(中)으로 생각해야죠. 인연으로, 가로서는 있는 거라고 생각해야 하는 겁니다.

⑧ **順因緣法** 인연법에 순응하고 있으며.

⑨ **無我 無人 無衆生 無壽命** 아(我), 인(人), 중생, 수명의 상이 없고.

여기서 또 아상(我相), 인상(人相), 중생상(衆生相), 수자상(壽者相) 이야기가 나왔습니다. 이런 것들에 대한 상을 갖지 말라, 상에 의존하지 말라. 無我(무아)며, 無人(무인)이며, 無衆生(무중생)이며, 無壽命(무수명)이다. 어떤 경전이 이 이야기만 하고 있다면 좀 마음에 흡족하지 않겠죠? 다른 것도 좀 이야기하면 좋을텐데 하는 생각이 들 겁니다. 『금강경』 같은 것이 그런 것이죠.

⑩ **空 無相 無作 無起** 공이요, 무상이요, 무작이요, 무기이며.

이것은 철학적인 이야기가 돼 버렸습니다. 공(空), śūnyatā, 무상(無相), ānimitta, 무작(無作), apraṇihita, 무기(無起), ajāta입니다. 무상, 무작, 무기는 보통 이렇게 세 가지로 늘 나오는 것이죠.

무상, 바깥의 모든 법에는 상이 없다는 것은 우리가 행동할 때, 살아갈 때 바깥세계의 상을 보지 말라는 것 아니겠습니까? 무작은, 자연스럽게 안 할래야 안 할 수 없어서 하는 행위라야 하는데, 그것이 아니라 인위적이고 고의적으로, 혹은 하기 싫은데 억지로, 의무적으로 하는 것을 말합니다. 작위가 없어야 된다는 거죠. 무기도 결국은 주관적인 생각으로 주객을 분별하는 생각을 일으키지 말라는 거예요. 그러니까 무생(無生)이라고도 할 수 있는 겁니다. 이런 것이 공과 연결이 되니까 이렇게 엮어 놓았어요.

⑪ **能令衆生 坐於道場 而轉法輪** 이 경의 법은 중생들로 하여금 도량에 앉아 법륜을 돌리게끔 하며.

⑫ **諸天 龍神 乾闥婆等 所共歎譽** 제천과 용, 신, 건달바 등이 다 함께 칭송하고 찬양하는 바이며.

⑬ **能令衆生 入佛法藏** 중생들로 하여금 불법의 장(藏)에 들어가게 하고.

⑭ **攝諸賢聖 一切智慧** 모든 현자와 성인의 일체 지혜를 섭하고.

⑮ **說衆菩薩 所行之道** 보살이 행해야 하는 모든 일을 다 가르치며.

⑯ **依於諸法實相之義 明宣無常苦空無我寂滅之法** 제법 실상의 의미에 따라서 무상과 고와 공과 무아와 적멸의 법을 분명히 밝혀 주며.

⑰ **能救一切毁禁衆生 諸魔外道及貪着者 能使怖畏** 일체 금기를 훼손한 중생들을 구제하고 여러 마구니와 외도, 탐착하는 자들을 공포에 떨게 하며.

⑱ **諸佛賢聖 所供稱歎** 모든 부처와 현자와 성인이 다 함께 칭찬하고 찬탄하는 바이며.

⑲ **背生死苦 示涅槃樂** 생사의 고통을 멀리하고 열반의 낙을 얻는 길을 보여주며.

⑳ **十方三世諸佛所說** 시방삼세 제불께서 설하신 바이다.

若聞如是等經 信解受持讀誦 以方便力 爲諸衆生 分別解說 顯示分明 守護法故 是名 法之供養 만약 이 경을 듣고 신해하고 수지하고 독송하

며, 방편의 힘으로 모든 중생에게 분별·해설해 주어 환히 알게 하면 법을 수호하는 것이 되므로 이를 일컬어 법의 공양이라고 하는 것이다.

약왕 부처님의 설법이 계속 이어집니다.

(12)

又 於諸法을 如說修行하고,

① 隨順 十二因緣하여

② 離諸邪見하고

③ 得無生忍하여 決定無我하고 無有衆生하며

④ 而於因緣果報에 無違無諍하여 離諸我所하고

⑤ 依於義하되 不依語하며

⑥ 依於智하되 不依識하며

⑦ 依了義經하되 不依不了義經하며

⑧ 依於法하되 不依人하며

⑨ 隨順法相하여 無所入 無所歸하고

⑩ 無明이 畢竟滅故로 諸行도 亦畢竟滅하고

⑪ 乃至 生이 畢竟滅故로 老死亦畢竟滅하여

⑫ 作如是 觀十二因緣하여 無有盡相하고 不復起見하면

是名 最上法之供養이니라.

이 대목이 아주 중요한 것 같은데, 여기서는 '최상의 법공양'에 대해서 이야기하고 있습니다. 최상의 법공양이라고 하는 것이 뭐냐 하면, 법대로 사는 것을 의미하고 있습니다.

又於諸法 如說修行 또 제법을 설하신 대로 수행하고.

이것은 총괄적으로 이야기한 것이고, 아래에서는 구체적으로 설명하고 있습니다.

① **隨順十二因緣** 십이인연에 수순하여.

이 이야기는 12인연을, '무명-행-식-…' 그러면서 고통에 찬 생으로 살라는 이야기가 아니고 인연의 도리를 잘 알아야 한다는 말이죠. 인연의 도리를 따라서 인연 아닌 것은 아무 것도 없다는 것을 잘 알아야 합니다.

② **離諸邪見** 모든 사견을 떠나고.

『보살영락본업경』 같은 데서는 다섯 가지의 사견을 이야기하고, 또 칠견(七見), 십이견(十二見) 같은 것들이 있는데, 여기서 말하는 사견은 일반적인 의미의 사견입니다.

③ **得無生忍 決定無我 無有衆生** 무생법인을 얻어 결정코 무아하고 무중생이라는 경지에 서서.

④ **而於因緣果報 無違無諍 離諸我所** 인연의 과보에 거역하거나 불평하지 않으며, 내 것이라는 생각을 아예 갖지 않고.

전부 인연 따라서 과보가 나온단 말이에요. 인연이 있으면 과보가 있는 거죠. 그 과보가 또 인연이 되고, 그렇게 되는 인연과보라고 하는 사실에 대해서 거역하지 말라는 겁니다.

그 다음에 ⑤번부터 ⑧번까지 네 가지는 '사의(四依)'라는 것으로 묶어집니다. 이 네 가지 것에 의거해야 한다는 것이죠.

⑤ **依於義 不依語** 뜻에 의하되 말에 의하지 않으며.

이제 공부를 할 때나, 경을 읽을 때, 말이나 어휘 이런 것에 의지하지 말고 그 말이 의미하는 바에 의거해야 한다는 말입니다.

⑥ **依於智 不依識** 지혜에 의하되 식에 의하지 않으며.

⑦ **依了義經 不依不了義經** 요의경에 의하되 불요의경에 의하지 않으며.

⑧ **依於法 不依人** 법에 의하되 사람에 의하지 않으며.

여기 법이라고 하는 말을 법률조목으로 있는 것인 줄 착각하면 안돼요. 여기서 말하는 법이라고 하는 것은 진리란 말이나 마찬가지입니다.

'네 가지 의거해야 할 것', 부처님 말씀을 해석할 때 꼭 원칙으로 삼아야 할 것이 이런 것이라고 가르쳐 준 것이 사의(四依)라는 것입니다. 그런데 『승만경』에서는 이 사의도 못 믿어요. 일의(一依)라야 한다고 했습니다. 뭐냐 하면 네 지혜로 깨달은 마음에 의거해야 한다고 했어요. 깨닫지 않으면 모른다는 거예요. 깨닫지 않으며 의미를 알 수 있나? 무엇이 요의경인지, 무엇이 지식인지, 지혜인지, 무엇이 진짜 진리인지 알 수 있나? 그러니까 사의를 이야기하고 있는 것은 아직도 좀 얕은 수준의 사람들을 상대로 하는 말이라고 볼 수도 있습니다.

⑨ **隨順法相 無所入 無所歸** 법상에 수순하여 입(入)하는 바도 귀(歸)하는 바도 없이.

법상(法相)은 전부 다 무(無)입니다. 법상은 보통 세 가지로 설명되는데, 변계소집상(遍計所執相), 그것은 없는 거죠. 의타기상(依他起相), 인연 따라서 산다고 하는 것은 어디 들어가는 것이 아니라 끊임없이 멋있는 인연관계를 맺는 것입니다. 하지만 그것 역시 없는 것이죠. 원성실상(圓成實相)이라고 하는 것도 어디 좋은 데, 극락과 같이 편안하고 정해진 데, 안정된 데, 거기 들어가서 안락을 누리는 것이 아닙니다. 그런 거라면 그것은 저 타화자재천의 나라, 마구니 나라죠. '귀일심원(歸一心源)'이라고 할 때 '돌아간다'는 글자를 썼는데, 사실은 그것도 돌아가는 것이 아닙니다. '돌아갔다', '들어갔다' 그러면, 거기에서 꼼짝달싹 안 하는 것을 의미하는 것처럼 들리는데, 그것이 아닙니다. 거기 탁 들어가서 안주하는 것이 아니란 말입니다.

그러니까 바쁠 수밖에 없는 것이죠. 항상 일해야 되고, 항상 움직여야 하고, 물이 고여 있으면 안 되잖아요. 암만 깨끗한 물도 그냥 가두어 두면 소용없죠. 샘이 솟아나야 합니다. '귀일심원'이라고 할 때도 '샘(源)'이라는 글자가 들어갔잖아요. 마음의 원천, 근원, 샘이 솟는 그런 데로 돌아가야 한다. 언제든지 싱싱하게 펑펑 쏟아지는 샘.

⑩ **無明畢竟滅故 諸行亦畢竟滅** 무명이 마침내 사라졌으므로 제행도 마침내 사라지고.

⑪ **乃至 生畢竟滅故 老死亦畢竟滅** 나아가 생이 마침내 사라졌으므로 노사도 마침내 사라지고

이것은 십이연기를 이야기하고 있는데, 무명에서부터 행으로 갔습니다. '畢竟滅(필경멸)', 그냥 멸이 아니라, 무명이니 행이니 노사니 이런 것이 전연 없는 그런 데란 말이죠. 『반야심경』에서도 '無無明(무무명) 無無明盡(무무명진) 無老死(무노사) 亦無老死盡(역무노사진)' 이렇게 되어 있습니다. '무명이 없고 무명이 다한 것도 없다', 그것은 아직도 차원이 얕은 것입니다. 무명이 필경멸이기 때문에 제행도 역시 필경멸이고 쭉 나아가서 생도 필경멸이고 따라서 노사도 필경멸이다. 그러니까 명(名), 의(意), 언(言), 우리들의 생각이 만들어낸 어떤 관념의 노예도 되지 말아야 하겠죠. 생이라고 하는 것, 아, 지금 싱싱하게 살아 있다, 이렇게 관하라는 것입니다.

⑫ **作如是觀十二因緣 無有盡相 不復起見 是名 最上法之供養** 이와 같이 십이인연을 관하되, 다 했다는 상도 없고, 다시는 견을 일으키지 않게 되면, 이것을 일컬어 최상의 법공양이라고 하는 것입니다.

십이인연도 다 인연 따라서 생긴 것이죠. 무슨 마구니가 그렇게 한 것이 아니란 말입니다. 그러니까 십이인연을 어떻게 보라는 이야기냐 하면 '필경멸'이라고 생각하란 말입니다. 십이인연이라고 하는 것이 의타기상(依他起相) 아닙니까? 그런데 의타기상 하나하나에, 무명이 있지, 행이 있지, 식이 있지, 명색이 있지, 육입이 있지, 촉이 있지, 수가 있지, 상이

있지, 하면서 이런 식으로 자꾸 관념이나 말에 사로잡히지 말라는 말입니다. 비관하거나 그러지 말란 말이에요. 탁 그런 것 초월하란 말입니다. 깨닫고 잘 살려고 하면, 그런 것 다 집어치우란 말이죠. 이것이 법공양입니다. 그러니까 십이인연을 참 귀중하게 생각한다고 하면서 십이인연을 커다랗게 써 붙여 가지고 다닌다고 해서 그것이 법공양이 되겠느냐는 말입니다. 그럴 때는 데려다가 종아리를 때려야지. 너는 아직도 그런 걸 믿니? 그럼 내가 그 다음에 무슨 이야기 할지 알죠.

여기까지가 약왕 부처님의 설법이었습니다.

(13)

佛告 天帝하사대,

"王子 月蓋가 從藥王佛로 聞如是法하고,

得柔順忍하야 卽解寶衣嚴身之具하고 以供養佛하며 白佛言하되,

'世尊이시여, 如來의 滅後 我當行法供養하고 守護正法하리다.

願하오니 以威神으로 加哀建立하사

令我得降魔怨하고 修菩薩行케하소서' 하니,

佛이 知其深心의 所念하시고 而記之曰하사대,

'汝於末後에 守護法城하리라' 하니라."

佛告天帝 부처님이 천제에게 말씀하셨다.

석가모니 부처님의 이야기로 돌아왔습니다.

王子月蓋 從藥王佛 聞如是法 得柔順忍 卽解寶衣 嚴身之具 以供養佛 白佛言 왕자 월개는 약왕 부처님으로부터 이와 같은 법을 듣고 유순함을 얻게 되어, 보배로운 옷과 장신구들을 벗어 부처님께 공양드리고, 부처님께 아뢰었다.

世尊 如來滅後 我當行法供養 守護正法　세존이시여, 여래께서 입멸하신 후 저는 마땅히 법공양을 행하며 정법을 수호하겠나이다.

願以威神 加哀建立 令我得降魔怨 修菩薩行　원하옵건대 여래의 위신력으로 불쌍히 여기시어 도와주시며, 제가 마구니와 원수들을 항복시키고 보살행을 닦도록 해 주소서.

佛知其深心所念 而記之曰　부처님께서 그 깊은 마음속을 들여다보시고 수기하여 이렇게 말씀하셨다.

汝於末後 守護法城　그대가 먼 훗날 법의 성(城)을 수호하리라.

(14)

天帝여, 時에 王子月蓋는 見法清淨하고 聞佛授記하여,
以信出家하여 修集善法하고 精進不久에 得五神通하고,
逮菩薩道하여 得陀羅尼하고 無斷辯才하였느니라.
於佛滅後에는 以其所得神通과 摠持 辯才之力으로
滿十小劫토록 藥王如來 所轉法輪을 隨而分布하니,
月蓋比丘는 以守護法하고 勤行精進하야,
卽於此身에 化百万億人하고 於阿耨多羅三藐三菩提에 立不退轉하였고,
十四那由他人이 深發 聲聞 辟支佛心하고 無量衆生이 得生天上하니라.

天帝 時王子月蓋 見法清淨 聞佛授記 以信出家 修集善法 精進不久 得五神通 逮菩薩道 得陀羅尼 無斷辯才　천제여, 그때 왕자 월개는 법의 청정함을 보고 부처님의 수기를 듣고서 믿음으로 출가하여, 선법(善法)을 닦고 모아 정진한 지 얼마 안 되어 오신통을 얻었으며, 보살도에 통달하여 다라니를 얻고 끊임없는 변재를 얻었느니라.

於佛滅後 以其所得神通 摠持辯才之力 滿十小劫 藥王如來 所轉法輪

隨而分布 부처님이 입멸한 뒤에는 그가 얻은 신통력과 총지와 변재의 힘으로 10소겁(小劫)을 채우고 약왕 여래께서 돌리신 법륜을 도처에 널리 퍼뜨렸다.

月蓋比丘 以守護法 勤行精進 卽於此身 化百万億人 於阿耨多羅三藐三菩提 立不退轉 월개비구는 법을 수호하고 근행하고 정진함으로써 백만억 인을 교화하여 아뇩다라삼먁삼보리에 굳건히 서서 불퇴전케 하였느니라.

十四那由他人 深發聲聞辟支佛心 無量衆生 得生天上 또 14나유타의 사람들이 성문과 벽지불이 되고자 깊이 발심하였고, 무량한 중생이 천상에 태어날 수 있었다.

6. 본생담의 인물을 밝힘

(15)

天帝여, 時에 王 寶蓋가 豈異人乎아.
今現得佛하야 寶炎如來라 하니,
其王의 千子는 卽賢劫中에 千佛이 是也니라.
從迦羅鳩孫駄 爲始得佛하여 最後如來를 樓至라 하니,
月蓋比丘는 卽我身이 是니라.
如是 天帝여, 當知此要하라.
以法供養으로 於諸供養에 爲上爲最하고 第一無比하니,
是故로 天帝여, 當以法之供養으로 供養於佛할지니라.

天帝 時王寶蓋 豈異人乎 천제여, 그때의 왕 보개가 어찌 다른 사람이겠는가?

今現得佛 寶炎如來 지금의 부처님이 되셔서 보염 여래라고 한다.

보염(寶炎), 산스크리트어로는 Ratnārcis입니다.

其王千子 卽賢劫中 千佛是也 그의 아들 천 명은 바로 현겁 중의 천불이다.

과거, 미래, 현재의 겁을 나눌 때 현재의 겁을 현겁(賢劫)이라고 하죠. 과거는 장엄겁(莊嚴劫), 미래는 성수겁(星宿劫)이라고 합니다. 이 삼겁에 각각 천불씩, 삼천불이 있다는 생각이 있죠. 석가모니 부처님은 현겁 천불 가운데 네 번째 부처님이라고 합니다. 이것은 불교의 신화적인 요소인데 그런 것을 여기서 깊이 설명할 필요는 없다고 생각해요.

從迦羅鳩孫馱 爲始得佛 最後如來 樓至 가라구손다 부처에서 시작하여 누지 부처를 마지막으로 한다.

가라구손다(迦羅鳩孫馱)는 Krakucchanda, 누지(樓至)는 Roca입니다.

月蓋比丘 卽我身是 그리고 월개비구는 바로 지금의 나이다.

如是 天帝 當知此要 이와 같이 천제여, 마땅히 그 요점을 알아야 한다.

以法供養 於諸供養 爲上爲最 第一無比 법공양을 모든 공양 위에 으뜸가는 무비(無比)의 공양으로 삼아라.

是故 天帝 當以法之供養 供養於佛 그러므로 천제여, 마땅히 법공양으로써 부처님을 공양해야 하는 것이다.

촉루품 囑累品 第十四

「촉루품」이라고 하는 것은 경의 맨 끝에서 부촉하는 말을 담고 있는 것입니다. 부처님께서 이 경을 누구에게 맡긴다, 뒷일을 누구에게 부탁한다, 그런 것을 부촉(付囑), 혹은 촉루(囑累)라고 합니다. '누(累)'는 '뒷일' 그 정도의 뜻이죠.

1. 미륵에게 부촉함

(1)

於是에 佛告 彌勒菩薩言하사대,
"彌勒이여, 我今 以是無量億阿僧祇劫所集
阿耨多羅三藐三菩提法을 付囑於汝하니라.
如是輩經을 於佛滅後 末世之中에 汝等이 當以神力으로 廣宣流布하고,
於閻浮提에 無令斷絶케 할지어다. 所以者何뇨 하니,
未來世中에 當有 善男子·善女人 及天·龍·鬼神·乾闥婆·羅刹等이
發阿耨多羅三藐三菩提心하고 樂于大法하리니,
若使不聞 如是等經이면 則失善利이리라.
如此輩人은 聞是等經하고 必多信樂하여 發希有心하리라.
當以頂受하고 隨諸衆生 所應得利하여 而爲廣說할지니라."

於是 佛告彌勒菩薩言 그때 부처님께서 미륵보살에게 말씀하셨다.

彌勒 我今 以是無量億阿僧祇劫所集 阿耨多羅三藐三菩提法 付囑於汝 미륵이여, 내가 이제 이 무량억 아승기겁에 걸쳐 모아 온 아뇩다라삼먁삼보리의 법을 너에게 부촉하노라.

如是輩經 於佛滅後 末世之中 汝等 當以神力 廣宣流布 於閻浮提 無令

斷絶 이러한 경들은 불멸 후 말세에 너희들이 마땅히 신력으로 널리 유포시켜 염부제에서 단절되지 않게끔 해야 한다.

이것 참 재미있죠. 미래는 말세가 된다고 그러잖아요. 이 말세에 『유마경』을 꼭 가르쳐 주어야 한다고 했는데, 지금 우리가 말세에 있는 셈입니다. 정법(正法) 500년, 상법(像法) 1,000년, 그 다음에 말세가 온다고 했단 말이에요. 말법(末法)시대를 기다랗게 이야기하는 사람은 만 년, 어떤 사람은 만 오천 년, 이렇게 이야기하는데, 그 숫자는 별 의미가 없어요. 일률적으로 그렇다는 것이 아니고, 전체적인 분위기가 그렇게 돌아간다는 이야기죠. 이렇게 햇수나 따지고 있는 것을 다 그대로 믿을 필요는 없습니다. 그런데 미륵이 미래에 부처가 되실 분이니까 여기서도 미륵에게 부촉했습니다. 대승경전들은 미륵에게 부촉한 것이 많아요.

所以者何 未來世中 當有善男子善女人 及天龍鬼神乾闥婆羅刹等 發阿耨多羅三藐三菩提心 樂于大法 왜냐하면 미래세에 마땅히 선남자 선여인과 천·용·귀신·건달바·나찰 등 가운데 아뇩다라삼먁삼보리심을 발하고 대법(大法)을 좋아하는 자가 있을 것이기 때문이다.

若使不聞 如是等經 則失善利 만약 이런 사람들에게 이들 경에 대해 들을 기회를 주지 못한다면 훌륭한 이익을 잃는 일이 될 것이다.

如此輩人 聞是等經 必多信樂 發希有心 이 같은 사람들은 이들 경을 듣고서 반드시 크게 기뻐하고 믿으며, 희유(稀有)하다는 마음으로 발할 것이다.

當以頂受 隨諸衆生 所應得利 而爲廣說 마땅히 이 경을 잘 받아서 중생들이 근기에 따라 이익을 얻는 사정에 맞추어 널리 설하도록 하라.

'頂受(정수)'라는 말은 문자 그대로는 정수리로 받는다는 말이죠. '頂戴(정대)'라고도 하는데, 머리에다 이는 것을 '정대'라고 합니다. 해인사에서 정대불사라는 것을 하잖아요. 경판을 머리에 이고 다니는 것이죠.

2. 신학보살과 구수도행보살

(2)

彌勒이여, 當知하라. 菩薩有二相하니 何謂爲二뇨 하니,
一者는 好於雜句 文飾之事요, 二者는 不畏深義하고 如實能入이니라.
若好雜句 文飾事者면, 當知하라, 是爲新學菩薩이며,
若於如是 無染無着 甚深經典에 無有恐畏하고,
能入其中하고 聞已心淨하고 受持讀誦하며 如說修行하면,
當知하라, 是爲久修道行이니라.

「촉루품」에는 별로 중요한 내용이 없지만, 여기 '신학보살과 구수도행보살'에 좀 중요한 이야기가 있습니다.

彌勒 當知 菩薩有二相 미륵아, 마땅히 알아야 한다. 보살에게는 두 가지 모양이 있다.

何謂爲二 무엇이 그 두 가지인가?

一者 好於雜句 文飾之事 하나는 잡다한 문구, 화려한 수식, 그런 것을 좋아하는 사람이요.

二者 不畏深義 如實能入 다른 하나는 심오한 뜻을 두렵다 하지 않고 여실히 깊이 들어가는 사람이다.

若好雜句 文飾事者 當知是爲新學菩薩 만약 잡다한 문구, 화려한 수식을 좋아한다면, 그는 신학보살이라는 것을 알아야 한다.

若於如是 無染無着 甚深經典 無有恐畏 能入其中 聞已心淨 受持讀誦 如說修行 當知是爲久修道行 만약 이와 같이 물듦이 없고 집착을 버리게 하는 심오한 경전에 대해서 두려움 없이 그 속에 들어가, 듣고 마음이 맑아지며, 수지독송하고, 설하신 대로 수행하면, 이 사람은 오래 수행해

온 보살임을 알아야 한다.

보살에 신학(新學)보살과 구수도행(久修道行)보살의 두 가지가 있다는 거예요. 여러분들은 어느 쪽이냐? 아마 신학보살은 아닐 거예요. 혹시 한두 사람 있을지도 모르죠. 어떤 사람이 신학보살이냐 하면, 전체 줄거리는 알려고 하지도 않으면서 문장의 구절이나 외우려고 하고, 멋있는 문장이나 좋아하는 사람들입니다. 또 다른 하나인 구수도행보살은 깊은 의미를 두려워하지 않고 그 여실한 곳에 능히 들어가는 사람이라고 했습니다. 이런 사람은 전생부터 이미 도를 많이 닦아 온 보살이라고 했어요.

(3)

彌勒이여, 復有二法이니 名新學者라. 不能決定 於甚深法이니라.
何等爲二뇨 하니,
一者는 所未聞深經을 聞之하고 驚怖生疑하여 不能隨順하며,
毁謗不信하고 而作是言하니, "我初不聞이로다. 從何所來고" 하고,
二者는 若有護持 解說 如是深經者라도 不肯親近 供養恭敬하고,
或時 於中에 說其過惡하니,
有此二法을 當知하라.
是爲 新學菩薩이 爲自毁傷하고 不能於深法中에 調伏其心하니라.

彌勒 復有二法 名新學者 不能決定 於甚深法 미륵아, 또 신학자(新學者)에게는 두 가지 특성이 있다. 그래서 이 심오한 법을 결정적으로 소화시키지 못하는 것이다.

何等爲二 무엇이 그 두 가지인가?

一者 所未聞深經聞之 驚怖生疑 不能隨順 毁謗不信 而作是言 첫째는 아직까지 듣지 못했던 심오한 경을 듣고 놀라고 의심을 일으키며, 수순

(隨順)하지 못하고 훼방하고 불신하며 다음과 같이 말한다.

我初不聞 從何所來 나는 아직 이런 경을 들어보지 못했다. 어디서 온 것인지 알 수가 없다.

신학보살 중에는 이 심심법(甚深法)에 대해서 도무지 마음을 결정짓지 못하는 사람들이 있는데, 여태껏 들어 본 적이 없는 심오한 경전을 듣고서는 놀라고 의심하면서 따라오지 못해요. '이것 말도 안 돼' 하면서 비방하고 믿지 않아요. 그러면서 제가 얼마나 대단한 것처럼, '나 이것 금시초문인데 어디서 온 경인고?' 이 따위 소리를 한다는 겁니다. 이런 사람들이 있죠. 지금 우리나라에도 그런 사람들이 있습니다.

二者 若有護持解說 如是深經者 不肯親近 供養恭敬 或時於中 說其過惡 둘째는 이 심오한 경을 호지(護持)하고 해설한다 해도, 친근하게 공양하거나 공경하지 않고, 간간이 그에 대해 좋지 않은 소리를 한다.

有此二法 當知 是爲新學菩薩 爲自毁傷 不能於深法中 調伏其心 이런 두 가지 일이 있으면 이것은 신학보살이 스스로를 헐뜯고 상처 입히며, 깊은 진리를 따라 마음을 조복시키지 못함이라는 것을 알아야 한다.

(4)

彌勒아, 復有二法이니라.
菩薩이 雖信解深法이라도 猶自毁傷하고 而不能得無生法忍하니,
何等爲二뇨 하니,
一者는 輕慢 新學菩薩하고 而不敎誨하며,
二者는 雖解深法이라도 而取相分別하나니,
是爲 二法이니라.

彌勒 復有二法 菩薩雖信解深法 猶自毁傷 而不能得 無生法忍 미륵

아, 또 보살이 심오한 법을 믿고 이해한다 할지라도 아직 스스로 헐뜯고 상처 입히며 무생법인을 얻지 못하는 두 가지 잘못이 있다.

何等爲二 무엇이 그 두 가지인가?

一者 輕慢新學菩薩 而不敎誨 첫째는 신학보살을 경멸하고 교만하게 굴어서 잘 가르쳐 주지 않는 것이다.

二者 雖解深法 而取相分別 둘째는 비록 깊은 진리를 알았다 해도 취상분별(取相分別)하는 것이다.

심오한 법을 이해하기는 하지만, 상을 취해서 자꾸 분별을 해요.

是爲二法 이것이 그 두 가지 잘못이다.

이런 사람들은 아직도 자기 자신을 훼방하고 손상시키고 있는 사람으로서 무생법인을 얻지 못한 사람이라는 이야기입니다. 아주 중요한 이야기였습니다.

3. 미륵의 약속

(5)

彌勒菩薩이 聞說是已하고 白佛言하사되,

"世尊이시여, 未曾有也이나이다.

如佛所說 我當遠離 如斯之惡하고,

奉持 如來 無數阿僧祇劫 所集 阿耨多羅三藐三菩提法하리니,

若未來世에 善男子·善女人이 求大乘者면, 當令手得 如是等經하고,

與其念力하여 使受持讀誦하고 爲他廣說케 하리라.

世尊이시여, 若後末世에 有能受持讀誦하고 爲他說者면,

當知하라, 皆是彌勒神力之所建立이나이다."

佛言하사대, "善哉 善哉로다, 彌勒이여. 如汝所說 佛助尒喜로다."

彌勒菩薩 聞說是已 白佛言 미륵보살이 이 말씀을 듣고 부처님께 사뢰었다.

世尊 未曾有也 세존이시여, 미증유한 일입니다.

如佛所說 我當遠離 如斯之惡 부처님께서 말씀하신 대로 제가 마땅히 이와 같은 나쁜 일을 멀리 하겠나이다.

奉持如來 無數阿僧祇劫所集 阿耨多羅三藐三菩提法 그리고 여래께서 무수한 아승기겁 이래 모아 오신 아뇩다라삼먁삼보리의 법을 받들어 간직하겠나이다.

若未來世 善男子善女人 求大乘者 當令手得 如是等經 與其念力 使受持讀誦 爲他廣說 만약 미래세에 선남자와 선여인이 대승을 구하거든 마땅히 이들 경을 그들이 손에 쥐게 하고, 그 염력으로 수지독송하고 남을 위하여 널리 설하게 하겠나이다.

世尊 若後末世 有能受持讀誦 爲他說者 當知 皆是彌勒神力之所建立 세존이시여, 만약 후세 말법시대에 이 경을 수지독송하고 남을 위해 널리 설하는 자가 있으면, 다 이 미륵의 신력(神力)이 건립하는 바라고 생각하소서.

佛言 善哉 善哉 彌勒 如汝所說 佛助尒喜 부처님께서 말씀하셨다. 훌륭하다, 훌륭하다, 미륵이여. 그대가 말한 바와 같이 내가 너의 기뻐하는 일을 도우리라.

이제 미륵보살이 약속했고, 일체보살이 약속하고, 그 다음에 사천왕이 약속하고, 그 다음에 아난에게 부촉합니다.

4. 일체 보살과 사천왕의 약속

(6)

於是에 一切菩薩이 合掌白佛하되,

"我等 亦於如來滅後 十方國土에 廣宣流布 阿耨多羅三藐三菩提法하고

復當開導 諸說法者하여 令得是經하리다."

於是 一切菩薩 合掌白佛 이에 일체 보살들이 합장하고 부처님께 사뢰었다.

我等 亦於如來滅後 十方國土 廣宣流布 阿耨多羅三藐三菩提法 저희들이 역시 여래가 멸하신 후에 시방국토에 아뇩다라삼먁삼보리의 법을 널리 유포시키겠나이다.

復當開導 諸說法者 令得是經 그리고 또 모든 설법자들을 잘 인도하고 깨우쳐 주어 이 경을 잘 실천하도록 하겠나이다.

(7)

尒時에 四天王이 白佛言하되,

"世尊이시여,

在在處處 城邑·聚落 山林·曠野에 有是經卷 讀誦 解說者면,

我當 率諸官屬하여 爲聽法故로 往詣其所하고,

擁護其人하고 面百由旬하여 令無伺求得 其便者하리다."

尒時 四天王白佛言 그때 사천왕이 부처님께 말씀드렸다.

世尊 在在處處 城邑聚落 山林曠野 有是經卷 讀誦解說者 我當率諸官屬 爲聽法故 往詣其所 세존이시여, 성읍, 취락, 산림, 광야, 어디에서나 이 경전의 독송 해설이 이루어지고 있는 곳에 저희들은 모든 권속을 데

리고 법을 듣기 위해 가겠습니다.

擁護其人 面百由旬 令無伺求得 其便者 그곳의 사람들을 옹호하고 그 주위 백 유순을 살펴서 이를 방해하는 자가 없게 하겠나이다.

5. 아난에게 부촉함

(8)

是時에 佛告 阿難하사대, "受持是經하여 廣宣流布하라."

阿難言하되, "唯然 我已受持要者이나이다.

世尊이시여, 當何名斯經이나이까" 하니라.

佛言하사대, "阿難아, 是經은 名爲 維摩詰所說이며

亦名不可思議解脫法門이니 如是受持하라."

佛說 是經已하니 長者 維摩詰과 文殊師利와 舍利佛, 阿難等과

及諸天人 阿修羅 一切大衆이 聞佛所說하고 皆大歡喜하더라.

是時 佛告阿難 그때 부처님께서 아난에게 말씀하셨다.

受持是經 廣宣流布 이 경을 수지하고 광선유포(廣宣流布)하라.

阿難言 아난이 말씀드렸다.

唯然 我已受持要者 예, 알았습니다. 제가 이미 요점을 수지했습니다.

世尊 當何名斯經 세존이시여, 이 경의 이름을 무어라고 하십니까?

佛言 부처님께서 말씀하셨다.

阿難 是經名爲維摩詰所說 亦名不可思議解脫法門 如是受持 아난아, 이 경은 '유마힐소설경'이라 하고, 또 '불가사의해탈법문'이라고도 하니, 그와 같이 수지하라.

佛說是經已 長者維摩詰 文殊師利 舍利佛 阿難等 及諸天人 阿修羅 一切大衆 聞佛所說 皆大歡喜 부처님께서 이 경을 설하시자, 장자 유마힐, 문수사리, 사리불, 아난 등, 그리고 제천인, 아수라, 일체 대중이 부처님 말씀을 듣고 다 크게 환희하였다.

다 끝났습니다. 여러분 수고 많이 하셨습니다.

참고문헌

- Étienne Lamotte, *L'Enseignement de Vimalakīrti*, Bibliothèque du muséon, vol. 51, Louvain: Institute Orientaliste, Université de Louvain, 1962.
- Étienne Lamotte, *The Teaching of Vimalakīrti*, Sacred Books of the Buddhists, vol. 32, London: The Pali Text Society, 1976.
- Robert Thurman, *The Holy Teaching of Vimalakīrti*, University Park: Pennsylvania State University Press, 1976.

- 加藤咄堂, 『維摩經講話』, 1924년판의 복각본, 東京: 史籍出版, 1983.
- 中村元, 『維摩經』, 世界古典文學全集 佛典 I, 東京: 筑摩書房, 1965.
- 橋本芳契, 『維摩經の思想的研究』, 東京: 法藏館, 1966.
- 谷口雅春, 『維摩經解釋』, 東京: 日本教文社, 1969.
- 紀野一義, 『維摩經』, 佛典講座 제9권, 東京: 大藏出版, 1971.
- 渡邊照宏, 『維摩經講話』, 東京: 大法輪閣, 1982.

(출판연대순)

불연 이기영 전집

불연 이기영 선생의 전(全) 저술을 모아 전집을 발간합니다. 1960년대 한국불교계에 혜성과 같이 나타나 한국불교 및 불교학의 현대화와 보살정신에 입각한 새로운 대승불교운동의 고취에 힘써 한국 현대불교사에 뚜렷한 족적을 남긴 불연선생은 생전에 정력적인 저술과 강의 · 강연 활동을 펼쳤습니다. 본 전집은 선생이 남긴 저서와 역서, 논문과 수필, 법문, 강의록 등을 총망라하여 선생의 업적을 일목요연하게 정리하고 후세에 전하는 의미가 있습니다. 아래와 같은 체제에 따라 각 권을 연차적으로 발간하여 앞으로 수년 내에 전집을 완간(完刊)하는 것을 목표로 하고 있습니다.

- • 1. 『원효사상 —세계관—』 (1967, 2002)
- • 2. 『원효사상 70講 —새벽의 햇빛이 말하는 의미—』 (1991, 2003)
- 3. 『원효사상연구 I』 (1994)
- • 4. 『원효사상연구 II』 (2001)
- • 5. 『한국불교연구』 (1982, 2006)
- 6. 『한국의 불교』
- 7. 『참회의 기원』(Aux origines du Tchan-houei 懺悔, Aspects bouddhiques de la pratique penitentielle)(1960)
- • 8. 『석가』 (1965, 1999, 2007)
- 9. 『종교사화』 (1978)
- 10. 『불전해설』 (1978)
- • 11. 『불교와 사회』 (1977, 1999)
- • 12. 『사색인의 염주』 (1977, 1999)
- • 13. 『하나의 의미』 (1977, 1999)
- 14. 『마음의 철학』 (1987)
- 15. 『영원히 하나가 되는 길』 (1987)
- 16. 『별처럼 달처럼 태양처럼』 (1991)
- • 17. 『내 걸음의 끝은 마음에 있나니 —이기영교수의 삶과 사색—』(1997)
- • 18. 『다시 쓰는 한국불교유신론』 (1998)
- 19. 『금강삼매경론』 (1972, 1996)
- 20. 『한국의 불교사상』 (1976)
- 21. 『증도가 · 십우도』

• 22. 『진심직설 —역해 및 강의—』 (2001)
23. 『금강경 · 반야심경』 (1979)
• 24. 『불교개론 강의』 상 · 하권 (1998)
• 25. 『유마경 강의』 상 · 하권 (2000)
• 26. 『승만경 강의』 (2000)
27. 『법화경 강의』
• 28. 『대승기신론 강의』 상 · 하권 (2004)
29. 『섭대승론 강의』
• 30. 『임제록 강의』 상 · 하권 (1999)
31. 『전등록 강의』
• 32. 『무문관 강의』 (2000)
• 33. 『열반종요 강의』 (2005)
34. 『무량수경종요 강의』
35. 『원효사상 강의 I』
36. 『원효사상 강의 II』
37. 『우파니샤드 강의』
38. 『노장사상 강의』

※ 괄호 안의 연대는 초간 연도임.
• 는 전집 체제로 旣출간.
진행 상황에 따라 구성에 다소 변동이 있을 수 있음.

유마경강의
하권

지은이/이기영
펴낸이/정호영
펴낸곳/사단법인 한국불교연구원
만든곳/사회평론

발행일/2000년 11월 4일 초판 1쇄 발행
2010년 5월 20일 초판 2쇄 발행
등록/제1-500호(1972. 9. 12)
주소/서울시 종로구 익선동 55 현대뜨레비앙 148호
전화/(02)762-5624~6, 전송/(02)762-5627

불연전집 편집/이주형, 고흥순, 서광구, 조문현, 정복선, 이수경, 이순광

값 12,000원

ISBN 978-89-7554-030-1 94220
ISBN 978-89-7554-014-1 (전집)

제작 · 공급/(주)사회평론(T. 02-326-1182, F. 02-326-1626)